湛庐CHEERS

与最聪明的人共同进化

HERE COMES EVERYBODY

指数型商机

FUTURE SMART

[加] 詹姆斯·坎顿
James Canton 著
张琪 高妍 译

天津出版传媒集团
天津科学技术出版社

上架指导：商业趋势

天津市版权登记号：图字 02-2020-178 号

图书在版编目（CIP）数据

指数型商机 /（加）詹姆斯·坎顿著；张琪，高妍译．-- 天津：天津科学技术出版社，2021.7

书名原文：Future Smart

ISBN 978-7-5576-8773-1

Ⅰ．①指… Ⅱ．①詹… ②张… ③高… Ⅲ．①商业经济—经济发展趋势—研究—世界 Ⅳ．① F731

中国版本图书馆 CIP 数据核字 (2020) 第 219867 号

指数型商机
ZHISHUXING SHANGJI
责任编辑：刘　鹌
责任印制：兰　毅

出　　版：天津出版传媒集团 / 天津科学技术出版社

地　　址：天津市西康路 35 号
邮　　编：300051
电　　话：（022）23332377（编辑部）
网　　址：www.tjkjcbs.com.cn
发　　行：新华书店经销
印　　刷：石家庄继文印刷有限公司

开本 710 × 965　1/16　印张 30　字数 437 000
2021年7月第1版第1次印刷
定价：129.90元

致盖尔、玛丽亚、苏菲和特雷弗，

因为你们，我的这场旅程才如此不可思议！

FUTURE
SMART

前言

未来的游戏规则改变者，你准备好了吗

想象一下，你有一部特别的智能手机，它是一种门户终端、一部神奇的革新性的设备，你可以借助它看到 2030 年的未来。它就是专属于你的未来 YouTube，你能在上面看到各种新奇的生活方式、奇妙的发明、前沿的技术、全新的工作方式、充满活力的企业，甚至是新型的社会形式。这个未来 YouTube 将使你对风险、机遇与挑战产生全新的理解，并从根本上改变你对当下的认识。

关于未来事件、人们的生活方式及变革的图片和流媒体视频会对你有所帮助，使你对当下产生有价值的见解。你可能会改变当前的商业策略，开创新的职业生涯，甚至基于你从这种展望未来的体验中所获得的见解，去思考新的人生使命。

对于未来，对于 2030 年的生活面貌所投去的一瞥，可能会帮你找到很多在今天极有价值的重要问题的答案，比如，如果你能预测到气候变化会创造出一个巨大的新市场，这意味着什么?

新技术的出现将如何改变社会？哪些可用的替代性能源将从根本上改变未来的交通运输？如何对地球产生巨大的影响？什么时候才是开启新的太空冒险或开办生物工程器官农场来满足无数顾客需求的最佳时机？非洲新兴市场的前景如何？

成为未来的游戏规则改变者，你准备好了吗？

现在用 1 分钟来想象一下，如果你获得了这种重要信息，你将如何赶在普通大众或媒体之前受益？思考一下你能否回答上述问题中的哪怕一个，并围绕这个对于未来的洞见，创建新的职业、商业或组织的意识。也许你能回答这个问题。

欢迎来到《指数型商机》的世界。

本书将带你深入了解未来蓝图将如何展开，并让你在行业或职业生涯的竞争中变得更智慧、动作更迅速，也会颠覆你的思维模式，促使你展开行动。因此，在察觉决定未来的特定趋势以及发现趋势显露之前便有的苗头信号、驱变因素和早期预警方面，你将会更有优势。你将成为未来智者：**能够在未来成形之前，对创造趋势、扭转未来的变化和信号先知先觉。**

我可以向你保证，《指数型商机》中描述的趋势将给出一条有利路线，提供一种能够改变你的生活、工作且能让你的未来更加美好的洞察力。阅读本书将进一步提醒你去思考关于自身和世界的全新可能。若你能早早获得关于市场、创新、劳动力、医疗保健、气候以及能源领域未来发展的预警，其价值想必难以估量。

当然，并不是每个预测都会变成现实，事实上，有些预测可能过于保守，有些则可能是错误的。阅读本书是一种对未来的各种可能性进行学习和预测的试验，但我可以向你保证，尽早掌握趋势能够让你更好地为加速到来的未来做好准备。总之，《指数型商机》可以让你成为一位未来的游戏规则改变者。

在此，我们回顾一下以往出现过的一些错误预测。

◎ 计算机不会被广泛使用。

◎ 飞机永远不会成为一种交通工具。

◎ 人们不想了解自己的 DNA。

◎ 消费者不会经常看电视。

◎ 互联网没有价值。

只有关注早期的预警信号，才能掌控未来

需要指出的是：这不是一本普通的书。《指数型商机》旨在颠覆你的思维模式，创造新的具备可行性的想法，并最终重塑你的思维方式——它可能会激发你的预测能力，挑战你思考和展望未来的能力。我预测，一些读者可能会认真考虑我的建议：**学习掌控未来、寻找并拥抱趋势、关注变化的早期预警信号，并利用这些机会来让自己和这个世界的未来变得更好。**

这种思维方式将带来关于商业、创新、社群和社会变革的突破性观念。围绕本书描述的新趋势，将会产生新的就业机会、职业和组织。我敢保证这一点。当然，若要将这些信息落到实处，你还需要做一些工作，你必须有意识地改变你的世界观，要向前看，培养面向未来的长远眼光。我们大多数人都生活在当下，而忘记了向前看——这需要一种思维观念上的转变。现在就采取行动吧，让这些新的职业、创新、商业或社会贡献显现出来，这一切都取决于你，我的读者。

我发现很多成功人士能够成功的一个共同原因是他们有能力、勇气以及一种特别的“未来智慧世界观”来预测与展望未来。本书则为人们指出了可能的未来，包括近期的和远期的以及一种思考未来的方式。《指数型商机》要求人们留意新信号、早期预警、新闻或那些预示和塑造了趋势的消费行为，其中可能包含了能够改变整个产业、人们的生活方式或经济的基本性质的创新或发现。

预测健康，正在涌现的未来

有一次，我和一位著名的神经外科医生谈到了他突破性的外科手术技术，这种技术通过打开中风患者的脑动脉来防止中风造成的严重损害或死亡。他认为未来的医学将使更多患者在中风发作的头一个小时内，也就是中风抢救的黄金时间内得到治疗，这将会拯救更多的生命。现在我也认同了这个目标：要让越来越多初次患中风的人得到有效救治，这非常重要。我开始思考，也许我们能做得更多，争取做到防患于未然。这将是一种医学世界观的转变——不让疾病有露脸的机会。为什么不开展更多有关疾病预测和预防的医学研究呢?

接下来的 100 年，如果我们能够对中风患者做出提前诊断并治疗，将拯救数百万人的生命。虽然这种创新本身并不会彻底扭转心血管医疗的未来，但我向我的外科医生朋友断言，不用等太久，我们就会迎来一场医学的飞跃，直达下一阶段。

未来医学很有可能基于与未来智慧同样的前提：预测。在人得病之前进行健康预测是一种智慧。我们很快将会拥有全体人民的个性化基因组数据，这样就能够预防中风，或者至少知道谁存在中风的风险，并阻止其发病。若能预测人们的健康状况，我们便可以挽救生命，节省亿万经费，并提高公众健康水平。这就是未来智慧。

这将彻底改变医疗行业，使其从疾病护理发展为真正具有前瞻性的健康护理，这正在改变整个游戏。目前的医疗都是被动的，如果能够朝着全面预测人们健康的方向演变，那么我们的医疗行业将被彻底改变，获得未来智慧。总有一天，改变会发生，而改变未来的动力如今已显而易见：人口健康学、数据科学、合成生物学和消费级基因组学正破土而出，并将在 2030 年之前改变医学。

如今，智能手机上有大量医疗方面的应用程序，很多消费者会通过下载这些工具来深入了解他们的未来健康。这说明了一点：**人们想要更准确地预测、应对和预防疾病并提升自己的健康状态。这就是未来智慧，它可以帮助你对自己的健康负责。**

这一趋势指明了一个正在出现的未来，并且它将会发展成一种全球趋势，其中暗含一个庞大的市场：消费者自我保健（consumer self-care）。消费者利用知识和工具，对自己的健康承担更多的责任。通过对自己的 DNA 和当前健康状况的综合诊断，人们希望了解自己未来的健康状况，不管是未来 1 分钟还是未来 20 年，这种渴望将会改变医疗行业的发展进程。这一趋势将重新定义健康，帮助消费者掌控其个人健康的信息。

人们想了解自己的未来健康这种消费需求，作为一种趋势，正在催生全球性健康预测这一全新行业，并将推动一场革命的发生。数字医疗方面的手机应用程序会感知、观察、监测、分析我们个人的身体状况，并最终获得前瞻性，能够准确地预测我们的健康状况。这一切将创造出一种新的医疗形式，比任何新药物、设备或治疗手段都具有更大的影响。准备好迎接自我保健的趋势吧！未来的信号表明了预测所能做到的各种事情，它将成为更健康、更智能的医疗的关键驱动力。许多新工作、新职业、新组织将出现，使这种未来医疗，即更具预测力的医疗变成现实。

自己设计未来，行动改变未来

《指数型商机》希望读者了解并探索未来可能出现的场景，从而让你能够更好地提前做好准备。此外，还有一种比较有颠覆性的想法：你可能真的能够根据自己的目标来设计未来。你可能想要改变自身职业、行业，或者某项社会事业的未来。你可能想要改变整个市场、领域或行业的方向，使其更好地发展。通过阅读本书，你将可能成为未来的游戏规则改变者，而游戏规则改变者将自己设计未来。你能够成为你想成为的具有影响力的人，你能够通过自己的行动改变未来。

《指数型商机》是一本战略指南，预测未来、更好地为未来做准备、采取行动并利用这些知识来创造未来，这是本书的三大战略目标。本书将告诉你未来可能发生什么，它将如何改变社会、商业、文化以及最重要的——它将改变你的生活。

预测是一门生意

作为一位全球未来学者，我领导着一家顶级的智库，为企业和政府提供关于未来发展趋势的建议，同时，我也将提供给你们的这些建议付诸实践。对那些在生物技术、教育、工程技术、医疗和金融等领域创造未来的组织，我帮助它们创建起来或为它们提供咨询服务。这样的试验是一种令人兴奋的现实测试，将检验我对各种趋势的预测。结果表明，这些预测既有错的，也有对的。

总体而言，预测这门生意告诉我，若能理解那些正迅速塑造世界面貌的变革游戏规则的趋势且在破译这些趋势的过程中学有所得，然后将所学的知识应用于实际，那么无论是企业、国家，还是个人，都能获得巨大的竞争优势和生存优势。对未来做出预测、进行分析并将其应用于战略，利用这种洞察力为 IBM、飞利浦、通用电气、联邦快递、塔塔等公司提供建议，已经为我们带来了可观的回报。

此外，帮助建立新的企业、与企业家合作也是非常好的学习体验。本书中的相关经验或许能激励你去塑造自己的未来，而不仅仅是分享自己对未来的看法。

若你能够掌握关于这些塑造我们未来的关键趋势的战略性知识储备，你将获得成功，甚至可能改变世界——创新、创造、探索或改变无数人的命运。得到关于这些关键趋势的早期预警，可以说是一个很不公平的优势。如果你能对这种改变游戏的未来趋势有所觉察，并更好地参与竞争，且具备更敏锐的洞察力，进而赶在别人之前获益，这将是非常有价值的，这也是《指数型商机》所要论述的。

本书中的趋势并不一定都会带来同样的价值或者保证你能成功，这取决于你的决定、你的探索以及你为实现愿望所做的努力。需要强调的是，本书中所预测的全球趋势将从根本上改变市场、经济、文化和商业。你决定如何利用这些趋势可能会改变你个人的命运以及整个世界的命运。如果你认真思考了我提出的挑战，并期待成为未来的游戏规则改变者，那么，你需要改变自己的世界观以及你对自身潜能的看法。

开放心态，创造全新的未来

我想在本书中传达的最重要的理念（我会反复提到）是：成为“未来智者”不仅需要了解可能改变未来的趋势，还要了解如何利用这些趋势来改变未来。这是我给我的客户和读者们的最重要的建议。

了解可能存在的趋势对准备好应对未来的风险和机遇而言极为重要，然而，深入了解未来以及改变未来的趋势只占《指数型商机》内容的一半比重。另一半非常重要的内容是采取行动，设计创新，制订计划、战略、战术，并通过与他人合作来塑造你想要的未来。不管在个人、组织还是国家和全球层面都是如此。

那么，你认为哪种未来是可能出现的呢？你想创建什么？你想改变什么？你希望自己的生活、事业或者所在的星球发生什么样的改变？这就是我想和你在本书中探讨的内容：你想改变、解决、创造或发明什么？

成为未来智者彻底改变了我们思考世界的方式：**从被动、消极，认为未来只是自然发生的，转向主动、积极，成为真正的变革缔造者。你必须拥有你想要创造的改变，你必须拥有对未来之可能的预期。**成为一个变革缔造者，一个未来设计师，一个未来的游戏规则改变者是一个战略选择，你要相信，这是可能的。

我们将拥有自己所创造的未来，那么，你想要什么样的未来？也许《指数型商机》能帮助你弄清楚什么是可能的，扩大你的全球视野，并帮助你发挥想象力和行动的潜能。

《指数型商机》是一张地图，指明了你接下来会遇到什么，告知你未来会有怎样的趋势，并将告诉你如何从中获益；如何利用这些关键趋势使生活变得更好；以及如何让自己在世界上留下自己的印记。你希望在生命中经历的最重大的挑战是什么？或许这个改变游戏规则的想法将会成为你的未来。你是否拥有开放的心态来接受这种可能性？我想，如果你能接纳这本书所提供的神奇理念，加以注意并做好准备来改变自己的世界观，你的生命中就会有不同寻常的事情发生。

你可能会开始以不同的方式思考，例如展望未来、有意识地对未来的可能性进行预测。你不仅能驾驭未来、拥有预测能力，还能拥有改变未来的力量。这确实是一个令人兴奋的大胆想法，但我认为这是可能发生的。

可以说，我们要么操纵未来，要么被未来操纵。每个领导者、企业家、管理者、学生都需要了解《指数型商机》中所描述的基本策略，并用它来应对即将到来的快速变化。如果你有兴趣改变自己的世界观，并为自己创造新的可能性；如果你有一个愿景或使命要完成，或者你想找到自己的愿景或使命，然后成为未来的游戏规则改变者，那么阅读本书可以帮助你起步。这是我对你的承诺。

FUTURE SMART

目录

第一部分 骤变，人类正迎来指数型未来

02 全球互联，一次集体智慧的巨大跃迁 /023

第二部分

精准突围，掌握驾驭未来的 15 大赛道

03 自主经济，从新想法到新产品可能只需要几秒 /041

FUTURE SMART

第一部分

骤变，人类正迎来指数型未来

MANAGING THE GAME-CHANGING TRENDS THAT WILL TRANSFORM YOUR WORLD

FUTURE SMART

01 从未雨绸缪到未来智者

MANAGING THE GAME-CHANGING
TRENDS THAT WILL TRANSFORM YOUR WORLD

大多数人都过着平凡的生活，并不知道未来会发生什么，也不知道巨大的变化和趋势将如何改变我们的世界和生活的方方面面。然而，大多数人都对这些即将到来的工作、商业、健康或人口等方面的的剧烈变化准备不足。他们没有遇到过这些场景，也没有评估这些风险、思考各种可能性或完全理解导致这些变化的驱动因素。因此可以说，大多数人都不是未雨绸缪者。

上述的变化中有很多是富有创造性的、有益的，但也有一些变化需要新的知识、新的适应过程和全新的全球性解决方案，比如，未来的工作或气候变化。了解形成这种未来的驱动因素是什么，正是你阅读《指数型商机》这本书的收获之一。未雨绸缪的反面是陷入无序或处于一无所知的危险境地，而你肯定不想这样。

你拥有“未来智慧”吗？你为未来做好准备了吗？你对即将到来的世界和如何为之做好准备有清晰的想法吗？

只有了解了这些推动变化的力量和变化所引发的影响，我们才能就如何更好地驾驭未来做好准备并制定相应的策略。我相信那些活在当下的人可能不在乎这些，但对我们大多数人来说，学会预测的确是很重要的。本书将与各位读者一起探索各种可能出现的未来，也许这些未来会比任何人所想象的都来得更快、更奇特。未雨绸缪就是为未来做好准备，去适应和学习，这将让你获得“未来智慧”——我们的终极目标。

我们生活在一个极易出现变化、极富活力且高速发展的时代，这个时代可以用激进、复杂和变化剧烈来描述，这些特点也是未来社会的核心驱动力。那些意料之外的、突如其来的变化通常会让我们措手不及，并且通常会伴随着巨大的、破坏力十足的、令人不安的冲击力。从工作到休闲，从商业到娱乐，从能源到气候再到健康，在我们生活的方方面面，剧变成了常态。变化之迅猛使得风险和机遇并存。未来的发展速度越来越快，并且几乎每天都可能颠覆一切，因此，我们必须学会如何更快地预测以及更机智地处理复杂情况。

大多数人都不喜欢变化。我们不喜欢变化是因为它颠覆了固有的认知——我们已经熟悉和适应的那些规则、惯例和标准。而且，只有对于熟悉的事物，我们才能够掌控。如果工作是由同样的规则、做法和程序构成，我们就知道如何有效地实现目标，但如果因为行业、商业变革或业务中出现的新趋势，我们的工作发生了根本性变化，进而需要新技术和新能力，由此导致我们所擅长的工作不仅会因此发生改变，甚至还会被淘汰，我们该怎么办？我们身边充斥着变化，以至于我们经常觉得自己成了变化的受害者。

如果说有一个问题是我在世界各地的客户都会问到的，那么它必然与如何应对变化的速度和其复杂本质有关，或者与我所说的“快速的未来”（fast future）有关：我该如何应对加速而来的变化？很显然，人们之所以会有这个疑问，是因为他们一直在关注不断加速的变化，并把它当作一种负担，而且，这种变化毫无放缓的趋势——事实上，变化发生得越来越快了。

未来智者所拥有的技能。

◎ 关注新出现的创新。

◎ 吸引合作。

◎ 重新设计工作流程。

◎ 反思组织的目标。

◎ 寻求全球合作。

◎ 理解顾客需求。

◎ 预测未来趋势。

◎ 勇于创造。

成为“未来智者”

《指数型商机》的主题是，我们大多数人还没有完全准备好去应对未来的复杂挑战，还没有准备好处理即将到来的快速且全新的未来趋势。总之，我们还不具备“未来智慧”。本书希望向读者传达这一观点，以此提醒人们对未来做好准备，增强意识能力，并告知人们策略和机遇以及如何掌控未来。我们没有时间也不具备专业知识来思考未来 1 年的情况，更不用说 10 年后的事情了。

我们周遭变化的复杂度和速度常常让人不解。这些变化出现的信号非常细微，它们尚处于萌芽状态，却具有一定的指向性——未来即将到来。通过强化对未来趋势的意识，我们可以学习如何更好地适应和驾驭未来，进而取得成功。

虽然预知未来并有所准备这一任务很艰巨，甚至几乎不可能完成，但我却认为：正因为我们面临着决定我们的未来的根本性变化，所以我们必须变得能更好地预测未来。成为“未来智者”是一个学习的过程，要想成为“未来智者”，既需要洞悉趋势，又需要采取行动来更好地驾驭未来或者塑造属于我们自己的未来。只要我们现在开始准备，我们也可以拥有“未来智慧”，具备预测和适应未来的能力。我不敢保证书中的每一个预测都完全准确，但我相信它们都是合理的、有事实依据的，甚至可能是革命性的预测。

另外，我认为：只有通过尝试预测未来，努力了解趋势，接纳可能出现的各种情景，进行预测，我们才能真正学会塑造未来，驾驭盛衰兴废，避开风险，并充分利用各种机遇和创新。而那些对未来的复杂性、变化以及随之而来的混乱准备不足的人，日子会非常难过，因为未来的各种惊人变化将使他们备受冲击。

在我看来，以下这些会改变未来 30 年的文明轨迹的趋势将加速到来。

◎ 人类将会改变——变得更聪明，更健康，更长寿。

◎ 企业将会改变——变得有先见之明，更敏捷，道德水平更高，更有创造性。

◎ 技术将会改变——变得互联，更快，更直观。

◎ 新的商业模式、新的创新、新的全球性风险、新的竞争对手、新的市场、新的权力……

对于这些决定未来 30 年的快速而剧烈的改变，你准备好了吗？

2030 年的世界会是什么模样

技术、人口、商业、能源、气候、全球化和职场都在发生根本性变化。我们生活在一个全新的时代，面临全新的社交环境，这是一个充满刺激、变化不断的动态时代。不断加速的、复杂的变化正在改变我们的世界，但哪些变化才是重要的？这些变化将以什么样的方式出现，又为什么会出现？

《指数型商机》能够告诉你如何应对这些变化，并做好相应的准备。

《指数型商机》探讨的是变化、力量、权力转移和千变万化的形势背后的关键驱动力。个体、企业和政府组织都必须理解这些驱动力，才能在未来 30 年蓬勃发展。旧的规则、系统和策略会被淘汰，新的全球图景将会出现，并将创造出大量获得财富、权力和正向改变的机会，当然，在这个过程中我们也会看到新的风险、威胁和危害，让我们拭目以待。

《指数型商机》是对全球权力、实时业务、全球化市场、颠覆式创新、社会变革、人口变化、巨大繁荣以及深度合作这些元素间相互影响的全新认识，它是一种对我们的发展方向及文明（不只是国家或个人）如何演化的洞察。推动这一未来的变化已经出现，路标无处不在，我的工作就是读懂它们，然后提供一种分析思路。简而言之，本书的目的就是发现并确定这些路标。

对于那些不了解变化的人，未来将变得非常艰难。《指数型商机》一书将会了解、考查可能出现的未来场景和故事，并将它们提供给读者。这些场景和故事将在未来 100 年影响全球每个国家、城市的每一个人。

复杂性、速度、融合、可持续性、连接性

我们生活在一个全新的时代，技术、生活方式、市场、人口、商业、能源、气候、全球化和职场都在发生根本性改变，这些主题将定义未来。一系列剧烈变化的力量将颠覆和改变市场、社会和经济。

快速涌现的复杂趋势将改变我们的世界，但哪些趋势是最重要的呢？这些趋势又将如何影响你的工作、生活和未来？

《指数型商机》将勾勒出一个新的全球图景，这一图景将会创造大量的获取财富、权力、和平、繁荣和正向改变的机会。如果你想知道不久的将来会发生什么，那么请阅读本书。

要成为具有未来智慧的人，你需要做到以下几点。

◎ 适应智能化社会。

◎ 成为快速学习者。

◎ 大胆探索。

◎ 加深合作。

◎ 拥抱激进的创新。

◎ 促进变革。

◎ 每日践行。

趋势，塑造未来的隐形驱动力

所谓趋势就是变化显现并改变我们生活、工作、娱乐、竞争和健康的方式。趋势是塑造未来的隐性力量，且经常以变化驱动力和现实塑造者的形态悄无声息地出现，只有当每个人的家里都有了一台机器人、巨大的 3D 打印机出现、智能药物与可穿戴智能设备流行起来之时，人们才会意识到趋势的存在。趋势与各种力量融合，创造出新的市场、产品、生活方式或文化。趋势塑造了全新的现实表达形式，但也使风险与机遇并存。

先人一步理解趋势的人可能会采取有效的行动——创建公司、设计新产品、策划新服务、改变职业、学习新技能或投资新市场。了解并能预测趋势的个人可以发起改革。趋势可能是机遇，也可能是风险因素。如果对趋势有所了解，人们就可以利用它来制定全新的策略，比如改变职业生涯，或者是让组织获得竞争优势，又或者是为一个国家乃至整个世界指明新的发展方向。

如下是一些关于未来智慧的预测。

◎ 气候变化的现实影响是什么？

◎ 哪些趋势将决定医疗行业的下一个突破？

◎ 哪些趋势将会使你对雇主而言更有吸引力？

◎ 趋势将如何影响你未来的财务状况？

◎ 连接将如何创造繁荣？

◎ 你想实现的突破性技术进展是什么？

◎ 你想解决的全球性问题是什么？

◎ 你渴望的秘密职业是什么？

◎ 你对自己的最高愿景是什么？

◎ 你想要解决的未来的巨大挑战是什么？

如果你对以上这些趋势全都感兴趣，那么本书就是为你准备的。趋势是引发改变的力量，也就是改变的驱动力，然而在早期阶段趋势往往难以被察觉，但它们将改变未来的商业、市场、社会、文化和我们的生活，这样的未来可能会在接下来的 1 周或 10 年内出现。趋势无处不在，它们最初通常只是微弱或隐蔽的信号，随后就会成为人人可见的引发变革的主导力量。

欧洲部分地区和美国西南部的气候逐渐变暖、移动电子商务的兴起、护理老人的家用机器人被发明、用于确定疾病易感性的 DNA 检测技术不断发展、商业太空旅行的出现以及财富加剧向城市转移……这些都是趋势的例子。

我们常常惊讶于有些人能够正确地把握趋势，而大部分人却没有做到，当然，我们常常是事后才发现这一点。提早了解趋势意味着你能赶在他人之前避免一些难题、控制风险，并从趋势中受益。

本书谈论的是那些已经出现但尚不明显或尚未创造价值的趋势，而不是你已经错过了的趋势。但是，无论是那些错过了趋势的个人与公司，还是抓住了趋势的个人与公司，都是帮助我们学习更准确地预测趋势的极好教材。本书的目标之一就是：让你更好地意识到即将到来的趋势。

为什么一定要阅读本书

展望未来、制定有目的性的未来导向策略，这虽然听起来很简单，但所需的技能并不易得。然而展望未来的心态和方法是有其逻辑的：对可能决定未来的种种趋势了解得越清楚，我们就越有能力应对即将要面对的挑战、风险和机遇。如果你想为未来做好准备，《指数型商机》可以帮你实现，我们会告诉你接下来将会发生什么。

另外，通过阅读这本书，你可以学会如何在未来做更好的准备，实现更好的发展——你的未来将在接下来的 10 分钟内展开。不管是已经出现的还是将会在未来 3 ～ 20 年里出现的趋势，都将决定你的未来。你知道得越多，就会准备得越充分。有意识地去预测接下来会发生什么不仅仅是合理的行为，更是一种智慧——未来智慧。大多数人都只顾现在，没有时间学习或研究未来，他们的时间和精力被当下所支配，无法脱身。

折叠时间，预测明天

我热衷于预测趋势，我的工作是为企业和政府提供咨询服务，告诉他们如何制定面向未来的策略；我还帮助企业家和企业根据市场前景来投资，从而创造一个更加繁荣的未来。30 多年来，技术、商业、社会、能源、资本、人口和气候的未来一直让我着迷，我的职业生涯正是围绕着预测展开。我成功地预测了很多改变世界的重大趋势。我想要通过本书来提高你对未来趋势的认识，这些趋势将彻底改变你未来的生活、工作、社会、健康、家庭以及我们赖以生存的地球。

我从事的是预测未来的职业，帮助我的客户获得未来智慧。这必然要让他们为投资、改变策略、开发新的产品或服务做好准备，或为应对未来挑战做好准备。我的客户包括政府、100 多家企业和协会，我从它们所面临的挑战和对未来的看法中学到了很多。在本书中，我把和客户一起工作时所了解到的预测和趋势进行了提炼。

我是一个未来学家，我的职责是增进人们对未来的了解。政府及各类组织聘请我的公司就潜在的风险、挑战、创新、威胁、混乱、危机和机遇为他们提供建议。我写作本书旨在与读者分享我与客户所分享的：让我们做好准备，展望未来，理解风险和机遇，理解可能发生的事。让我们用智慧处理所有变化，并为未来做好准备。

事实上，本书是一本对我的全球未来研究所（Institute for Global Futures）在过去几分钟、几天、几个月，甚至几年所做研究和分析的精选汇编。我从大量的报告和客户简报中提炼出本书，形成了一本简洁的未来指南。可以说本书就是一份关于你的未来的简报。

阅读本书的另一个理由是，你可能真的会重塑自我，重塑你的公司或组织，你可能会利用我在本书中向你透露的一些趋势去创业。事实上，这可能是你需要阅读本书的最重要原因。如果你能更智慧地面对趋势，围绕某个趋势来创业，甚至根据趋势来重塑自己的职业生涯，并最终从中获益，那么，你就可能会在未来取得成功。准备是第一步，你需要知道接下来会发生什么。

2030 年之前关于未来智慧的全球预测。

◎ 计算机会变得和人类一样聪明。

◎ 气候管理将成为一个新的产业。

◎ 太空采矿收入每年会超过 1 250 亿美元。

◎ 机器人将成为一个价值 5 000 亿美元的产业。

◎ 智能药物将使全球人口增加 60%。

◎ 数字化产业经济占全球经济的 70%以上。

◎ 再生药物将改善人类健康状况，延长人类寿命。

◎ 移动商务将会改变经济形势。

◎ 全球繁荣将使恐怖主义减少。

机遇或风险，取决于你如何看待

一些很危险的想法也许会动摇你的世界，或者至少会改变你对现实的看法，因为变化会改变现实。通过阅读本书，你的思维可能会被颠覆，你可能会以一种全新的方式看待事物，甚至可能会用不同的方式去思考。你会更加灵巧地利用一切，你将能够利用新机遇去创新。

你可能会看到新的可能性，发现新趋势，从改变世界、掌控未来或为自己创建全新生活、职业的想法中受益。你可能会朝着更具创造性的、更积极的方向去改变，你可能学会预测和改变未来图景。

现在，有些趋势可能会带来不可思议的机遇和风险——这一切都取决于你如何看待它，如何看待未来。我会通过展示可能的未来的冰山一角来颠覆你的想法。大多数风险都是隐藏的机会，让你赚钱、获得成功或受益的机会。这种思维需要冒险，而且可能是需要勇气和毅力的危险想法，因此并不是每个具备这种全新意识的人都会取得成功。

还有一些趋势看上去会让人觉得很陌生，甚至怪异，比如你的汽车会与你交谈，认真地告诉你：你开错了方向。或者给你提供工作的并不是人类，而是一个人工智能机器人，那么，你会考虑为机器工作吗？

大多数人都没有准备好迎接即将到来的激进的未来，而只是在随波逐流。快速变化的气候、日渐昂贵的能源、颠覆性的技术、不断增长的人口、财富中心的转移、特大城市甚至太空旅行的出现，如此种种都会改变我们的观念，挑战我们已经习惯的传统，所有这些因素在未来都将影响到你。你好奇吗？你不想知道接下来会发生什么吗？面对向我们疾驰而来的未来，《指数型商机》将帮你做好准备，不仅为了生存，还为了成功。

很多人急于否认预见未来的可能性：他们从未想过自己有可能目睹未来趋势

的萌芽，也没想过能捕捉到各种趋势的变化以及它们发出的信号，更别提未来可以被预测这件事了。他们会说别想什么飞行汽车了。

本书提出了一个简单而有力的想法：那些可以预测未来的人将以独特的方式受益于这种洞见——更加聪明的投资、风险管理、创业行动、新发明、超前创新、创造新工作、赚钱，甚至生存本身。预测的能力是国家、组织和个人的新竞争优势，也是未来社会中流通的“货币”。更好的预测将使领袖、企业家、高管和世界上的父母对未来挑战做好充分准备。

更好的预测将帮助我们解决这个时代所提出的重大挑战，从创造就业机会到减少碳排放，再到治愈疾病、消除贫困以及发展清洁能源。更好地了解趋势也可以帮助我们找到自己喜欢的职业。

那些能够更快、更准确地进行预测的人将成为未来的赢家。他们将更好地武装自己，从而在未来获得发展和成功。那些根据预测采取投资、变革、创新、发明、学习和适应等相关行动的人，将变得富有并会做出令人惊叹之事，而其他人则只能跟随其后，这就是未来智慧的力量。

《指数型商机》将提供一种策略，它让每个人都更具前瞻意识，并鼓励其采取行动。这种为未来做准备的全球竞争将比人们在自然资源、先进技术、人才和能源等方面的竞争更加激烈。《指数型商机》探讨的是用正确的策略来精确、大胆地进行预测，然后根据这些预测采取有效的行动。

未来智慧的社会影响。

◎ 极地冰盖消融将引发各国对北极石油资源的争夺。

◎ 热带疾病将影响欧洲。

◎ 北美能源的发现会使得人力资源供不应求。

◎ DNA 预测的发展速度将超过矫正医学。

◎ 新能源的发现将打破全球力量均衡。

从趋势中获利的 11 个策略

你希望做出正确的预测，然而事实是这样的：大量的工作正在消失；太多没有快速适应时代的组织都被淘汰了；太多的行业、职业及市场都消失了。

只有拥有信息和敢于行动的个体才能让自己和他人的生活有所改变。我们生活在一场巨大的变革中，医疗、制造业、金融、证券、商业、气候和能源等领域每天都在从根本上改变着我们的未来。接下来的 10 年将是令人兴奋的，但还没有人做好准备，我的任务就是让你着手准备，这也是我写作本书的原因。

《指数型商机》帮你去适应、学习、感知和了解那些影响你未来的趋势。这是你的事业、生活方式和你所处社会的未来。如果你能在此得到一个好的灵感，并能以此来适应和准备好应对未来，我就完成了我的职责，而你的职责就是阅读本书。

这一未来可能出现在 10 年后，也可能是 10 分钟之后，而其生存法则是：只有“未来智者”能够生存。关键是你如何能够比别人更快、更精准地预测未来，这是新的竞争优势，也是新的工作理念，还是引导你的生活和事业的新方式。

在本书中，我将告诉你接下来会发生什么，就像我为我的客户提供智库——全球未来研究所一样。当你阅读本书时，你就是我的客户。我的工作是让你了解什么是未来以及如何为未来做好准备。我的工作是说服你做好准备，因为未来会比我们想象的来得更快，产生更多的影响，更具有破坏性和建设性的力量，如果你还没有准备好，就会被扫地出门。这些趋势将深刻地改变世界，而你作为读者阅读本书时，将面临一个选择。

如果你想拥有未来智慧，你会想要了解什么样的场景和趋势可能会出现并改变你的未来，或者你可以做出选择，并认识到鉴于这些商业、市场、气候、技术、社会等方面的巨大转变，如果你想在未来生存甚至发展，你就必须彻底改变你的行动方式，利用这些趋势去获利，这可能是你阅读本书最简单和最直接的原因。此后，你将开启新事业、发明新产品、解决大问题、改造组织……让世界变得更美好。

未来智慧策略——开始预测你的生活。

◎ 学习一种完全不同于你的专业或职业的新技能，如编程、可替代能源、大数据等。

◎ 参加一个你不熟悉的展会，如游戏、医疗保健、移动技术、教育等任何你可能感兴趣的新事物。

◎ 和 10 个极为热衷于自己的事业的陌生人交谈，找出他们热衷的原因。

◎ 思考本书介绍的趋势中的任意两个，并决定如何创建一种新技术、一个新组织、一种新职业、一段新关系或一种有所作为的方法。

◎ 预测你的生活：5 年后你想在哪里生活、开展事业、建立人际关系或接受教育？

为了彻底做出改变，考虑到这些重大转型，你需要在掌握相关知识的前提下采取新行动。因此，作为个人、企业或组织，若想获得未来智慧，你需要用这些知识去工作、适应、变革或发明新东西，且充分利用本书所探讨的新趋势。

未来智慧策略。

◎ 创建一个改变游戏规则的新理念、产品或组织。

◎ 发明或者利用一种创新。

◎ 解决一个紧迫的全球或区域冲突。

◎ 创办一个对你有意义的组织。

◎ 成为某方面的专家。

◎ 成为别人看重的知识来源。

◎ 探索一个大的全球性问题的解决方案。

◎ 设计一种有需求的创新产品或服务。

◎ 设计一种新的、更有效的与他人连接或合作的方式。

◎ 以数据如何创造新价值为出发点建立一家公司。

◎ 选择在本书中读到的一个趋势，并围绕它创建一个组织。

未来是一个知识型社会

印度尼西亚是一个拥有 2 亿多人口的国度，在它的首都雅加达，商业、贸易体量正呈爆发式增长。然而，那里的交通情况却不容乐观，我从酒店出发，向城市的另一边前行 8 千米，竟然需要花上 45 分钟的时间，可见当初设计高速公路时，人们并没有考虑到印度尼西亚如今的发展程度。

我参加的会议一般在酒店里举行，只有一个重要会议要在总统府举行。当我进入会议室时，总统和内阁成员已经在那里等待我们了，他们正坐在我所见过的最大的、直径超过 12 米的圆形会议桌旁。这个圆形硬木桌子象征着我们的重大议题：快速发展的未来即将到来。这些领导人怀揣着许多问题："作为一个国家，我们应该如何适应并规划未来？气候变化会导致印度尼西亚 1.7 万个岛屿中的 10%消失不见吗？我们现在能做什么准备，以应对那些即将改变印度尼西亚未来的趋势？"

在许多方面，从今天的印度尼西亚就能看到未来的影子。印度尼西亚是一个现代化的民主国家，崇尚多样性与开放性，尤其崇尚创新，且正在逐步成为这个剧烈变化地区新的民主力量。印度尼西亚周围是越南、新加坡、马来西亚等国，这些国家构成了东南亚国家联盟（ASEAN，以下简称东盟）这一组织。

印度尼西亚人对商业有着浓厚的兴趣，他们希望发现下一个市场机遇在哪里，未来的消费者将在哪里出现。那些积极探索东盟的未来会如何展开的企业才会蓬勃发展，它们将成为未来发挥主导力量的城市、市场和行业的一部分，到那时，熟练的知识工人、按需完成的制造能力和灵活的供应链将是全球各国争相获取的资源。

印度尼西亚人也非常关心自己国家的未来，因为气候变化可能会导致这个岛国被海洋淹没，这就是我来这里的原因：与该国领导者就这个国家的未来进行交流并向其提供建议。这里既有对未来有所准备的人，也有毫无准备的人。有关未来智慧的一些关键想法正是来自我与我遍布全球的客户的互动，这些客户正在应对未来将给现实世界带来的全球性挑战。

令我感到震惊的是，印度尼西亚的计算机软件程序员数量全球排名第四。这是一个惊人的指标，表明印度尼西亚已经踏上了获取未来智慧的道路。尽管作为一个国家，它在教育、医疗保健、贸易和商业等方面还面临着巨大挑战，但在激励年轻人即其人才储备库去学习新技能方面，印度尼西亚走在了前面，这些技能将使这个国家的年轻人能够在这个新的知识经济时代参与全球竞争。

计算机软件编程是即将到来的快速变化的未来中最有价值的未来智慧技能之一。软件程序员将“编写”医药、金融、能源、股票市场、物流、运输的未来，并且创建能够改变世界的知识产权和专利。

每一个国家的政府、每一家公司都有着核心的产业需求——编写代码、编程并创建新的软件应用程序，以更好地为客户服务。在每一家企业的核心部门，都需要配备能帮助企业走向成功的数据科学家。因此，印度尼西亚正走在参与全球化竞争的道路上。

印度尼西亚营造了一种社会文化，通过教育，培养和激励人们学习软件编程，让公民为获取未来智慧做好准备。这并非发生在一夜之间，印度尼西亚政府一直都在努力让国家为未来做好准备。

在政府的开明领导下，印度尼西亚人正在创建一个知识型社会，这样一来，在全球化市场中，在面对最有价值，能够塑造未来的一类商品——知识经济时，他们更具竞争力。由此，他们也是在为未来的工作打下基础。如果你想在世界舞台上以更聪明的方式参与竞争，那么建立一个计算机编程强国就是一种有适应性、灵活性和前瞻性的想法。这是未来智慧的一个重要例子。

两种错误的未来观

关于未来，有两种类型的思维、态度或世界观。我们所熟悉的思维倾向于认为事件是不可预测和不可知的，只能任由事件降临到自己的身上，而自己是这些变化的被动接受者，人们永远不会知道，也无法知道接下来会发生什么。此外，对于我们大多数人来说，未来就只是作为一个事件存在而已，是独立于我们而存在的一个抽象的事物，人们在面对未来时总是被动的，有权力的人决定了其他人的命运。对于大多数人来说，未来是自己无法掌控的，自己对未来以及自身生活、工作、社区、世界里的其他人的未来的影响微乎其微。我称这种人为“拒绝未来者”（future challenged）。这类人拒绝成为未来智者，抵触了解新趋势、适应变化、应对复杂性或努力尝试去开发新的未来认知模型的勇气。这类人或组织认为根本不可能预测接下来会发生什么。他们从心底认为这是不可能的，认为未来是不可知的他们会说：“看到那些愚蠢的错误预测了吗？会飞的汽车在哪儿？”对他们来说，这是真理，也是他们所笃信的现实，因为这样最轻松，事情的确太难以预测了。不得不说，思维定式主宰了一切。然而具有讽刺意味的是，他们是对的，人们通常只能看到自己想看到的东西，你可以根据你的世界观、你对于事物可能性的思维定式来验证任何东西，但这并不意味着它是真理，这种思维定式是有局限性的，而且拒绝预测未来可能会威胁到你的生存。

在过去的几十年里，太多的领导者、企业甚至政府都没有重视预测，甚至不屑于拥有未来视野，因此，推进干细胞生命科学创新的机会被错过，很多发现也推迟了很多年才出现。由于人们对未来气候变化的事实缺乏远见，可再生能源方面的创新研究仍然资金不足。包括美国在内的许多国家，甚至没有做出一个关于可再生能源或任何能源的未来长远规划。同时，似乎很少有人关心这些问题，这的确有些不合情理。这些例子表明，**个体的思维模式可以引领和塑造拥有全新可能性的未来，同时也能阻碍未来。**

你可能会认为展望未来和使用预测工具进行战略规划的观念是每一个企业、政府或组织的重要组成部分，但事实并非如此。部分原因在于预测的实施方式，但最主要的原因是：人们认为颠覆性的变化是不可预测的。

否定预测之价值的思维影响了许多企业，使它们被困在当下，不具备展望未来的战略眼光。这些组织不擅长预测，或者坦白地说，只是对探索可能会影响自身未来的各种情况不感兴趣。它们常常因拒绝预测未来而受损，却仍然对自己如此荒谬和不合理的行为置若罔闻。整个行业都被一种否定的心态所主导，这种心态拒绝向前看，拒绝尝试能够改变市场、产业和社会的预测。美国汽车产业错过了混合动力汽车的趋势；许多大企业并没有把互联网视为决定企业未来的重要因素；移动电子商务自诞生之日起就被忽略；与海平面上升、风暴和气候变暖有关的气候变化数据并没有被视为能够影响金融资产、公众健康和人身安全的风险因素。事实上，即便是人类面临的最严重的威胁——恐怖主义和战争，也一直存在对预测持不同态度的群体之间的争斗。

拥有未来智慧的思维模式则是一种拥抱变化的思维模式，拥有这种思维的人并不会心怀恐惧地看待未来，而是会带着一种积极的心态，并会考虑到新兴趋势的影响。未来智慧式思维倾向于认为，未来的变化可能具有破坏性，但若不做准备、抵制预测则会错过机会，甚至导致自己无法生存，其破坏性会更严重。这一思维模式认为：自己是未来的游戏规则改变者——自己有这样的影响力。自己是未来的催化剂、改变者，不是被动的，而是主动的，自己很重要。

每个人都拥有改变未来或改变未来事件结果的能力。我们可以带来改变，而不只是受到改变的冲击。我们可以影响和决定我未来的生活、人际关系、工作和社会。总之，我们可以成为自己未来的建筑师。

上述这些可能性就是获得未来智慧的思想核心。本书不仅讲述了影响我们未来的趋势、炫酷科技和全球风险，它也让全世界的人有能力去发掘、转变思维，去拥抱一种关于机会的新思维。这不仅能改变人们的生活、工作及职业，也能作为一种催化剂改造组织、行业、政府，甚至我们的文明。

正如一些科学家所说的，人类目前只使用了大脑容量的不到10%，如果我们能用到50%甚至100%，我们的世界及我们自身将会变得多么与众不同？想象一下通过发展你现有的大脑潜能所能创造的未来。现在，如果我告诉你可以通过不同的思考方式做到这一点，你会怎么想？如果我告诉你，颠覆自己常规的思考方式和思维倾向是可能实现的——这不仅与即将爆发的趋势的信息有关，还与一种能够改变你的生活、工作、健康，甚至改变世界的思考方式有关，你又会怎么想？

你准备好拥抱新的思维方式了吗？如果以这种方式阅读本书，你会发现一些有趣的新想法，它们将扩展你的思维，催生新的行动、新的可能性甚至新的生活方式，这一切就隐藏本书之中。毕竟你的未来是属于你自己的，你希望怎样去创造这样的未来？

如今，人们手中握着一份很大的赌注，考虑到即将到来的快速变化，在未来，人们需要的赌注会更大。预见未来也许有些难度，但这是可能实现的。学习、探索，然后发现接下来会发生什么，这是一种有价值的竞争力。虽然没有人能够准确地预测未来，但我们可以尝试，然后，我们会发现我们常常是对的，也经常能洞悉哪些是可能出现的，甚至能够察觉到如何塑造未来——这就是未来智慧。

公司和个人如果能直面向前看所带来的挑战，拥有去发现的勇气，有意愿和胸怀去理解可能决定未来的趋势，通常就能收获市场份额、竞争优势、繁荣、领导地位和人才团队。他们都是未来的规则改变者，他们不会甘于平庸，而是会在变化甚至混乱之中茁壮成长，并逐渐成为领军人物——不仅具备前瞻性，还会采取行动以适应、学习，并会为未来的客户、合作伙伴、股东、雇主和员工而进行创新。这样的人才是真正的未来智者。

你是其中之一吗？你对变化持开放的心态吗？你准备好创新了吗？你准备好驾驭未来、拥抱可以改变明天的发展趋势了吗？你是否准备好成为一个未来的规则改变者，并依靠趋势做一些事情，如创立一家公司、改造一个行业，甚至改变自己？这就是本书提出的挑战：你愿意把未来视为可预知的机会吗？《指数型商机》将助你发现新的机遇，帮你思考和应对你自己的未来及我们星球的未来。这些趋势可能会激励你变得更具有预测能力，激励你塑造未来，塑造属于我们所有人的更好的未来。

FUTURE SMART

02
全球互联，一次集体智慧的巨大跃迁

MANAGING THE GAME-CHANGING
TRENDS THAT WILL TRANSFORM YOUR WORLD

互联性无处不在的世界正在迅速来临，这将加速改变人们合作、分享、学习、做生意和交换知识的方式。全球互联趋势对世界最重要的影响是将使地球上的每个人都能获取全人类的知识。新技术和新发现彼此连接，相互促进，使世界性难题得以解决；新产品、新解决方案不断涌现，助推经济繁荣——这就是不久的将来我们这个“互联星球”上可能发生的事情。通过这种全球互联的力量，个人和社会都将获得强大的能力，这正是这种趋势的精髓所在。互联星球用移动网络、数字货币、网上市场等工具来为个人赋能，最终为形成创新性思维的市场提供动力。

下一个制药、计算机、能源和气候变化的全新解决方案将来自互联思维，来自这个互联星球上的创新者、发明家、企业家们。我们正在改变人类大脑，使其加速运转，并以五年前做梦也想不到的方式，帮助大脑获取这个世界中的知识。超级连接（Hyperconnectivity）的互联思维指的是将每个人都与互联网连接起来，并把各种事物、数据设备、产品甚至是即将到来的智能机器作为我们的盟友一起连接起来的理念，这种理念将彻底改变人类社会的各个方面。80 亿个大脑将跨越国界、文化、市场与网络，定义全球互联的未来。我们几乎无法用任何言语来形容这一趋势所能提供的加速到来的繁荣和机遇。全球互联将是我们文明史上一场独一无二的变革，是集体智慧的一次巨大飞跃，它不仅是数十亿人的互联，还是互联网、社交媒体、移动媒体和其他信息技术知识和工具的互联。基于集体知识、工具的全新使用方式和激进的新理念，在未来的100年里，人类将建立一个全新的文明。这个关于互联星球的设想将构成一个无与伦比的巨大挑战。

大多数人并不认为他们可以和全球实现互联，但他们认为自己可以与家人、朋友、工作或社区互联。也许他们能感受到自身与一种思想或宗教、一个体育团队或国家队之间的联系。但“我们都是这个互联星球的一部分”这种思维方式为了解不同文化、做生意、拥抱技术提供了新的可能性，最重要的是，赋予了我们自身一个全球视角，使我们体会到，我们在同一个星球之中彼此相连。

我认为本书提到的许多趋势对你的职业、生意和未来而言都至关重要，但其中一个最重要的、你一定想要迎接的大趋势便是全球互联。你把握和驾驭即将到来的变化的能力，获取未来智慧的能力，取决于你对即将到来的全球互联之范围的理解。更智能、更快、更深入的互联互通将改变我们的世界，使人们能够畅所欲言，拥有充满活力的事业，更加理解文化，并通往一个更繁荣的世界。

互联性将定义下一个百年。无论现在还是将来，互联性都将成为黏合所有交易、技术、关系和企业的超级黏合剂。互联性将决定你如何与你的世界、你的事业、你的命运互动。互联性将定义你如何与他人、国家、市场、企业互动，以及最重要的如何与企业家进行互动。由人、资金、数据和智能产品构成的互联网络随时知晓一切且永远在线，它将创造一种新的全球数字文化，进而将使全球的繁荣程度远远超出我们今天所能够设想的程度。全球互联将给未来的社会带来更大的益处，有潜力连接几乎任何事物和任何人，这将会给人们带来新的洞见。2025年，世界上的众多基本服务将由一个充满活力的移动网络生态系统驱动，且这一移动网络生态系统将物理世界、数字世界与市场、企业家、公司和供应链等连接在了一起。

永远在线，永远感知，永远连接

我们可以设想这样一种场景：当你坐上你的汽车时，这台能随时感知的汽车通过互联网连接到你的私人云网络，甚至在你进入汽车之前，你的汽车就知道你要来了。它能够感应到你，并收到一个由你的居家人工智能机器人发出的预示着你将要到来的信号。门把手通过互联网自动连接到汽车上的认知计算机大脑，并下载你的行程，进而告知汽车你在中午 12 点之前计划前往什么地方。

你的人工智能管家会阅读你的电子邮件，并通过快速链接（quick-link）连接到你的可穿戴眼镜，接着，眼镜亮起黄灯，提醒你别忘记带平板电脑。在你启动汽车的时候，你的车载人工智能机器人已经为你规划好路线并检查了交通状况。你可以选择自动驾驶或人工驾驶。每一个设备、平台、居所及交通工具都能感知到你的信息，并与你交流。这就是物联网——永远在线，永远感知，永远连接。

全球互联的趋势得到了移动互联网的推波助澜，又与商业高度融合，最终因人类知识的易于获取的特性而得以实现，这一趋势将定义全球商业、贸易、经济和文明的未来。连接那些未连接的东西，如产品、网络、服务以及最重要的——大脑，将带来一场前所未有的转型，一场在目前的商业模式、产业和产品中从未出现过的转型。

市场、资产、技术、知识、人才和产业的全球化连通正在创造一些我们闻所未闻的新事物。如果没有移动和智能网络的融合，我们根本无从想象这一局面。移动和智能网络的融合将成为一个新市场的支柱：这是一个极速扩张、数据量以艾字节计算、数十亿人和数万亿设备相互连接的市场。如果我们学会更精准地预测未来，意识到这个新的全球互联趋势并利用其影响力，我们就能够以全新的方式为教育、商务、医疗保健和企业开启新的大门。

无论我们是成功还是失败，合作还是竞争，最终迎来的是战争还是和平，一切都将取决于我们能够在多大程度上敏锐地理解互联性、有效地理解这些连接，以及最重要的，我们如何通过彼此互联来解决问题，如何革新、开创繁荣并开展业务。也就是说，我们需要了解互联的架构。互联作为一种商业模式，一种在人类、市场和文化之间建立全新互动的方式，将为世界带来更具活力、更加透明的理念、商业和机遇网络。互联将带来丰富的资源、更智能的解决方案和新的经济价值。

互联的逻辑已经在不同国家和多元文化之间的无数次合作中得到了印证，这也证明我们的确生活在一个互联星球上。深刻的洞见、无限的想象力、数据洞察力、充满活力的创新和生产力新引擎即将出现。

我们思考未来方式的根本性转变在于互联互通。如果所有的知识、商业、技术、通信和商务系统都是互联的，那么这些系统的融合将塑造未来，这也许是一个更美好的未来，且伴随着更多的创新、繁荣与和平。更高程度的互联互通将打开市场，为世界各地目前尚未互联的创业公司和个人赋能。将会有更多的人获得前所未有的生产力、透明度和知识。

全球互联趋势将使各种系统相互连接，能够创建一个充满活力与创新的贸易、技术和通信市场，能够激发人们的创造力、想象力和各种方案来解决当今世界面临的最大挑战。这些系统的全球互联对我们的世界而言至关重要，因为它将定义经济繁荣、商业、多元文化的交流和财富创造。相互连接的知识、个人、技术和市场的融合将决定我们这个星球的命运。

◎ 互联的交通更安全。

◎ 互联的网络会找出问题的模式和解决方案。

◎ 互联的创新生态系统（人才、技术、合作和市场的融合）将创造竞争优势。

◎ 互联的企业将获得新的客户。

◎ 互联的政府将变得透明而高效。

◎ 互联的技术将带来新的产品和服务。

◎ 互联的供应链将加快生产进度并提高质量。

◎ 互联的企业家更能驾驭创新。

◎ 互联的医疗保健将提供更有效的关怀。

◎ 互联的教育将使学习更智能。

◎ 互联的产品随时感知，随时在线，更有安全保障。

作为未来智者的我们，对于移动在线全球经济的互联性的理解程度，将决定未来 100 年文明的繁荣和进步程度。各种互联系统的融合将帮助我们了解世界、认识自己，从而更好地预测人口健康状况、普及教育、开放新市场、为从未接触过的交易双方建立关联。

更智能的互联也将改变我们所面临的挑战。我们如何应对未来 10 年的挑战，将决定未来 100 年的面貌。在一个互联星球上，我们需要完全不同的思考方式来应对，甚至仅仅是定义未来世界中出现的种种全球化挑战：极端气候变化、全球政治冲突、食物和水短缺、经济不稳定、市场开放、恐怖主义、黑客技术、全球犯罪和人口增加等，现在就是对这些问题进行探讨的关键时刻。**互联可能会成为有效应对未来巨大挑战的一种资源。**

作为个体，如果你想成为未来智者——适应性强、灵活多变、有预测能力，想在未来取得成功，你就必须理解互联星球。在这个互联星球上，个人将获得前所未有的创造财富、就业和个体繁荣的机会。随着所有的系统实现互联，思想解放和创新将带来大量的创业机会，从而创造新的商业价值。通过全球互联，人们能够更有效地获取对消费者和市场需求的认识，从而与组织建立起更亲密的关系。

互联的红利

任何国家、企业和个人都不可能与这个星球上的其他因素完全隔离开来。没有哪一种气候变化政策只关注一个特定的区域、国家或城市。没有哪一家公司能够通过只专注于本地而非全球来吸引人才。也没有哪个组织能够断言，存在比全球互联趋势对市场、客户、行业和竞争产生更大影响的事件。

你的未来将不再受制于资源、资金、人才、市场、技术和客户的开发。整个地球都是你的市场、工厂、人才库、研发实验室、客户群和创新生态系统。创新生态系统将成为未来商务活动的核心部分，包括以下 4 个关键要素。

◎ 电子商务。

◎ 移动互联。

◎ 极具创新精神的商业文化。

◎ 智能机器。

创新生态系统将孵化出由互动市场、资源、专业技术、供应商、推动者构成的在线协作网络。其中，作为推动者的人类、智能机器（各种新形式的人工智能、软件机器人、机器智能和社会情报系统）、移动设备和互联网将使事物连接起来，共同利用创新来推动贸易。创新生态系统是商业的未来，它将使全球互联、大数据、分析学和线上知识处理成为未来社会的通行货币。

手机将成为即将到来的互联星球的加速器。手机已经是这个星球上公认的经济机遇制造者。移动行业在 2013 年贡献了全球 GDP 的 4%，价值超过 2.7 万亿美元。到 2025 年，这一比例将增长到 7.1%。移动行业作为互联星球趋势的推动者，将决定未来全球经济，到那时，全球经济将作为一个创新平台来催化商务、提供服务，并通过跨越国界的电子网络市场来连接交易各方。

移动网络将为你提供独特的机会来接触新客户、开拓新市场，并以前所未有的方式来推销产品和服务。人、技术和服务，全部通过线上商务连接，实现深度合作，这种合作将成为全球经济增长的主要加速器。

工业催生了一批早期的创新生态系统，它们已经出现在世界各地。这些移动创新生态系统不仅通过自身所创造的机会，还通过所提供的解决方案和服务，来帮助个人、企业和社会得到发展，并最终提高人们的生产效率、生活质量和社会繁荣水平。未来，随着移动网络的普及，这些创新生态系统将在世界各地蔓延开来，这一行业也将成为主流。创新生态系统将成为互联星球的中坚力量，一些创新生态系统的成果可能基于教育、医疗保健和 B2B（企业对企业）电子商务等领域。

未来的创新生态系统将建立在全球移动互联网架构上。移动网络将成为互联星球的主要加速器，塑造每一个国家、企业和社会的未来，使之朝更好的方向发展。互联资源、资本、工作流程和人才在移动网络上相结合，带来更高的效率、成本效益和生产力。

人、技术和移动商业流程的这种融合将催生出一种新型服务，并能提高消费者的生活质量和企业的生产力。流动性的好处决不会局限在通信领域之内，而是会为能源、物流、银行、金融、证券和制造等各行各业带来极大的效率提升。

欢迎来到互联星球的全新现实世界。通过连接人、市场、产品、供应链以及最有趣的——连接人们的思想，从而获取经济、商业和社会价值，这就是互联的红利。

将 80 亿人的创新思想连接起来所带来的巨大创新突破，无法用任何货币来衡量。对人类而言，互联的红利可能意味着治愈疾病、加速全球财富创造、刺激能源新发现、操控气候或结束战争。思维连通的无穷力量可能是这个星球上利用得最不充分，同时也是最重要的自然资源。

随着越来越多的市场实现数字互联，越来越多的产品连接着彼此和人类，人们对实时的价值有了全新的理解：10亿个互相连接的思想将会形成一股什么样的力量？它是带来新型的解决方案、创新和人类新的生产力未来（new productive future）的力量。当每家医院都变成线上医院，所有器械、设备、护工、医生和病人都连接起来时，当每一种药物、每一部手机和每一台设备都能够互相连接，并能够与每个医生、每种系统，以及每位病人对话时，我们所拥有的互联医疗系统将具备自我意识和自我修复的能力，并且可以以如今无法企及的效率、安全性和认知水平运转下去。

这样一来，我们的智能医院将知道如何预防疾病，预测我们的健康状况并治愈疾病。互相连接的人、系统、网络和设备的融合将创造新的价值——这便是互联的红利。互联的思维、设备和系统所创造的新价值将改变全球医疗的未来。

基于个性化的大数据，制药业将随时了解并知道自己的产品对什么类型的患者最有效。患者的实时数字健康记录将与医生、病人和智能机器医疗管理系统"对话"，进而提高诊断和医疗的质量。2025年，我们或许会目睹这样一种场景：智能机器和自动化医疗决策支持系统将得以进化，并最终发展出一种诊断、预防和治疗疾病的能力。当一位在线电脑医生（不是人类而是智能机器）对数以百万计的研究试验进行大数据分析，找到治疗癌症患者的理想方案，并向医生提出建议时，你就会意识到互联星球时代已经到来。

全球互联趋势也反映出这样一种理念，即你需要尝试不同的商业新玩法。想象一下：你如何才能融入能给你带来竞争优势的创新生态系统？你如何在未来通过合作与伙伴关系来发展你的业务？你现在缺少哪些全球市场和客户来壮大你的企业、拓展你的市场？你如何使用互联来创造竞争优势？

FUTURE SMART
预见未来

2025 年之前将会出现的全球超级连接

- 每分钟有超过 200 小时的视频被上传到 YouTube 上。
- 在这个星球上将有超过 1 000 亿台互联设备。
- 将有 1 万亿个芯片、传感器和机器互相连接。
- 3 亿个可穿戴设备将实现在线互联。
- 移动设备每月将产生超过 50 艾字节[①]的流量。
- 移动设备数量将超过世界人口。
- 超过 70 亿人将被接入移动互联网。
- 智能机器和 M2M 网络将遍布全球，使企业家和企业能够进行合作、创新、交易并开展业务。
- 数字应用程序和移动数字服务将改造工作流程和企业。
- 全球企业家在移动网络上的深入合作将创建一个新的、充满活力的全球市场。
- 认知计算技术将改变物联网，在一切事物中嵌入智能。
- 全球创新生态系统将开发、制造、分析、营销并交付 70% 的产品和服务。
- 企业智能系统将预测并满足客户自己都没意识到的需求。

我们的互联未来

让我们想象一下，2025 年的世界可能是什么样子……

加利福尼亚的牧场主菲尔从他的人工智能数字助理特丽克西那里收到一条信息：特丽克西在全球牛肉价格上涨 25%之前将菲尔的牛卖给了一个亚洲客户——一切发展都如人工智能所料。

① 艾字节（EB）是计算机存储容量单位。1EB=1024^{3}GB。——编者注

Jomo Mobasa 是一台在新加坡的阿西莫夫 5 级模型，采用肯尼亚的私有云服务，卖出了超过 100 万种如《疯狂的小鸟》这类虚拟现实游戏，在移动可穿戴式计算机上每分钟的下载量多达 1.2 亿次。

5 亿来自非洲、欧盟、北美和亚洲的企业家通过百度— 谷歌移动电子商务网络，购买和出售可再生能源信用（Renewable Energy Credits，RECs）。在这个创新生态系统中，180 多个国家每秒产生的交易额可达数百万美元。

互联企业，推动商业快速进化

欢迎来到互联星球，在这里，人、传感器、计算机、虚拟代理、移动设备和智能机器组成的活跃而高速的互联网络将在所有市场、生态系统和国家之间创造繁荣。无数希望有所创造，希望达成交易的、互联着的个人、组织乃至供应链本身以及无数的利基市场和能够预测市场的产品供应商或服务供应商，所有这一切所带来的巨量连接遍布虚拟现实世界中的商业、教育、医疗和文化领域，打造出互联星球的内核。更多的连接意味着更重要的市场的出现，也意味着商业、资本及通信的加速。

互联性也将成为商业发明的竞争优势。互联的企业将能更快、更有效地部署资源，帮助客户获得成功和幸福。互联的国家将为人才和生产力而竞争。只有让连接变得智能有效，国家才能更好地吸引和留住人才，因此，国家高水准互联将成为一个国家的竞争优势吸引优秀的企业和人才。

这种全球互联趋势是一场创新、企业、技术、经济和企业家的新型融合，并将推动商业发展，尤其是对全球人口中处于金字塔底层的人来说，由于他们需要一个稳定、安全、透明的数字化市场来开展业务，因此把握这种趋势对他们来说尤为关键。同时，这种趋势是一系列力量共同作用的结果，将推动我们向未来迈进。

10年后，当我们回顾过去时，会惊叹于今天的世界是多么原始、破碎和低效。通过连接，我们将创造一个互联星球，到2030年左右，这个互联星球将改变我们的文明，让更多的人参与到财富创造、繁荣和创新中去，进而使之变得更美好。互联星球趋势将有能力也必定会帮助到企业家，随着全球市场的连接，企业和企业家应该做好迎接更大幅度的增长、更多的机会和更多的就业的准备。

互联星球的 5 大驱动力

移动互联网：移动互联网的传播将加强全球的连通性，促进更多的合作、新的商业创造和创新。这个拥有共享理念、价值观和世界观的世界将更加完整、透明，从而促使人们在未来共同创建一种星球文化。移动互联网将发展成一个由活跃的人类和人工智能构成的互联市场网络——随时在线，随时感知，随时开放业务，全年无休。

到2025年，全球移动互联网的市场规模将超过1万亿美元。全球市场将被一个涉及全球90%人口的数字化移动互联系统所推动，这个系统将人们与供应链、生产商、分销商、智能连接机器、物流、制造商、买家和卖家紧密相连。这个市场将吸纳高速计算机、数字助理、数字货币和智能虚拟机等技术，从而统治整个商业世界。

对于需要花功夫适应这些连接技术所带来的实时获取数据方式的企业家和公司来说，这将是一个好消息。更多的互联会带来全球合作与学习、更智能的医疗保健、教育的普及，最重要的是，带来一种创新理念——创造价值的理念。互联星球将成为创新理念的网络，而创新思想便成了学习、贸易、媒体和通信的通用货币，理解了这种进化的组织将会成功。互联星球将集聚创意，集成网络，集中市场，其汇聚的速度比以往任何时候都要快。能够创造财富、机会，孕生出改变世界的发明的创新理念即将出现。

在 2025 年的互联星球上，创新理念能够实时同步，一旦它在一个地点比如肯尼亚被分享出来，就可以立即被香港、伦敦和巴黎获取。今天，我们已经看到了这种实时分享的现实，通过即时连接的社交网络如 Twitter 和 Facebook 来进行信息传递。观念一旦显现，全世界的人都会很快看到它们、分享它们。

速度更快的网络将产生更深层次的合作。5G 网络能够在世界范围内以纳秒级的速度传输数百艾字节的视频、数据、声音、图像和文字。能够利用这个超级互联网的极富进取精神的公司和个人将获得强大的竞争优势。

这就是发展中的互联星球——它吸引、激励、授权个人使用网络连接作为人类生活方方面面的普遍模式。互联企业将使我们变得更智能；互联组织将提高我们的生产力；互联供应链会使我们的效率更高；互联媒体将为我们提供更多的娱乐价值。

这将实现本地、区域和全球的沟通——连接交易双方、人、企业和机器。会影响实时价格、定制化和资源采购的精确供需数据，你的智能手机就能全部提供。移动网络将成为未来文明的“神经系统”，具有智能、开放、敏锐、安全的特点，连接起数十亿个人和公司。

拥有未来智慧的企业家：他们敏锐、适应性强、具备全球化视野、敢于预测、善于创新。拥有未来智慧的企业家是一种不同类型的企业家。他们将以一种异于常人的思维方式进行经营——利用互联的思想、移动技术、系统和市场。他们将使用互联星球来创造新的商业价值和工作流程。这类企业家将用全新的商业理念来塑造未来的全球经济，如果没有市场、人才和网络的全球性互联，这一切都不会存在。

创新经济：这一点诞生于这样一种认识——技术创新是经济增长和价值的关键驱动力。这种认识带来了就业机会、繁荣、生产力增长和自由社会。只有存在自由企业、自由市场、自由社会，存在个人可以茁壮成长的地方，创新经济才能蓬勃发展。今天的先进技术——生物科学、纳米技术、神经科学、机器人等，将成为明天远超今天之想象的更先进技术的基础。永远在线、随时感知、始终互联的先进技术将成为未来电子市场的支柱。

互联星球将会被移动、可穿戴、可嵌入计算技术所主导，而这些技术又会统统接入物联网。物联网是一种新兴的技术潮流，由产品、系统、计算机芯片和设备彼此无线连接，从而可以感知、理解、分析、预测和交换信息，如识别定位，在网络上进行物与物的通信或物与人的沟通。

FUTURE SMART

预见未来

物联网在 2025 年

- 互联交通系统——连通自动汽车、公共汽车、高速公路。
- 互联城市——管理水、电及城市治安。
- 互联医疗——带来更安全和更好的护理服务。
- 互联农业——带来更高的产量。
- 互联制造业——提供更高的生产力。
- 互联家庭——实现能源、媒体、通信互联。
- 互联企业——实现大数据分析、云服务。

全球互联趋势将使个人和公司能够利用人工智能增强的云计算，在商务、娱乐、社会服务和思想等方面有所收获。那些可以想象并塑造这种未来的人将会在未来大获成功。

互联社会：全球互联趋势不仅连接了企业家和企业，同样能够在连接个人来解决社会问题和实现目标方面大有作为。互联社交媒体的角色帮助、激励并驱动人们支持社会变革。在未来，互联技术将推动更多的运动，进一步提高人们的公民意识。

2009 年，世界各地的 200 多个城市举行了 Twestival（推特节），关注全球水资源匮乏事件，利用 Twitter 社区来募集资金并提高人们对这一全球性事件的认识。在社交网络中，工作人员将 Twitter 用作一个连接网络，通过视频和 Facebook 上的附加信息策划了一个全球性事件。该事件使超过 1.7 万人获得了清洁饮用水。Twestival 的成功，展示了一种在一夜之间改变世界的有效方法。这将是未来的一种模式。

人类面临的社会挑战是超越国界的。当今的政府还没有准备好建立一个互联社会，来应对公共卫生、教育、水资源和粮食短缺、气候变化以及其他社会挑战。到 2025 年，政府必须管理自己国家的未来，否则国家实力就会下降。

寻求一个更好的未来：全球价值观的转变即将到来，这将改变人们的世界观。个体将把自己视为互联星球的一部分，而不仅仅是一个国家中的个体。我们的世界面临着许多严峻的挑战和问题，如气候变化、资源短缺、就业机会少、贫困、和平和安全遭受威胁。全球价值观转变的来临将重新定义企业和个人的目标，从而通过互联创造一个更美好的未来。

在这个星球上以建设一个更美好的世界为共同的价值观，人们连接在了一起，并赋予了互联以新的意义。我们将会跨越文化和经济差异，作为同一种文明，共同面对全球性挑战，这就是将要发生的。如果"让世界变得更好"正逐渐成为你的世界观，那么你对工作、生活方式、雇主和政府的判断就会改变，你会去拥抱这种新世界观。这是全球互联趋势的根本驱动力——认为个体的目标是与世界上的其他人结盟，以实现一个更美好的未来，一个更繁荣、更安全且更高效的未来。了解这个趋势并拥有未来智慧的公司，将具有独特的竞争优势。

未来的商业将与互联星球息息相关。把互联性当作发展的方向来开展你的事业，将是一个良好的开端。

我敢肯定，创新技术将是互联星球发展的战略加速器。更紧密连接在一起的供应链、交易各方、市场和支持社会媒体的移动平台，甚至我们目前尚无十足把握的智能机器，都会与我们建立联系。这就是你希望构建的东西。在你的职业生涯中拥抱互联星球，发明将给你的企业或职业带来创新的互联关系，这就是未来智慧。

FUTURE SMART

第二部分

精准突围，掌握驾驭未来的 15 大赛道

MANAGING THE GAME-CHANGING TRENDS THAT WILL TRANSFORM YOUR WORLD

FUTURE SMART

03

自主经济，从新想法到新产品可能只需要几秒

MANAGING THE GAME-CHANGING
TRENDS THAT WILL TRANSFORM YOUR WORLD

这一年是2025年，一个充满活力的全球超级互联创新生态系统已经出现，并创造了数百万的工作岗位和企业。创新生态系统是一个高性能的全球合作网络，能够进行预测，具有实时和移动性的特点。创新生态系统高度灵活，可以帮助有创造力的企业家去创建新的全球数字市场。企业家们汇集起人才、创新、供应链、市场、制造商、资本和专家（包括人类专家和机器专家）来创造商机。大多数工作带有创业的性质并以项目的形式展开，将跨越国界进行，并采用拥有深度合作网络的人、公司和技术。像数码部落（Digital Tribes）这种由人、公司和智能机器构成的专业网络将在众多创新生态系统之间进行合作和竞争。

这是一场创新大爆炸，它正在创造机会，激活遍布150个国家的买家、卖家、创客和生产商，通过光速网络以尧字节[①]的体量和纳秒级的速度传播。以光子速度向前推进的商业将点燃一个充满活力的全球创新经济。

产品和服务在创新生态系统之间得到实时设计和采购，这些生态系统将人才、供应链、数字市场和项目按照需求结合在一起，每时每刻都能服务数十亿客户。这些创新生态系统是灵活的、有预测性的、后工业时代的网络，其中的产品、服务和理念可以为全球市场中的客户服务。在新的未来商业中，从新想法出

① 尧字节（YB）与前文提及的艾字节同为计算机存储容量单位，$1YB=1024^5GB$。——编者注

现到制造出来产品可能只需要几秒钟。人类和智能机器的合作将会创造新的市场、带来创新，并让一项创意在短时间内快速获利。因此，在不久的将来智能预测将成为一种新的竞争优势。

在材料、电子产品和客户服务等特定领域拥有专家的多重创新生态系统，将与来自安全、医疗、房地产、金融和传媒等特定行业的自由职业专家进行互动。知识价值专家（knowledge-value specialists）能与智能机器、供应设备以及机器人互动。

无人机、飞行器、数字人格、虚拟化身和智能机器都将被纳入全球商业文化。个人将会拥有自己的数字克隆体，数字克隆体将在它们的真身也就是真实的人类从事创造、游戏、旅行等活动或忙于其他项目时，负责服务客户和进行贸易。全新的数字商业模式会创造出超级兼职（super gigs），这是属于自由职业者的项目，涉及可替代性能源、保健、消费级基因组学、自适应金融、预测模拟、大数据和浸入式娱乐等领域。所有这些想法在 5 年前还都不存在。

在这个新的未来中，商业运作方式将发生根本的、全球性的转变，且这种变化正在飞速到来。智能预测、大数据、分析学和认知计算的融合进化已经改变了商业。顾客就是生产者、竞争者，也是合作者。众包模式驱动着市场。

这是以光速被彻底改变的商业。

制造商负责制造和销售产品，但制造什么和如何制造已经与过去迥然不同了。由于数字货币为贸易提供了新的选择，按需生产的虚拟铸造工厂和来自太空的外星工厂的互联供应链，将驱动一个充满活力的 3D 制作器与模拟器市场。产品设计被模拟并上传至 3D 制造工厂，这些工厂将在地球以及太空轨道上的其他地外星球的城市中进行生产和销售。

企业预测客户需求，并将这些需求大数据推销给提供保健、深度学习、游戏、娱乐和金融产品的知识智能企业。

全球创新生态系统的出现，实现了移动设备、电视、自动驾驶、住所、计算机、传感器和可穿戴平台的融合，形成了有史以来最大的全球市场，将 80 亿人口连接在一起，他们不仅是消费者和生产者，也通过各种方式分享着知识和才能。这是一个不断演进、可塑性极强的数字平台，能够基于你是谁、你在哪里及你正在寻找的东西而自行调整。这个创新生态系统将网络、智能设备、人和市场连接在一起。在这里，人才、项目、贸易和创新融合在一起——这是创造者的世界（the makers world）。

3D 纳米制造技术已经改变了医疗、消费品、工业产品和娱乐等领域。大多数家庭和企业都有 3D 制造机器人，它们能够按需制造定制化药品、食物、工具、服装甚至复杂的设备。每个人都是一个 3D 创客，人口的自给自足改变了商业。3D 创客与云网络相连，当他们需要时，就可以从云网络中下载程序、驱动和工具。知识是世界上最抢手的产品，它使金融、医疗、制造、贸易、传媒及娱乐达到定制化商务的新高度。

在时刻变化的市场、渠道和如弹窗般迅速出现的一个个虚拟世界里，全新的商业价值被孵化、接入蜂巢网络、众包、交换和交易。每个人都是一个创造者、制造者、生产商，同时也是用户。未来的商业是一个快速发展的人与智能机器合作的网络，认知型云计算机会接入网络，为客户和企业提供价值。

高级移动网络和自由企业的碰撞是未来商业发展的主要动力。自由市场、自由贸易、自由企业在基于移动网络的全球创新生态系统中运行，加速了经济增长、创业和全球贸易。大多数个人和公司会在这个快节奏、不断变化的新未来商业中获得蓬勃发展。

数十亿之前没有进入全球市场进行购买和销售、生产和贸易、创造和配送的个人，现在被连接在一起。创新生态系统中充斥着各种新理念，智能机器和跨媒体部落争夺“制造者权利”——将创意转化为消费者市场上的商品的权利。即时市场（InstaMarket）迅速涌现，混杂着全球的买家和卖家、制造商和开发商、投资者和数字银行家机器人，然后又迅速消失。不同的即时市场每天都在涌现和消失，一天出现高达 100 万次，一个星期就能够创造出 1.5 万亿美元的价值。你需要拥有一个未来智能组织，才能够在未来掌控改变游戏规则的商业机会。

拥有 90 亿用户的全球市场现在已经上线，你准备好了吗？

在由创客、生产商、代理商、卖家和买家构成的全球创新生态系统之上，自由企业将会对世界经济产生更大的影响，创造财富并减少贫困，它们将超过任何一个希望改善自己公民的未来状况或经济的未来走向的政府。各国政府将需要为此提供支持或扫清道路。全球创新生态系统将改变全球经济，自由企业、个人和数字技术的融合将会促进整个经济和社会的发展。

这是一个新的未来，游戏规则已经改变，全球性的机遇正在到来，只有获得了未来智慧的人才能茁壮成长。

FUTURE SMART

预见未来

改变世界格局的大趋势将决定商业的未来

- 创新是主要的竞争优势：顺之者生，逆之者亡。
- 每一个企业都必须采取对社会负责的商业行为。
- 预测知识价值型商业模式将改变每一个企业和职业。
- 在你开始竞争之前，你需要颠覆并重塑你的商业模式、产品、工作流程、人才、战略和价值观。
- 到 2025 年，移动网络市场将连接超过 70 亿人。
- 自动机器人、计算机算法和智能机器将改变每一个企业。你需要学习利用这场革命。
- 全球创新生态系统将创建由市场、企业、企业家和商务组成的合作与互联的网络。
- 预测分析、云网络、大数据、社交媒体和移动是 21 世纪将改变商业的最主要趋势。

- 作为一种新型客户，点击流用户（Click-Streamer）指明了一种新的数字全球文化。
- 创业文化将改变每一个企业，使每一个企业更具创业特质。

数字货币，10 亿人选择的未来交易

你的手机将变成你的新银行。未来，个人对个人（P2P）的交易可以使用各种数字货币来开展业务。每天，新的数字银行将在全球数字货币市场管理数十亿的资金，这些数字银行包括 M-Pesa、P2P Money、DigiCash、MyBucks、Mobil$ 以及比特币。数字货币或者最初所谓的加密货币现在已成为能在任何交易中被承认的货币形式。

在现实世界中，人们可以基于虚拟资产或货物等实物资产来创造数字货币，并使用它们来开展业务。人们甚至可以交易算法——用于创造数字现金的公式。你可以在线设计你自己的数字现金并将其用于商业行为。甚至在今天，你已经可以自定义比特币平台上你自己的数字货币，并用其来进行交易，前提是你能够找到某个人或某个企业来接受你的数字现金。这为一个个性化数字货币的新时代敞开了大门，人们可以按需交易或为当前业务提供个性化服务。对一个我们能够自由定制数字货币的世界而言，这意味着我们能够创造新的商业机会，尤其是通过移动网络。

地球上有超过 1 亿人正在使用移动数字货币。从非洲到亚洲，从最贫穷的国家到最富有的国家，移动数字现金（移动货币）不仅仅代表着未来，实际上它是一个已经存在的市场，并且一直在迅速增长。到 2025 年，将有超过 10 亿人把数字移动货币作为他们的首要交易方式。

黑客组织 MK Ultra 的专长是对加密货币进行网络破解，或者如他们所说，“解放”加密货币。到 2022 年，将出现大量加密货币，也就是众所周知的数字现金。

以比特币的试验为首，人们在 21 世纪初期开发了数字现金模型来替代主权国家发行的货币，如美元、欧元和人民币。

如今，MK Ultra 正在寻找的数字现金叫作 DigiTrade，它被大型能源企业用于能源交易，以期规避货币风险。MK Ultra 通过无线网破解了一个粗心的伦敦风险经理所佩戴的谷歌眼镜，最终得到了窃取超过 1.5 亿美元财产所需的代码。

为了适应这种新的经济现实，企业开发了新的方式来保证交易的安全性，这样一来，喜欢使用数字资金的客户和供应商就可以与它们进行交互。一个数字中央银行监控着所有规模超过 10 亿美元的数字货币。随着个人开发出传统货币市场以外来进行价值和商业交换的新方式，个人对个人的数字货币的种类已达到了数百万种。这会破坏传统的货币控制，但这种趋势仍会延续下去，因为中央银行会学着适应这种新的货币未来。

从全职员工到自由职业者市场

全球数字企业将使用人才外包，只保留少数全职员工，这将推动一个自由职业者市场的形成，并创造 70% 以上的新职业。虽然 2015 年时这一点还让人难以置信，但到了 2020 年，这种趋势已迎来爆发式发展。每个组织都需要适应这个新未来。自由职业者已经成为一种宝贵的人力资本，因为他们具有移动性、虚拟性，而且他们所拥有的各种创新技能正是很多组织为完成特定项目所需要的。

其结果是，一批基于网络的更扁平化的公司因此得以形成，这些组织维持着由自由工作者人才所组成的网络，这些自由职业者可能一生都从事项目制的工作，而这些项目由许多公司按需提供。这些项目可能持续几分钟、几天，有时是几年。特定行业内拥有特殊才能的自由职业者将变成大多数组织的宝贵资源。

自由职业者为商业带来了其迫切需要的创业文化转型，在这种文化中，报酬基于项目绩效，从而创造出新的商业价值和“创新回报”（Return On Innovation，

ROI）。这种趋势已经改变了人们与组织合作的方式，引入了一个高效创新的敏捷新时代。这些拥有未来智慧的公司正在崛起。

基因组分析，市场营销的未来

DNA 测序与神经营销学及大数据相结合，被用来预测客户需求、设计产品、了解员工相容性、重新设计工作并规划职业生涯。随着 DNA 测试变得越来越便宜，加上基因组科学不断发展，我们将能更好地理解人、企业甚至产品会如何交互，最终，一个新的行业诞生了。

基因组分析现在被应用于世界各地，为市场营销、就业和数字服务提供新的洞见。被称为“genomers”的基因组专家们提供了基因组市场概况定制化预测，帮助企业更好地发现新的商机。

神经广告，精准预测你的需求

连接数十亿消费者和企业的自适应个性化广告拥有强大的实时预测能力，能够发现你的需求。听上去像是侵犯了你的隐私？确实有可能。神经广告可以实现、解释并预测你需要什么，甚至制造出新的需求。这个庞大的全球自动广告系统采用神经科学和云网络，能够产生数十亿根据你的愿望、需求和问题所定制的个性化广告。

这些广告不只是为了销售，而是给人们提供了信息，而且这些信息与企业对特定个人欲望的预测高度相关。人们可以选择花费自己的时间和注意力与广告互动，并因此收获数字积分奖励，人们也能根据自己感兴趣的主题来定制广告。

数字制造商网络

不同行业的专业性数字制造商网络将会出现。假设你是一个正在苦苦挣扎的媒体人，就像曼谷网络（Bangkok Network）的跨媒体智能机器那样的一个企业家，你开发出了一款新的网络游戏，并且正在四处寻找用户。实时测试显示，居住在中国一个偏远地区的人们非常渴望这种类型的娱乐，并愿意用比特币预付 40% 的生产成本。其余费用将由曼谷银行通过网络贷款给你，以你订单的 50% 做担保；或者你可以预支手上的比特币信贷合同，但前提是对方能够把特效制造出来并卖给企业赞助商，且通过预付得到东南亚市场的数字营销权。事实上，每个星期都有数以百万计的媒体产品通过这种方式产生。现在你可以准备好出发了。

大数据革命

每项业务都将被大数据改变。同样重要的是，我们可以通过分析和解锁这些定义了我们世界的数据来理解世界。大数据可以用来更好地预测哪种药物药效最佳，哪些服务和品牌能提供更好的品质，哪些创新能够创造更高的客户价值。

大数据从员工工作方式的数据中挖掘出意义，帮助他们成功，并挖掘出销售所产生的客户数据。大数据把创造全新业务线、扩大现有商业机会的方法变得更加视觉化、概念化、可操作化。如果你能够理解这种解锁信息之奥秘的数据科学，你就拥有了一件强大的竞争武器。

大数据也能够告诉你客户需要什么，从而精确预测政府和企业应该如何帮助公民和消费者，如何赋权给他们，并向他们提供价值。

脑流：2025 年市场趋势

在未来，我们可以通过“直连大脑”（Direct-to-Brain，简称 D2B）的方式来播放游戏和娱乐节目，这一领域每年将产生 2 000 亿美元的消费市场。D2B 又称“脑流”（brain streaming），它已经成为一个巨大的全球产业，创造了上百万的就业机会，

> **来自 2025 年的新闻头条**
>
> 自适应个性化广告将能够预见你的秘密心愿

而且几乎每天都在推出新的服务。D2B 能够提供高度沉浸式的引人入胜的体验，因为它直接刺激着大脑。

分析消费者兴趣然后自动生成游戏和节目，这种为几十亿人提供定制服务的娱乐媒体现在既是网络电视的一种功能，也是一种独立的媒体服务。虽然在某些国家这是违法的，但 D2B 实际上已经成为一种强大的教育和学习工具，可供在线学校和企业培训。

2025 年的人类能力提升市场

人类能力提升（Human Performance Enhancement，HPE）市场专注于增强智力、器官再生、提高可控制的人类运动能力等方面。健康养老现已占据数字消费市场 45% 的份额。覆盖 500 多个新业务领域、1 亿多个就业岗位的 HPE 正成长为一个全球性产业。增强智力已经成为备受企业和个人欢迎的一项服务，超过 40% 的就业岗位需要相关的增强认证。

控制与年龄相关的疾病已成为全球面临的头号挑战。随着 X 世代（20 世纪 60 年代至 70 年代出生的人）步入老年期，其年龄中位数将达到 65 岁，并且世界各地人口的减少将造成生产力匮乏这一危机，HPE 将会成为全球最大的产业。为了保障人口数量，政府补贴和企业保险将会为大规模的 HPE 服务提供支持。

机器引爆自动化经济

全自动建筑、家居、汽车和设备从在线全球能源微电网中购买或出售能源。太空自动化工厂生产定制化的药物、汽车、农业和计算设备。智能机器，无论是自动的还是人类操控的，都将形成自动化经济，因为它们会接管工厂、创新生态系统、创客网络及全球经济活动，从而主导未来的经济增长。到 2025 年，自主经济将得到明确定义——实际上，它现在已经兴起了。

自主经济来自自动化机器的有机结合，这些机器基于计算、地理信息和物联网来管理工厂，创造出基于所谓人工智能的智能机器。新的人工智能依靠认知计算、神经科学、基因组科学和纳米技术来创造一个新的智能机器时代，在这个新时代，所有工业和知识价值工作都将由机器来完成。这些机器还会进行自我升级，独立于人类对全球所有的企业进行管理。

3D 云打印市场

云计算将按需直接向消费者提供产品，其占比达全部产品的 70%，包括本地分子制造的产品。3D 打印机能制作大部分产品，甚至是复杂的设备和机器。随着纳米装配机的价格下降，就像几十年前的微波炉那样，政府和企业甚至会免费赠送设备给个人，如此一来，每个人都能够使用连接至云网络的 3D 打印机独立生产某些物品。

微电网市场

分布式能源网络（又称微电网）的发展已经改变了能源市场，提高了能效，减少了浪费。这种创新的出现要归功于能源成本的上升、人们对更好地管理全球能源及应对气候变化的关注。

微电网是传统能源和可再生能源之间智能、高效的合作网络，连接了能源资源、生产者和消费者。微电网已经随着自动化经济的出现得到发展，能够更好地管理低成本能源的使用，为企业和消费者提供服务。

全球可持续发展

由于气候变化、污染及人口增多对水、食物、能源等自然资源的威胁，可持续发展已经被提上全球日程。如果政府不能果断采取行动来应对这些挑战，那么这将迫使企业承担起解决问题的重担。

消费者促使企业采取可持续性决策，也使得企业接纳一个社会问责的时代。消费者用自己的钱包“投票”，支持那些拥护可持续星球的企业，反对那些不支持这样做的企业。企业领袖如今正在影响政客，使后者支持更具可持续性的政策——气候变化管理，这正是超过 90% 的消费者的要求。

紧随趋势，市场永远在提醒我们的事

未来商业正在到来，数字知识价值商品的力量正在加速发展，其发展速度超过了劳动密集型产品。到 2025 年，知识价值商品将主宰市场。将有无数的企业每天在线上向全世界的消费者销售商品。这些企业可能会通过销售产品和服务赚到一些钱，但最赚钱的是那些能够帮助他人成功的公司。数字企业家们已经发现了，与消费者在移动网络上互联的能力是创造全新商业模式的基础。这些数字企业家帮助其他企业家走向成功，帮助他们销售更多的产品、发现消费者、在社交网络上进行数字营销并提高其业务的影响力。他们的工作流程和服务在数字技术的武装下，效率将得到很大的提升，盈利能力也将大大提高。

在线营销、分析技术和计算机科学的融合创造了巨大成功，在商业模式方面是史无前例的。其中的关键在于创造了一个创新生态系统来服务客户，自动销售他人认为具有巨大价值的数字知识产品。这个市场与大学课堂里所教授的、大多数人学到的以及如今大多数企业最常采用的市场截然不同，但这是未来将在我们眼前呈现的图景。

你准备好加入这场比赛了吗？想要成为未来智者，你需要采用与今天完全不同的方式去思考和行动。可持续性、社会责任、社交媒体、指数科技、实时感知网、移动商务、互联性……创新者的思维方式将改变你引领、发明、预测和理解现实（包括市场、文化、商业和组织）的方式。

这个崭新未来正在改变企业的运作方式，挑战企业本身的内涵。要看到这种未来，请想象一下 Facebook 这样的公司是如何赚到几百亿美元的——答案就是将人际关系货币化。Twitter 实现了信息的全球发布和交流。谷歌实现了人际互联网络上的搜索和商务运作。百度通过连接 10 亿人口，创造出一个活跃的企业家市场，这些企业家此前互不连接。比特币提供了一种灵活的、数字化的、用以交易的新型移动货币。优步（Uber）则正在颠覆各种商业领域。未来马上就要到来。新市场、新技术、新竞争和创新商业模式带来的持续变化正在展开。

你无法运用昨天的工具、观念、商业模式或科技来应对即将到来的商业挑战，你需要一种全新的思维、工具、组织结构和供应链。人类作为一种文明，正在创造一个新未来，商业可以获得蓬勃发展。新未来正在从根本上改变经济、社会和文化，它们将引爆商业。新未来代表着明日的状态——一种动态的剧变，你最好为即将到来的风暴做好准备。

商业的各个方面都在改变：市场是什么、如何进行销售、去哪儿连接消费者、消费者需要和期待的是什么、如何吸引员工或自由职业者，甚至产品和服务的形态都将发生变化。有关商业是什么、用来做什么、如何创造价值的整套观念都在改变，你必须顺应这些趋势改变自己，只有这样，你才能生存下来。

创新是唯一的竞争优势。创新商业工作流程，包括增加合作和互联、混合智能机器与人类操作员、利用大数据、利用云技术、建造预测性分析等，都是对有影响力的前沿创新的应用。去做别人看不到的、没有做过的或者错过的事，正是在拥抱一项新分化出的业务。理解了这一点，你将走向未来的成功，并能使你的员工、消费者和自己的竞争力更强大。请快速而频繁地创新并建立创新文化，先于你的竞争对手拥抱革命性的观念、人才和工作流程。

社交媒体是消费者之间相互影响的途径，他们会选择使用或拒绝你的品牌。权力正向比企业更懂得社交媒体的消费者转移，这对于企业来说是一种挑战。

模拟和游戏是利用计算机和游戏模拟真实生活和真实市场挑战的新途径。使用模拟和游戏来更好地理解变化中的商业或消费者观念将揭露此前被忽略的新机遇。

数字营销是一种关乎你的品牌和市场的关键互动模式。传统营销方式已死，移动网络将主宰市场。现在就要做好准备。忘了现实吧，现在是比特时代。

分析让你了解市场、消费者和竞争对手，帮助你竞争和成长。建立大数据专家分析团队，来了解客户的需求是如何变化的以及如何解释他们这种不断变化的需求。

将知识价值嵌入每一件商品和服务中：能够让消费者兴奋、成长、获取信息、获得权力的可以添加进产品和服务的知识价值是什么？如果你还不知道，请停下手中的一切活动，先搞清楚这个问题。

有预测能力的企业，其核心是利用好数据、生态系统、数字工具和市场。如果你了解预测在改变竞争格局和产业形态上的作用，那么再仔细观察一下你的周围，你就会发现，变化无处不在，竞争越来越强。消费者正在寻找应对变化的代理人来帮助自己，要么是你，要么是别人。

7 大企业发展趋势

商业是什么、它做了什么、它做这些为了谁？关于这些问题的整套观念都在改变。企业为消费者创造价值的方式也在变化。从新的商业模式、新的创新到新客户和新市场，一个新未来正在涌现。这个新未来要求全新的视角来进行组织决策，使得层级更少，权力网络更分散。

利用知识价值的企业正在创造一种新的企业差异，用一种新的思维方式来思考何为企业。创新为合作和解决问题创造了新机会，由此它将成为驾驭这种新未来的关键。新的未来是一个由不断加速的数字创新、知识价值和全球化来定义的商业时代。

消费者也在推动这个新未来的变革。消费者发现了互联网的价值所在，用计算机处理日常工作，告诉企业他们乐于在网上购物、想让智能手机变成像计算机一样普及的事物，也会接受可穿戴设备成为下一个市场。消费者想要生活在新未来，而你的工作是跟上他们，更快地预测，赶在别人之前为他们提供价值。

这个新未来是一个高速变化的全球市场，一个具备新理念、创新、交易和人才合作的新市场。这个新未来也是一种全新的、复杂的人类和机器创造价值的方式。

FUTURE SMART
预见未来

新未来的定义将取决于

- 加速变革。
- 快速创新。
- 智能技术。
- 预测系统。
- 互联市场。
- 将一切数字化。
- 移动商务。

在人类历史上的所有商业服务中，超过80%的服务是在过去的10年里创造的。全球创新经济正处于起步阶段，电脑、互联网和智能手机的出现提高了商业生产力，创造了全新的产业、市场和数以百万计的就业机会。然而，全球贸易依然尚处于起步阶段。

发展中国家的增长速度要快于发达国家。创新仍然会对GDP的增长产生积极的影响。世界上仍然有一半的人口没有接入互联网，这将是未来最大的市场。因此，可以说未来的商业前景将是无与伦比的。

从全球视野来看，人们的生活质量正在得到改善，世界正变得越来越繁荣。自 1980 年以来，全球已经有超过 10 亿人摆脱了贫困。自 2000 年以来，超过 50 个发展中国家的 GDP 年均增长率达到 5% 左右。尽管过去几年发生了一些动荡，但全球繁荣的程度一直在不断提升。

巨大的技术进步推动了这种繁荣，越来越多的人能够获得对企业发展和创业成功至关重要的工具和知识。人类健康领域的巨大进步和战争的减少同样推动了全球繁荣；人的预期寿命正在延长；特别是在亚洲和非洲，这些地区所形成的巨大的新兴市场将带来足以改变世界整体格局的发展机遇。

未来的企业和经济也面临着巨大挑战，如失业率提高、社会动荡、可用人才减少、犯罪频发、金融市场不确定性、增长缓慢和可持续性等问题。这些以及其他未列出的挑战是我们的文明向更美好的未来演化的一部分，高品质的生活、繁荣、和平和自由都将是长期发展的结果。我对这个未来的预测总体而言是积极的，但并非不存在可能破坏这一预测的危险因素。不过，我预测正面的机遇要比负面的风险多。我相信唯一有能力控制风险的是私营组织，但每个人也需要注意控制自己的风险。

4 大未来智慧领域

不管是发展现有企业还是新企业，都需要将 4 大未来智慧领域整合到一起，这就像一部高性能赛车为了调整到最佳状态需要对必要的功能进行整合。这 4 个领域分别是：人、流程、产品和技术。仅仅适应、预测和拥抱创新等因素还不够，你还必须实现这 4 大领域的价值平衡，只有这样才能获得成功，成为未来智者。做好今天应该做的事，才能制胜未来。

1. 人

◎ 你应该采纳何种价值观，以吸引合适的人才来促进企业的发展？

◎ 你需要和什么样的人一起工作才能在业务中发挥重要作用？

◎ 你组织中的人员如何构建一种创新的、适应性强的、对变化持开放态度的文化？

2. 流程

◎ 你应该如何反思业务流程，使之能够加快创新，提升客户服务能力、生产力或竞争优势？

◎ 为了更有效地为客户提供知识价值，哪些工作流程必须得到改变？

◎ 你的公司正在发生什么样的变化，你又该如何更好地预测和适应这些变化？

3. 产品

◎ 你可以将何种创新整合到产品或服务中，来启发、愉悦、服务用户？

◎ 你能为客户提供的最具价值的、最令人惊叹的产品是什么？

4. 技术

◎ 哪些正在形成的新技术能够为你的企业打造全新的竞争优势？

◎ 对于你的客户和市场而言，哪些技术可能改变游戏规则？

◎ 哪些商业创新需要对技术进行考察？

颠覆你自己，而不是搞垮你自己

你准备好在被竞争对手颠覆之前进行自我颠覆了吗？如果你不能迅速适应变化并大胆创新，那么即将发生的事就是：你会毁了你的组织。这种现象屡见不鲜。

人们常常因为不能尽快适应变化、拥抱未来而搞垮公司。心胸狭隘、故步自封的思维对今天的企业而言是常见的挑战，这种短视在未来将更难被容忍，预测未来和适应变化的速度将是惊人的，企业将时刻遭受生存考验。可以说，只有具备未来智慧的企业才能够存活下来。

不理解这一点、认为未来和过去一样、抵制变化的领导者将会被甩在后面。或者我们会不幸地看到，机能失调的领导力培育出的机能失调的组织会成为某些变化缓慢的产业的常态，而无知的政府会继续对这种企业提供补贴。这是未来智慧的对立面，它是维持不了多久的。

我无意中听到过以下真实的陈述。

◎ 创新是其他人的事，与我们无关。

◎ 为什么客户会更相信另一个客户的评价，而不是我们的说法？

◎ Facebook 和 Twitter 等社交媒体是给孩子们打发时间的。

◎ 我们不需要采取社会议程。

◎ 我认为我们没有理由只因为客户希望就去改变我们的经营方式。

你可能会问，我们怎么可能搞垮自己的组织？当然，人们并不会故意这样做，但就是有很多领导者不愿创新或排斥深层变化，他们只会不断回顾过去，以寻求引领未来发展的线索。这是一种不合理的思维，而且与未来智慧正好相反，同时这种思维方式也不可持续，是企业发展的大敌。

FUTURE SMART

预见未来

10 大排斥未来的做法

- 忽视对新技术和创新（如移动互联网、社交媒体或云计算）的投资。
- 停止倾听客户的诉求。
- 忽略对业务流程的重新设计。

- 把未来视野局限于展望下一个季度。
- 不聘请那些乐于改变、创新，以及成长迅猛的人才。
- 认为你的领域是相对缓慢、缺乏创新的。
- 相信客户对创新不感兴趣。
- 建立一种抵御创新的文化。
- 认为未来同过去没什么两样。
- 拒绝建立一个学习、协作、互联的组织。

诚然，没有人会故意去抵制未来、忽视变化、搞垮自己的组织，但是，每天都有很多或大或小的组织在“努力”实施上述10种做法中的一个或多个，来“搞垮”自己。我每天都能看到这样的现象发生。许多组织只是无法看清自身的问题所在，而这对于一些公司，比如我自己的公司而言可是好事，我们会对这些被不正常商业行为缠身、希望做出改变的企业提供建议。

还有更多的组织只是继续排斥已经到来的和即将到来的变化，他们认为鸵鸟策略是可持续的，但事实并非如此。缺乏让你拥有未来智慧的预测意识已经阻碍了整个行业的发展。

我经常听说有些团队和组织的领导者在了解了排斥变化所带来的负面影响后，却依然选择不做出改变。他们会寄希望于让下一任领导者来操心这些问题。但另一个人及时介入并拯救企业于水火之中的情况不可能总是发生。那些逃避未来市场的严峻现实或颠覆性变革力量（如技术变革）的领导没有展望未来，最终严重损害了他们的组织。

由于没有做出令组织更具未来智慧的决策，例如在今天投资或储备人才、进行创新来迎接未来的挑战等，这些领导者正在把公司引向历史的“垃圾堆”。然而这类情况本完全可以避免。组织需要发展和教育自己的员工使其具备未来智慧，进而灵活地应对即将到来的一切。这意味着一种思维方式、文化、行为的转变，而不仅仅是电脑屏幕上显示的几行字。

今天，已经有一些领导者和公司展示了未来智慧的理想形象。其共同特征是关注创新，对未来持有大胆的新愿景，并聚焦于创造新思路来形成前所未见的新市场。这些未来智慧的理想形象包括以下几个方面。

◎ 特斯拉公司 CEO、Space X 的创始人埃隆·马斯克（Elon Musk），敢为人先，通过启动灵活的创新项目，推动了电动汽车和私人航天产业的发展。

◎ 维珍银河（Virgin Galactic），认定太空旅游市场确实存在并投资创建第一个消费者性质的太空产业。

◎ 克雷格·文特尔（Craig Venter），绘制了人类基因组，并发明了一种注定要改变医疗行业的人造细胞。

◎ 拉丹·塔塔（Ratan Tata），购买并重新设计了经典的捷豹车，建立了一个基于炫酷设计的创意产业全球帝国。

◎ 苹果电脑，在未来设计与创新方面永不妥协，在音乐、手机和计算机领域引领市场。

◎ 阿里巴巴，将亚马逊和 eBay 的功能整合到一起，建立了针对中国市场的庞大公司，并创建了一个完整的创新生态系统。

◎ 亚马逊，世界上最大的图书和多媒体零售商，重新定义了在线零售的体验。

◎ 奈飞（Netflix），打破了电影业的分销模式，提供直接下载，生产直接面向消费者的节目，占领了市场。

◎ 谷歌，基于免费线上软件服务以及对消费者的需求进行监测、分析和预测，创建了一个数字广告巨头，改变了广告业。

◎ Salesforce，意识到销售已经转移到云端，因而使用工具来重新激活虚拟经济。

FUTURE SMART

预见未来

企业必须马上做好准备应对 10 个改变游戏规则的权力转移

- 社交媒体对企业的影响。
- 即将到来的数据“海啸”。
- 网络风险与工业间谍。
- 目标先于利润的商业策略。
- 作为商业推动器的地理情报。
- 可穿戴设备、无人机和飞行器带来的新商业模式。
- 吸引和留住具备未来智慧的人才。
- 建立和使用创新生态系统。
- 移动和物联网市场。
- 消费者大数据对企业的影响。

如何创建你的竞争市场

这是一个简单的预测，因为它逻辑完美，且容易证明。我已多次目睹如下情景：公司拒绝创建客户门户网站或提供网络结算；忽视客户对新服务的需求，尽管这些服务显然有助于帮助提高生产力；对客户价值观的转变如可持续发展、文化多元性或社会责任等毫无反应。

大多数公司自己创造了对手，因为它们不具备未来智慧，也不会为适应未来而努力。它们抵制变革，避免创新，对未来不做规划。它们看不到市场正在变化，也不会真正倾听客户的诉求，了解客户是如何变化的。它们忽略一线员工对新服务需求的反馈。它们回避变化，并用这种方法创造了自己的竞争对手。

没有人会主动寻死，但当涉及未来竞争时，大多数公司选择了“照常营业”，而不是努力一搏。过度抵抗变化是致命的。拒绝不是一种有助于你展望未来的管理能力。移动商务、云网络、预测分析和大数据这样的创新算不上多酷的发明，但它们是即将到来的新未来所需的商业运作方式。

这里提及的并不是什么高标准，而只是一种类似“商业逻辑 101 课”的建议罢了。如果你是在 2015 年阅读本书，恐怕不会有很大的作用，我只能谦恭地建议你多做思考。而现在，你可以先阅读本书，然后你便可以去创造你的未来。

创业经济的 10 个教训

多年来，我很乐意与初创企业和一些希望让自己变得更像初创企业的大公司进行合作。凭借成长于硅谷的先天优势（最初我在苹果计算机公司工作，然后经历了许多初创企业），我意识到：大公司如果不具备创业精神，就很难长久，尤其是当我们即将进入新未来的时候。可持续性、适应性和预测能力是本书的核心内容。

我的一个预测是：未来智慧公司必须拥抱创业经济、改变自己的工作文化和商业模式，否则就难以存活。学习、试验、对创新充满热情，这些创业公司文化是每个公司都应该拥抱的价值观。

我们看到这种改变游戏规则的彻底转型正在发生，但当我们向未来 5 ～ 10 年进发时，如果组织改变得不够快，我们就会遭遇不幸。我并不认为领导们清楚地知道这种转型到底有多重要，我也不认为企业领袖们清楚地了解该如何到达未来以及了解从现在开始拥抱创业经济有多重要。

我在大公司身上见到的大多数失败和问题在于，它们发展出一种根深蒂固的僵硬文化，这种文化往往抵制创新，不能吸引或留住顶尖人才，在应对由消费者、市场或技术因素导致的加速变化时也无法指引企业找到前进的方向。而且，它们似乎无法改变自己。

FUTURE SMART
预见未来

建设未来智慧组织的 10 条经验教训

- 保持好奇，坚持不懈地拥抱创新。
- 要么创新要么死亡，孕育一种持续创新的文化。
- 从快速和频繁出现的失败中学习，失败是学习的一部分。
- 先于你的竞争对手拥抱尖端科技。
- 关注客户的需求是如何改变的以及为什么会改变。
- 让人才得到重用。
- 了解客户和员工的需要，更好地为未来做准备。
- 了解你所处行业的趋势，展望未来。
- 创建简短的战略计划，以得出新的商业方针。
- 思考领导者、团队和文化如何获得未来智慧，以准备好适应未来的变化。

Twitter 的第一个商业模式很失败，在网络上发短文字消息的创意仅是后备方案，而不是他们的初衷。由于最初的想法未能吸引消费者和投资者，公司甚至面临破产。而现在，Twitter 已成为一个帮助人们利用短通信进行协作的社交媒体平台。

谷歌在筹备之初甚至没有自己的搜索引擎。一切都是后来才发展起来的，而现在，它们统治了搜索市场。

苹果的丽萨（Lisa）计算机因太贵而没人购买，导致公司几乎破产。麦金塔（Macintosh）也是从试验中诞生的，iTunes 和 iPhone 同样如此。

能源工业巨头通用公司通过自我改革成为应对全球生态挑战方面的创新领导者，而这些挑战在过去对它们而言曾是一些危险因素。

IBM 放弃了不断衰退的个人电脑业务，专注于企业服务和创新技术，如认知计算、云计算；奥迪则曾饱受质量问题的困扰，如今却已成为全球质量最好、设计最为出色的汽车品牌之一。

不断试验、坚持不懈、培养看到无形资产的能力，这便是拥有未来智慧的公司所做的，但它们做的最重要的事情是通过一种战略、商业模式、产品或服务塑造未来，它们通过创造用户喜爱的价值来定义未来的可能性。能够验证其价值的不仅仅是销售额，还有“客户参与体验”（customer engagement experience），一种对公司与客户双方的奖励。这是一种合作性的交换文化，它已经超越了传统的“商家生产顾客购买”的供需关系。

谷歌是通过不断调整程序及在用户搜索的时候提供更个性化和相关度更高的信息来调动用户参与的。亚马逊则会在后台观察用户的喜好，无论是书还是其他产品，然后立即用推荐软件推荐与你的喜好相匹配的产品，比如购买了一本关于魔术的书的用户很可能会收到魔法棒的相关推荐。

公司利用无形资产更好地参与、预测和呈现为用户量身定做的需求或信息，这是一种非常关键的策略。大多数谷歌或亚马逊的用户都看不到它；这些公司为创造知识价值而采取的行为是很难被人觉察的。

在未来，知道规则正在变化以及知道如何留意、理解这些新规则的组织，将能够发展壮大，不论组织规模是大是小，这样的组织都将成长为成功的未来智慧企业。

重塑领导力：你需要一个大胆的愿景

组织所面临的核心挑战是：如何在一个瞬息万变、技术急剧增长、创新商业模式、风险和机遇并存的时代保持领先。你不能只依据历史，并认为未来的领导模式与过去一样，这种被动反应式的思维注定会导致领导不力，甚至令组织走向灭亡。

领导者试图沿用旧的规则，最终被现实远远地抛下或者对未来毫无准备，这样的例子有很多。对未来没有准备是领导者会犯的最常见和最致命的战略错误，这种战略错误极易导致组织的衰落。组织衰落往往是因为领导者没有能力看到即将发生的变革，没有能力去展望未来并采取行动，进而将未来愿景变成现实。

与之相对，具备未来智慧的领导者会用不同的方式思考。这类领导者的思维倾向于为创新做好准备，渴求变革、愿意学习、并能够适应变化，且有能力在组织中甚至整个行业中塑造一个自己所向往的未来。领导者要带领他人进入未知领域，就不可避免地需要做出改变，这样才能让组织变得更好、更大、更成功。具备未来智慧的领导者都对未来有所规划，他们认识到，即使是从今天到明天也需要计划。然而，令人惊讶的是，很少有领导者能够真正做到对未来有所规划。他们对于未来的调整和规划时间跨度通常只有几个月，也就是说，他们目光短浅。

具备未来智慧的领导者会大胆地集结部队朝着一个大目标前进——一个可能震撼灵魂或者看上去不可能实现的，甚至目空一切的目标。这就是伟大的领导者和一般的领导者之间的区别。具备未来智慧的领导者拥有对未来的憧憬，他们会号召其他人一起去拥抱未来、加强合作，为实现这个愿景做出贡献。

具备未来智慧的领导者鼓励会其他人的伟大想法并传播未来愿景。他们培养新的人才、改变组织文化、结构和工作流程，以吸引和留住人才。这是一种与我们目前所看到的全然不同的领导方式。如今，大多数领导者让员工服从于公司文化；在未来，情况则完全相反。

具备未来智慧的领导者对未来无所畏惧。他们拥抱即将到来的变化，并努力塑造未来，他们是明天的发明家，未来的开拓者。他们是创造了与众不同的航空公司的理查德·布兰森（Richard Branson）们，是发明了全新电动汽车的埃隆·马斯克们，是把我们带到太空的 Space X，是看到音乐的未来并建立 iTunes 商店的史蒂夫·乔布斯们。我们的周围到处都是具备未来智慧的领导者，他们正在为其客户和全世界创造更美好的未来。

具备未来智慧的领导者必须描绘出自己想要创造的大胆的愿景。这有别于当今领导力的主流模式。具备未来智慧的领导者将进化出一套新的价值观，包括主动规划目标、拥抱可持续性和创新。最重要的是，这些领导者拥有一个令人信服的未来愿景。

FUTURE SMART

预见未来

改变游戏规则的商业趋势

- 管理知识价值将成为企业发展的引擎。
- 必须发展能够管理未来复杂组织的高端人才。
- 到2025年，智能机器将设计、管理和服务全球40%的企业，涉及电力、商业、金融和制造业等领域。
- 帮助人类并提供价值的智能机器在全球经济的竞争中可以为人们提供竞争优势，然而，它们很有可能会在某一天取代你的工作。
- 对从医疗、媒体、网络、金融、社会和地理信息等资源中收集来的未来数据进行管理的能力将为企业提供竞争优势。
- 机构必须成为一种学习网络，不断升级工作文化中的集体智慧。
- 拥抱大数据、分析学和云网络的公司才能为未来爆发的客户需求做好准备。

要么你自己管理未来，要么被别人管理，因为他们动作更快、更聪明，或者正在用你尚不了解的方式进行创新。成为未来智慧企业是一个充满变化的过程，需要你从自己所处的位置出发制定相应的学习策略。你不只要为未来做好准备，也要积极设计自己的未来，选择权掌握在你自己手里。

FUTURE SMART

04

社会型企业，创业的终极目标

MANAGING THE GAME-CHANGING
TRENDS THAT WILL TRANSFORM YOUR WORLD

社会型企业，企业的终极未来

在未来，世界上现存的一些重大挑战都将比现在愈发显著，比如全球贫困、暴力和民族冲突、气候变化、污染、医疗、社会不公等。每家企业都必须把自己变成社会型企业，秉持更高的目标，以进行商业运营、竞争，并与不断发生改变的顾客保持联系。

顾客驱动改变。虽然并非硬性需求，但大多数顾客仍希望每个企业都怀揣着社会使命——让我们的世界变得更好、更公正的社会使命。企业若理解这一点，就能够兴旺；若与之背道而驰，就会与顾客评价企业的核心要义发生冲突。

如果在未来，由于技术和生产效率的提升，每一种产品和服务都成为标准化的商品，那么唯一能够帮助企业在增权型消费者（empowered customer，2018 年后大部分消费者都是这种类型）头脑中实现竞争差异性的可能就是企业所树立的社会目标了。

在政府对气候变化或奴隶制等问题无能为力时，人们会希望企业能够发挥主导作用并取得成功，对此，你决不可大意。由于大多数政府的失职——既没有解决问题、防止某些事情如气候变化和贫穷的发生，也没有支持如替代性能源、经济平等和其他紧迫社会议题等事宜，人们转而对企业抱有期待也就再正常不过了。顾客购买了你的产品和服务，就会要求你关心他们所关心的问题。

思顾客之所思的企业将在市场中取得竞争优势。在这个过程中，关键是要弄清楚什么社会事务和社会问题是你的顾客所关心的。每个企业都必须学会倾听、采纳和关注顾客可能看重的或必然看重的东西。

那些将获取利润置于社会目标之上的企业会很难吸引和留住人才，如果顾客的期待被忽视，企业甚至会面临生死攸关的困境。这种趋势已经出现，只是并非所有人都充分认识到了这一点。在未来 5 ～ 10 年，只有那些主动改变自己、拥抱社会型企业价值观的企业，才能有效地竞争。

每家企业在未来都必须拥抱一个更高的目标，否则，由于顾客的态度和价值观都在发生改变，普通企业将难以具有竞争力。市场和顾客正在改变，企业必须跟上。具备未来智慧的企业会致力于改善人类、社会和环境的可持续性，而非仅仅最大化股东的利益，它们会动用社会资本来促进社会、社区和个体的发展。

社会资本是与人力资本和货币资本同等重要的价值资产。具备未来智慧的企业拥更高的目标，而非以赚钱为唯一的终极目标。任何一家组织机构，若想拥有一套出类拔萃的商业机制，那么它就应该将社会影响力作为企业的核心商业价值，而不是仅视作一场作秀。

实际上我们不难想象，那些能够真正遵循目标先于利润（purpose-before-profit）战略且拥有更高目标的未来智慧企业，将非常容易盈利和成功，因为它们会与市场需求同步变化，这样自然会得到顾客的青睐。那些发出明确信号，表示会看重社会责任并有所行动的企业，会得到顾客的奖励。这是一条将更高的目标变现的途径。

来自 2025 年的新闻头条

了解你的未来用户！预测行业目前已在 80% 的商业领域中占据主导地位

Zappos 公司已经了解到了这一点。Zappos 基于目标而非金钱建立了自己的企业文化，并获得了巨大成功，销售额已超过 10 亿美元。部分原因在于它的核心价值观是承诺对社会有所贡献，这一点吸引了顾客和员工。创始人谢家华（Tony Hsieh）之所以离开之前所在的公司，就是因为前公司没有将企业文化建立在高于金钱的使命之上。在未来，每个企业都应该拥抱这样的基本目标：回报社会，这样一个更高的目标可能会比创新、利润和成功更重要，因为它体现了组织的价值。

我建议每个企业都认真考虑这个趋势，这些未来智慧企业的价值观将颠覆商业竞争格局。拥抱这种模式的公司会蓬勃发展、安然渡过全球经济正面临的巨变。它们能够更好地适应市场上这种改变和颠覆的风暴，而那些没有拥抱这种模式的公司将在某些方面毫无优势或错失良机。

我们的研究和预测已经揭示，今天的市场正在发生一种社会和伦理转型。这项研究的初衷是为 IBM 公司研究市场趋势提供依据，结果发现，用户期待企业做正确、符合道德标准的事。2008 年全球经济危机之后，消费者纷纷开始反思，新的价值观也逐渐涌现。

我有一种尚未得到验证的感觉：曾经因为竞争环境对所有个体都相对公平从而能获得的机会，以后再也得不到了。顾客对包括政府和企业在内的所有机构的信任都已不断减弱，社交媒体的使用让顾客更相信自己，从而进一步加剧了这种不信任。这种权力的转移是信任重构的一部分，并将与这种重构一道形成一种愈演愈烈的社会趋势。

社会目标先行，让价值与使命高于金钱

对很多面向消费者、希望得到顾客的忠诚和口袋里的钱的企业来说，只看利润而没有更高使命的年代可能已经成为历史，这是一个不能忽视的趋势。市场需求方，不管是员工还是顾客，都将会决定每家企业的命运。如今，超过 90% 的

顾客都认同人和目标的价值高于金钱。可以肯定的是，在未来，每个企业都必须意识到这一社会议题。

致力于让世界更美好的企业和懂得承担起社会责任的企业将成为未来智慧领袖。实际上，商业的风险因素逐渐演变为企业能否理解、预测、顺应员工和顾客的需要，把社会责任作为一种内部而非外部的企业竞争力来加以提倡。组织对这股“可持续地球潮流”的驾驭程度将决定它们自身的命运，如果它们好好思考可持续性对自身供应链、工人、材料和回馈社会的使命等方面的影响，那么它们便会意识到这一切最终将关乎它们自身是否能建立起负责任的企业形象。仅靠嘴上功夫的企业可能会自寻死路，因为顾客已经意识到这种社会价值，他们期待企业能够成为未来的游戏规则改变者。这是正在形成的商业新标准，它将决定每个企业的未来。

这意味着每个企业都要成为未来地球的管家——一个对环境无污染的、不会掠夺人类的可持续星球的贡献者，这就是未来智慧。未来的商业必须拥有一种主要的创新能力，这种能力致力于改变社会和环境，并能够获得消费者和员工的认可。

考虑到不断出现的社会价值方面的需求和变革，如果没有相应的意识和行动方案，那么企业就都在进行完全不合逻辑的风险操作。企业能够也必须成为社会议题的引领者，在这些议题中，所有被制造、买卖的物品背后的社会责任都应是公平、公正、道德和可持续性的。如果你觉得在利润和可持续性之间取得平衡的任务看上去太过艰巨，那么你也别无选择，顺之者昌，逆之者亡。像英国石油公司（BP）这样的企业，在美国墨西哥湾漏油事件发生后，都迅速地学会了这一课。

选对了，你将去除一个大的风险因素；选错了，你就等着收拾残局吧——如果你的企业在犯了这么大的错误后还能活下来的话。任何不打算真正转型成社会友好型的企业都将无法适应未来，甚至无法存活于未来。当然，在很多闭塞地带，不在乎社会责任也能存活，但不会太长久，在一个竞争不断加剧的全球经济当中，这类企业也不可能长久存活。

每个企业都必须考虑的是：在未来，人们对于气候变化、化石能源污染地球、影响我们自身和地球健康的环境因素不断增多等事宜将不再有争议。显然，社会责任和工作多元化等对于雇员、合作伙伴和客户来说都将无比重要。每个组织都生活在社交媒体之上，其一举一动对几十亿人来说都清晰可见。企业透明度将无情地实时反馈给其他人，你不应该在这一环节上出任何差错。

现在，剩下的唯一问题就是我们应该做些什么？企业应该采取何种行动来履行责任、应对变化？我们应该如何利用创新来应对这个时代的重大挑战？各行各业的客户将如何用忠诚度来激励品牌，又如何基于企业的行为而选择离开？

不管你喜不喜欢，这个趋势决定了企业在新未来的规模。某些企业或许曾经凭借一款酷炫而成本低廉的伟大产品成为动作最快的创新者，但如果它并非一个拥有更高目标的企业，那么一切都终将成为历史。具备未来智慧的企业为使命而存在，这一使命人尽皆知。拒绝在利润和目标之间进行平衡的企业和不努力解决贫困、不公、疾病以及其他全球性问题的企业将可能被客户、媒体及员工所围攻。人们越来越愿意把金钱、注意力和才干贡献给那些拥有社会使命的企业。

8个千年发展目标

在改变未来和创造一个更好的世界这件事上，我们不应该高估企业的作用。因为，目前绝大多数企业做得还远远不够，然而，这对于企业来说，将成为一项基本要求，除非企业不想获得成功。我仍然坚持，能够且应该领导商业组织建立社会目标、引领真正的社会变革的是私营企业。更多的私有机构开始支持由私营部门和联合国公共机构制定的一系列新的全球性准则，遵循并努力将这些目标纳入自己的战略和行动中对任何企业来说都是一项大胆的计划。

“千禧目标”由全球领袖们在2000年联合国千年峰会（UN Millennium Summit）上提出，旨在解决全球的重点问题，如贫困、可持续发展和教育等，总共包含8个目标。领袖们同意将这些目标作为头等大事，并争取在2015年之前实现。这8个千年发展目标（Millennium Development Goals，MDG）形成了一个世界领袖们都认可的蓝图。

这些目标不仅增强了人们的意识，支持了为满足世界上最贫困人民的需求所做出的努力，还使得私营企业和公共部门的领导团结起来，以不同方式思考并采取行动，从而创造一个更好、更平等的未来。但想要实现这些目标，我们仍然有太多的工作要做。

FUTURE SMART 预见未来

8个千禧目标

- 消除贫困与饥饿。
- 普及基础教育。
- 促进性别平等并提高女性的权利。
- 降低儿童死亡率。
- 改善产妇的健康状况。
- 攻克艾滋病、疟疾和其他疾病。
- 确保环境可持续发展。
- 发展全球合作伙伴关系。

增权型消费者，对企业的5个诉求

另一个可以用来检验未来客户的框架是“增权型消费者”。顾客将成为每个未来企业必须重视的重要元素。企业要想在未来获得成功，就需要理解“增权型消费者”的含义。从人们先后对X世代和千禧一代所持的态度上，我注意到市场中正在出现的价值转型，很明显，在社会价值提升方面出现了一种重要的转变。

2020 年之前的就业人口中应该还有很大一部分是婴儿潮时代的人，但他们很快就会退休。在他们之后，是所谓的 X 世代，但真正有可能成为“增权型消费者”的是千禧一代，在不久的将来他们就会构成美国、欧洲以及亚洲就业人口的 70%。

如何辨别“增权型消费者”？“增权型消费者”认为企业应该拥有以下几种价值观。

◎ 企业必须关心我对社会和环境问题的看法。

◎ 企业必须通过实实在在的社会行动来让世界变得更美好。

◎ 企业必须如我一样坚信商业能够引领人们创造更美好的世界。

◎ 企业必须想我所想——在环境、社会问题、公平、多元性等方面。

◎ 企业必须公平地对待每一位员工。

从增权型消费者身上我们能发现的最重要的一点是，他们希望自己光顾的企业能够拥有解决社会议题的使命感，且积极地做出与社会议题相关的建树。这个顾客群体来自世界各地，而且其中大部分是千禧一代。

在新未来，他们将是就业和市场最大的构成部分。你必须意识到认真倾听你的未来客户、未来员工或外包供应商的重要性，因为具备未来智慧的企业必须依靠倾听来打磨自己的预测，因为这将成为新未来的核心竞争优势。

新的商业思维模式

未来智慧领袖们现在正在建立一种新的思维模式和商业模式，这将影响未来 5 ～ 10 年企业的形象。虽然这场新的商业模式革命刚刚起步，很多组织却已经占据了领导位置。例如，通用公司进行了深刻的变革以引领可持续发展；苹果对供应链进行改善以增加公平和责任感；J. P. 摩根公司直接投资社会事业；还有很多大企业每天都在发挥社会影响力。

我预测，未来智慧领袖们将影响未来所有企业，因为传统商业也会拥抱这一模式——回馈社会，有所作为，并利用这种社会使命来吸引客户和员工。当下，有一批企业正在发展壮大，其中大部分是非营利性的，它们展示了一种混合模式，这种模式将影响并改变传统商业。

社会型企业的潮流将改变企业模式。你需要走在这股潮流前面。这在今天非常重要，因为很多企业都在重新思考自己的社会责任、环境可持续发展政策：我们做得已经够了吗？战略是不是正确的？由于企业也在重新思考产品和服务对社区和世界的影响，新的商业模式如社会型企业将影响其对未来的规划。

像星巴克、迪士尼、可口可乐、J. P. 摩根和塔塔这样的企业已经开始转向社会型企业。未来我们将看到更多的未来智慧企业推行回报社会的举措，产生影响并获得利润，从而实现双赢。

人们已经建立起面向未来的新型商业实体，它们能够预测、适应、学习，由擅长创新和利用尖端科技来为客户创造卓越价值的企业家所推动。这种新的商业方式即未来智慧企业，基于技术和数字工具，具有行动迅速、反应敏捷、拥抱变化、吸引创新等特点，还具备预测和改变未来的能力。

下面是未来智慧企业区别于传统组织的一些其他特征。

权力已从传统组织转移到未来智慧组织手中。

◎ 传统组织：自上而下的权力架构；未来智慧组织：分权式架构。

◎ 传统组织：唯利是图；未来智慧组织：追求更高的目标。

◎ 传统组织：以工作绩效为重；未来智慧组织：以创新和知识价值为重。

◎ 传统组织：等级式组织；未来智慧组织：网络式组织。

◎ 传统组织：应对变化；未来智慧组织：预判变化。

◎ 传统组织：顺从文化；未来智慧组织：创新文化。

◎ 传统组织：服务客户；未来智慧组织：客户参与。

◎ 传统组织：抵制创新；未来智慧组织：引领创新。

◎ 传统组织：打工思维；未来智慧组织：企业家思维。

◎ 传统组织：控制信息；未来智慧组织：开放信息。

◎ 传统组织：管道式管理；未来智慧组织：集成式管理。

“个体增权”的潮流将重新定义员工和客户之间的基本关系。企业要么选择帮助个体（客户或员工）变得高效、成功、茁壮成长，同时回应个体的社会关注，让世界更美好；要么什么都不做。每个理解了这种企业与客户之间关系的根本转变的企业，都能够开发出强大的商业策略，以回应这个问题：如何帮助个体变得强大？

顾客和员工的价值观甚至将比技术更能决定企业近期和长远的未来。客户和员工价值观的转型预示着他们想从所光顾或任职的企业那里获得什么，他们想知道这些企业的信仰是什么。企业的转型关键在于人们开始希望企业拥有更高的目标：必须具有可持续性，为每个人的未来考虑，具有社会责任感。关键的区别在于：未来智慧企业选择帮助客户和员工变得强大，从而为未来做好准备，让这种社会赋权带来高效的改变，让明天更美好。

在某些落后地区或贫困地区，可能有些组织除了利益外，对其他东西毫不关心，但是市场价值观发生了转变，尤其是 X 世代和千禧一代的价值观，他们希望所有企业都是社会型企业。

这意味着客户会期待企业能够引领这一潮流，并在未来创造出一个可持续发展的世界。这并非当今 90% 的企业的“任务说明书”里的随便几个单词，而是企业应该切实采取的行动，同时也是客户所期待的而政府没能做到的事——领导人们向未来进发。在未来，人们会想要看到企业所引领的前方是一个更具目标性的世界。

理解到必须拥抱市场所发生的变化，必须拥抱 X 世代和千禧一代的信念的企业领导者将会创造出未来的市场。这就要求拥有未来智慧的组织能够采取具体且可衡量的行动，来创造一个更好的世界。只有这样，它们才能为未来的劳动力代言。

需要注意的是：消费者们正看着这种价值观的转变。企业既要赚钱，也要在与钱毫无关系的领域内产生重要影响。消费者们正在寻找能够修复他们自身和企业之间基本关系的信任感。对一个品牌或一家企业来说，从不信任到信任的转变正是一段理解消费者的过程，而这一过程将会更好地定义你的未来。

FUTURE SMART

05

创新经济体，预测经济比管理经济更重要

MANAGING THE GAME-CHANGING
TRENDS THAT WILL TRANSFORM YOUR WORLD

现代经济学理论需要升级。我们需要一个全新的经济学未来，以使我们更好地预测和预防经济危机、刺激经济增长、创造更多的就业机会以及将创新纳入经济头脑当中。还有一个很大的问题：我认为经济学家无法很好地回答“知识、创新和技术在创造未来经济价值的过程中有什么作用”这样的问题。

你无法说服 10 位经济学家对经济状况达成共识，更不可能要求经济学家去预测经济的未来。经济学使大多数人感到困惑，因为它太过复杂且缺乏精确性，不够普适。

经济学无法解释清楚很多正在改变世界或帮助我们应对未来的关键变化的驱动因素。我的一些最好的朋友都是经济学家，他们反驳说他们并不完全同意我的看法，只不过我们想要经济学去做的，它恰恰做不到——预测将要发生什么，以及如何应对，以求在未来充分发展。

你可能会问：我为什么要关注经济学？这是因为我们的经济体系会在很大程度上决定那些影响我们未来的因素。经济学研究商品、劳动力、货币、市场和产业的分配。经济学也应该研究如何更好地管理经济，包括刺激经济增长、创造就业、支援企业和规避风险。如果你想具备未来智慧，你就必须理解经济学如何帮助我们更好地预测将要发生的变化，以此来为未来做好准备。

经济学家们其实并不擅长做这种商业预测，因为他们进行精确预测的能力实际上非常有限。他们能够解释经济发展，却在预测方面能力欠缺。上一次发生在2008年的全球金融危机就是一个事后诸葛亮的典型例证，这个全球性事件差点造成了巨大的金融崩溃。

你现在可能又要问：为什么任何一位经济学家都没能预测到这件事会发生？或者更进一步，为什么他们没有阻止危机的发生？一个简单的回答是："如果他们能做到的话，他们早就做了。"而这就是本书的重点。

能预测未来就能更好地保护或保全未来，然而经济学还没有能力处理庞大且复杂的社会及科技现象。这些现象改变了经济，决定着资本、就业、货币、贸易、大宗商品和股票市场等数据。泡沫即将破裂，正如2008年金融危机期间所发生的，网络井喷或者疯狂膨胀的房市通常是在泡沫破灭后才为人所知，而不是在危机出现前被提前预测到。从历史来看，这是经济学家们一直存在的问题。

我们需要创造经济学方面的未来智慧，这样便能够对经济进行更精准的预测，并进而阻止风险因素摧毁国家或全球经济。而且，如果能够创造这种预测经济学，我们就能够精确地找到创造就业和振兴经济的方法，这样的经济学才是我们需要的。下一次全球金融危机很可能已经在酝酿之中，我们该如何确知？唯一合乎逻辑的应对之策就是去思考如何升级经济学，并引入关键趋势，如创造新资本、生产力、就业和财富的创新产业，使其更具预测性。

思考一下有哪些因素没有被很好地整合进经济学，经济学家们没有考虑哪些因素，他们没有意识到但我们应该关注的领域有哪些。技术、网络、连通性、创新、能源、超级计算机、大数据和全球化等方面都没有得到充分思考，实际上，它们通常被排除在经济学分析之外。经济学很大程度上是关于市场、资本主义或社会主义理论的大杂烩，一切研究都是基于你是谁、在哪儿。即便基本的相关要素都相似，如劳动力的本质、财富及供需关系，但构成经济的核心本质已经在过去的几十年里发生了彻底的改变。

科技产业改变了财富创造和就业增长的方式。全球化和国家之间的资本流动改变了市场和产品的生产。一种替代能源经济将出现，经济分析应该认识到构成经济的非传统型驱动力的重要性。不同的经济模式、社会福利和市场经济的各种混合都将在这个星球上共存。

经济学家们还没有跟上时代的步伐，即使后工业时代人们普遍认同了技术，也还不足以帮助我们为未来做准备。先进的经济体——全球经济的催化剂目前主要在北美、欧洲和亚洲（不过未来有可能转至非洲和东南亚），而这些经济体所面临的不确定性、高失业率、低生产率和增速减缓让我们意识到经济学需要升级，今天的经济学理论对预测未来和指导我们当下应该做什么几乎无能为力。

这些经济体面临着各种问题，如长期失业、增长乏力、对企业自主经营的打压、收紧的资本市场、资产价值缩水、对政府刺激的过度依赖等。如果这些经济体依旧意识不到世界已经改变、我们最好改变经济学理论来拥抱这些变化的话，它们就会遇到麻烦，这不仅仅指经济学家常挂在嘴边的经济阻力，还包括严重的社会问题。要检验经济学是否有效，方法就是看它如何帮助我们应对未来，如何帮助我们规避和阻止经济危机、更好地解决当前的种种问题。

融合数据技术与经济学，建立全球微观经济体

经济学家在危机过后立即采取行动的能力非常重要，但相对来说，预测和防止危机的能力则更重要。然而，具有讽刺意味的是，经济学家们无法理解的技术对经济、就业和繁荣的作用，这或许恰好能够挽救现代经济。先进的超级计算机可以模拟大数据并建立经济模型，而且能创建多个基于网络的场景，然后预测结果、防范风险，这些超级计算机是现代经济学家应该采用的有用的工具。

高级金融已不能满足高技术的发展，这很正常。我们需要混搭——把计算机科学、网络与经济学相融合，就像在一个气候变化的星球上，夏天的达拉斯需要一台空调一样。数据科学需要帮助经济学家建立预测经济模型，通过理解构成经济因素的海量数据的复杂性，来更好地预测风险。能够模拟极端复杂的天体物理和核战争的超级计算机，肯定也能用于创造全球经济的新未来。

除了预测风险及下一次全球危机外，科技还将有助于更好地了解如何去设计一个基于极度繁荣的、更有效率、就业机会丰富、由创新驱动、目的性更强的经济。只有使用大数据、云计算、数据科学、计算机科学、互联网和计算机模拟技术来建立一个全球经济预测模型，我们才能为经济设计一个新未来。

如果不找到全新的途径来进行经济学建模，就无法对各种复杂性、庞大的数据集、机器智能、无限多的场景、就业信息、贸易、经济、社会和金融信息等进行建模来模拟未来。我们需要加入所有被经济学家们排除在其模型之外的、没有加以利用的因素，包括技术、网络、知识创新、新的数字商业模式、移动和连接系统。总之，我们需要革新经济学，用它来创造我们想要的未来经济。

在正确的方向上所获得的一些进展证明了这一战略的可行性：谷歌趋势数据包括了 30 只股票，在预测道琼斯工业平均指数的每日价格走势上非常有用。通过观察媒体信息对股票交易市场中价格变化的影响，并将其作为市场经济表现的一个指标，我们能够发现明显的趋势。

我自己的组织利用新闻、社交媒体、大数据和网络资源——一个名为“趋势追踪器”（trend trakker）的系统，预测了全球风险、商业、社会情绪和行为趋势，并进一步探索了从大型数据集中预测特定趋势的可能性。但目前还没有人能做到我所建议的，利用综合性的、具有预测性的、实时的大数据模拟来对全球经济中大数据的复杂性进行建模，从而管控风险、预测经济表现或规避下一次经济危机必然带来的后果，进而让所有人都从中受益。

大数据公司如“Bottlenose”（宽吻海豚）侧重于研究社交媒体和传媒世界，这样的公司扩展了我们对复杂趋势和预测的理解的潜力。Bottlenose的产品“声呐”（Sonar）能够对全球风险因素进行分析，这对品牌和公司而言非常有用，能帮助它们思考当前变化的内容、地点、主体和意义。目前受到重点关注的大型消防分析使得Bottlenose成为一个宝贵的资源，因为它能够得出具有可操作性的、对全球趋势思维的洞察，这也是相比于Twitter、Facebook和谷歌等公司所带给我们的巨大进步。

Blab是一家社交媒体预测公司，它能够挖掘大量数据资源，但其重点业务是为品牌提供预测。Blab会对未来72小时内将发生的事情进行预测，比如社交媒体上的舆论走向。在大数据产业中，这种关于流行趋势的确证是一个有趣的新产业，随着深度学习系统的发展，该产业也在不断进化。使用这些全球在线社交媒体工具来创建预测经济学有着非常广阔的发展空间。

智能机器即网络计算机智能的出现让我们能够为更大的数据集建模，我所建议的全球经济模型。一旦收到指令，智能机器将消化海量数据来分析多种复杂场景，找出人类如今还无法了解的模式。“黑箱”是特殊目的计算机的代名词，用来分析人类找不到的机会，它将在经济学领域发挥更重要的作用，而不再仅仅服务于经济学家们的“同胞小弟”——本地对冲基金公司里那些用它们来进行高频交易的人。我猜经济学家们将开始使用这种技术，因为当下的金融市场日益增加的复杂性会迫使他们展望未来而不是回望过去。

我们刺激市场并解决经济问题的能力之所以不足，很大程度上是因为我们没有完全了解全球经济如何变化，尤其是不了解那些对全球GDP贡献最大的发达国家，但新兴经济体的出现或许会让这种情况发生改变。这就像老医生们抵制更有利于患者且省钱得多的无创机器人手术及其他技术创新一样，因为他们根本不具备这些高科技所需的技能，也完全无法理解其价值。

当你满足于以往还算管用的老办法时，你很难说清楚经济学需要做出什么样的改变，这是因为你的能力和专业知识都是建立在大多数人信奉的理念和思维方式之上的，即使它们是错的。

在一个快速变化的时代，创新会颠覆所有传统的规则和思维方式，如果不及早转换思维模式，尽快适应、学习和预测，那么你将面临一场灾难。在这种情况下，我们看不到也想不到可能会发生什么，因为我们拒绝去看，而这正是如今发生在经济学领域的事情。颠覆经济学的时刻似乎正在到来。

通过税收进行财富再分配这种经济理论可能在欧洲的政治圈很受欢迎，却和推动新投资、创造就业机会、刺激真实生产力、吸引资金没什么关系，而且，对于影响未来的最大因素，它也起不了任何作用。这个因素即通过投资技术密集型经济和创新生态系统来创造财富、就业机会和新商业形式，并最终改变经济。

我很遗憾地告诉我的欧洲朋友，他们十年来一直鼓吹的反乌托邦式资本主义结束了，而且我至今也尚未看到有什么更好的方式来发展经济、提升国民财富、增加就业以及提高生产力。

在这里，一个显而易见却被人避之不谈的话题便是技术，技术正是商业变革的驱动力。社交媒体、纳米技术、认知计算，遗传学、网络等技术创新应该已经成了经济的主要影响因素。正是因为这些技术，才有了就业、创业公司、新市场和新客户。很少有主流经济学家会把技术创新这个经济决定因素整合进经济学。这当然让人难以置信，因为数万亿美元的新财富归功于技术商业这一点是毋庸置疑的，然而经济学家们仍然没有团结起来，接受一个以技术作为新价值、财富和商业发展源泉的经济模型。

我们的经济理论也没有真正发生转变，以使我们能够认识科技和创新，并将它们纳入新的经济理论。即使真的存在一种更具智慧的方法来创造更多的公平，效果如此之好，远非刺激增长、教育公民及投资技术创新产业可比，我也还没有发现。

向富人阶层征税来实现公平，而不是投资于职业培训、教育和创新研发，这样的想法似乎毫无逻辑。如果我们未来想通过增加 10 亿个新工作、产业或企业家来改变世界，从而实现公平和教育平等、提高生活质量，那么我们可能需要 100 万个硅谷。政府和私营部门投资创造下一个能够促进就业的高科技引擎，将成为政府工作的重中之重；要不就应该放松管制，允许私营部门、自由市场和企业做自己最擅长的，以此来创造更普遍的繁荣以及更多的创新和财富。

一些证据表明，我们还尚未完全理解创新与工作、资本和劳动力之间的关系。事实上，虽然我们已经目睹了价值数万亿美元的财富创造、新企业、数字市场及电子商务，经济学家仍然拒绝升级他们沉闷的理论，并接受明显的事实。技术已经产生了巨大的经济影响，并将继续影响就业、经济增长、市场、生产力、资产价值以及所有构成经济体的事物。技术作为经济贡献者，同时也是价值驱动力及财富和工作的创造者，它正在改变经济学的基础。

我和一位朋友讨论过这个问题，他曾是哈佛大学教授和白宫首席经济学家。我曾询问过他为什么经济学不把技术和创新纳入其理论，虽然他表示理解，我也自认为理由充分，然而事情却没有取得半点进展。重点在于，我们需要新的经济思维模式来为未来做好准备。在我们的大脑被下一次战争占领之前（每隔几十年就会出现这种状况，像上了发条一样），我们需要一些理解这个问题的领袖人物来好好思考一下刺激经济、就业和繁荣这些事。

神经经济学和行为经济学也没有被纳入现代经济学范畴，如果经济学家不将其视作一个度量值，那么真正的创新回报率将无法被度量；然而事实与此相反，他们只关注传统的经济范式，但那个时代已经结束。即使是关于创新对市场的影响的最新观点，也没有得到经济学家们很好的理解，或者被广泛采纳。

为了抵达我们通过快速创新所创造的新未来，我们需要对新经济学进行全新的思考，其中纳米经济就是一个例子。这是一种微观经济，它有着驱动更大规模经济的潜在价值。

纳米技术微观经济是一个能够提供大量工作、市场和产品的价值超过一万亿美元的全球市场，这些工作、市场、产品利用纳米材料，在原子量级上设计物品。未来的微观经济可能有助于人们更准确地认识商业、财富创造、就业和资本的经济驱动力。微观经济是全球性的，这种经济体的核心是一种独特而又重要的技术，能够创造新的工作、企业并带来创富机会。

理解这一点可能更为重要：微观经济能够吸引资本关注，制造机会，因而公共政策制定者、风险投资者、求职者和企业家才会投资于这些快速增长的微观经济。对那些能够刺激未来微观经济的就业、教育和新风投资源进行投资，便可刺激就业、促进全球竞争、把教育引向正确方向。下面是一些未来微观经济的样本，我预测它们将带来最多的收入、创新、新组织和就业。

它们所代表的全球价值（收入、就业、投资、研究）如今已超过 7 万亿美元，到 2025 年将超过 10 万亿美元。这是一份关于去哪里投资、开什么样的新公司、下一步做什么职业或工作才能获得未来智慧的全球性预测。

FUTURE SMART
预见未来

未来的全球微观经济体

- 纳米技术经济。
- 移动经济。
- 神经经济。
- 无人机经济。
- 云计算经济。
- 可再生能源经济。

- 智能机器经济。
- 互联经济。
- 大数据分析经济。
- 保健经济。
- 知识工程经济。

这些微观经济共同塑造了未来全球创新经济。微观经济是整体经济在小范围内的体现，它们作为变革的经济驱动力，在传统经济学思维中往往不被理解，或被认为没有价值。或许当我们理解了这些微观经济体作为未来变革塑造者的角色时，我们就会更具未来智慧，并会围绕这些初露苗头的微观经济去促成未来的各种机会。我们需要迎接新时代的新思维，但这主要依靠公众。所有这些微观经济体往往都来自充满活力的创新、新的竞争优势和颠覆性变革。例如，当你将集体企业价值和所有上述未来微观经济体的收入相加，然后再看看相应的增长、资本投资和就业创造价值，你就会对当下经济学家们所忽略的和未来需要预测的东西有更深的理解。

我们应该升级经济学，培养未雨绸缪的思维，这样我们才能找到新工作、为可持续工作接受教育，生活在一个不断增长和创新，直至突破今天限制的经济世界中。转换我们的思维，去理解这些未来微观经济，将会是个不错的开始。

这些微观经济体可能会让我们对经济产生不同的看法。展望未来时，这一点更加重要，因为我预测：未来 30 年，新科技将以十倍于当下的影响力颠覆、改变世界，并带来新的风险和机遇。所以，让我们想想该如何升级经济学，来为 2021 年之后的日子做好准备。

FUTURE SMART
预见未来

思考创新经济的未来

- 你知道 Facebook 是如何利用人际关系赚钱的吗？
- 你知道算法如何决定商业策略吗？
- 你能预测阿里巴巴将如何创造新的在线市场吗？
- 你知道荷兰皇家壳牌公司是如何决定投资新能源的吗？
- 你知道谷歌是如何预测你要搜索的内容的吗？
- 你知道苹果是如何创造商业价值的吗？

跨境互联的自由企业、越来越普及的知识、新兴技术以及市场创新，都是全球经济的核心，这些因素的协调和相互作用造就了强劲的经济。知道这一点，我们就可以通过投资那些经济驱动因素来激发更高效的增长。如果不知道这一点，那么对于一位领导者、商人、消费者、教师、发明者或政治家来说，其能力将是有限的，甚至会遭遇失败。

创新经济趋势以两种理念作为其先驱思想，它们将改变商业。第一种理念是以约瑟夫·熊彼特（Joseph Schumpeter）命名的“熊彼特风暴”（Schumpeter's Gale），该理论称资本主义只能被理解为一个持续创新和创造性破坏的发展过程。这适用于所有企业，尤其适用于创业精神，因为后者要持续地应对发明、技术和颠覆的快速演变过程。创业精神是影响各类企业的关键力量，不仅仅是影响初创企业的力量。每一家企业都在被创业精神的文化所改变，并从创新和变革中创造价值。资本往往会被那些正在经历极端变化的、基于创新的公司吸引。

第二种理念是进化经济学，其灵感来自进化生物学。进化经济学研究的是与企业、行业、就业、生产、贸易和增长相关的商业变化过程。进化经济学将经济增长的上升趋势归功于技术创新过程。然而，这两种理念并没有如人们所期待的那样改变现代经济学，从而让我们更深入地了解我们文明的未来，但也许你应该关注一下这两种理念，因为它们有助于我们看清经济学的新未来。

创新经济学视创新为生产力的主要影响因素。由于认识到了创新在经济中扮演的重要角色，这种观念改变了经济学。经济中的创新越多，经济的生产力就越高，也就能形成更强劲的经济。新的生物技术药物、互联网公司和移动商务创造的价值表明，创新是一种生产力——新就业机会、财富及 GDP 贡献的关键驱动力。

创新经济学侧重于一种经济创造力理论，这种经济创造力通过识别产生创新价值的工作类型来影响组织、就业和劳动力本身。它还把新的信息、计算和通信技术理念整合进全球经济，以此来驱动生产力。

创新经济学基于这样一个基本理念：经济政策的中心目标应该是通过更多的创新来激发更高的生产力。将更多的创新激励投资于研发、教育、创业精神、风险投资和培训，如此一来，我们便能够创造更高的生产力。这与其他两种传统经济理论即新古典经济学和凯恩斯经济学正好相反，而正是这一基本理念将创新经济学同传统经济学区分开来。

我认为，创新经济学可能只是为观测并理解经济（也就是关于我们如何增长、改变或刺激经济）提供了一种新的方法。未来智慧策略专注于新的创新回报率——投资于科学、技术、教育，建造一个拥有创业精神和开明个体的国度所能够实现的创新回报率，这将改变未来经济。在未来，创新将决定一切。

想为未来做好准备，你需要了解经济学的新未来。

到 2030 年，创新产业将贡献超过 70% 的全球经济增长，全球经济的未来即是创新。创新将带来那些可以商业化的价值，创造新技术、新工作、新公司、新行业，并且最终催生出一个全新的文明。创新将推动生产力、劳动力、市场和经济增长。创新将带来新价值，激活市场和就业增长，并将推动国内外投资以及国民安全和国防事业的发展。

创新将塑造所有经济体的未来，并创造大量财富。创新能够让工人群体获得全球竞争力；吸引外国投资；促使企业聘请更高水平的人才、教育并储备未来的劳动力，推动财富创造，并增进繁荣。创新也是让产品和服务更有竞争力的一个决定性因素。

随着新兴的云计算成为所有产品和服务的主导模式，一个持续创新的时代即将拉开帷幕。云计算将使每一个互联产品或服务得到更新、升级，它还拥有更先进的全天候功能，永远在线。

所有的领导者都必须着眼于促进本国的创新经济的发展，以刺激就业、创新、全球贸易、研究和发展。政府补贴、社会福利，或创造泡沫经济的低息贷款所带来的增长是不长久的。创新来自对教育、就业培训和研发新理念方面的投资。

创新经济体，迎来指数级增长

创新资本和创意的力量正在孕育一个创新经济。创新经济是经济学的下一个发展方向，其核心是指数级技术变革。创新理念的力量推动着全球经济的飞速发展。指数级技术正在改变我们的文明：互联网、移动技术、遗传学、纳米、神经科学、量子、创新生态系统以及自由市场，这一切背后的推动力都来自创业公司和个人，是它们创造了未来经济。

创新经济也与各种经济体间普遍的连通有关。当今和未来世界上最大的经济体——中国、美国、印度、德国、日本和巴西，均拥有跨越国境的主权投资基金会，这些基金创造了全球经济的繁荣昌盛。中国拥有超过 10 000 亿欧元的欧洲主权债券和 10 000 亿美元的美国主权债券，而且仅仅美国和中国之间的国际贸易总量就达数万亿美元。

北美、欧元区和亚洲之间的贸易往来主导了全球经济，同时也确保了全球经济的繁荣。中国需要北美市场来售卖产品，而北美则需要中国制造的廉价商品。

中国通过购买主权债券和货币来补贴美国和欧元区经济，确保它们的市场利益。欧盟、亚洲和北美贸易是全球经济的核心。

在2000年，发达经济体的消费占世界总产出的75%，而到2050年，这一数据预计将降至35%。创新将是未来新兴经济体转型的核心。

衡量创新资本和技术价值的尺度之一是专利数量。在中国和美国的带动下，你可以看到未来的走向。专利使创新和新的企业出现，并创造新的就业、机会和财富。高创新能力表现为专利申请的上升态势，这是衡量其对社会的潜在作用的绝佳途径。

然而，如果一个充满活力且至关重要的创业阶层只有专利却没有对未来进行风险投资，那么就是毫无意义的。欧盟的风险投资几乎没有像美国的那样具有流动性。明天的创新可能来自亚洲和非洲，如果这些经济体继续像今天这样投资创新的话。

总有一天，所有的国家都会意识到，经济增长和生产力、安全、稳定都来自用于对人、基础设施和教育的投资，由此引发的投资和创新的热潮将能够为未来做好准备。

创新经济模型的独特而关键的构成因素包括风险投资和创新文化，正是这两者创造出了新专利、新的数字商业模式、创意大爆发、知识性工作、产品和初创企业。由企业家、风险投资家、银行、天使投资人、供应商、程序员、制造商、设计师、工厂、商店和零部件制造商构成的动态的创新生态系统已经开始出现。曾经可谓独一无二的硅谷现象，现在正在全球遍地开花。

技术创新带来了经济的指数型增长和社会价值的不断增加，创新经济将在未来成为全球性力量。这个创新生态系统由创新精神和创新文化所支撑，由史蒂夫·乔布斯、谢尔盖·布林、埃隆·马斯克、比尔·盖茨和克雷格·文特尔这样的创新拥护者所塑造，他们的创造从计算机到生物科技领域，再到电动汽车等，所有这些人都在创新的历史上留下了自己浓墨重彩的一笔。

到2030年，已在美国出现的创新经济模式将成为世界经济的典范，并产生一些重要的变化。创新经济学将推动财富创造、就业、新产业和跨境贸易。纳米技术、生物工程、神经科学、互联网等各种技术的创新是新的企业、工作、产品和服务的驱动力，它们共同决定了一项经济指标：GDP。创新经济模式以创新、自由企业和资本主义作为驱动经济增长的核心。

有明确目标的社会议题、教育领域的投资与变革，再加上用于新研发的风险投资，这三者间的制衡导致了未来变化的产生。此外，一个有目标的、更具可持续性和社会性的、拥抱创新且有灵魂的商业模式，将成为新的拥有未来智慧的商业模式。只有创新经济才有希望创造更多的平等、社会流动性、财富和生产力也只有创新经济才是一种具有未来智慧的经济模式。

纳米技术、生物工程、信息技术、神经科学和量子科学等高科技创新不仅仅是技术创新，还是创造就业、推动产业发展和促进贸易的经济力量。医疗保健的未来、经济繁荣的未来、文化进步的未来，将共同构成创新经济的未来。

印度和大多数亚洲国家将拥抱这个未来，并获得经济体内的GDP增长。欧盟将不得不面对社会人口快速老龄化和生产力下降的问题。为了解决这类问题，它们需要在鼓励创新的同时平衡社会投资，对大规模移民群体进行教育，而不是把投资社会福利作为长期战略。

欧盟的未来更多地取决于以真正的创新为基础的增长——由创新经济带来的增长，而不是由社会福利模式所能带来的增长。在技术资本主义发展的推动下，欧盟是有可能建立一个具有社会责任的社会的。

了解这一点的拥有未来智慧的领导者将开创一个新的启蒙时代，一个新的充满发明和创新的时代。而美国所面临的挑战将是把更多的社会幸福感融入技术资本主义模式中去。到 2035 年，社会福利经济学和技术资本主义将有可能实现融合。

拥有未来智慧的国家会选择投资于创新研发及一切有利于这种投资的项目，包括改善教育和就业培训以及改善医疗等基本服务，以此投资未来公民。此外，这些投资将有助于消除创业和商业壁垒，因为，能带来就业机会增加、生产力提高的并不是政府，而正是这种消除壁垒的举措。

我已经就这一战略向我的欧洲客户提出建议：既提供丰富和大规模的社会福利，又希望刺激经济增长和生产力的提高，这种做法不可能长久。我们总想两者兼得，最终则是要付出代价。采取这种不合理的方案，政客们或许能赢得选票，但这并非长久之计。忍痛进行有效的结构改革，投资技术、高等教育和就业培训，直到下一代国民有能力来优化本国的技术、教育和工作，这才是应对长期灾难的药方。

与此同时，随着美国社会老龄化的加剧，社会福利对未来经济的拖累会使得美国无法持续领先于欧洲，创造一个可持续发展的未来。通过各行各业的创新来振兴教育和商业，实现持续、有机的经济增长和生产力提升，这才是让可持续经济体存活下来的唯一的长期战略。

老龄化问题日益严重的美国和欧盟各经济体正面临着长期的经济可持续发展的挑战，它们需要重新思考自己想要什么样的未来以及那种未来所需的成本将是什么。考虑到经济增长的放缓和人口老龄化对社会福利的更高要求，这是所有的国家都将面对的基本生存挑战。

我们如何驾驭这个未来将决定整个地球而不仅仅是某个国家或地区未来的安全和经济状况。在不久的将来，老龄化现象将从一种趋势演变为现实，没有做好相关规划的国家将因此陷入混乱。到 2040 年，社会的老龄化将成为经济增长和经济活力的拖累，除非人们提前几十年就针对遍及欧洲、北美、亚洲特别是中国的总计 1 亿～ 5 亿老龄化人口准备好大量资源。然而现在，还没有国家真正做好了准备。

美国和中国作为未来的世界经济增长引擎将不分上下，并将成为世界上规模最大、联系最紧密的两个经济体。欧盟作为一组经济体集合排在北美之后，位列第三。第四位是德国，之后则是一批 GDP 相对较少的国家，但到了 2030 年，这些国家可能会脱离欧元区，并成为欧洲的主导经济体，法国和已经脱离欧盟的英国是这个群体的领导者。巴西、俄罗斯、日本都是当今世界的重要经济体，但在 2030 年或在那之前，这一切可能都会发生改变。

马来西亚、墨西哥、土耳其、泰国、印度和印度尼西亚等国家都在快速发展，可能很快就会超过意大利、巴西和法国。如果能在北极圈地区找到新的能源，俄罗斯的未来可能会因此变得更好，这或许能抵消俄罗斯因医疗保健系统的不足而导致的人口预期寿命的下降对经济发展带来的负面影响。

印度尼西亚、土耳其和马来西亚（由于石油）可能成为经济增长速度新的领跑者，如果这些国家能够通过提升制造业的质量来升级创新和技术基础设施，那么甚至能够与中国和印度一较高下，从而将自己国家的人民带入全球市场。

新加坡虽然面积小，却是创新风潮的全球引领者，加上社会稳定、商业氛围友好、拥有使其身处高科技前沿的富有远见的创新领导力，它将迎来成功的未来。大多数国家只要效仿新加坡的政策和战略，就能在 2025 年或之前健康地发展。我看到新加坡正在走向更好的未来，虽然它只有很少的自然资源和不到 500 万人口，却依然称得上拥有未来智慧。

在欧洲，尤其是法国、西班牙和意大利等国，由于社会福利、税收和人口老龄化对经济的拖累，其经济上的领先地位可能会丧失。可用劳动力匮乏和对下一代研发的低投资可能会对经济和社会发展带来重大影响。欧盟必须刺激和鼓励下一代的企业家，否则其就业创造能力将无法跟上经济增长的需求。

美国面临着类似的严重问题，在未来，将不会有太多技术含量低的工作以及知识性工作岗位，这将拖累美国经济。气候变化和纳米技术、神经科学、计算、互联网、生物技术等战略指数性技术领域的很多产业将在不久的将来改变市场，创造出新的经济价值以及新的就业和更多的 GDP。

中国，未来经济的增长引擎

中国正不断崛起，并可能在 2040 年或之前成为全球第一经济体。影响中国未来的可能是老龄化社会的冲击及其对经济的拖累，因为没有足够的年轻劳动力来抵消老龄人口对社会的需求及对 GDP 贡献的减少。在这种情况下，中国将无法成为领先的经济体，除非劳动力匮乏和经济增长的问题得到解决。

有人认为，就中国、日本和其他老龄化国家或即将迈向老龄化的国家的可持续性发展而言，可以通过大量投资智能机器来弥补因老龄化导致的劳动力缺失，这还会进一步加速 GDP 的增长。因为，智能机器更高效、能工作更长时间、比人类更具竞争力且成本更低。智能机器微观经济将在 2030 年到来，我认为这是可能发生的。

意大利和日本都是人口正在下降的国家，它们没有新劳动力来取代退休员工，也未能吸引技术移民以保持 GDP 的强劲增长，这将使其未来处于危险之中。若没有大量的智能机器来补充日渐减少的劳动力资源以及抵消生产力的下降，那么这些人口数量快速下降的社会将遭遇经济的下滑。日本很清楚这一趋势，也制定了政策来加以应对；欧洲则在慢慢接受不可回避的“机器人未来”，并尝试创建一个文化更多元的人口结构。

使用机器人吧！实际上，这将有利于欧洲的社会福利模式，因为智能机器能实现相对更高的经济及生产力的增长。我预测智能机器微观经济将给人类提供一个工作更少、进步更大、生活质量更高的未来。其中，我们面临的挑战是如何应对人机岗位职责之间的隔阂和人们之间社交质量的下降，如果我们不迅速、深入地投资技术创新，将智能机器融入我们的社会中来解决生产力不足的问题，我们将不得不面对这样的挑战。

在欧洲向智能机器经济转型的过程中，大规模、成本低廉的智能机器应用将需要 10 ～ 15 年的时间来对经济和生产力产生实质性的重大影响。美国和亚洲部分国家将引领这一智能机器经济趋势，为了平衡全球贸易并提高竞争力，大多数国家最终都将认可智能机器的经济逻辑。

用机器人弥补老龄化社会之缺陷的趋势正在到来，甚至用它们替代移民都是可行的，机器人没有政治身份，而且不会加入工会。我们可以看到这样的未来正在出现：在工人的抗议活动影响到苹果手机的正常生产后，富士康用数以千计的机器人来取代人工。除非政府介入，否则在未来，人们对技术的投资将会超过对劳动力的投资。到 2025 年，基于知识价值而非劳动力价值的智能经济与基于资本的经济之间的“战争”将会发生。

中国和美国之间存在紧密的经济关系，中国购买了大量的美国国债，美国则是中国最大的客户。随着中美两国国内市场回暖，我认为无论是这两国的经济，还是全球经济，仍有稳定的未来。这两个超级大国注定是 2020 年之后世界最大的两个经济体，各自拥有足够的国内增长条件来抵御危机，并在几代人的时间内实现经济的持续增长。

中国和欧洲也有类似的经济利益关联，中国持有数千亿欧元或美元的欧洲主权债务，创造了史无前例的全球经济密切关系。这种投资也是未来中国和世界经济的稳定因素。中国强劲的经济增长和所持有的美欧货币及主权资产将进一步稳定中国和全球经济。中国是新的世界超级大国，鉴于其强大的资本实力和极高的 GDP，其在可预见的未来，将成为世界上发挥稳定作用的一股重要的经济力量。

北美、欧洲和中国三大经济区的紧密连接，将有助于稳定美国、欧盟和其他更脆弱地区经济的下降态势。这符合所有将塑造新未来的各方的利益。

随着移民的大量涌入，美国的人口将进一步增长，这对增加就业、抵消人口减少及解决老龄化的社会问题等都非常有利。很可能还未到 2025 年，巨大的技术基础设施投资、科学技术研发以及能源独立就会让美国和北美成为主导全球经济的国家和地区，其实力将等同于甚至超越中国。

如果解决了移民、就业和社会福利政策问题，并利用技术投资和教育，将下一代移民和知识创业者引向市场从而弥补社会福利方面的支出，就有可能实现一个更小、更智慧、更精简的欧元区。如果不通过巨大的激励来实现从福利型社会到创业型社会的转变，欧元区（除德国以及石油资源丰富的北欧国家，如挪威）的经济重要性将会在 2025 年下降。德国的崛起虽然能帮助欧元区，但前提是它不离开欧盟。我认为这些国家会留下来，并在未来主导整个欧元区的发展，正如它们今天所做的那样。

德国和现已脱离欧盟的英国曾一贯是欧盟的发展引擎。如果欧盟的其他国家能够效仿德国的教育模式、商业学校、工业部门和生产力战略，欧盟或许能够实现快速增长。我还没有看到这种发展苗头，但未来可能会发现。欧盟国家基于德国模式进行经济转型将是一种未来智慧。

土耳其虽然不是欧元区的一部分，但它将在与欧洲市场的合作中发挥重要作用，并将在经济和政治权力上崛起，进而与大多数欧盟国家竞争。德国和土耳其的贸易与能源联盟可能是未来一个值得关注的稳定支柱。随着市场开放，互联星球趋势将进一步促进生产力的提高和商业发展，旧的意识形态将不再扮演重要角色。作为一个温和经济型社会的典范，土耳其的创新在塑造一个更具生产力的社会的过程中发挥了积极的作用，这对于地球的未来非常重要。

决定欧洲未来的另一个支柱当然是敢作敢为的俄罗斯的复兴。凭借能源资产和扩张的古老渴望，俄罗斯与欧洲以及经济新星土耳其的互动将塑造欧洲的未来——在欧盟允许的情况下。在面对复兴的俄罗斯时，创新特别是在可替代能源领域的创新，可以作为一种平衡力量的手段。我认为整个欧洲不会甘于成为俄罗斯的能源附庸。对于能源和新技术创新的投资是一种具有未来智慧的投资，其价值远远超过核武器。若要将这个风险变成资产，就必须进行彻底的能源创新。

未来社会游戏规则的改变

中东地区尤其是石油资源丰富的中东小国会有稳定的经济增长，但也会面对错综复杂的风险。除非有石油以外的投资来刺激经济的发展，否则这些国家当前的生活水平是不可持续的。它们在其他国家和非国家主体面前非常脆弱，因为在未来，这些国家和非国家主体将通过当前统治者无法施行的一种未来治理方式来控制这些石油资源丰富的小国。无论是民主还是神权、自由社会还是宗教国家，中东必将发生改变。而这一地区最致命的吸引力，正是能源。

如果中东地区能拥抱创新经济模式，那么，生产力、安全性的提高和经济繁荣将使中东成为未来的游戏规则改变者。就业和繁荣又会促成和平，整个中东将迎来和平与安全，这样的局面有赖于该地区与世界其他国家间的全球合作。世界上大大小小的冲突都将因各方所寻找的一种未来规划而有所缓和。对一个尊重公正、和平等传统价值观的生产型社会而言，创新经济将是一种可供选择的模式。想象一下各方势力为贸易、商业繁荣构建一个创新生态系统，而不是向彼此扔炸弹。想象一下在中东地区建设一个改变游戏规则的社会。这对整个世界来说将意味着什么?

中东地区的游戏规则改变者是以色列，一个强大而充满活力的以高科技为主导的经济体，它有潜力超越土耳其、印度尼西亚甚至中国。能够左右以色列未来发展的因素是战争，因此中东地区的和平将是该地区经济增长的加速器。想象一下，在不久的将来，以色列可以教会它的邻国阿拉伯一些关于创新和商业方面的东西；再想象一下这一地区再没有冲突，有的只是通过合作建立未来的生产型社会，那会是一番什么样的景象？

和平环境将让以色列的 GDP 提高 10%，在这种情况下，以色列可以将发展的重点从军事转变为商业经济价值，这可谓化干戈为玉帛。以色列的创新经济是全球规模最大的、科技水平最高的经济之一，具有讽刺意味的是，正是由于自建国以来一直饱受战争的威胁，以色列才被迫发展出了这种复杂而先进的经济形态。然而，消除这种未来的威胁——以色列创新经济的主要驱动力，可能会给以色列带来新的挑战，但一个更和平的中东将是让以色列迎来长远可持续发展的驱动力。

当然，能源的可持续性和吸纳移民来增加就业可以推动生产力，但若不具备一张更大的蓝图，一个吸引人才、建设创新型社会的计划就很难实现。企业家文化意味着自由、创新和试验，这些目标面临着巨大挑战，因为它们与当今很多国家的官僚体制和臃肿的政府截然对立。改变这一点，去拥抱一个更精简的，支持创新、创造就业和高科技投资的政府也是有可能做到的，但前提是必须依靠重视企业而非社会福利的开明领导。

很多政府在创造财富和促进就业方面并不高明。当前美国的普遍政治意识形态同欧洲一样，并产生了同样的效果。不为未来就业、创新、能源、气候变化和教育进行规划的社会福利型国家，将无法拥有一个可持续发展的、繁荣的未来，这是确定无疑的。

最具可持续性的经济体都已深刻地认识到：如今对推动创新、投资、就业、生产力和经济增长的因素，就是低税收、自由市场和放松的监管。经济学中的一个变化是：大多数经济学家都生活在 19 世纪或 20 世纪的经济学理论之中，那时的技术创新还没有像今天或未来那样对经济产生如此大规模的影响，然而如今一切已经改变。这种改变游戏规则的趋势，即先进技术对经济的影响，是定义未来经济的核心要素。

非洲，下一个超级大陆

我认为最有发展前景的地区是非洲，这里曾经被称为“黑暗大陆”，如今却是继亚洲之后经济增长最快的区域。随着现代社会开始从部落体系中接管权力，非洲各国政府的治理变得越来越好了。对资源、技术、制造和通信方面的投资已经取得成功。尽管政府仍然存在一些问题，但非洲人民已经开始通过投票彰显出他们的政治影响力。民主思想得以弘扬，生产力也在普遍提高——这是变化的真正标志。此外，非洲人均年收入正在呈现上升趋势。

到了 2025 年甚至更早，非洲作为一个整体将不再远远落后于南美，并可能超越南美，达到超级大国的级别。南美在不久之前还被强大的权贵阶层所统治，现在，中产阶层已经出现。非洲长期的经济增长将越来越多地反映相关的社会和人口变化，这些变化正在创造新的国内增长引擎，其中的关键将是城市化、不断扩大的劳动力大军以及非洲中产阶层消费者的崛起。

1980 年，只有 28% 的非洲人住在城市里，而到了 2015 年，非洲大陆的 10 亿人口中有 40% 是城市居民。这一比例和当时的中国大致相当，超过了印度。到 2025 年，这一比例将上升到 50%，非洲前 20 大城市的总消费将超过 1.8 万亿美元。

2013 年 3 月，非洲被确定为世界上最贫穷的大陆，非洲摆脱欧洲殖民统治的历史似乎无济于事。大多数非洲人此前没有划分过国家，随着古老的部落土地和传统的边界被遗弃，新的边界被绘制出来，而这加剧了已经在非洲大陆肆虐的冲突。

现在，大多数的非洲地区国家仍处于动荡和贫穷中，且情况正在迅速变化，比你想象得还要迅速。经济数据在变好，生活质量不断提高，这或许指出了一种关于非洲的全新认识正在形成。非洲的外商投资回报率要高于其他大陆。所以，非洲正在发生一些重要转变，出现了投资、基础设施、经济增长、资源开采和教育领域的关键趋势，而这将催生一个新的非洲，并且它可能会成为新的超级大国。

世界银行预计，按照当前的增长速度，到 2025 年，大多数非洲国家将达到中等收入国家水平，相当于人均年收入约 1 000 美元。非洲是全球经济增长最快的大陆，每年约增长 5.6%，到 2023 年，GDP 平均增速预计将超过 6%。一直以来，非洲国家的 GDP 增长率都呈上升趋势，超过 75% 的非洲国家 GDP 增长率达到 4% ～ 6%，甚至更高，这是非常了不起的。如果发生了一场能够进一步加快新非洲发展的权力转移，又会出现什么样的结果？

在过去的 10 年中，“非洲狮”的经济增长速度超过了“东亚四小龙”。世界上 10 个增长最快的国家有 6 个在非洲。非洲的电信、建筑、银行和零售业正在蓬勃发展。在过去的 20 年中，超过 1 000 亿美元私人投资流入非洲，我预测在 2030 年将超过 5 000 亿美元。

目前，非洲大多数经济体都面临着严峻的挑战，包括贫困、疾病和婴儿的高死亡率，然而，2015 年时，非洲整体的 GDP 已达 1.6 万亿美元，与当时的巴西或俄罗斯大致相当。考虑到非洲大陆是全球经济增长最快的地区之一，非洲整体的 GDP 想要在 2025 年达到 3 万亿～ 5 万亿美元并非难事。这种经济的加速发展预示着会出现令世界震惊的巨大进步和发展潜力。

联合国的数据表明，非洲大陆拥有超过 12% 的世界石油储备、40% 的黄金、80% ～ 90% 的铬和铂。非洲还拥有全球 60% 未被充分利用的耕地以及丰富的木材资源。

很多领导人都清楚，这些丰富的自然资源可以成为一场非洲联合创新革命的驱动力。这需要非洲大陆的商业和政治领袖用更具前瞻性的未来智慧思维来克服狭隘思维，因为正是这种狭隘的思维不断阻碍着非洲从相互分离的脆弱小国的集合体，蜕变为一个成功的超级大陆。

非洲的确有机会实现一个伟大飞跃，拥抱创新和现代化，向所有其他国家学习创造和平、安全和繁荣。战略和机遇就在那里，那么，非洲会在我们的未来中崛起，并展示其巨大的潜力吗？

到 2025 年，新一代开明的、受过教育、有远见且具有未来智慧的非洲国家领导人将建立区域性资源交易所，用以支持基于非洲自然资源的证券交易。这样做的目的是让非洲国家更好地管理其资源，就像产油国那样成立石油输出国组织（Organization of the Petroleum Exporting Countries，OPEC）。OPEC 制定了集中的定价机制，从而让组织内的单个国家具有公认的地缘政治权力。

这种由一些发展中国家围绕石油资源所建立的国家间组织，在现代正处于一个全球范式转型过程中。这是历史上第一个由发展中国家组成的贸易集团，以应对更强大、更发达的国家以及跨国公司和西方石油公司。

类似的组织将引导非洲成为新的超级大陆。届时，非洲将加入其他超级大陆之列，基于未来智慧、资源管理和创新，引领一场新的全球经济。由交易带来的新秩序将消除腐败，让利润以透明和负责任的方式从市场流向国家。

然而，可能存在很多原因导致这样的场景最终不会出现，但我预测，在如今这个资源匮乏的世界里，由于全球对非洲资源的需求，非洲有很大可能会成为一个超级大陆，让我们拭目以待。

当旧联盟、传统经济模式和新的创新引发的变革发生时，互联星球就会到来，也许在那时，我们赚钱、工作和就业的方式将从根本上发生变化。在一个由数字产品、云计算服务、可再生信用交易和我们今天仍然无法想象的奇妙的数字创新商业模式构成的世界里，过去的经济模式将难以为继。我们所预言的一些设想如气象监测机器、纳米生物设备、可再生智能电网和下一代计算机等将创造巨大的财富。

在移动商务、众包商业模式的驱动下，未来创新生态系统的合作将更多地促进全球贸易。全球经济中仍会有赢家——快速适应者、未来预测者和输家——排斥未来的落后者，或许理应如此。同时，仍将有买家和卖家、供应和需求，以及寻找下一笔好生意的客户。不过无论如何，创业者将会脱颖而出。无论拥有何种创新方式，处于何种市场或地理位置如何，总会有一个企业家能够看到需求、发现问题并以合适的成本提供解决方案。

只要客户需要服务或产品，就会存在市场，不管它出现在印度农村的一部智能手机上还是在地球另一端的伦敦或旧金山。未来的全球经济将基于那些拥有未来智慧的个人，他们知道如何利用创新工具吸引新客户、创造新产品、建立新企业、开拓新产业，并预测新未来将要发生的事。

为未来而战

有一种主要的意识形态冲突将定义未来，它决定着当今世界上的一切冲突，未来也会如此，这便是围绕个体权利的未来之战。谁来决定未来每个人所拥有的权利？这场冲突中存在对立的两方。

第一，存在政府、组织、宗教和非国家主体，他们相信应该由权威来控制个体。他们通过国家法律、宗教、意识形态、监督、法令及信息控制技术来强化自身的权力。

第二，存在大量社会、组织和个人，所有这些人都坚决支持个人追求自由、选择和解放的权利。

这两种全球性意识形态之间的冲突和平衡将决定未来的全球冲突：一方维护

个人的民主权利，另一方试图控制、操纵、胁迫个人。说到底，我们对未来究竟抱有怎样的价值观？可以肯定的是，没有人希望自由更少，在未来也是如此。国家和个体之间关系的紧张，尤其在互联网时代，信息的控制和影响力处于无人监管的“野生状态”时，人们更青睐一个重视个人权利的新未来。不管是从短期还是长期来看，受国家保护的个体权利都是无须社会冲突和破坏便能达成的唯一一个可持续的结果，宗教激进主义者和政府独裁者注意到了这一点。个体权利本质上是由网络所促成的政治权力分散的新未来，它将超越国界和意识形态，定义我们的未来。当政治、技术和个人权利相遇时，这个新未来将为全世界带来更多的自由和发展机遇。

不断增长的创新经济、市场互联和让全世界共享利益所带来的国家之间形成的亲密感，很可能会抵消未来的冲突。我相信，我们正在向这样的未来迈进。

FUTURE SMART

06

全球化 2.0，一切都处在动态连接中

MANAGING THE GAME-CHANGING
TRENDS THAT WILL TRANSFORM YOUR WORLD

全球化的下一步演化——全球化 2.0 是世界上大多数人共同利益的基础，包括不断增长的全球繁荣、开放市场和贸易加速。全球化 2.0 意味着在全球互联、数字市场、商业合作塑造出的创新生态系统的推动下，全球经济加速发展，并将在 2030 年形成一个 100 万亿美元的巨大全球市场。知识价值产品将成为市场主流，与劳动密集型产品的生产形成全面竞争，这也将影响全球化 2.0。

全球化 2.0 将重新定义全球经济，为我们文明的未来带来更高水平的繁荣和更好的生活质量，进而使平等成为一个更现实的目标。繁荣和平等将触手可及，并成为全球化下一阶段的支柱。全球化虽然不是万灵药，却能够极大地刺激全球贸易及商业往来，使社会得以发展，并切实地推动新的就业机会和经济增长。可持续能源、智能机器、移动商务和保健领域等方面的趋势都可以刺激全球生产力的发展。全球化理念正是建立在开放市场、贸易激励和跨国合作的基础上，它将在未来十年改变整个世界。

从全球化 1.0 到 2.0，这一转变的核心将是大量增加的技术创新，尤其是移动互联网的普及。虽然全球互联是一场更大、更深刻的文化变革，全球化 2.0 却绘制了数据、市场、商业和民众所构成的具象化的全球经济融合，这将是未来全球经济的核心推动力。

全球化 1.0 是全球流程整合和经济互联的开始，包含世界观、产品、理念、资本、技术和市场的交换。在此前 20 年的形成过程中，全球化 1.0 改善了许多国家的生活方式和经济状况。诞生于 17 ～ 19 世纪的全球化受制于距离、运输、资本、贸易路线和市场等因素，而互联网时代推出了数字市场、产品以及互相连接的网络，创造了一个超越时间、空间和地域限制的全新的全球市场。

非洲和亚洲的许多国家在这个时代首次进入全球市场，并获得了很好的发展，墨西哥、马来西亚、印度尼西亚和土耳其都是这一进程中的赢家。基于全球化 2.0，在没有全球性的传染病或战争的前提下，2030 年全球总体 GDP 增速将超过 7%。

虽然全球化 1.0 为许多行业带来了非常多的收益，但全球企业家所缔造的持续繁荣带来的最大好处还没有显现，正是在这种情况下，在全球互联时代诞生了全球化 2.0。更大的繁荣、市场开放、企业和个人力量、互联网访问和支付交易平台还在后面。

这就是全球化 1.0 没能助推更多国家和个人实现快速发展的一部分原因。虽然供应链、市场和贸易联盟的互联互通已经取得了一些进展，全球化 1.0 却仍显稚嫩。移动网络的超级互联性还没有触及它在不久后将会触及的如此庞大的用户群体。

作为互联星球发展的支柱，不断强化的互联网智能将服务于明天的知识、教育、医疗和商业等领域，成为让未来变得更好的强大力量。当全球近 80 亿人口彼此连接，用简单而有效的方式进行贸易、学习、交流，并互相了解，这种通信效率的提高将成为改变世界的力量，这就是互联星球给予我们的馈赠。

互联网技术、创新生态系统和其他创新技术的扩散将成为全球化的驱动力，影响各国未来的经济和财富。人们已经对此产生了新的认识，即作为企业和创新之源的互联性正在创造新的机会来传播理念和商业模式、促进市场开放、推动合作、帮助个体强大，而不仅仅是让企业获得成功。

世界各地的企业家都在受益于这一波新连接浪潮，它推动了商业的发展，扩大了繁荣。随着生物、纳米、网络等科技创新融入社会的各个方面，这一趋势将会大大扩展。

印度尼西亚、马来西亚和印度正为一些美国公司提供信息技术服务；孟买的一家公司为丰田进行商业分析，成千上万的印度人在研究贷款和租赁方案；IBM在爱尔兰开设分公司，以色列人正在为苹果做研究。甚至非洲和中国的实验室和企业也与欧洲和南美的市场有联系。

我去过上述这些国家和地区，看到全球化 2.0 出现在工作中，成千上万的人跨越国界和时区进行实时合作，所有人都可以通过移动互联网连接市场和人才。这是一场商务革命，一切都被动态地连接在一起。协作技术实现了今天的全球化2.0，随着我们步入云计算的未来，所有供应链、人才网络和企业都在进入敏捷的新时代，这将极大地促进商业的发展，使各种商业主体更多地与市场、企业家和企业相连通。

这应该是全球化的终极状态——使用技术创造新的商业价值、加速商业的发展，并最终促进个体的成功。仅仅如此还不足以解决全球化 2.0 所面临的全部挑战。如改进教育、发展高速网络、改善就业观、提供职业培训和更好的医疗服务等社会创新只能改善社会本身，而由私营和公共组织所支持的风险投资和强大的科技产业则能够极大地支持全球化 2.0 的发展。

数字货币连接全球

如今，钱已经化为了以二进制形式存储的一串数字，在未来，我们的手机就相当于银行，每一笔交易我们都使用数字现金。在全球化 2.0 时代，数字货币将发挥重要作用。数字货币也被称为加密货币，如比特币等，我预测它们可能会改变全球的支付系统。这些虚拟货币将为贸易提供更加容易和更具成本效益的支付方式解决方案。

这些新的数字货币将颠覆传统的由政府和银行控制的货币体系，并为互联星球的全球金融加速发展提供支持。虽然不会马上实现，但预计在 2025 年之前，我们将会看到数字货币改变全球支付基础设施，让这个互联星球上的亿万企业家获得更便捷的金融服务。

数字货币已被证明能够提高效率、降低货币异地传输成本。另外，这种货币的运输更安全、体积更小，储蓄和消费时的成本比实际货币更低。数字现金如比特币也吸引了那些发现其中秘密机会的犯罪分子以及企业家们，他们在全球范围内进行操作。互联移动设备和数字货币的普及从根本上为扩大全球金融服务创造了巨大的获利机会。

即便在今天，信用卡和货币的笨拙和不兼容性以及银行和国界的阻碍，都极大地影响了商业发展。在一个一切都可以被数字化的世界里，数字货币有可能简化交易，大幅提升交易效率。数字现金将降低企业的交易成本和遭遇欺诈风险，推动更多的跨境贸易，并提升保密性，加强保护。

欺诈行为的减少对每个企业来说都是福音，相比于我们当前所使用的交易系统，数字现金能够得到更有效的保护。设想一下，在未来，如今还没有联网的 30 亿人将在网上实现互联，并形成一个 80 亿人口规模的活跃市场，数字现金将使商家和消费者进入这个市场，并在全球范围内扩大消费型金融产品的市场。

关键的一点是：在不久的将来，全球化 2.0 需要一个可由数字货币提供的无障碍且易于使用的交易系统。这是全球化过程中所面临的一个重要障碍，需要进行转变，从而使 B2B 和 P2P 交易在移动互联网上变得容易且安全，而这将加速商业的发展。

M-Pesa 是一种革命性的金融工具，正在改变整个非洲的经济，也是未来互联星球的可行模式。该服务允许客户和商家无须使用现金和银行账户，甚至无须一个固定地址，就可以购买任何东西。

这种数字现金使不同国家的企业家能够跨越国界和币种进行交易，而这两者一直以来都是一种商业壁垒。目前，数字现金的趋势正在加速发展。电话成了交易工具，形成了一个开展业务、汇集买卖双方并就价格和产品进行协商的交易市场。

为了使互联星球成为一种改变游戏趋势的力量，从而减少贫困、创造财富、减少全球贸易壁垒、开放全球市场，在理想的情况下，应该有自由的企业和较少的政府监管。企业家需要一种方法在彼此之间直接并快速地开展业务，而传统的银行业务烦琐，而且坦率地说，对世界各地的许多人来说，上述理想的情形是根本不可能实现的。因此，可以说数字货币为商业提供了一种全新的供应链。

和所有其他数字革命一样，比如所有事物都在向网络平台转移，数字货币的本质是在未来成为互联星球上商业的加速器。发达国家和发展中国家在未来必须做出更多努力来激励本国的企业家，消除阻碍自由企业发展的规定，开放市场，并鼓励创新投资。没有这些支持，互联星球的生产力和就业的质与量都不会有所增加。

希腊是一个美丽的、拥有丰富文化的国家，在哲学、政治、科学和文化等多个领域都为世界做出了巨大贡献。但在某些方面，希腊没有实现现代化，没有演化进入到下一代由知识、技术和商业创新塑造的全球经济或文化中。也就是说，希腊不具备未来智慧。

土耳其却达成了全球 GDP 增长迅速的成就。尽管存在许多政治问题，土耳其 2013 年的 GDP 增长仍在 8% 左右。土耳其的成功秘诀并不令人感到意外。我受我的客户西门子公司的邀请来到土耳其最大的城市伊斯坦布尔，向他们介绍如何利用互联网来塑造未来的商业、学习、培训和电子商务。土耳其的客户们明白，成就他们未来业务的关键是使用移动互联网与本地、区域及世界市场进行合作和连接。这是全球化 2.0 的现实——技术可以对网络进行创造性的使用，来寻找和服务客户，无论他们在哪里。

我们的日程被排得满满当当，因为这些大大小小的企业都渴望预知未来，也知道全球互联是它们获得商业成功和更好、更有生产力的未来的条件。我能感觉到房间里的兴奋气氛，因为那里有流动的思想和创新的想法。土耳其已经在某些方面迎头赶上，其 GDP 的增长率甚至超过了欧洲其他国家，比它所在的欧盟更有活力。

其他正在通过全球互联趋势来推动商业和跨国界合作从而扩大国内市场的国家有印度尼西亚、泰国、智利和墨西哥，尤其是墨西哥。墨西哥因与美国进行贸易而受益，但它正在向美国以外的地区扩张其业务，其 GDP 增长态势与土耳其不相上下。技术普及、教育、移动互联网和数字支付系统正在推动墨西哥商业的发展。

多年来，我在 20 多个国家的一间间拥挤的会议室里经历了完全相同的体验。在与大大小小的机构、政府和产业领袖、企业家与学生开完会后，让我有些惊讶的是：用创新来创造更好未来的这种渴望是全世界的各种文化所共享的。通过商业和创新来创造一个更好的未来是一件无关政治和意识形态的事情。

阿拉伯人、以色列人、伊朗人、巴基斯坦人和印度人……从中东到亚洲，再到欧洲和非洲，所有人都已经开始去理解互联星球。人们共同意识到，如果找到更具智慧的合作方式，我们就可以创造一个更美好的世界。贸易将得到促进、经济将更加繁荣，也给人们带来未来的希望，同时，经济繁荣能够孕育美好未来的希望，还可以引领人们走向和平。

这是我写作本书的一个原因：我看到一条全球化 2.0 的道路，只要给我在这里讨论的新兴创新一个机会，在所有的文化和民族之间，不管意识形态、权力差异或历史冲突如何，打造一个充满活力的开放自由市场都是可能的。如果使用得当，技术还可以提升国力。在那些身处冲突中的国家，技术甚至能减少冲突。在经济繁荣的地方，冲突一般都较少。经济的发展促使人们展望未来而不是停滞不前，繁荣将会带来新的可能性、新的未来。

关键是要让更多合作融入人与人互联、人与创新互联、人与市场互联的游戏中，这能为商贸和企业带来更多机会和更高的透明度。互联网是能够加速全球化的全球性网络，使人们能够利用这项技术高速接入，这将激励每一个经济体和每一位企业家。如果你想更快地提升国家的生产力，就要让每一个公民、每一个企业、每一个政府机构都能使用免费的高速网络。

离开苹果公司的几十年来，我一直是未来科技和企业家的全球倡导者。我很幸运地得到了电信、计算机、工程和技术公司的支持，与思科、联邦快递、诺华、IBM、苹果以及包括美国、新加坡、印度、中国、德国、泰国、马来西亚和印度尼西亚在内的众多具有未来智慧的政府合作。

我与很多渴望改变未来的企业家和懂得如何帮助企业家的政府官员交谈过。全球化 2.0 即将到来，而他们中的许多人正在引领着全球化 2.0 的趋势。

构建特大智能城市

政府必须刺激那些能创造就业机会的行业，为人们提供更多受先进技术驱动的高质量知识性工作，或者将业务引入更有吸引力的地域。法国已经失去了与英国、德国和美国合作的重要业务。在某些欧洲国家，政府管制力度要远远大于企业的自由度，这对做生意的人来说非常不友好。

若能获得支持，全球化 2.0 将通过跨越国界的移动贸易网络，实现国家之间商品、产品和服务的自由贸易，从而创造更具透明度的全球贸易市场，进而使此前根本无法接触的交易双方获知彼此。在这个互联星球之上，来自世界各地的交易双方可以自由采购、交流、进行交易是未来几百年全球经济增长和财富创造的灵丹妙药。在互联网上，秘鲁村庄里的企业家们可以找到在美国的买家，并使用支付软件 PayPal，或比特币这样的电子货币进行贸易。

由技术驱动的市场所带来的爆炸式增长将使买家和卖家连通，一个充满活力的实时电子商务市场即将到来。这个市场中提供的定制的、个性化的产品以及3D 制造等创意将增加全球和区域内的财富。从这个角度来看，个体将是互联星球的最大赢家。

接下来会发生的、能够带来超级互联的是，个体利用工具、创新和机会让自己变得更强大。终极连接将带来更加繁荣的全球经济和自由企业，互相连接的经济体、市场和能够自由经营的企业将重塑人类文明。

绝大多数人都想生活在城市里，因为城市能够提供工作、教育、安全、医疗保健和较高的生活水平。你会发现自己可能会因为很多原因而被吸引到未来的大城市，其中最主要的是，大城市的生活质量和发展机会很有吸引力。

然而，并不是所有的大都市（人口规模至少 1 000 万的城市）都像其他城市一样有吸引力，它们中的许多会拥挤不堪，无法提供其他城市那样的资源和理想条件。这是因为当大量人口涌入某些大城市时，这些城市的社会和经济条件还处于落后状态，难以应对如此大量的新增人口。

并不是所有的国家都会为未来做计划，并做好准备，也不是所有国家都知道如何管理为寻找更好的生活而涌入的大量人口。并非所有人理想的生存环境都能够同时实现，这也正是大城市的未来。你所在城市的社会和经济条件决定了生活在其中的人们的不同的生活方式和质量，也影响着你的未来。

即使在今天，以日本东京和印度德里为例，两个城市中人们的生活方式、其中存在的机遇和风险因素都有着很大的不同，这种富裕和贫穷的都市之间的鸿沟在新的未来仍将存在。好消息是，今天那些苦苦挣扎于贫穷和困顿中的特大城市，在明天将成为更稳定的机遇之地。具备未来智慧的大都市正在到来。

全球人口向大城市迁移已在进行当中。全世界的工作、财富、人才、资源、能源、商品和服务的大批量生产，都将位于或靠近特大城市。特大城市将成为未来的新城邦。如果规划和管理得当，它们将能够自行生产清洁能源；吸引企业创造就业机会；建立满足自身基本服务的基础设施，如医疗、用水和教育；以及应对气候变化等。此外，这些城市对安全的重视将是前所未有的。

所有的城市都必须具备未来智慧——拥有预测、灵活创新和适应的能力。这些能力包括以下方面。

◎ 与其他大城市交易能源。

◎ 通过控制环境来掌控气候变化。

◎ 拥有自己的安全保障部队。

◎ 变革并推广医疗保健云网络。

◎ 种植粮食，并实现自给自足。

◎ 启用创新生态系统来促进商业和企业家发展。

◎ 投资机器人和 3D 制造生态系统。

◎ 启用物联网，整合一切。

◎ 通过网络与其他大城市进行自主连接。

◎ 拥有一个分布式微电网，并能在能源上实现自给自足。

◎ 生成可再生能源和清洁能源。

特大城市的新未来很快就会来临，还没有人完全做好准备来应对人口的涌入和大城市对基本服务的巨大需求。大城市必须变得更像城邦一样——自治，即自我管理，自我组织，在经济、商业和社会服务方面自立。无论是城市政府还是私营企业都还未考虑到这一趋势的加速，以及在不远的将来，自己将如何塑造自己的城市。预计到 2040 年，世界人口特别是发展中国家的人，大部分都将生活在大城市，值得一提的是，超过 10 亿中国人将生活在大城市。

中国、巴基斯坦、印度、印度尼西亚、马来西亚和巴西这些发展中国家中规模最大的城市将成为特大城市。交通拥堵一直困扰着特大城市，你可以试着在北京或雅加达的高峰时间通行 16 千米看看，我试过。交通瘫痪标志着人们生产力、生活质量的提高，这带来了不断飙升的 GDP 和很多城市目前所面临的交通拥堵。在不久的将来，特大城市必须提前做好大量人口涌入的应对计划，因为特大城市将成为一个比其他地方都更快速地得到工作、教育、商业机会及高质量生活的地方。

不仅仅是人才，财富和资源也将最大限度地集中在特大城市。特大城市带来的城市化“雪崩”将迅速到来，并为我们的文明带来巨大的风险和机遇。特大城市将挑战领导者们的有效管理能力，以及提供让公民获得良好生活质量所需服务的能力。

接下来，我将探讨各种不同的情况和可能出现的结果。

也有可能出现不止一种的典型特大城市，这意味着许多种不同的特大城市将同时存在于世界上的不同位置。不同的权力、文化、资源和政府会影响特大城市的存活成功率。过多的人口和对基础设施的过多需求将给未来的特大城市造成过大压力。

云端之城，连接地球上的每个城市

全球化 2.0 将塑造城市的未来。全球化会影响跨地域和资本流动的新式合作，还会影响到贸易、法律、商业、金融和外交。考虑到城市中人才的流动、创新技术的兴起及城市的人口密度，全球化将对特大城市的加速形成产生重大影响。日益扁平化的全球市场和经济体，以及某种程度上来说甚至全球无障碍的贸易文化的创造，都有助于加速全球化的进程。

> **来自 2025 年的新闻头条**
>
> 城市通过云端交易所进行碳信用在线交易

此外，经济上生产者和消费者、市场和制造商、买方和卖方的相互连接奠定了塑造未来城市的资源基础。最后，大众消费主义和技术（如移动通信和互联网）的渗透性本质，将成为经济价值的强劲加速器，接触和连接地球上的每一座城市。

每天都有上百万人走进中国的城市。

目前，世界上有超过 19 个特大城市。到 2025 年，这个数量将增长到现在的 2 倍，到 2050 年，亚洲和拉丁美洲将产生世界上最大的特大城市。这些特大城市大多位于发展中国家。文化的碰撞、发达国家老龄化的加剧和年轻的发展中国家的存在将在未来几十年激化二者之间的紧张关系。事实上，随着全球人口爆炸式增长，亚洲和拉丁美洲的特大城市将主导全球需求。繁荣或对繁荣的期望会催生出特大城市。

随着人口和财富从发达城市向发展中城市（而不是从发达国家向发展中国家）转移，一个结构性的权力转移即将到来。以下是一些需要关注的特大城市发展趋势。

◎ 到 2025 年，特大城市将容纳超过 7.35 亿个家庭。

◎ 到 2025 年，超过 4 亿人将生活在中国的特大城市里。

◎ 到 2030 年，将有 70 亿人生活在超过 600 个城市中。

◎ 这 600 个城市将产生超过 60% 的全球 GDP，即约 64 万亿美元。

◎ 到 2030 年，特大城市将成为地球能源的最大消费者。

◎ 到 2030 年，中国将有超过 200 个特大城市。

◎ 到 2035 年，中国将拥有数量最多的特大城市。

◎ 到 2035 年，将有超过 10 亿人生活在中国的城市里。

◎ 富裕程度的不断提高，中产阶级的崛起，安全和医疗的发展正在推动特大城市的增长。

◎ 绝大多数特大城市必须学会应对气候变化。

◎ 发展中国家的特大城市将容纳全球绝大部分人口。

FUTURE SMART

07

创新生态系统，从分散的点击族到引爆知识工程

MANAGING THE GAME-CHANGING
TRENDS THAT WILL TRANSFORM YOUR WORLD

如果你想知道未来的商业会如何发展，下文所述的趋势便预示着一个充满活力的市场，在接下来这一个世纪里，每个月都会有全新的产业、技术、工作和市场产生，以满足即将到来的创新需求。置身于其中令人激动又心生畏惧。只有勇者才能赢得未来。

一个富足而充满机遇的未来将由创新决定。现在准备好迎接新未来提出的挑战吧！它要求个体沿着一条快速学习的曲线前进。我们必须与未来而不是过去的商业发展同步，因为未来属于那些有远见的人。下面我列举了一些可能即将到来的未来，让我们憧憬一下。

◎ 物联网市场将出现。在线连接的产品、设备、电脑、芯片、传感器、材料、街道、公路、机器人、无人机等将全部与互联网连接。

◎ 创新生态系统中的互联大脑将推动全球商业、教育、健康和金融的发展。

◎ 永远在线的市场，移动商务将成为最领先的商业平台。

◎ 可再生能源市场：到 2030 年，碳信用交易将成为一门规模达 1 000 亿比特币的生意。

◎ 到 2030 年，替代能源管理领域产生的就业机会占比将产生超过 25%。

◎ 到 2030 年，替代能源和气候工程将是仅次于医疗保健的第二大市场。

◎ 人才市场：到 2030 年，90% 的新公司将由女性企业家创造。

◎ 到 2025 年，Y 世代将通过改变企业文化、工作性质和价值来改变商业。

◎ 下一个中产阶级：到 2030 年，中产阶级将超过 50 亿人，占全球人口的 2/3，其中亚洲和非洲的人口占比最高。

◎ 到 2050 年，美国将有超过 5 亿城市居民。

◎ 智能机器市场：移动设备将能够在大多数没有人类互动或主动参与的情况下感知、交换、合作并从事商业活动。

◎ 3D 制造和纳米技术将改变制造和供应链，传送装置将无处不在，从而使实时个性化产品如人体器官、电子设备、自行车、电脑、房屋、食品等直接下载到家庭和企业，接受虚拟设计，并进行实时 3D 自组装。

◎ 全球经济增长很大一部分将发生在初创企业市场。初创企业在一日内诞生、发展、合并和死去，“日创企业”（Day Start-Ups）将风靡一时。

◎ 到 2030 年，保健市场将成为全球最大的市场。

◎ 到 2025 年，可穿戴设备市场规模将超过所有其他设备平台的市场规模。

◎ 全球贸易：到 2025 年，世界 GDP 1/3 的经济价值将由围绕技术创新开展业务的企业贡献。

◎ 到 2025 年，超过 80% 的全球产品和服务将在城市中产生。

◎ 到 2025 年，世界上超过 75% 的人口将拥有智能手机，这将创造人类商业史上最大的市场。

知识工程产业大爆发

科学和技术权力工具的去中心化与民主化正在带来创新——新企业、新社会和新商业模式。这些创新生态系统的核心驱动力是移动网络、互联智能硬件、地理情报以及买家与云计算网络、卖家和客户在商业贸易中的融合。

这些权力工具（生物、信息、神经科学、机器人、量子和纳米技术）的扩散，将在就业、商业和市场领域创造一场革命。跨越国界和市场的全新的、动态的合作形式将出现，来服务于一个不断增大的全球客户群。这些权力工具将用一些非常有效和透明的方式，帮助人们实现创新、繁荣和商业发展，并创造新的知识价值。

通过重新思考基本关系、交易、知识价值交换以及连接制造商、生产者、营销人员、供应商和客户的网络，人们将利用未来智慧发掘商业机会。创新生态系统是一种人才、技术、协作和市场的融合。身处同一创新链条上的人际关系网络的合作和连接将定义一种全新的未来智慧组织。

FUTURE SMART

预见未来

创新生态系统的关键驱动力

- 制造商、中间商、买家和卖家之间的全球合作。
- 管理生态系统和供应链的专业人才。
- 云计算应用。
- 应用自动化移动机器人的农场。
- 数字货币。
- 预测分析。
- 浸入式媒体。
- 数字银行。
- 按需供应的纳米工厂。
- 创新文化。
- 互联供应链。
- 定制智能机器。
- 虚拟电子商务。
- 有活力的市场。
- 全球分销服务。

创新生态系统将成为商业经营的主导方式，将根据需求实时地把虚拟和物理资源、资本、技术、资产、供应链和人才汇集在一起，搭建成一个高性能的平台。

创新生态系统将是一个独特的合作网络，由使用最优创新的各个团队和主要的利益相关者构成。该系统将以超高速连接在线移动市场上的所有买家和卖家，实时的商务将以艾字节[①]的规模顷刻完成。创新生态系统将成为一种竞争优势，满足客户的需求，为客户设立甚至与客户一起设计。众包、智库、资产交易、快速打样、趋势挖掘、虚拟化身、智能机器、数字发行、3D 打印、仿真、建模、算法机器人……所有这些都是未来创新生态系统中革命性的商业方式。创新生态系统将是大数据、预测分析、云计算和数字商务（一种全新的在线高效能全球市场）融合的最终阶段。

创新生态系统将会以一个由各交易方和动态市场组成的灵活网络的身份出现，这些交易者和市场基于短期或长期的项目来推动一国发展，如一种新药、一个新城市、一台新设备或一种新服务。创新生态系统将专注于集合人才，形成快速反应团队，使用或发明相应的技术来解决或建立一种需求。创新生态系统将形成高度创新、具有成本效益的敏捷的网络，在一个高速运转的市场中发挥作用，这个市场将取代传统组织结构中的很大一部分。

我们今天目睹了创新生态系统的出现，但这将成为那些更精简、更小巧和更有创业精神的企业的大势。许多企业的作用将变成设计、构建和管理这些创新生态系统。未来的消费者将非常重视这种未来市场的敏捷性、灵活性，以及产生于其中的创新产品和服务。

来自 2025 年的新闻头条

知识工程产业超过 50 亿美元

创新生态系统是市场和组织向着动态的、更灵活且更有开拓精神的网络连接性进化的结果。对于企业来说，无论规模大

① 艾字节（EB）是一种计算机存储单位，$1EB=1024^3GB$。——编者注

小，都必须明白这些创新生态系统是由互联网塑造的，在互联网的世界中，快速协作和数字工具是新的、充满活力的经济的根本驱动力。

要在市场或职场中竞争，你需要参与或建立一种创新生态系统。如今涌现出的、朝这种模式演进的创新生态系统的例子包括下面一些企业。

阿里巴巴是一个全球性的B2B贸易门户，连接中国制造商与海外买家。它是地球上最大的创新生态系统。当它具有前瞻性时，它就会变成最大的创新生态系统。阿里巴巴旗下还有淘宝，针对消费者的市场；天猫，互联网零售门户；一淘网，比价网站；阿里云计算平台；来往，即时通信平台；支付宝，类似于PayPal的在线支付系统。这些数字资产的集合将阿里巴巴置于世界级的位置。它比亚马逊和eBay加起来还要庞大。

全球电子商务网站亚马逊就像一个超级大商店，虽然主要面向个人消费者，却把越来越多的精力转向企业业务，而不再仅仅是零售。亚马逊正在尝试通过分析客户行为来预测市场会在哪里，并建立配送中心来分析未来需求（Future Desire），几乎所有企业和消费者产品都可以在亚马逊上找到。它能帮助创业者，帮助个性化产品（如书籍、电影和其他商品）找到各自的市场，通过这种方式，亚马逊正在进化成一个创新生态系统。

Quirky是一个创新平台，许多发明家汇集于此，展现他们的想法，直接把健康、居家、旅行和其他商业产品销售给客户。你可以以发明家或消费者的身份加入这个社区。

Kickstarter是一个创新社区，利用众筹把连接制造商和投资者的创意项目带入生活中。其用户部分是天使投资人，部分是企业家。

Elance是一个网上人才市场，帮助自由职业者绕过中间人，直接向潜在客户推销自己。

oDesk 也是一个人才市场，旨在帮人们找到企业雇主。

Intellectual Ventures 资助了一个发明市场，在这个市场中，专利持有者、投资者和企业可以进行交易或投资，进而为创新者创造了一个私人市场。

下面这个名单中的创新国家，将吸引大多数创新者，创新生态系统将在这些国家蓬勃发展。各种创意、人才创新、研发、生产力、专利、企业家和企业在这些国家汇聚，并带来大量新的产品和服务。这些创新国家对创新、商业、投资和创业者都是友好的。

中国	德国	新加坡
加拿大	印度	韩国
捷克	爱尔兰	英国
芬兰	以色列	美国

下面这些是下一代创新国家，它们将通过创新、自身的快速发展和广泛的商务合作来推动世界经济的发展。

巴西	马来西亚	俄罗斯
印度尼西亚	罗马尼亚	南非

主动开拓者模式：像创新者一样思考

企业成功的关键是要了解如何像创新者一样思考。那么，创新者是如何思考的？答案是：开放与探索。他们展望未来，高瞻远瞩，勇于打破陈规，而且最重要的是，他们无所畏惧，即使要面对失败、批评和灾难。他们有能力快速改变、快速失败并快速成功。此外，他们总是在寻找机会进行创新，创造价值。

创新者乐于拥抱变化。他们把变化视为创造解决方案和发财致富的机会，他们乐于学习新的东西，以此来获得竞争优势。

身处不同国家、文化和组织中的人可分为以下 4 种思维模式：遵循传统者、维持现状者、被动适应者和主动开拓者。在一个组织中，冲突往往源于这 4 种思维的碰撞，分歧往往源于是否接受变革并保持开放以及是否拥抱创新并积极为未来制定战略。通常，各种心态互不相容，因此会造成组织缺乏活力，影响组织灵活性、反应能力和创新能力的发挥。

遵循传统者是变化和创新的明显障碍。对于为什么事情应该保持不变而不是改变，他们会给出很多理由，在他们看来，我们没有必要去进行创新。

维持现状者是变化和创新的隐性阻力。他们嘴上说是，但心里说不，而且他们绝不会诚实地说出自己的抗拒。此外，他们经常破坏创新，由于害怕改变，所以他们抗拒创新也是可以预料得到的了。

被动适应者为变化做好了准备。他们愿意学习新事物，却不是特别喜欢创新或变化，只是认识到必须改变才能蓬勃发展，甚至生存。他们不喜欢变化，但如果有实现的价值和解决方案，他们就能拥抱创新。

主动开拓者具备未来智慧且能够引领变革。创新者是主动开拓者：他们引领变革并乐于改变，清楚转型的价值。创新者拥抱创新，拥抱能够激活企业的新想法，并经常对市场变化做出反应。他们是遵循传统或维持现状的文化的首要攻击对象。不过，主动开拓者有带领组织走向成功的潜力：他们与客户需求更同步、更顺应时代和解决方案导向。他们有创新者的思维方式，是未来的游戏规则改变者。

组织是以某种思维模式为主导的思维网络，这种主导思维模式将决定组织的成败，使组织要么顺应潮流，要么成为历史。创新者思维模式是最强大的，能够制造和引领变革，也是所有组织都应该努力去创造的一种思维模式，是为未来做好准备的方法，更是一种未来智慧。

如果仔细想想这些趋势，你很快就会清晰地发现：我们正在走进一种不同以往的企业新未来。变化的速度和复杂性将促进企业思维的重塑。你甚至现在就可以看到变化的出现。

拥有最多资产的企业生产知识产品，如 Facebook、IBM、Twitter、谷歌和苹果。2008 年金融泡沫破灭后，世界前 100 强公司的总市值变化幅度超过了 10 万亿美元。在过去的 20 年里，财富 100 强企业已经换了新面孔。新兴产业从我们身边成长起来，如无人机、机器人、游戏化应用、地理智能和移动商务，这些领域可以说是全新的，到现在为止还少有巨头出现。

从现在开始，你就应该考虑制订或改变商业计划，以利用移动商务、数据、机器人、互联家居、社交媒体等市场趋势。忽视这些趋势且认为生活不会有太大变化是不理性的思维，只有高瞻远瞩，你才能生活得更好。

此处的种种预测很可能已经发生了。我预测这些趋势的出现只是早晚的事。将每种趋势的发生时间提前 2 ～ 5 年，实际上将更准确。这是为什么呢？因为，每 12 个月，所有技术的处理能力、存储和性能都将增加 1 倍。这是一种具有指导性的概念，对于人、设备、系统、市场和技术的超级连接也同样适用。这种指数型变化缩短了创新从诞生到进入市场的时间，使创新越来越快。指数型变化是指变化速度的加快——加速度。指数型变化可以在短时间内实现 2 ～ 100 倍的变化速率，超乎人的想象。更多的创新和颠覆需要我们学会更快地适应，这就是未来智慧的起因：学会预测并更快地适应，以跟上新未来的变化。

这意味着依赖计算能力的产业如电信、银行、金融、医药、能源和国防等，都面临着指数型变化，处理信息的能力和分析能力每年提升 3 ～ 1 000 倍。作为企业和社会变革关键驱动力的技术创新能力年复一年地大幅提升，这意味着在我们这个时代，变化正在以未知的速率加速。智能手机中所使用的技术的数量，已经超过了 1975 年时全世界所有技术的总量。但推动商业的变革——指数型变化尚未发生。让我们尽快做好准备吧！

智能房屋；云端的所有数据；打扫房间的机器人；改变企业的移动应用；用于做出营销和关系决策的 DNA；按需供应的实时供应链；拥有吸引你的无数媒体娱乐的数字图书馆；养活 80 亿人的大数据农业等，这些不仅仅是技术创新，还是改变游戏规则的行业创新，它将塑造未来的经济，带来更蓬勃的发展势头和更多的创新。

这些指数型创新带来的新企业将改变每一个行业，包括医疗保健、交通、传媒、金融、制造业等。下面是指数型创新将在所有行业中创造的一些关键趋势。

◎ 将大脑连接到智能设备和智能机器，提升我们的效率和创造力，帮助我们了解如何更智能地管理一切。

◎ 将知识嵌入每一种产品或服务中，使其具备嵌入知识和以无线的方式持续升级功能及价值的能力。

◎ 在指数型创新中发现新的机会，帮助我们发现有关使用、有效性、安全性和生产力等常见问题的解决方案。

20 亿新中产阶级，重新定义商业

你是否有兴趣与未来的 20 亿新客户做生意？全球人口急剧增加，在过去的几十年内翻了一倍。2015 年的总人口已超过 70 亿，到 2040 年将达到 80 亿，到 2050 年也许会达到 90 亿，这会带来全新的挑战和机遇。20 亿新客户将成为新中产阶级，这意味着未来会有一个巨大而充满活力的新全球商业市场。

他们遍布世界各地，互相连接，受过良好教育，并希望更快地积累财富，享受更高的生活质量。更多的亚洲、非洲、东欧和拉丁美洲财富新贵出现，他们的购买力将定义 21 世纪的商业。这种脱贫致富的人口发展趋势对商业而言是巨大利好，进一步表明了所有想获得成功的企业都要依赖这新增的 20 亿客户。

这是未来全球经济和商业的催化剂——一个努力追赶其他发达国家的庞大新客户群体。新进入者将使市场和全球商业加速增长。他们对中产阶级生活方式的需求，将改变每一个企业、产业和市场，进而创造巨大的增长机会，同时也给世界带来巨大的资源压力。

到 2025 年，大多数新中产阶级将生活在城市。目前已有的和未来还会持续发展的城市化移民的规模是前所未有的。未来互联城市的崛起将以全新的方式塑造能源、贸易和创新。来自亚洲、非洲和拉丁美洲的新中产阶级，将在 21 世纪以史无前例的规模改变城市，创造新的生产力和经济的增长。

巨大的挑战也将出现，如城市的可持续发展。我们将如何建设拥有 1 000 万～ 2 000 万人口的可持续发展城市？这些都是未来的超大城市。我们需要发明智慧城市来应对即将到来的挑战。商业将引领未来的城市管理。城市中的人和资本的集中将在不久的将来催生出一个可以充分挖掘人才的潜力、生产和销售以及创造大量商业机会的巨大的全球新市场。

永远在线的点击族

未来的全球市场将主要由点击族（click-streamers）构成——他们永远在线、精通网络、互相连通并且可以自由移动。这些人使用可穿戴计算机开展业务，在无人驾驶汽车里玩视频游戏，在手机上浏览网页，利用无人机和飞行器进行协作，从创新生态系统里购买商品，使用数字技术通过遍布全球的网络市场进行营销和管理。

点击族通常通过云端、移动网络、社交媒体和大数据进行连接。他们在具有超级连接、增强现实和完全移动化等特性的“数字宇宙”中生活、工作和游戏。他们超越了地理、年龄以及种族的限制，已经适应了点击流式的生活方式。

企业和商界领袖正面临着他们这一代最具破坏性的变化。精通数字技术的消费者和技术进步正处于一个范式转型的最前沿，这种范式转型将影响到地球上的每一个企业。新的消费者期待开始出现，明显指向全球新市场和客户群体——相比于西方发达国家，发展中国家尤甚。被称为“点击族”的新一代消费者精通数字技术，他们正在重塑终端消费者需求，而他们也正是未来商业所要服务的对象。

点击族是你的新用户。文化中的复杂变化，特别是技术和市场的变化，要求人们以新方法来更好地理解客户，理解用户群体所发生的改变。传统的用户识别方法，即按年龄、位置或兴趣对用户进行划分，往往忽略了用户与他们视为生活方式和文化的数字技术的关系。逐渐变老的婴儿潮一代、X 世代、千禧一代——这些都是营销人员用于细分市场的传统客户分类，在移动技术、社交媒体、可穿戴技术等新技术的冲击下，将无法全面囊括整个用户群体。

根据用户们共同的、协作式的、具有前瞻性的点击流生活方式，我们可以通过一种全新的方式来描述客户特征。这种方法涵盖了各种人群，通常他们彼此之间不会有所联系，除非他们拥有一系列超越年龄、文化或地理位置的共性特质。事实上，用户正在以新的方式产生联系，这为企业提供了新的营销机会。点击族拥有相对独特的行为和情感特征。

◎ 他们的生活和工作主要基于网络。

◎ 2020 年后，超过 50 亿人将在网络上被连接在一起。

◎ 他们每周花在网络上的时间超过 100 个小时，包括工作、游戏或娱乐。

◎ 他们是游戏玩家、YouTube 用户以及创新的狂热拥护者。

◎ 他们将全天候不间断地生活在移动网络之上。

◎ 他们通过点击鼠标进行工作、娱乐、交际、游戏和恋爱。

◎ 他们使用移动网络、大数据和云。

◎ 他们都有用于定义自己身份的一套社会程式。

◎ 想点击族之所想的品牌将获得成功。

点击族群体的一个关键特征已经开始显现，而且只会变得更加普遍，那就是这种消费者使用相同的数字泛媒体（涵盖媒体、金融、新闻、商业、健康等领域）和相似的数字平台（如电脑、自动驾驶汽车、手机和平板电脑）。

这些客户通过遍布世界的点击流数字网络来进行交易、生产、娱乐、互通有无、买卖。连接这些客户的关键行为是点击，他们通过点击来了解、购买、销售和沟通，并且在点击流——互联网、云计算机、私有网络、媒体和蜂窝网络上进行这种点击。

关注点击族吧，他们将是你未来的客户。

点击族是在数字信息流中生活和工作的消费者。他们遍布全球、跨越边境，使用各种数字技术保持互联。他们在手机、网络、应用程序和信息平台的点击流中漫游，这些点击流连接着汽车、市场、家庭、健康、游戏、媒体和娱乐。他们通过点击流购买、销售、搜索、分享以及与他人进行合作。

点击族是一个由共同利益者组成的全球网络。他们众筹资金、跨界合作、下载应用程序、上传图片、分享视频、玩游戏、发明程序。他们生活在点击流中，而这构成了一个新的全球市场。

在不久的将来，点击族将成为这个星球上最大的全球客户群，因为他们大部分时间都花在网上，无论身处何地，永远在线、永远移动，随时进行网络购物以及在网上开展工作、交际和商务活动。因此，可以说点击族将定义企业的未来市场。

点击族的客户行为，从远程计算、远程医疗、游戏、媒体监督和媒体生产，到娱乐、电子商务和网络购物，将由他们花费在网上的时间和网络行为来定义。在一个永远在线的世界里，移动网络将随时知晓、随时沟通、观察并吸引置身其中的所有人。

到 2025 年，点击族将覆盖 120 个国家的 60 多亿人口，消费或控制着超过 50 万亿美元的市场。

点击族还将推动电子商务的发展，包括汽车、飞行器、可穿戴和移动设备等。他们将决定品牌和公司的未来。他们的用户行为，包括当下的移动化与未来的增强现实和虚拟现实，将催生出全新的市场和行业。每个组织都必须学着去了解点击族，与这些未来的客户、自由职业者和雇员密切互动。

学会应对高速变化，推动商业新未来的到来

你准备好应对新未来的高速变化了吗？你准备好为你的创新创立一家公司了吗？你准备好通过管理一个团队或公司，来改变客户使用社交媒体网络或虚拟世界的方式了吗？要想得到这些问题的答案，我们必须用激进的新方法来开展业务，我们需要以新的思维向前看，而不是往回看。

推动商业新未来的种种快速趋势的大爆发将创造更多的机会和个人财富，这在人类文明历史上前所未见。新财富的创造只在一夜之间；新行业生生灭灭，面临频繁的更新换代。超级竞争将促使每个人走得更远、做得更多，利用技术创新塑造新未来。这种大规模的商业转型将创造新一代的就业机会、市场和产业，而其中大部分还没有被发明出来。我的研究对象就是这种未来以及如何针对即将到来的极速变化做好准备。

唯一需要注意的是：个体领导者、管理者或企业家需要改变自我，来充分利用这些变化。为了拥有未来智慧，你必须能够适应，积极学习新鲜事物，有所创新，而且最重要的是要能够放眼未来，当然这是需要勇气的。我们不喜欢改变，但问题在于，我们所面临的最大挑战是，未来 50 年的极端变化将决定我们的生活和商业，所以我们最好接受这个现实，并学会应对未来。

这正是问题的关键。剧变不可避免，包括经济波动、人口变化、颠覆性的技术，等等，这并不难预测，难的是人们该如何做好准备，在这个复杂而又快速变化的新世界里获得成功。我的工作是绘制变化的蓝图，帮你做好准备，提高你的前瞻意识，让你在这个新未来取得成功。

人们在 2030 年出售的产品和服务，大多数在当下还没有被发明出来。这些产品会被嵌入智能、连接云计算和移动网络，而且知识含量丰富，它们将为客户带来巨大的价值和意义。这些都是快速到来的变化。迎接这个未来并改变未来需要新思维。这已不是我们的上一代所熟悉的经济模式了，新的游戏规则已经出现，预测这个加速变化、天翻地覆的未来将为你提供难以想象的新机遇。

商业的未来更是不同于你以往见过的任何事物。如今的许多有权势者、怀疑者和领导者在未来不会再拥有任何机会。未来将是对过去的彻底颠覆，未来的组织需要更加灵活、敏捷，具备前瞻性、保持动态，这需要完全不同的思维方式。创新不再是特殊的风险因素，而是组织的命脉，实时创新，不断发明和尝试将决定未来的赢家与输家。此外，人才将是快速变化的未来的推动者。

要么创新，要么灭亡

大多数组织都没有为未来做好准备，超过 25% 的企业因改变不够及时，要么被合并、出售，要么被收购而不再存在。不管你愿不愿意接受，这一淘汰过程都已经开始了，而且是板上钉钉的事。技术、市场、经济和全球竞争的加速变化自始至终都会改变企业的业务内容及其理念，因此人们需要发明新的工作流程和商业模式。在这种情况下，一家公司提供的真正价值将发生改变，商业的标准范式、目的和行为也会发生改变。

我把这一切即将发生的改变都看作是商业的自然进化：从某种活动、结构、权力和运作状态，转变为一种更具活力和动态的高速运转的企业形态，也就是未来智慧型企业。理解这种巨大社会变革的领导者将引领时代浪潮，不仅在商业领域，也是在全球范围内。这并不意味着任何人都能十分确定即将到来的变化，但其中一个关键的催化剂是先进技术的创新。

从我和创业公司、大型跨国公司的合作经验来看，可以说技术对改变商业基因的影响是极其巨大的，而且在早期阶段，新市场可能会在一夜之间出现，而不用等上若干年。这样的变化速度对固守现有岗位的人来说将十分残酷，想要生存，你就应该把下面这句话当成你的座右铭：要么创新，要么灭亡。

不知道你是否见过迅猛的大火，火势的发展速度让人震惊，甚至可谓是爆炸性的。一所大学的兼职消防员教会了我这一课。风可以影响火的方向，大火消耗的空气和燃烧物会决定火势。

激进的新技术所产生的就是类似的影响，它们会带来惊人的商业应用，比如能操控物质的纳米技术、无人机和机器人等无人驾驶设备、移动商务、神经科学和生物技术。技术的指数型发展会让未来来得更快，且更具颠覆性。

问题的关键是，创造产品、提供服务和解决方案的先进技术将帮助多达 75% 的企业。未来智慧组织会用更智能的技术为客户提供更好的价值。新兴技术将继续成为未来各个行业企业的驱动力。

更智能、更有效率、更细微、更具成本效益的技术将使员工和客户更好地与企业互动。未来智慧企业利用先进技术来参与竞争并提供价值，帮助人们创造奇迹。

10 大商业新规则，重塑增长与转型

商业新规则是企业的经营标杆，能帮助它们驾驭变化、更聪明地与他人展开竞争。新规则适用于每一个想具备未来智慧的企业，无论是需要变得更敏捷和更具创新精神的大企业，还是想创造巨大成功的初创公司。

如果想掌控自己的未来、抓住自己的优势和机遇以及更好地管理客户或员工，那么你需要做到与未来正确同步。如果错过新规则，你将错过未来的成长、创造和企业转型机会。如下我认为的 10 大商业新规则。

FUTURE SMART
预见未来

10 大商业新规则

- 动作要快，要灵活。
- 预测下一步会发生什么，并实现它。
- 满足你的顾客。
- 拥抱挑战传统的大胆创意。
- 开发新的知识价值产品。
- 从现在开始吸引有智慧的人才。
- 创建一种终身学习的文化。
- 启用一种拥抱变化和创新的文化。
- 深度合作必胜。
- 在竞争到来之前引领所在行业的未来。

解码数据，用知识创造价值

在未来，人们的工作性质将彻底改变。个人和企业仍然会制造并销售产品、服务，以及各种推动经济发展的东西，但高价值的工作将是知识工程，这种工程

是理念创新的过程。新的理念将会创造新的产品和服务，利用科学技术进行创新并形成新的商业和生活方式价值观。知识价值工作将取代劳动密集型工作，并主导全球经济。因此，我们应该从根本上变革对劳动者的培训和教育，且最终需要经过几代人的努力才能完成这种转变。

人们为创造价值所设想的知识价值会通过数据技术得到传播，这是一种独特的算法，被设计用来解决商业中的主要问题。企业将使用数据来预测人们会购买什么类型的产品和服务以及他们会在何时从哪里购买。那时，人们需要超越纯粹消费主义的各种解决方案来处理能源和气候问题、实现创新、重塑教育以及解决社会问题。

知识价值工程这种能力，将帮助企业更高效地参与竞争、理解用户、创造产品并提供服务。知识价值工程虽然现在还不为人们所知，但在未来将是一个有吸引力的行业，人们将成为医疗、安全、教育、能源等垂直领域的专业知识工程师。

这种专业知识将催生出如今尚不存在的工作岗位、项目和企业。知识价值也可以以人们尚不能完全理解的新方式改变商业模式。你会看到这种情况在当下正在发生。

正在利用知识价值的公司往往会挑战媒体和公众对企业的定义。很少有人知道，谷歌的核心技术不是搜索，而是数据科学和机器智能。这些技术被用于对数十亿人的数据进行分析，包括每时每刻产生的视频、文本、电子邮件和搜索结果。亚马逊使用前瞻性分析来创造知识价值，它们分析客户需求，然后基于数据科学，向客户推荐他们可能会想购买的产品。

我们今天称之为数据科学的知识价值工程，把专业的算法嵌入产品和服务里，这些算法即知识价值。正是这些知识价值为产品、服务甚至网络加上了智能功能，这是一个即将出现的全新的商业模式。

例如，现在流行的数字货币比特币是由专业计算机生成的，人们必须解决复杂的计算机科学问题才能挖掘到比特币，创造比特币的过程被称为“挖矿”。交友网站 Match.com 的核心算法能够利用自动系统将人们连接起来，进而使人们彼此结识并探索他们之间的关系。现在，设想一下，每个行业都将使用数据科学作为竞争优势来预测、适应和制胜未来。

更多创新将以知识价值为核心，运用数据技术，通过为产品或服务提供独特的性质或能力从而提供独特的价值。用专业知识价值建造的机器人将在未来某一天提供最佳体验。英特尔的“What's Inside”（体验内在）运动将提醒我们价值的所在——大脑。

知识价值的创造本身就会成为一种商业创新。知识作为一种产品，能“洞悉”我们的想法、喜好、欲望，然后进行生产、销售，甚至今天已经出现这种趋势，但在未来，知识工程将是一个价值万亿的全球产业。公司之间将相互竞争，力图拥有最智能的知识价值平台、服务和产品。能够实现赋能的知识，也就是给用户带来新洞见、解码数据含义、赋予用户权力、产生创新的产品，帮你去发现、交易、生产或创造的知识就是知识价值，它能够帮你提取可货币化的价值。由此可知，知识价值将改变所有在线商务。

当你读完这些关于知识价值的叙述，努力想在头脑中描绘这一概念时，你会发现它很难理解。在很大程度上，它确实如此，这是即将呈现给我们的新未来，不过它尚未到来。这个世界仍然会源源不断地制造各种产品，只不过在未来，我们将会有更多的市场用来交换创意，制造新的、更加数字化、虚拟化的产品，实现一些之前实现不了的方案或流程。

知识工程企业的生意是把它们的知识价值卖给其他公司。Blab 就是这样一家前沿公司，它每分钟能分析超过 1 亿次对话。它还通过分析 5 万个社交账号、新闻和博客来源，在 1 分钟内做出了 100 万个预测。

Blab 通过分析社交媒体上百万兆字节的对话，预测在未来 4 天内人们会谈论什么，对话的内容会是什么样的。这是一家领先的前瞻性社交情报公司，希望利用用户正在谈论的内容，更好地理解和服务于他们。

Blab 洞察到了工作中的知识价值。其用户可以根据这些知识价值调整营销和战略，利用相关的知识价值来进行竞争，更快、更好地为客户提供服务。这便是知识价值的力量。

正如 Kaggle 在其网站上公布的内容所宣称的，它将使人们像数据科学家那样为了财富、名誉或乐趣而竞争。任何人都可以参与和胜出——如果你够聪明的话。这个组织利用现金和比赛让自由职业的知识工程师为自己工作。

Kaggle 是一个预测建模和分析竞争平台，在这个平台上，企业和研究人员发布数据，来自世界各地的统计学家和数据挖掘人员相互竞争，并产生最佳的解决方案。Merck、MasterCard 和通用等公司，将问题众包给 Kaggle，它们希望利用全球互联网的智慧也就是大众智慧来解决这些问题。甚至美国国家航空航天局（NASA）也在使用 Kaggle。所以，Kaggle 会通过举办由公司赞助的比赛来解决庞大复杂的大数据问题，然后付酬给任何可以提供知识价值解决方案的人。

以下是一些你可以参加的 Kaggle 比赛。

◎ 获取有价值顾客的挑战：预测哪些顾客将成为回头客。

◎ 风险业务：预测客户信用违约风险。

◎ 解码大脑：根据人脑记录预测所接收到的视觉刺激。

◎ 电影评论的情感分析：对主流电影评论网站的语句进行情绪分类。

◎ 学习网络社交圈：对处于不同圈子之中人群的交友类型进行建模。

◎ 比萨随机行为：通过免费比萨预测利他主义行为。

下面，我来举个例子说明这背后的原理，NASA 曾发起过一项竞赛，来解决一个困扰了他们十多年的问题：宇宙中有多少暗能量。暗能量是看不见的，却构成了宇宙的很大一部分。而由恒星、太阳、行星和我们等可见物质构成的宇宙则被认为仅仅是宇宙中极其渺小的一部分。

一位研究冰川的科学家利用自己的冰川学模型测量暗能量，从而赢得了比赛。有一个现在来看大胆的想法：NASA 正利用大脑（它也能被视为一种知识工程）、使用大数据分析工具，从完全不同的领域切入，来解决一个巨大的问题，而且取得了成功。

从根本上说，知识价值是一个利用技术来创造新产品或服务的发明过程。知识价值是算法，是创造出医疗设备、电子游戏或进行金融投资的程序，它将带来工作的下一次进化。知识价值创造的产品是知识密集型的，将使人获得前所未有的能力并创造全新的商业。

由技术和大脑的联合进化所锻造的知识价值工程将把我们的文明带入未来，也将决定全球经济在下一个百年内的发展状况。

提高生活质量，知识产品的核心诉求

利用数字和社会媒体工具开发的知识价值产品把动态算法和数据科学嵌入了知识中，这将推动许多行业的发展，并带来大量全新的产品。下面是一些知识价值产品的例子。

◎ 作为一种可购买的产品，预测系统可挖掘数十亿用户的数据来识别用户的消费模式，进而预测用户未来的购买行为，并确定他们会在何时何地购买。

◎ 用于虚拟数字产品（能源、股票、债券、商品和货币）高频交易的黑匣子遍布全球各级交易所。

◎ 用于教育、培训和交流的游戏角色，能够与人类结合以及自我组织和进化，来更好地服务和理解人类需求。

◎ 智能机器和云计算机生成的数字货币被用于电子商务，和其他智能机器进行贸易。

◎ 云计算个人诊断智能设备可用于提供实时分析来预防疾病。

◎ 保护人类及其数字替身的私人保镖。

◎ 可以实时诊断人类健康状态的智能手机应用程序。

◎ 由你自身的免疫系统、细胞和 DNA 自动生成于你体内的定制药物。

◎ 在我们体内的能够检测疾病的再生系统。

◎ 能够进行空间感知和智能、实时的自组织零售采购体验的混合现实环境。

◎ 能够自动地根据你的兴趣和需求生成和创造节目的个性化定制移动网络电视频道。

◎ 大脑激活器，一种人工智能，能够对你的相关信息，如旅游经历、爱好、体育活动等进行重新整理，来提高产品和服务质量，帮助你对大脑进行思维训练，保持大脑健康和活跃。

◎ 经数字化设计的个性机器人（Digitally Engineered Personalities，DEPS）即存在于我们的汽车、家、医院、手机中的下一代数字智能机器人，能够进行学习、自我进化，并能够与我们的生活完美融合。

知识价值的定义塑造和构建了未来商业的特征和价值。例如，医疗价值在于治疗、预防疾病，预测并保持我们的健康。医疗保健的知识价值则在于通过技能、数据、系统、程序和情报的独特结合，以实现医疗价值的目标。医生应用知识价值工程对健康进行工程化的能力将改变医学和健康产业。

有些企业和员工已经意识到这种根本性转变即将发生——从制造物品到挖掘想法，生成以知识价值为表现形式的创新，拥有这类创新能力的人和企业将在所在岗位和行业中占据竞争优势。工作本身正在发生变化，高收入工作将需要更高的知识价值。工作性质影响世界的方式将会发生革命性的变化。然而，目前许多行业还没有准备好迎接这一转变，但它将很快到来。

生产知识价值的个人和公司将能够更好地预测、进化和适应。它们将具备未来智慧。商业的未来是：知识价值的创造来源于用全新的方式改变市场、用户和产业的创新想法。

想要具备未来智慧，你并不需要拥抱每一种新技术，并不是创新带来的每一种技术或解决方案都会提高你未来生活的质量。我在此预测，未来社会的图景是：具有高度复杂性甚至堪称奇怪的技术变化将改变我们的现实。关键在于，新兴技术将从根本上改变未来的商业，为我们提供和今天截然不同的新选择。

从人到机器的权力转移已经开始

未来商业浪潮将取决于许多趋势，其中最重要的是智能机器的崛起，如计算机、网络、机器人和自主运行的各种系统。你可能会问为什么，答案是经济性、创新和有效性。和人类相比，机器能做出一些质量更好、更便宜、价值更高的东西。比如，农场的自动收割机比农民干活更快，成本更低；在制造业工厂和股票交易所，机器人也比人类的工作效率更高。

自主经济正在兴起。智能机器与人合作或独立工作，已占据了全球经济的很大一部分，涉及金融、交通、安全、医疗和制造业等众多领域。未来将出现一个完全由智能机器来运行的全球自主经济。各个国家将充分利用智能机器，而智能机器生态系统将在自主经济中相互竞争和合作。

在自主经济中，人类将不得不重新定义自己的角色。这一趋势将挑战劳动力市场，正如技术的进步曾淘汰了无数价值观有问题的管理阶层一样。自主性要求人类使用机器，用新的方式创造新的商业价值。工作革命即将到来，谁也无法置身事外。

自主经济将改变世界现存的权力格局。作为创新生态系统的一个重要组成部分，全球连通的智能机器可能会在很多领域比人类做得更为出色，如能源管理、气候地理工程、制造业和农业等，商业领域将因此获益。人类将在一段时期内管理这些智能机器。

自主经济的最终产物是自治——在不依靠人类的情况下，独立运行、挽救错误、解决问题、编程、创新、发明、调节、发挥其功能。我们创造出智能机器，它们再进行自我创造。云计算可以自我复制，成长并演化出与自己相同的网络类型的优雅的人工智能，诱发神经芯片及商业和可持续发展的创新，向被智能机器抢了风头而十分紧张的人类证明，智能机器有能力管理各种重要的全球性系统，如电信、金融、安全、电力和医疗系统。

知识工作从人类向机器的转移已经开始。税收申报、拍 X 光、复杂的商业分析、计算机广告程序、机器人制造、股票高频交易和无人驾驶汽车等，如今都已实现自动化，看看你的周围，你就会发现这股风潮已经兴起了。明天，智能机器将执行手术、安保、医疗保健工作，或许还能进行发明和创新。而这也正是商业和文明的演变过程。

当我们不知不觉地走向自主经济时，许多悬而未决的问题将浮出水面。首先要解决的问题是让我们的电脑、汽车和工业设备变得智能并相互连接，从而不再需要人类介入。智能机器不会组成工会，不需要医疗保险，而且对机器而言，没有所谓不安全的工厂，对人类来说很恶劣的环境，机器也能够很好地进行工作。

自主经济不需要太多人力就能全天候运行，最终甚至可以完全不需要人类，实现完全自动化，从而避免了人为故障的发生。全自动生产线与人机生产线之间的成本差异可达 60% ～ 80%，也就是说机器更受青睐。你可能会想：如果抛开在工厂工作，在未来，我们难道没有更有趣和

来自 2025 年的新闻头条
谷歌的生活预测知道你想成为谁

更理想的职业吗？

我们需要尽快研究相应的就业战略和政策，以应对自主经济对知识工作的影响和相关就业机会的减少，在通常情况下，政策总是滞后于创新，甚至包括那些对就业、对人类不友好的创新。

除了机器人与人类争夺工作以外，还有其他我们必须面对的、更为严重的社会问题。例如，如果智能机器能够自我复制，这些智能机器将会听从谁的指令呢？我们在睡觉时也不得不留着一只眼睛提防着它们。也许在遥远的将来，具备未来智慧将确保我们知道如何关掉这些机器。

FUTURE SMART
预见未来

2025 年的重要工具

- 自组织材料。
- 人造细胞。
- 个性化超级计算机。
- GPS 传感器。

FUTURE SMART

08

人工智能，当今商业游戏最大的颠覆者

MANAGING THE GAME-CHANGING

TRENDS THAT WILL TRANSFORM YOUR WORLD

我工作的很大一部分内容是理解、分析和预测未来科技将如何改变社会、经济以及我们的世界。我乐于帮助企业家、政界领袖、政策制定者来理解未来意味着什么。我有幸站在很多先进技术的最前沿，正是这些技术改变了我们的世界，如计算机、人工智能、生物科技、电子通信、互联网、神经科学以及纳米技术。

从事这份工作的几十年来，我一直对仍将持续改变世界的科技兴奋不已。我也成功地预见了我的客户们不愿意看到甚至不愿意承认的事实。我记得在我作为沃顿高级管理课程的客座教授为一家位于纽约的顶级金融服务公司讲课时，这家公司在广告中信誓旦旦地表示，他们永远不会将客户自己的资产管理权交给客户。

当我声称互联网将改变整个保险行业的竞争格局时，一家大型保险公司的管理者勃然大怒。而当我预见移动互联网的到来时，那些刚刚拥抱互联网的客户面对这一全新的未知领域完全不知所措。是的，我的意见并不总是受人欢迎，但就像我跟我的客户所说的那样："你付钱给我是为了听真话，而我现在所说的就是真的。"

在一个为初创企业和国际化公司提供建议的公司看来，技术创新始终是最大的游戏规则改变者。几乎每时每刻，技术都在改变商业、社会和文明的游戏规则。我认为未来出现的技术创新和新的产业、商业模式、市场及公司将继续挑战我们的想象力。那些能够改变世界并带来更多财富、创意和生活质量的工具正是以技术的进步为基础的。对接下来 30 年会发生什么的发现之旅已经改变了我的生活和事业，我的工作始终是为人们描述未来，并帮助人们做好驾驭这一新未来的准备。

苹果，游戏规则改变者

我很幸运能体验到很多科技的早期形态，比如，在网页出现之前，我就已经开始接触互联网了。1979 年，苹果公司聘请我到硅谷参与开发新的麦金塔电脑，这件事完美地满足了我这个社会学家、创业者和初级未来学者的所有愿望。我负责商务方面的工作，这意味着在分析相关专业专家和行业的同时，我还要预测人工智能等前沿的技术趋势。我是苹果公司聘任的第一个负责预测未来的未来学者，这在整个计算机行业也是首例。在加入苹果公司之前我就开始了自己的预测生涯，我曾为美国政府和私营公司提供政策建议，但预测改变未来的技术对我来说则是全新的挑战，当然，对任何人来说都是。

当时，我正在准备博士论文，课题是系统和全球变革，而苹果的工作机会实在是太诱人了。我认为自己可以同时兼顾，却没意识到我的人生将由此改变。苹果公司的第一任创意总监吉恩·森雅克（Gene Senyak）也是我的朋友，他邀请我加入苹果公司。在于苹果公司重逢之前，我们曾在纽约开了一家公司来重新定义教育。

硅谷是创业的天堂，如果世界即将被技术所改变，那一定会首先发生在这里，我被这里的创业氛围深深地吸引了。在硅谷，有一大群极具想象力的奇葩正在努力改变世界，最初我们就是这样看待苹果公司的。

我们都相信，我们推出的第一台个人计算机将会改变世界，人们将把它当作一个强大的工具来使用。我们希望人们喜欢我们推出的计算机，从设计到软件再到它所说的语言，而他们确实喜欢。

我和史蒂夫·乔布斯的交流总是充满智慧和形而上的，他就是那样的人，但是我钦佩并认同他对技术未来的远见。他对自己关于未来技术的想法有着极高的热忱。如果你理解并认同他对未来的大胆想象，和他相处起来就会容易得多。他是硅谷里超级自负的一个人——这有什么好奇怪的？今天的硅谷仍然被大量的史蒂夫·乔布斯这样极度成功、具有超凡创新能力的人所统治。

我那时就意识到，技术仍将是全球、社会、商业和个人变革的主要驱动力，并急切地想要搞清楚这种全球性的转型将意味着什么。

在关于最初的黑客——电话飞客（Phone Phreaks）的采访中，关于“技术是一种能够为人生创造更多自由、商务和创意的个人工具”的想法深深地影响了乔布斯和我，我们认为技术的焦点是让个体变得更强大。作为在苹果负责业务和商业的员工，我意识到计算机和网络将有可能改变整个未来的游戏格局，通过赋予个体前所未有的、能改变自身命运的工具，来改变整个人类文明。这个想法在当下可能比在任何时候都更加贴近现实。

想象一下，计算机、智能电话、网络和机器人在今天正在创造一个全新的全球文化。以计算机为核心构建的网络仍然在改变这个星球。在苹果公司，我们很早就开始使用电子邮件、互联网、局域网以及所有我们需要用来进行试验和学习的计算机。对我来说那真是一段无与伦比的体验，我也因此更加坚定地认为：技术将会以一种引人注目且神奇的方式重塑未来。

在苹果公司时，我们知道自己正在用首先服务于个体的个人电脑改变世界：它使得拥有数字工具的人们能够创造更好的未来，通过将计算机这种数字工具民主化，人们能够因此创造自己的未来，而非政府或企业所憧憬的未来。这种技术民主在苹果公司的文化中是有传染性的，我们都能感受到它。除了风险投资行业和互联网，根本没有其他力量能够像个人计算机一样，能够对这个星球上的创业者产生如此强大的影响力。

我向美国卫生研究院（National Institutes for Health）提供了几台最早的麦金塔电脑用于研究，也将电脑提供给了大量其他医疗机构、专业人士以及企业家，以此来更好地理解客户想如何使用这些计算机。和谷歌、Facebook 不同，苹果公司今天仍然保留了这种方式。在苹果公司的那段时光让人兴奋，也为我作为一个未来学者对未来文明的可能性所进行的思考奠定了基础。

离开苹果之后，我和大量电信、互联网行业的初创企业合作，并成为一家早期人工智能企业 Umecorp 的 CEO。我们的主要工作是设计专家系统，即一种应用于商业和娱乐的人工智能。我们利用自己在人工智能和思维系统方面的经验，开发了硬件和软件平台，为游戏娱乐产品加入虚拟现实技术。我还记得曾开发过“安卓大脑”的模型，并研究了如何设计三维虚拟现实娱乐平台。我与一些早期的人工智能和虚拟现实发明者合作，将我基于前沿技术创新来创造新型公司的想法变成了现实。

之后，在金融领域和商业银行工作的经验给我提供了关于全球科技投资市场的新视角。我意识到，技术正在通过创造前所未有的新型企业来改变商业规则。我一直乐于追逐新事物，经过一系列的高科技创业之后，最终，在 1990 年，我又创立了全球未来研究所，来帮助我的客户思考创造机遇和颠覆未来的趋势和创新。

创新经济，激发上百亿就业机会

在不久的将来，可能会让你觉得不可思议的是：“创新经济”将激活市场，孕育上百亿的新工作，催化新产业的诞生，带来繁荣的未来。我们大多数人都会被改变，且总体上说是往好的方向改变。更加智能的技术让个体拥有更多成为企业家的机会，拥抱全新的生活方式。你准备好迎接这些改变了吗？

这是创新经济的早期阶段。重大创新迅速出现。合成生物学制造出了人工细胞；计算机才存在了短短几十年；智能手机更是新近的发明，互联网是诞生于电视之后的新事物，电动汽车则刚刚崭露头角；3D 打印技术刚刚起步，而人工智能也还不够智能。不过很快，我们将能够利用干细胞重建肌体。

此外，可被远距离输送或高产的可再生能源尚未出现；纳米科技还在“襁褓”之中；人类还无法离开地球深入太空；机器人笨手笨脚；人类基因组还没有被真正应用于医疗，未来学者口中的飞行汽车也不见踪影。飞行汽车真正到来的那天，我们才能确定自己已经生活在未来。

作为一个时刻关注新生事物的未来学者，我对未来非常乐观。我认为科技将更多地改善人们的生活，而不是让一切变得更糟。我知道，终结者机器人毁灭地球这样的“反乌托邦”梦想在当下看上去很时髦，我也同意保持谨慎有时非常必要，但总体而言，我非常看好科技的潜力，它能够为我们和子孙后代带来一个更好、更有效率、更加和平的世界。

没有什么比我在这里预测的科技对未来的影响更具有说服力的了。从来没有哪一波社会浪潮能像科技那样深刻地改变我们的未来，并为每个人带来巨大的发展机遇。科技创新应该能够成为人们生活质量、繁荣和自由的全球平衡器。所以，坦率而言，我也存在偏颇，你也应该了解我的立场。如果对高科技的利用得当，我们将有机会解决我们所面临的全球挑战，我深信这一点。我们应该利用科技，因为这是我们的宿命。

你在寻找新的职业吗？或许你已经注意到科技、生物科学、网络、移动技术和神经科学领域那些游戏规则改变者所创造的巨大财富，每一天，它们都在让我们与未来更近一步，这些公司包括阿里巴巴、谷歌、Twitter 以及一批生物科技公司，接下来将是纳米和量子技术领域的公司。你是否已经准备好迎接这种创新经济？

在创新经济中，高效的创新和技术变革将是唯一的竞争力。机器人、大数据、移动商业、数字医疗、云计算、纳米技术和神经科学已经引发了很多重大变革。你是否已经准备好迎接这种由超级竞争、全球互联和急剧变化的商业机会所构成的爆发性未来？

创新经济即将到来，改变商业、市场和社会的关键科技的融合就在眼前。在本章中，我会带你深入这些即将到来的事物中，思考如何获得未来智慧，从而制订自己的战略。

几个世纪以来，科技已经成为个体与社会转型的核心工具。从钢铁时代到工业革命、信息时代，再到如今的全球创新经济，科技文明变革和进步的过程中持续充当着决定性力量。科技提高了我们的平均寿命，改变了我们的通信方式、全球化进程、贸易甚至战争。可以说，以往的科技改变了个人和地域的战略性力量、商业效率以及国家、机构和个体的竞争优势，而且未来仍会如此。

科技对经济的影响是不可否认的。当前美国的生物科技、IT 和其他科技行业的经济技术产业已经占据了 GDP 的 1/3 以上。到 2030 年时，超过 75% 的 GDP 都将由创新型企业贡献。科技是全球就业、市场、产业、新产品、服务、消费主义和生活质量的关键驱动力。一个具备较科技水平的成功社会是一个繁荣的社会；一个拥抱开放科技的社会将是一个高效的社会。

能够驾驭科技的企业家将继续作为财富的创造者，在改变自身的同时，他们也会用创新改变整个世界，改变我们的医疗、教育、商业、交通和金融。随着智能工具、系统和成本低廉的智能新技术的出现，这种指数级创新大爆炸将会愈演愈烈。

科技进步不仅仅是社会进步的核心驱动力，也是区域和全球化作为整体前进的推动力量。想要探索我们今天和未来的和平与繁荣，前提之一就是全球化的成功，而科技是全球化的启动器和放大器。未来科技会推动全球化进程，尤其是全球经济将加速财富创造和经济繁荣，打开新市场、催生新产业、创造新就业。

科技应用已经成为促进经济繁荣，提升生活质量、保障和平和安全的强大影响因素。科技与手机、网络和计算机的连接共同创建了通信基础设施，极大地支持了国家为迈向现代化所做的努力。

其他技术如纳米和神经科学，和通信科技一样，创造了大量的商业和就业机会。用于农业、医疗和商务的技术同样刺激了经济增长，维护了社会和平和稳定。科技是推动个体、职场和整个社会生产力水平发展的驱动力。

这就是20年来一直被我称为“创新经济”的早期阶段。我们用了不到30年的时间就发明了计算机、网络、手机和其他新事物。从较长的历史时期来看，技术本身还处于非常早期的发展阶段。基因测序和机器人的出现还不到100年，仅仅是几十年前的事。我们只是意外地发明了网络。基因学尚未改变医疗行业。我们并未真正掌握疾病的成因。我们甚至尚不具备能力离开地球，移民太空。而且，用于个人使用的飞行用喷气背包也还没有出现。

就科技水平而言，我们的地球还处于非常原始的时期，但大量财富、经济机会和新产品、新服务已从创新经济中涌现，让我们的世界变得更好。

随着我们步入未来，所有这一切都将改变。科技将隐没在事物背后，生物学将融于物质中；无线医疗将救死扶伤；能源的生产再无污染和碳排放，并将应用于汽车和城市。网络将连接一切、唤醒一切，为我们人类服务。

人们会有新的选择来改变自己的头脑和身体，以延长生命并进行更多的创造和工作。我们的一生将拥有比现在多得多的时间来创新、追求成功、打高尔夫和旅行。先进的科技解决方案将让我们有机会去使世界和自身变得更美好，或者说更圆满。你是否已经准备好迎接这种新未来和更美好的生活方式？这种理想化的、充满无限可能的未来，它的到来也会伴随着风险和威胁。因为每一种新技术在带来好处的同时，挑战也会如影随形，不可避免。

此处所描述的未来科技的游戏规则改变者，还可以为企业家和国家提供帮助，因为未来会迎来价格低廉、发展迅速、强大且智能的技术。我们不再需要架设电缆和电线杆来提供电话接入，因为无线网络已经得到了普遍使用。这仅仅是更细微、更高效、更便宜、更智能的技术到来之始。

昂贵的计算机将让位于价格低廉的智能可穿戴设备和移动设备以及随时待命的无线网络软件和随处可用的云端。通过智能手机应用、云端或智能硬件提供的医疗服务会改变生活的各个方面。我们将从“不联”走向互联，从无力走向有力。

廉价、智能和互联的形变工具（morphable tools）能让我们在企业、文化、娱乐和工作中更具创造性。形变工具是指曾被我们称为计算机或网络的东西。它们是存在于云端的专业化技术工具，下载之后，可以用来执行任务，提供解决方案，管理我们的企业和我们的生活应用。当智能技术解决了我们是谁和我们想要什么这些问题之后，我们将在成为“完人”的路上更进一步。

当前，我们有太多的工作要做。当直觉技术能够嗅到、感受到、看到、找到、分析、预测、连接和制造出我们所需的东西时，我们自己和整个世界都将被改变。我知道这听上去有些可怕、有些侵犯隐私且不具有普适性，但它很快就会来临，千禧一代会拥抱它。

下一代广泛散播且廉价的技术如纳米技术将遵循类似的路径——廉价、快捷、智能、功能强大且易于使用。随着未来科技引发能源、医学、环境管理等领域的突破，技术驱动的全球繁荣将在未来 25 年左右的时间内成为可能。

同样的未来技术将使未来生机勃勃，但在带来更多机会的同时，它也会带来威胁。一些私营企业和公共团体会认为技术错误地赋予了个人自我决定的力量，削弱了对思想进行意识形态控制和社会控制的努力；人的自由权利也将受到挑战；激进的意识形态将被推翻。在一个监控无所不在的全球互联未来，争取个人隐私、个体权利、反对控制和强权的斗争则将面临极大挑战。

技术的获取将影响到自主、自由、开放、创新和工具的获取。相互对立的意识形态及现代性和技术的敌人都将反对这种技术思想。这种风险必须加以留意。对于任何一种未来技术带来的益处，都存在权力利用其来压制个人自由的危险。高科技企业家是专制社会的天然颠覆者。

同时，对隐私和安全的攻击甚至将威胁到民主社会。基因图谱、视频和网络监控无处不在。难道总有一天我们的大脑会被入侵吗？在未来，我们必须坚持我们的认知自由——不被扫描的权利。这就是为什么科技的规则改变者的崛起在解放了一些人的同时，也构成了对其他人的威胁。即便如此，我们大多数人将极大地从中受益。

技术带来的繁荣，将使数十亿人参与到之前互不相连的自由贸易、商业和自由企业中来。技术和商业推动的全球化，是经济和个人的大型平衡器。一个互联的全球经济中，能够获取技术和拥有选择自由的个人将影响未来地球人类的生活质量。我们应该加以警惕的是：有些人会阻止赋予个人能力的技术在全球的扩张，这是个体在未来所面临的主要风险因素。

在未来的 25 年里，技术将把创造繁荣、和平和提升生活质量的工具交到数十亿人手中，人数之多在人类文明史上没有先例，这都要归功于更便宜、更强大、更智能的工具。企业家应该努力为市场和个人提供更多的可用技术。这是全球创业者创建新企业的黄金时代，因为所有市场都通过技术互联互通。

这与创新的历史是一致的，这些创新使全球的伟大进步惠及更多的人。虽然互联网、计算机、激光、纳米技术、生物技术等都发源于美国，但是如今，遍布全球的对这些新技术的投资创造了全球范围的财富和繁荣。

数字资本主义将继续给各个国家的个人赋权，无论其文化、宗教、种族或信仰如何，而世界将因此变得更加美好。10 亿新的创业者将改变未来。这一数字将在未来呈指数型增长。到 2030 年，全球 GDP 增长率将超过 7%，是今天的 2 倍以上。对于创业者来说，一个充满活力的全球市场将在不久的将来爆发。

未来的 25 年，我们应继续投身下一代技术的神奇浪潮中，这些技术将带来社会进步、和平，并惠及地球上数十亿人。如果你希望子孙后代能够拥有一个和平的世界，那么投资未来技术是最好的方式之一，这样才能确保一个更好、更公平、生产力水平更高的世界的到来。技术并非万能的，但却是决定未来的关键。

改变未来的 10 种智能技术

摩尔定律指的是芯片上晶体管的密度每 2 年翻 1 倍，这是一个适用于所有技术预测的普遍规则。未来的变化速率可能会比摩尔定律还要更快，甚至将出现 10 ～ 1 000 倍的指数型变化。这意味着带宽、基因测序、纳米技术、互联网和无线技术的普及也将呈指数型发展。

摩尔第二定律指的是，在同样的时间内，技术能力增加 1 倍，成本将降低 50%。可穿戴式的超级计算机将很快出现，或许随着云计算的发展，随时可能会出现，这是水到渠成的事。

还有智能连接定律（这种说法来自我公司的一位客户，他在与我谈论之后开始使用这个术语，并沿用下来），指一切事物超级互联的特性：一切可以连接的东西都将被连接起来，一切可以联网的东西都希望接入网络。传感器、汽车、芯片、设备等智能物体都渴望联网。我们正在进入一个高度连接和融合的未来时代，连接正推动银行业、金融市场、医疗、通信、政府和市场向前发展。

2030年之后，新的芯片，即每一项技术的“大脑”，将从硅材料发展成量子或其他前沿材料。这将带来超级计算机般的速度、存储和计算能力，使芯片在2030年时拥有接近人类的认知速度。在量子物理水平上运行的纳米芯片将能够操纵我们今天无法理解的时间和空间。现实的变形、时间的瓦解和相移，将在这里混合。

关于光子瞬时转移和光位的试验表明了量子技术的巨大潜力。与全量子计算机、量子云相比，今天的计算机在速度和运算能力上根本难以望其项背。大多数媒体、通信、安全和计算技术的融合将是未来预测的基础。

越来越智能的技术产品必然会出现，我指的是能够思考、说话、与人类和其他机器互动的产品。到2030年或稍晚的时候，技术的指数型力量将超过人类的能够衡量甚至完全理解的程度。

地理标记，即全球范围内人和事物的位置认知，将改变一切。技术的互用性，即超越人类通信或意识的技术之间的互动与合作，将成为人类渴求之物。

在管理各种技术方面，从安全到经济，到粮食生产，再到城市管理，对分布式人工智能的依赖愈加明显。技术将演进为其他技术：纳米和生物科技将会合并；医学将与生物技术融合，这种技术的融合是发展的下一阶段。

互联网将“永远在线”，地球上大多数人都会获得移动联网体验。开源发展成为全球性趋势，使得几乎每一种未来技术工具都可以免费在互联网上获取，任何人都可以下载和创建任何东西。

成本低廉的智能技术是未来的趋势。

未来的智能技术将具有一次性、可下载、免费、开源等特点，当然，廉价且强大是本书所提到的所有技术的共同特点。秘密不再存在。在未来，鉴于全球技术的扩散，知识产权（专利）、信息自由交换以及全球互联网的接入，维护技术机密将变得非常困难。

对技术之未来的展望可能很难表达，更难以被他人理解。让我们从意识到技术将改变一切开始，以彻底的方式让一切变得更快、更小、更智能、更互联。这意味着人们生活中重要的东西，如人际关系、工作、商业、政府、自由、文化，以及我们所痴迷的东西，如电子设备、游戏、媒体、汽车、音乐和时尚，它们的形式和功能都将永远地被改变。

从现在开始，一切都将在未来的 5 ～ 30 年内发生改变。在本章中，我将探讨这个大主题的有趣之处、我们应具备的未来智慧以及我认为你需要考虑的东西。

如下这些改变游戏规则的技术潮流正在到来。

◎ 物联网将创造一个由智能产品构成的新世界，将所有物品与所有人相连。

◎ 移动互联网将成为最大的市场，将所有人与所有物相连。

◎ 云计算将能够随时随地地提供按需智能服务以及实时同步智能。

◎ 大数据将改变我们理解自身和世界的方式。

◎ 智能机器将无所不在，其思考和行动可能比人类更快、更聪明。

◎ 技术将能比你自己更好地预测和理解自身。

◎ 社交媒体将改变消费者与组织进行交流、达成信任和相互联系的方式。

◎ 纳米、生物、神经科学、信息和量子等 5 种突破性技术将引领未来的技术革命。

◎ 机器人和仿生人将成为人类世界中习以为常的事物。

◎ 创新生态系统，这个活跃而互联的全球市场，将引领我们进入一个崭新的文明。

大挑战，创造一个可持续的地球

我们为了解决“大挑战”所做的创新将会重新塑造未来的技术。所谓的大挑战，是指全人类所面临的重大问题：应对气候变化，开发新药物来对抗疾病，让更多的人受教育，保障安全，消灭贫困，创造就业机会，发展可再生能源，保护、修补和滋养地球等。到 2050 年，地球人口将膨胀到 90 亿，这意味着我们需要更快地应用技术，以满足迫在眉睫的需求。

我们必须更快、更具智慧地创新，并尽快产生突破，以跟上互联星球的需求增长。创造一个可持续发展地球的社会议程，将推动很多未来技术的发展。这个预测非常现实，因为想要更好地应对越来越大的生存挑战，我们必须使用技术。

好消息是，利用技术创新提供的解决方案，我们将有可能解决以上这些问题，成功应对世界所面临的许多重大挑战。我预测在 2030 年之前，技术突破将加速到来。许多重大挑战，从贫困到医疗、教育，目前都正在被解决。如果充分利用，智能的供应链物流技术可以消除世界上大量的贫困。医疗保健创新正在让更多的人得到医疗服务。

诊断设备越来越小且越来越智能，随着智能手机的普及，它们被迅速开发，价格也在逐渐下降。教育转移到了互联网上，大量的免费课程被放到了网上，其中甚至包括来自麻省理工学院等著名大学的整套课程。

想一想谷歌、亚马逊、苹果、Facebook 等公司所使用的技术，不一定拥有实物形式产品的数字商业模式正在创造上百亿甚至上千亿美元的价值。善于利用创新来提升客户服务水平的企业将在未来继续蓬勃发展。以下是正在塑造未来的关键技术。

◎ 移动商务。

◎ 数字媒体。

◎ 大数据。

◎ 云计算。

◎ 分析。

◎ 模拟。

现实工程学，设计你的智能机器

你是否向往这样一个智能技术世界：所有技术都是为了了解你，作为你的代理人为你提供帮助，或者成为你的数字替身，为你创造更美好的生活？谁不想试一试“数字化体验计划”，更好地设计自己的生活、事业、人际关系，帮助自己致富、创新、实现成功，甚至帮助自己成为攻克了癌症或埃博拉病毒的诺贝尔奖得主？为你和你的世界服务的“现实工程学”即将出现，或许不用等到 2030 年，你就能使用它。这是改变游戏规则的趋势，它将彻底改变你的生活和世界，因为它会为你提供各种令你难以想象的能力。

试想一下，通过智能机器的融合，人们取得了这种现实工程学的能力，在网络中“遨游”，在一个能够满足无数人需求的大数据云计算世界里，与其他智能机器进行互动、协商和交易，所有这一切都旨在通过无尽的可能性、网络和近乎无所不能的市场来满足你的欲望。国家将利用现实工程学来驱动创新，提供就业和社会服务，并激励创新产业，让经济和社会更具可持续性和公平性，从而提升人类整体的生活质量。巨大的收入差距将消失，贫与富、强与弱、有与无之间的鸿沟也将消失。

当现实工程学提供的新鲜而有活力的经济机会惠及每个国家和个体时，新的未来就将到来。它将满足现实工程学的需求，为人们带来便宜的清洁能源、更加普惠的医疗和教育，供养整个星球，提供浸入式的娱乐体验。当我们掌握了现实工程学后，我们就会拥有无穷的想象空间和无尽的可能性。

现实工程学的发展将超越当前帮你阅读电子邮件、分析工作或业务，帮你寻找你想要追求的东西或助你实现成功、满足人生欲望的初级阶段，而是会有超乎你的想象的、更加神奇的创新大爆炸发生。考虑到作为人类和合成智能结合体的现实工程学会进化这一情况，到 2030 年，它不仅能够使用信息、地点、数字世界或网络技术，还能应用纳米技术、神经科学甚至量子技术，那么事情就变得有趣了。当纳米技术、生物、神经科学和量子技术统统成为我们的创新工具时，世界会变成什么样？那时候，我们所建造、创造、修理和使用的是什么？我们又会发明什么东西来改变未来？

现实工程学能够创造全新的行业、产品、服务、虚拟世界、合成娱乐、能量收集，而现实的可选择性将进一步发展。现实工程学将改变全球供应链，从物品的制作到运输和销售。这是一个吸引创业者们投身其中的全新产业，由现实工程师们来运营的制造、设计、分发、客户服务以及服务科学将被整合到一起。这个新未来正在到来，它由智慧机器或人类所能发明的最好的神经黑客来实现。我们将实现从思考到模拟、制造再到销售之间的无缝连接，而我们所制造的产品将同时存在于这个新未来的虚拟与现实世界中。现实工程学将引领我们的生活、工作和发明方式的全球文化转型，并将改变我们的未来，还将带来全新的创造引擎，提供改变社会的强大动力。

利用智能机器来促成模拟现实、设计现实、将我们的体验进行编程，这些将成为企业的竞争优势。现实工程师们能够将认知计算机科学和专业的行业技能相融合。然而，对一些人来说，将这种能力或这类即将发生的事情描写出来甚至都是难以想象的，这听上去像科幻小说，但却是即将到来的现实，这种能力起初被称为增强现实（Augmented Realty，AR）。这预示着一个全新的创新过程，它超越了现有的逻辑，但并不是空想，而是由本书所描述的种种改变游戏规则的技术所推动。

利用现实工程学来改善我们的健康、延缓衰老、定制个性化娱乐、与其他智能机器和创新生态系统进行信息交换来开展业务以及创造所在行业的下一次数字革命，进而改变供应链、金融、物流、媒体和医疗，这一切都近在眼前。

在2030年的新未来，对那些有能力使用这种强大新技术的人来说，现实工程学将成为一种生活方式、商业方式。

> **来自2025年的新闻头条**
>
> 比人类还聪明？来SmartMachines（智能机器）公司设计你的智能机器

使用超级计算机、数据和网络资源来发明产品、服务和解决方案的现实工程学将设计你的健康、工作、人际关系、财富和未来。今天我们已经能够窥见这种未来技术，比如那些在全球股票市场上使用高速计算机进行交易的极少数人，他们利用超级计算机来处理交易，比市场上其他人更快、更智能，能够在很短的时间内赚到几十亿。干细胞和基因方面的前沿医学能够提高人们的智力、行动能力，并防止疾病的发生，通过根除疾病来延长人类的寿命。未来总有一天，我们应该能用现实工程学来终结疾病，甚至终结衰老。

从蠢笨的技术到聪明的技术

好吧，直到今天，我们的技术其实依然相当笨拙、被动，只能满足我们需求的很小一部分。我们不得不采取某些行为来让技术发挥功用，也就是说，有些事情人类还是必须亲力亲为，比如，我们必须亲手打开电视，因为我们无法与它们对话；我们必须亲手关掉汽车引擎，因为汽车不能自己学习；我们需要亲手挂断听不懂我们语言的电话；我们需要通过网络来搜索常常不够精确的信息、检索所有可供选择的产品和服务来决定买哪个……在一个拥有无尽选择的世界中，这实在是一种折磨。

现在，我们可以花点时间来想象一种不同的、更智能的未来。如果技术足够聪明和善解人意，以至于无论何时何地，技术都能够观察、感受、测量、调整并主动提供我们所需要的东西，那会怎样？如果所有技术都能进行动态预测会如何？动态预测是一种自我组织能力，能够在我们的汽车、房子、手机、私人云服务和医疗设备中嵌入基于计算机的技术，从而精确地预测我们的需求。这样，真正的个性化，甚至一种我们今天所缺乏的善解人意将会实现。现在，一切都将变得聪明，这正是未来将要发生的。

想象一下，你将与未来的现实工程学产生连接——你的大脑和声音将控制并视觉化你想要设计的现实。当然，现在我谈论的只是一种发明、创新和制造今天尚未真实存在的事物的能力。诸多技术的融合将使这种现实工程学的未来变成可能，如今，我们已经在路上了。利用先进的下一代 CGI 软件与智能机器的云网络连接形成的现实模拟将被用于创造未来的娱乐、医疗安全和教育，在这个过程中我们将会付出何种代价或者说我们是否需要制定更高的目标，都值得我们为此进一步去探索。

思考一下，未来的智能技术将会知道冰箱里的牛奶要过期了；能够感知到我们的汽车需要从微电网充电；在我们心脏病发作前提出预警；或者提前猜到我们想要在网上寻找的是什么。换言之，智能技术将会定义世界的未来。智能技术将赋予我们能力，与我们互动，让我们着迷。

以未来网络、人工智能为基础的庞大情报网和媒体产品工具，无处不在的传感器（物联网）提供的交换能力以及无限开放的知识，让现实工程学创造出一个由动态市场、数字文化构成的新未来以及一个新的创业者时代，创业者们会根据需要来使用这种超级智能。若你想要设计一个虚拟世界，那么你的视频多角色游戏世界（一个价值几十亿美元的产业）将在几天内搭建完成。若你想要出品一档网络电视秀，并且使用众包的方式制作，那么很有可能这个节目的第一季就将在随处可见的可穿戴设备上获得1 000万的订阅。

新的云端存储数字医疗设备也能够通过现实工程学设计，以3D打印模型的方式预售，交易可以通过文字信息瞬间完成，并在几分钟后开始制造设备，甚至有可能你的动态预测系统已经提前决定甚至制作好了这个设备。比如，假设我们要专门为印度市场生产一款电动汽车，我们可以把设计和功能众包出去，这样的话3个月内就能交付。可以说现实工程学的潜力仅仅取决于你的想象力。

那么，在这样的未来之中，我们的隐私会受到侵犯吗？会的，正如我们每天仍然会接到很多推销电话。严重的侵犯隐私行为仍会存在，或许我们不应该发明出那种知道我们太多事情的技术，或能够预测我们需求的技术，然而，这一切仍然会发生，我们最好准备好迎接一个全然不同的世界，在这个世界里，无处不在的信息能够教育、通知、分享、侵入、骚扰甚至伤害我们，我们需要各种系统来保护我们不受有害系统的侵扰。

让我们回到这一点，即技术创新会促成一个巨大转型并影响到人类：不仅仅是人类在想尽一切办法让技术来理解我们，而且，技术最终将理解、感受和意识到我们的需求、目标和欲望，然后，它们会让我们意识到自己的目标、需求和欲望。这看起来有些遥不可及，却是我们前进的方向。

“具有预测功能的智能机器会适应你”，如果你能理解这种想法，你看待未来的方式就会与众不同。各种设备、汽车、房子、产品，一切的一切都开始变得智能并注意到你，它们从蠢笨变得聪明。当这种转变发生时（现在已经开始了），墙壁会“长出耳朵”，汽车会有“自己的性格”，沉睡的技术将会醒来，并开始关注我们。这看上去很奇怪，却正在以人们尚未察觉的方式发生着。在这个朝我们飞奔而来的新未来中，这只是常见的生活方式的一种。实际上，那时我们可能会好奇，如果没有这种智能，我们将如何生活。

机器（更智能的机器）对人的预测性识别将塑造一种完全不同的新型文明，智能技术和人类的同步演化将融为一体。然后，这种融合将带来更加奇怪的选择和生活方式，甚至产生我们今天无法想象的全新物种。

用智能机器预测欲望

事实上，机器人、汽车、建筑、手机、计算机、服装、互联网、市场以及服务，所有实物和虚拟物体所嵌入的智能技术对我们欲望的预测，将决定着智能技术如何演化。从被动反应、等待我们发出命令、笨拙地寻找、定位或交换我们的需求信息的蠢笨技术，到有能力预测、精确查找、调整、直觉感知并了解我们需求的聪明技术，这样一场转型将在未来产生巨大影响。

例如，利用智能技术，我们不再需要使用搜索引擎随机、费时地寻找最新的高尔夫球和足球比赛得分，或者寻找购买新款跑鞋的地址，智能技术能够进行预测并与我们互动来进行确认，找出我们的所需。智能技术将预测我们的欲望，这既让人害怕，又让人惊叹，然而，我们一开始可能会感觉受到了侵犯，但慢慢地我们就会对此习以为常。

那时，我们会认为安全或者现实工程学比受到侵犯更重要。要理解这一点，我们需要新的语言。人们之所以会接受智能助手，是有原因的，比如你女儿的预约门诊要迟到时，你的数字代理人（现实工程学的产物）会发送关于此事的信息给正在开车的你。这一定会是很受欢迎的服务，因为有了这种服务，你就能够及时将女儿送往医院。个性化定制和与自己相关的授权侵犯会改变我们对入侵式技术的接受度。

技术能够预测并实现这些欲望，满足我们的需要，使我们的目标更加可行。

这种能力会创造一种新型技术，进而从根本上改变我们的文明。想象一下，如果智能技术能够发现地球上的商业机会，并为所有人找到工作，那会是一种怎样的景象。智能技术不断演化，学习、自组织、拥有认知，能感知人类并使用三条定理：赋能（赋予我们能力）、参与（与我们互动）、着迷（让我们着迷），这种情况很快就会在未来出现，到那时，发现并满足我们的欲望可能会成为所有含有智能技术的事物的核心使命，包括汽车、房子、各种设备，甚至大自然。旨在服务、帮助和满足我们需求的智能技术将唤醒所有有生命和无生命的物体。

我们正身处混合现实（blended reality）的边缘，人类将不再是唯一的智慧存在。物体能够拥有感觉，并与人类和其他物体进行互动，各种神经科学提高了我们的认知水平，智能技术决定了我们生活的一些基本架构，比如工作、游戏、家庭、朋友和社区。

然而，所有新的颠覆性技术都有其消极的一面，比如连接到不需要它的人、预测不准确、获取隐私信息、影响到那些不希望分享自己数字身份或不希望被智能技术分析的人。拒绝这些技术很难，但想简单地关掉智能技术更难，我们已经与其融为一体，几乎摆脱不了对它们的依赖。实际上，人类与机器互融并共同演进的历程即将开始。

我们将依赖于智能技术来应对我们的世界和未来，更好地管理农业、金融、气候、能源以及威胁到人类文明未来的根本性挑战。一旦我们对这种智能技术形成依赖，一个过度依赖的世界也将就此产生，这个世界会比仅仅由人类所管理的社会设计和运行得更好，而这时，问题就会出现，我们就要小心了。

我们需要确保自己能够离开我们所创造的东西。我们需要建立一些保护措施，让自己不那么依赖一个由智能技术打理得如此出色的世界，因为一旦出现问题，我们人类很可能会遭殃。智能技术有可能脱轨，出现问题，可能需要定期关闭，这能使我们意识到摆脱对这类技术的依赖是有可能的。自主经济，包括自动驾驶汽车、自动国防系统、比特挖掘计算机、虚拟现实引擎、纳米自装配设备、环境设备……这些都可能会对我们的存在造成威胁。

如果说我们的文明学到了一条宇宙真理的话，那就是达尔文的进化论——"适者生存"。人类必须通过控制思维机器、智能机器中最有代表性的强人工智能来保持自己对地球的领导和统治权。我们必须抑制它们的智能，否则我们就可能会自食恶果。

智能机器将自己制造智能机器

技术令人着迷的另一个标志是其作为现象所显示出的巨大复杂性超越了人类的理解能力。人类已经很难解释技术是如何变得更智能、更快、更深入以及与我们关系更紧密的。我们正越来越依赖于比我们更聪明的智能技术，我的意思是技术正在以一种不同于人类的发展方式变得比人类更智能。这种不同不是指简单的高低之分，而是指智能技术与人类智能是不同形式的智慧。

这个问题最初只是由少数了解人工智能的科学家提出的：我们不应该花 50 年时间来制造比人类更聪明的机器，因为我们把机器设计得太聪明，这些机器就可能会生产出更聪明的机器，也就是说，真正的智能机器将自己制造智能机器。

我们不应该努力模拟人类智能，而应该用一种全然不同的思维引擎（mind engines）来增强人类智能，从而完成人类过去做不到的事情，比如利用大数据来刺激经济增长、开发清洁能源、解决气候问题、发明药物终结癌症、培育高产作物来消灭饥荒，在我们人类无能为力或已经失败的地方发挥作用。很多人认为在自由社会里，这些超级计算机应该被用于娱乐和赚钱，比如创意、音乐、美术，以及股票交易。

想你所想，知你所知

痴迷于制造比人类更聪明的机器完全是走错了方向。我们需要一套不同的智慧来作为人类的补充，它们不同于人类，与人类共同进化，能够提高我们的智能，从而解决这个时代的大挑战。在不久的将来，我们将会拥有这些与我们共同进化的机器。

这是即将展现的未来。直觉性技术将会了解、理解你和你的生活以及你的工作目标。它会跟随你从一地到另一地，从一种设备到另一种设备，从虚拟到现实——房子、汽车、海滩、旅馆，或一切你可能想要去的地方。

直觉性技术足够聪明，能够自我设计，帮助并提高人类的能力，使我们在即将到来的极端复杂的未来中生存、发展。有这么一个计划，而人类只是计划中的一部分。技术正在觉醒、变得有意识，能从我们身上发现我们想要的东西，还能通过进化来帮助我们得到这些东西。技术觉醒于每时每刻，每日每夜，在面临每个挑战时。

如果以上这些听起来太过抽象，那就让我们回到现实。你今天要找一份新工作，这很大程度上是一个运气问题，一个由随机事件和联系构成的混沌过程，对于你找到一份自己喜欢的工作这件事，你可能成功，也可能失败。现在想象一下，智能技术能够知道你的想法、技能、欲望、性格和被隐藏的才能，以及甚至你自己都不知道的事情。

现在，智能技术不仅能预测你将找到什么样的工作和去哪儿能找到这样的工作，它还能与搜遍网络、试图寻找人才，并展示着所有在寻找合适人选的雇主和项目的大量职业机器人（job bots）、算法、创新生态系统、网络经纪人、公司网站以及人才网进行互动和信息交换，从而创造出一个工作机会。从寻找工作到创造工作，这将是我们在新未来将会迎接的转变。现实工程学会为你创造出下一份工作或下一个项目。

你的智能技术，我们称其为你的个人代理——莫妮卡，能够协商、寻找、分析并展示适合你和雇主的信息，为你找到一份完美的工作。这种知识工程已开始发挥作用，在网络背后，机会被实时地创造和破坏，而这一切都有一个由智能技术机器人组成的集群作为你的代言人，以你永远无法想象的方式，在以纳秒[①]为计量单位的时间内实现。

① 纳秒（ns），时间单位，为1秒的十亿分之一。——编者注

FUTURE SMART

09

改变未来的技术突破：超级智能网络、纳米技术和基因编辑

MANAGING THE GAME-CHANGING
TRENDS THAT WILL TRANSFORM YOUR WORLD

人们可以从多种角度看待未来的技术。你可以研究技术规律，如摩尔定律或电池、存储和体积的指数级倍增，从而研究计算机芯片能做到多小。了解未来技术并没有单一的标准，但下文中的 8 个改变游戏规则的趋势，肯定会在未来 50 年改变全球的技术。

融合（convergence）：所有战略性技术的极速融合，包括纳米、生物、神经科学、信息和量子等技术领域；融合的成果包括机器人、药物、智能汽车和游戏等，不胜枚举。

连接（connectivity）：设备、建筑、汽车、市场、传感器、供应链、产品、芯片、人、系统和信息的全球连接。

社群（community）：众包、众筹、群力开发；社群对安全、医疗保健、食品、水、就业和商业的需求是未来技术需求的驱动力。

协同进化（coevolution）：技术与人类在合作、适应、提高、竞争和成就等方面协同进化。

认知（cognition）：信息处理和应用知识的能力；人工智能技术将变得更聪明、更智能，向自主、独立思考和独立行动的方向迈进。

意识（consciousness）：对活跃意识（Vibrant Awareness）——一种高度自我的意识状态的感知能力不断增长；同时嵌入了与人类、自身及世界有关的技术。有朝一日，机器的感知能力和情绪智力将成为改变游戏规则的趋势。

通信（communications）：有意义的信息交换，搭建网络、进行合作和以一种跨文化共同语言交流的技术能力。

内容（content）：个性化的数据、信息、视频、文本和图片被制作成故事、节目、电视和媒体形式，所有人都可以随时创造并将其上传到移动互联网。

未来的智能技术将以更快的速度、更惊人的突破引领我们进入未来，这将超乎我们今天的想象。我们的世界将被永远改变，并将迎来彻底的转型。我会为你展现未来将会发生的事以及创新将对此后 100 年产生怎样的影响。

我需要提醒你的是：本章将以积极的方式颠覆你的思维。提供给企业家的新思路将被有创造力的人才用于把握机遇。新的财富创造将以前所未有的规模迅速到来。这些服务把无数人带入新市场，找到新客户，开发和推广新服务，其中的 90% 目前还未曾出现。

未来 100 年，技术所带来的影响将彻底改变我们所处的世界。我所说的技术不是指那些可爱的“小玩意儿”，比如社交媒体、真正的飞行汽车、性能更好的智能手机，甚至能从根本上延长人类寿命的生物学突破。在我看来这些都是“小玩意儿”，真正的重大突破是我们今天认为不可能实现的那些东西。

当然，《指数型商机》的主题之一是告诉你：为了更好地在未来生存和发展，你需要学习如何预测、适应并采取一定的行动，我称之为具备未来智慧。关于预测技术的未来和发明技术的目的，我认为，可以将其定义为让世界变得更美好，不断解决人类所面临的重大挑战。能够推动价值和效率的提升、解决重大挑战的创新技术将与准备好迎接挑战的众多企业家们相遇。

智能机器觉醒后所具备的能力。

◎ 更快的分析能力。

◎ 复杂数据诊断。

◎ 复合决策制定。

◎ 学习能力。

◎ 情商。

◎ 感知能力。

◎ 自我意识。

改变游戏规则的是那些能在未来25年里在社会、经济、文化、通信和商业领域带来最深刻影响和根本性变化的具体技术。改变游戏规则的技术是颠覆性的，这些在地球上影响广泛的革命性技术将从根本上改变游戏规则，并影响人类社会的财富、和平、就业和繁荣。

游戏规则的改变者是那些处于未来变化前沿的核心技术，因为它们拥有推动整个社会、商业和经济等大型系统变革的潜力。这些技术将带来全球化、贸易、和平和安全。一个繁荣的未来有待企业家将目前存在于人们头脑和实验室中的技术创新应用到全世界。正是从此处未来开始展现，能够感受、看到并抓住这些创新的企业家将收获巨大的财富和成功。

未来仍会有赢家和输家。对这些规则改变者的掌握和使用将是成败之关键。能够使用它们的人将更上一层楼，并占据优势；反之，则无法成功应对挑战。如今，获得教育、创新和技术方面机会的人已经证明了这是一种竞争优势。

到2020年，像云计算机这样强大的技术，将把过去那些或富裕或贫困的社会置于公平竞技场上。生物、纳米以及计算技术将在全球普及，帮助无数人去发明和创新，创造自己的繁荣未来。

这些游戏规则改变者的地缘政治意义远远超越了技术对当今社会、国家和经济的影响，其中一些技术所拥有的巨大威力无论如何强调都不为过。这些威力无论正面或负面，都会对 2030 年的世界市场、经济、工业和权力秩序产生决定性的影响。这些基本技术的融合和组合使用将在未来 25 年的地球上产生最广泛的影响。

技术的未来关乎应对高度复杂且挑战传统思维的工具和应用的融合。未知而陌生的全新现实范式可能会出现。合成器官、众包国家、人类共生机器人及彻底不同的后人类生活方式等方面的快速创新，将完全不同于当下的逻辑，并会让你震惊不已，且会在未来蓬勃发展。

快速“跳跃”的未来

机器人将装配有生物合成的部件，成为其人类操作者的无线延伸。计算机将既有虚拟的也有物理的，既有无形的也有可见的系统。云计算将使每一个界面在线且保持活跃。地理智能将“看到”和“认识”你。互联网将无处不在，无时不在。人工智能将提升我们的思维、技能和才华。遗传学将更新、重建、增强我们的身体和思维，延长我们的寿命。超级智能将促进经济增长，使经济结构转型，并让数十亿人拥有获得收入和就业的机会。

互联网将成为一个混合现实，传感器和多媒体可媲美我们的物理现实。在未来的 25 年里，一种能够自我发明、更新、维修、组装甚至自我复制的敏捷型人工智能将会出现。未来的技术将引发很多存在性难题：当我们的发明实现了“进化跳跃”而改变了它们自身时，人类是否能够意识到这一点？从生物学到人工智能大脑、移动机器人与虚拟化身，快速自学进化系统将是 2030 年通用技术的重要组成部分。由改变游戏规则的技术融合产生的混合现实，将会震惊、强化并挑战我们的文明。

近在咫尺的游戏规则改变者。

◎ 纳米技术。

◎ 生物技术。

◎ 信息技术。

◎ 神经技术。

◎ 量子科技。

◎ 机器人。

这些改变规则的技术中的每一种都提供了无比强大又有效的新型工具和能力，足以影响未来 25 年的发展轨迹。这些技术也是创新经济的内核，它们相互融合，将创造巨大的财富和力量，最重要的是，能够在 2050 年提高全球 90 亿人口的生活质量。

这 6 种技术的融合代表了超级爆炸和颠覆式的新未来，这很可能从根本上导致权力的转移，进而改变市场、经济甚至全球化图景，改变每个国家和个体。它们将改变未来地球上的每一种生活方式，创造惊人的财富和创新：全新的市场和工业将冉冉升起，将我们带向其他行星甚至宇宙深处。

另一种理解这些技术的未来影响的方法是，思考全球性技术变革是如何影响过去和现在的。互联网连接全球，计算机和移动电话引爆了通信、商业、文化和冲突。人们在网络上到处传递廉价字节，从图像、视频到数据和信息，一切都无缝连接。在不久的将来，更新、更激进的技术和构成要素将很快出现。

新未来的构成要素。

◎ 纳米技术：原子。

◎ 神经技术：神经元。

◎ 生物技术：基因。

◎ 量子技术：量子比特。

◎ 信息技术：比特。

下一代互联网：无处不在、相互连接的超级智能网络

未来的互联网是什么样的？它并不是像 Twitter 这样的社交媒体，也并非 Instagram 和 YouTube 这样拥有海量图片和视频的网站，不是新版的谷歌或 Facebook，而是无时无刻不在感知的网络，一种文化的根本性创新转型将帮助你在生活、成长、学习、康复、赚钱、恋爱等方面取得成功。

可能还没有哪一种技术对人类今天和未来的影响能超过互联网。网络、传感器、网站、社交媒体和所有事物的融合促成了万物互联，使速度越来越快和愈发具备直觉性的网络成为现实世界的一部分。未来网络将为我们生活的各个方面赋能，包括社区、工作、家庭和游戏，它是未来的基础工具。以下是这种未来的几个驱动因素。

互联网的发展会经历 5 次浪潮。我们尚处于早期阶段，我们目前所使用的搜索、交易和信息也都处于原始阶段。随着此处描述的各种技术的极速融合，这种情况将在 2025 年之前迅速改变。

未来的互联网包罗万象，将覆盖人类的一切生活方式，并与意识相融合，增强我们在商业、医疗、教育、创新、和沟通方面的能力。未来的网络将容纳海量的对话，网络、物品和人彼此独立地利用网络进行沟通，进行“属于他们自己的对话”。基于芯片、计算机和网络的人工生命，会影响新型合成生命形式的进化，这种合成生命是由我们按照自身的形象创造出来的。你一定会对此越来越熟悉。

互联网能出现在任何地方，嵌入所有你能想象得到的物品，从电视机到手机再到墙壁，每一款产品和设备都将拥有一个网络地址。互联网将自身嵌入现实中，用数字智能和数据来提高物理实体的性能。于是，会出现这样一个世界：物品和数字产品永不关机、永远在线、永远感知，信息就通过它们萦绕在我们身边。直觉性网络构成的全球系统关注着我们，知道我们的喜好和欲望，主动根据这些喜好为我们提供用以决策的信息。

我知道这在今天听起来会让很多人毛骨悚然，但我们已经实现了录像、手机定位、电脑监控，我们在各种网站和社交媒体上遗留的信息被几十亿人浏览，包括政府机构和广告公司。下面这个场景似乎有点荒唐：在未来，在更先进的技术手段下，我们将比现在更具隐私性。与网络隔离的生活对今天的大多数人来说是不太可能的，人们也不太愿意与网络隔离。我们正以隐私泄漏为代价去换取娱乐、折扣、优惠、工作、游戏以及更重要的安全。

手机、电脑、汽车、家庭和公共场所无数的监控摄像头知道我们的行踪，这确实能带来更多的安全，但代价如何呢？对我们大多数人来说，只要有法律在保障我们的权利，我们就无须担忧。然而，要小心某些机构的入侵及其对人权的侵犯。未来的互联网将是一把终极的双刃剑，在为我们提供价值和富足的生活的同时，也会伴随着颠覆和控制。

我们已经来到这样一个世界的入口，互联网直觉将感知你的身份和需求。它们学习你的行为，关注你所认为的重要或不重要之物。在未来，互联网将时刻跟随你，无处不在。我们每个人都将拥有自己的私有云，它不断地成长、学习、预测和解码你的真实生活。因此，我们可以毫不夸张地说，网络已经醒来。

未来互联网需要配备一种强大的新型人工智能，这种技术目前尚未进入消费领域，但我们不会等待太久，因为，使这个概念落实所必需的技术我们已经实现了 50%。今天实验室里的研究物，明天就会变成产品。基于人工智能的网络模型建立在认知计算的基础上，且现在已经出现，虽然尚需时间“成长”和“学习”才能真正演化到可用阶段。

未来的网络将模仿人类的大脑。认知计算甚至被称为“缸中之脑”，但实际上它更像是“网中之脑”。智能、互联、分散的云大脑连接在一起，共同思考以解决问题，提供方案，事无巨细，这和人类大脑神经元的工作方式类似。简而言之，这是改变未来网络的一场根本转型：下一代的智能机器，即所谓的机器人，是一种巨大的、互联的且无处不在的超级智能，最恰当的叫法是“人工生命”，它们会将互联网变成一个全球生态系统。

因此，未来互联网将以一种我们如今难以想象的方式变得更加智能，并最终帮助我们解决医疗、贫困和战争等全球性危机，并在这个过程中创造出成千上万的新公司，甚至全新的市场。你必须将互联网定义为把机器人、供应链、计算机、交通、安全、医院以及最重要的人类连接到一起的全球终极连接网。一个智能化、自适应的预测性网络将预测并提供高质量的服务和价值，这虽然挑战了今天的想象，却可能成为 2030 年的日常。

第一次互联网浪潮是 20 世纪 70 年代互联网的诞生。那时，我是国际互联网早期阶段阿帕网（Advanced Research Projects Agency Network，ARPANET）的研究者。这个阶段的网络缓慢、原始，使用者是像我这样的学者和研究人员，我们对用电子邮箱这类东西实现网络通信的方式感到十分惊奇。网络用途非常有限，仅限于少数人，节点和连接也很少。在当时，网络是极客的玩具，功能、搜索方式和内容都很有限。

第二次互联网浪潮是富含图形和媒体的网络的产生，这也是互联网的前身。包括搜索工具在内的网络成为一种信息源，而随后出现的数据爆炸不仅连接了千万个体，还使无数的企业和国家相连，巨大的潜力开始显现，能够改变世界对人类、文化、商业、创新的理解。就好像网络向我们揭露了一种新的现实，让我们看到人类在贸易、传播、商务领域前所未有的发展潜能。

今天我们身处的第三次互联网浪潮是由社交网站如Facebook、Twitter和移动电子商务所驱动的，连接了超过30亿人，为企业尤其是企业家创造了巨额的财富。电子邮件、网络聊天、应用程序、游戏、视频和智能手机占据了人们生活的大部分时间，甚至到了过度的地步。使用数据进行搜索，观看、制作游戏和内容，播放音乐并发表观点，这一切都使互联网成为金融、电信、商业、教育和其他一切领域的重要支柱。

这场拥护移动网络的变革才刚刚开始，此时，地理位置服务创造了新的市场。网络无处不在，并连接了所有人、所有事，只是速度不同或功能不一样。出于政治原因，很多国家限制互联网的使用及其速度，这常常与需要高性能互联网的企业产生冲突。

同时，把互联网应用于通信平台、网络语音、IP通话也改变了人们的沟通方式，使生活变得灵活、经济、快捷。网络作为计算、通信和出版平台，对商业和文化都有着革命性的影响。

第四次互联网浪潮将产生一个合作型网络，这一网络扎根于商业、企业、市场、人员和机器之间，就工作、学习、基本社会服务和娱乐所进行的充分协作和深度学习，会逐渐变得成熟。大数据、预测分析、云计算和移动网络之间，将展开更具易用性、价值、性能和效率的合作。我们将学习如何管理数据海啸——从每一种行为、生活方式以及对健康、教育、商业、财务、安全的追求中产生的全球海量数据。通过获取、存储和分析这些数据，来创造更高的效率、更多的发现和价值将成为一项艰巨的任务，这是互联网演化方式的一个明显变化。互联网网速和新的灵活而又强大的网络将让媒体、信息和沟通无处不在。

第四次互联网浪潮将是基于认知计算进步的进化型网络，一开始，这种时刻进行感知的网络将能够预测并与人类互动，且可以通过语音激活，我们可以想象一下下一代的苹果人工智能 Siri。这种全球性转变将导致健康、安全、教育、金融和通信领域的速度、交易和复杂性前所未有地提高。网络上的大脑将随时待命、随需应变，极大地推动人类各个领域的进步。

第五次互联网浪潮不是仅仅模仿真实生态系统，而是真正成为生态系统本身——一个能随时感知、拥有自我意识的人工生命网络。独立的知识主体跨越国界、供应链和文化，在一个无边的“电子海洋”中工作。虚拟和现实将合而为一，通过自我组织和创造的能力，帮助人类克服未来需要应对的来自自然和社会的挑战，如治愈疾病、提供医疗、发展经济、应对冲突、太空探索等。这次浪潮以智能和可感知的实体空间、嵌入式智能和系统为特色，这些系统可以承担起医生、外交官、科学家、教师、伴侣等角色，并帮助人们完成商业活动以及提供安全保障与娱乐服务。总之，这次浪潮将推动无数新企业的发展壮大。

这种互联网将成为一种变形智能，它在云中移动，从设备到空间，按需下载至汽车、居所、可穿戴设备，甚至是人类身体当中，带来活跃的情绪感知，从而帮助人类驾驭未来的各种生活方式和实践，成为人类的伙伴，与人共同进化，创造一个更美好的世界。

网络和互联网这类名词甚至都将消失。互联网将变得无形、无处不在，并能够将智能、意识和沟通嵌入我们和我们的世界，帮助我们全面提高身体健康水平以及工作、教育和创新的能力。

FUTURE SMART

预见未来

未来网络规则改变者

- 地理智能——知道人和事物所处的位置，实现位置感知。
- 合成世界——根据个体经验定制的娱乐。

- 数字助理——帮助我们驾驭混乱的信息世界。
- 跨媒体内容——遍布汽车、平板电脑、手机和可穿戴设备的新媒体。
- 云计算——数据、应用、信息、视频、进程移动到互联网。
- 混合现实——虚拟 / 物理世界融合并增强。
- 社交媒体——数字社区身份，众包一切。
- 移动性—— 一切都是无线的，从云到设备到媒体。
- 预测分析——预测人们的愿望，甚至是他们自己都不知道的愿望。
- 物联网—— 一切事物都有一个 IP 地址，连接物品和产品，与人类沟通……一切都已觉醒。

互联网将成为第一个全球知识和丰富视频资源的实时网络，将几十亿人连接到无限多的频道、媒体和社交网络之中。互联网的未来将是全球文化间的深度合作，包括实时交易和专业的多媒体世界。

互联网将能让任何人成为任何话题的数字出版方或信息广播者，且能够直达位于世界任何角落的任何听众。计算机、数字电视、游戏、电子商务和无线电话的融合将改变全球社会、经济和通信，创造一个充满活力的新沟通平台。直接而实时的语音和视频对话加上实时的语言翻译，将打破文化的边界、加速全球化和跨界沟通。

在 2025 年，能够感知 3D 虚拟场所、客体、环境、世界和人的技术，将推动游戏和通信行业的发展，沟通全世界数十亿人口。虚拟对实体感知的反馈将改变娱乐和通信。我们不仅仅是去体验，更是去感受。我们将拥有更强大的感知能力，与机器的互动也将更为紧密，这是我们今天无法想象的。我们不仅观看球赛，还能亲身参与其中。

通过各种媒体应用和网络云，我们能从网上得到关于任何话题的信息。内置于人体的网络设备将实现人—人直接对话和仿生物软体应用。

互联网将消失，进而变身为基础的连接平台——“超大宇宙”（Megaverse），它将是所有通信、贸易、学习、医疗、物流、金融和社会社交的骨架。信息、地理和DNA的融合将创造一个充满机会的全新商业图景。虚拟的网络社会和国家将出现，并将建立自己的权力、商业、文化和国防，成为现实国家的对手。它们还可能扮演国家、非国家主体或叛乱分子的角色。混合现实，亦虚亦实，似真似幻，它将很快出现在我们的网络终端之中。

利用人们的协同网络共同合作来解决问题的众包模式已经是网络的固定部分。参与众包者可以是你的客户、合作伙伴甚至竞争对手，他们在网上互联，分享创意。众包广告、产品设计、慈善、社会事务、投资……你能想到的一切都将基于众包，来挖掘数以亿计在线人群的集体智慧、资源、创意和资本。这种利用群众智慧的民主化网络将成为每一个企业研究用户思想的主要来源。

接下来，将出现能源利用、汽车共享、气候变化解决方案的众包，产品、服务和工具的共享。众包市场将成为创新生态系统的一个基本组成部分，在这些活跃的新市场中，人才、技术、创意和产品将相互碰撞，共同构建新形式的线上商务。

未来互联网的发展将给地球带来全新的通信、娱乐和商业模式。到2030年，可能将有多达80亿网民，到那时，互联网已成为人类必不可少的工具——全球的通信基础。所有的贸易、商业、通信和娱乐都将移动到互联网上，互联网将作为基础的“交通管道”触及全球每一个人。

无线通信的普及可能将使全世界各时区的大多数人汇聚在网上，使人们从实体世界进入虚拟世界。未来的互联网将是手机、电视机和计算机的融合，通过无线通信进行跨国的合作将成为人们生活的常态。

一切媒体，从游戏到新闻、戏剧和贸易，都将通过移动设备终端相互连接。未来的网络将提供大大小小的通用功能。游戏图片、金融产品和药品都存在于像电视一样的具有互动性的数字化多媒体空间里。

“我将认识你，了解关于你的一切”，不管你喜欢与否。在未来，彻底的定制化技术将成为现实。计算机、网络、内容和传感器将完美进化为智能网络。这便是宇宙的连接网络，它带来了生活、工作、信息和社区的电子化大融合。坦诚地说，这项技术也具有侵犯性、诱导性，会令人感到害怕，让人对它既爱又恨。

今天，你不得不采取一些行为去诱导、发现、搜索，让网络理解你的需求，而且搜索常常是盲目的，结果中夹带着大量不准确的或经常有错的信息。虽然网络一直在改进，但远非完美。它是一种被动媒介，用户需要努力确认你想要的东西，即使这样，你仍不能得到全部所需。

想象一下，在不久后的将来，智能网络和今天会有多么不同。它会更加了解你，并将成为超高速、实时、准确且能够进行预测的发现引擎。同时，它还是可移动的，有大量传感器和地理智能的无处不在的互联网，像液体一般遍布于每个角落的每个实体周围。**未来的智能网络将在一切地方感知一切人和事，能够使用一切数据如视频、音乐、图片等，来响应甚至预见你的需求和欲望。**

智能网络会了解你。它将学习和进化，理解你是谁——你的梦想、目标、行为、失望和欲望。它能知道你是否找到了工作或被解雇，还能注意到你是处于恋爱萌芽阶段还是刚刚失恋。它首先确保实现你想做的事，然后帮助你规划下一步该干什么。智能网络将进行学习、适应，并为你的生活和工作提供帮助。

智能网络在技能上是清醒的、有意识的和有预测能力的。它能清醒地识别并回应人类和环境，无论是实体的还是虚拟的；它能感应到目标的存在，并收集其他智能代理、物品、人类和信息的数据报告和广播信息；它能预测，因为它能对时间、任务、价值观和人们的行为等进行分析，进而做出预测。

由于网络的诸多不足，我们浪费了太多时间，然而很快，事情就会大大不同了。更智能、更快、更直观的网络即将到来。网络正在进化、学习，正在变得越来越聪明。

未来，智能网络将找到你。这将是一个全球性转型，直觉性网络会感知、学习、适应并预测你的需求。信息将被打上智能标记（地理信息、语义、丰富的感知、个性化的知识），无论你身在何处，智能网络都将能够定位到你。个人定位技术将创建信息数据包，并以互联网作为一个目标工具来自动定位对特定话题信息感兴趣的人。网络将“知道”你需要什么，然后为你找到它。

这样一来，互联网便从地域的局限中被解放出来，全球数十亿人都能够通过无线网络从任意地点访问所有地方，永远在线，并将成为一种普遍的日常体验。这些新功能将用一层“平行宇宙”覆盖于我们的现实之上，这个由信息感知和交互组成的宇宙，将改变我们对物质现实的认知。对于用户而言，他们可以随时随地按需接入网络。

不同层次的信息分层智能将提供更深度的访问，有的是通过语音激活的“下潜至深层信息”；其他的分析可能是由商业或意识形态目标所驱动的：“显示连接”“显示信仰”或“显示供应商”。先进的信息分层技术将提供对预测意识和信息挖掘的决策支持，从而筛查出机会、威胁或关系，并给人们带来乐趣和利润。这些信息分层将推动这种永远在线的强大的未来互联网进一步发展。

嵌入式纳米神经设备将帮助我们进入定制化的沉浸式体验，来强化我们的学习、商业活动、健康管理的效果，尤其是娱乐方面的体验。我们将通过未来网络，身临其境地参与体育赛事、跳伞、游览外国城市、进入太空，甚至进入虚拟幻想世界。

在未来，我们将与虚拟人类和数字代理亲密接触，进而打破今日生活方式的局限。此外，我们还将拥有可替代现实的人际关系，与家人、爱人甚至某段幻想冒险的虚拟现实关系就像梦一般，但十分生动、真实，并且可以依据你的愿望量身定做。

也许这听上去很奇怪，很多人认为这些未来网络、智能网络产生的替代性现实可能是对现实的危险偏离，对某些人来说的确如此。如今，成千上万的人昼夜不休地玩游戏，这替代了他们的正常生活。不难想象，未来变幻无穷的定制化媒体将根据你的野心、欲望和好奇心，真的将其制造出来并呈现到你的面前。还没有人为这种智能网络未来做好准备。它了解你的一切，并设计专属于你的世界，预测你的欲望，甚至赚你的钱，雇用你为它工作。

这个未来与今天的 Twitter、Facebook 和谷歌毫无关系，因为它们之间的差距如此之大。未来的 Twitter 提供的将是动态媒体和浸入式的世界；Facebook 将通过这些多变的个性化媒体把人们联系在一起；谷歌将成为一个大数据预测机器，由人工智能分层，使用算法设计最佳体验，来预测你可能需要的东西，甚至是你自己都不知道你需要的那些东西。

谷歌眼镜是由谷歌研发的第一款可穿戴式设备，可以说它是一台极易使用的可穿戴式电脑、手机和媒体设备，它将所有一切合成为一种体验。戴着谷歌眼镜，我感觉到了一种始终连接的可“穿戴式”生活方式。它可以连接到我的谷歌生态系统，包括软件、日历、电子邮件和通讯录。我认为作为一个“先驱者”，谷歌眼镜是一项卓越的进步，它将会发展得越来越好。

也有少数其他公司处于智能网络领域的前沿。

Neurosky 提供的可穿戴设备使用生物传感器，让你与未来网络连接。娱乐、游戏和学习的效率都可以因这种可穿戴生物传感神经设备而大幅提升。

Consumer Physics 发明了一种可以戴在手指上的分子传感器，小巧而廉价。它叫 SCiO，就像《星际迷航》里的传感器（tricorder）一样，你可以使用它指向周围的任何一个物体，以获知它的分子成分。它能够实时抓取信息，并立即使用你的智能手机将信息传输到云中，对包括食物、植物和液体在内的物质进行分析。虽然多年以前人类就已了解了近红外（NIR）光谱，但在 SCiO 之前，它只在实验室或工厂中得到了应用。SCiO 的出现，把这种强大的技术带给了每一个人。

Fitbit 是一种可穿戴的健康和健身追踪器。它可以与你的手机和网络相连，监视你的身材、睡眠和运动。

Occulus Rift 是一家提供最先进的 3D 虚拟现实游戏的公司，它已被 Facebook 收购。这家公司的开发人员通过耳机和虚拟现实软件设计出一种无边无际的人工现实。我试玩过一次，在那样一个由高清图像和故事组成的游戏世界里，同时我失去了物理上的时间感和空间感。

Nest Labs 是一家总部在加利福尼亚州帕洛阿尔托市的智能家居提供商，设计和制造由传感器驱动、支持 Wi-Fi、能自学、可编程的恒温器和烟雾探测器。你可以通过智能手机上的网络对它进行操控，以节约能源。我会在孩子们离开家去上学时调低加热器，这样就能省下一些电费。全世界的家庭可能已经在能源上浪费了数十亿的金钱，却丝毫没有意识到这一点。

总有一天，所有这些设备都能在网络上与你对话或彼此对话。这些设备连接了你，连接了世界，也连入了物联网，并将从各个方面改进你的生活方式，但它们最重要的功能是超级互联，这是最重要的转变。智能网络将了解你、服务于你，可能你并不想要这种服务，但这就是未来。它们将优化你的健康、财务状况、生意和教育，它们将推着你进入一个全新的媒体和娱乐时代。

互联网将从地域限制中被解放出来，它可以从任何地方接入，也可以访问任何地方，永远在线。这些功能构成了覆盖于现实之上的一层“平行宇宙”——一个由信息和互动组成的宇宙。

个人、位置、话题、查询或搜索都将变成丰富的数据。当你遇到某人时，你会知道他是谁，以及他的兴趣、社会关系和互动行为等能够定义他的那些信息，而且你将提前（通过 Google Me）知道或实时（通过 Google Now）了解到这些信息。

生活在一个混合现实当中，包括地理信息和人的信息在内的物理数据加上虚拟数据，将为工作和社交带来一种深度关系。对一个并非在这种兼具入侵性和实用性的技术世界中长大的人来说，这将是全然陌生的。

数字社会和虚拟世界的出现将进一步强化这种混合现实的体验，虚拟世界和真实的物理世界将交融在一起。比如，你将在看电视的同时进入电视中的世界。与这种混合现实的密切互动，会给人很多选择新关系的机会，不管是与人类还是非人类，或虚拟化身、数字主体以及其他以数字形式存在的事物之间的关系。这是一个用户生成的宇宙，拥有无限个娱乐选项，而企业家也将迎来无穷的赚钱机会。如果你认为“现实电视”很酷，那就等着看真正的虚拟现实吧，它甚至真实到重新定义了现实。

所有未来媒体的制作、发行和观看都将转移到网络之上。一种新的基于无线、互动、移动和社交网络的娱乐产业将成为一个充满活力的市场，媒体制造商可通过适用于新闻、娱乐和体育的媒体产品来实时赚钱。

传统媒体网络将通过吸引人才和采用全新的媒体制作方式来适应这个新的媒体世界，改变全球的经济和媒体分布。对一个更大规模的社区媒体生产者群体而言，可以通过全球互联与全世界的观众全天候接触，进而有更多的机会取得成功。

从游戏、互联网、电视节目、学习软件到商业广告等的自媒体将统治传播的世界。随着电视、电话、资讯站、汽车、无线设备与互联网的融合，很多新的媒体渠道将会产生，在全球不同的国家和文化之间通过各种平台分享内容。每一个界面都将能随时发送和接收媒体节目、获取电子邮件、上网冲浪以及进行通信或获取信息。

每个人都将成为一个新的媒体制作人。点播式的个性化互动娱乐内容会根据我们的喜好动态地创建，这将成为标准化的功能。作为一个全球性媒体平台，高级虚拟现实搭载着数字代理和全息娱乐，并将改变我们在内容、新闻和娱乐方面的体验。

电影院将与网络连接，接收数字广播和卫星下载的电影、视频会议和其他互动性节目。无须预约的远程视频会议，3D 全息图像的使用也将变得非常普遍。更快、更智能、更强大的多媒体通信设备将被嵌入相机、手机和汽车之中，并将实时提高我们生产和传播娱乐的能力。

数字电视将提供新的全互动式节目，我们将能够实时参与，感受身临其境的媒体内容和个性化的表演。全球沉浸式游戏、娱乐和教育的融合，将会为人们提供极为渴求的新类型的节目设计，还将使学习、宣传、新闻和信息之间的界限变得模糊。

采用先进的人工智能替身的媒体技术将创造一个新的市场，人工智能替身是一种与人类合作定制媒体软件的数字人格，用于新闻、音乐、视频、游戏、娱乐和信息访问。所有的媒体技术都能访问地理标记、位置定位的应用，并显示参与者是谁以及他们在现实及虚拟空间中的位置。

网格网络是一种网络设计，其中每个被称为节点的部分都能为网络传播数据，它们会用机器语言说："嘿，我在这里，连接我。"网络的每一个部分都能生成自己的网络，比如你穿戴的一个小设备，每一个可穿戴网格都是网络的入口匝道。你的可穿戴式网格变得像它自己的 Wi-Fi 网络一样，使你和你周围数十千米内的一切事物联网。未来的网格网络可进行自组装，以实现最大的网络渗透能力，使人们无论相隔多远都能连入互联网。

你可以想象一个相当于今天网速 1 000 倍的超高速网络（假设就像你大脑思考的速度）能穿在你身上，无论你走到哪里，它都会生成一个新的网络。再想象一下，同一时间有几十亿人使用可穿戴式网格在地球上行走。我们将迎来一场通信、电子商务、医疗和教育的革命。

在那样的未来里，你将被“网住”，在网格网络中，所有连接节点都连接在一起，相互合作，相互协调，使网络更加强韧。节点彼此互相连接的网格网络是廉价的、安全的，且能够自我修复。当一个可穿戴式网格掉线或发生故障，另一个很快就会补充上来，这就是互联网的未来——一个极其强大且互联的高性能平台。

网格概念将导致许多种类的互联网、云的产生，从个人云、健康云、社区云、冲浪云到战争云，网格网络可以部署在任何地方，迅速启动，然后离开，还将促进传感器、物联网、视频摄像机和智能材料的相互协作，从而更好地理解人类。未来的网格网络将带来免费电话和开放网络，网络供应商则会通过提供内容、信息、显示、数据和应需分析而赚得盆满钵满。

网格网络会在几分钟或几秒钟内弹出和消失，去记录一个想法、连接一个朋友、服务一个客户或实现下载任务——“下载我”到另一个网格，这很难想象，但网格网络的确将能够为人类、机器、互联的物品和商品提供高度的灵活性。网格网络将首先由人类设计和使用，直到智能虚拟机接管，或只是向他们的人类主人学习如何去设计最佳的高性能网络，甚至可能比人类设计得更好。

我们能通过网格网络把观点转移给另一个人，转移至某个虚拟或真实的地方。就像玩电子游戏一样，但拥有网格的我们真的能在其他空间、智能机器和地点之间穿梭和汇聚这种技术会改变我们所知道的一切。

网格网络将融入人类，为其他非人类人工智能提供一个从现实空间进入虚拟现实世界的全球数字高速公路，这样的虚拟现实我们今天还无法具象化。你可以把未来互联网看成是一个由多维领域、世界、实体、人类、机器、物品和智能甚至超级智能所构成的没有边际的真实和虚拟世界，就像一个分层的蛋糕那样堆积在我们周围，连接一切——有机的和无机的，物理和数字的，原子和分子的，光和模拟的……那么，现在你对未来互联网的模样有一些感觉了吗？

智能物联网，一切皆被连接

一场无声的革命正在进行，它每天都在悄悄地、一点点地靠近我们，这是一场有关智能硬件通过互联网连接彼此的革命。计算机芯片变得更便宜、更智能、更小巧且相互连接，导致了前所未有的新现象：**一切都能被连接在一起，而且都可连接、可被发现。**微芯片和传感器能够连接日常物品、汽车、服装和食品包装，形成一个由智能物件组成的全新无线网络。很快，它们就能够发现彼此，进而塑造一个全新的现实，我们今天称其为物联网。但这个现象可不仅限于此，这是一场更加宏大的全球性转变。每个芯片都拥有地理智能，能够时刻感知“它”是谁，“它”在哪里，“它”为什么是它（它存在的目标和意义）。

计算机芯片是电子设备的“大脑”，也是许多未来变化的关键。在过去几十年里，摩尔定律一直是推动移动通信、计算机和互联网所构成的信息经济的运行法则，而物联网则是电子数字世界和物理现实世界之间的桥梁。

无线射频（RF）设备、无线系统、传感器、生物芯片和许多其他系统，与基因芯片和认知系统一起工作，将在构建物联网方面发挥重要作用。这些技术的融合被称为“超越摩尔”定律（More than Moore，MTM）。今天我们所拥有的新兴的机器到机器（Machine to Machine，M2M）世界将演变成 MTM，因为我们需要更强的处理能力来处理更多的数据，从而解决更多的问题。我们将超越摩尔定律的局限性，超越由硅芯片所主导的世界，并开始关注光学、纳米技术、遗传、神经科学和量子芯片。它们将帮助我们制造出性能强大的超级计算机，尽管这种计算机可能只有针尖大小，其力量和智慧却足以维持一个城市甚至一个星球的运作，这种高效的未来将让我们大开眼界。

那么，这将意味着什么？这意味着能够互相感知、知道其他事物的位置，甚至知道其与人类关系的智能物件的普遍互联将迅速到来。它将彻底改变我们对速度和敏捷性的认知，并将创造目前尚不存在的新奇的商业机会。物品的自我意识（知道自身位置、成为地理智能产品）在不久的将来将成为一个能够创造巨大机会的产业。

智能咪表

菲尔的汽车注意到他已经快用完咪表时间了，接着便直接从汽车的银行账户下载了更多的咪表时间，形成了一个 YouPay 账单。而且不用告诉菲尔，只需给他发一条短信，用“别担心，大块头”开头。菲尔喜欢他的数字化人格（Digitally Engineered Personality，DEP）莫尼克叫他“大块头”，莫尼克并不知道为什么他喜欢这个称呼，也并不在乎。

可吸入的医疗设备

盖尔的医生让她吸入一个定制的医疗设备来监测她的头痛，医生就可以通过无线网络确认是什么造成了盖尔严重的偏头痛。该装置是纳米级的，肉眼不可见，医生用手机应用程序给该纳米设备进行了编程，并让盖尔将其喷入自己的鼻子中，盖尔什么都感觉不到，也毫无痛苦。该纳米设备将盖尔的头痛状态用无线网络传回给医生，并且可以自动递送药物，来防止盖尔下一次偏头痛的发作。

智能建筑

旧金山联合大街 2088 号是一座典型的智能建筑，拥有 5 级人工智能，是加州智能电网联盟的一部分。他们可以交易能源信用，优化能源使用和成本。如果信用良好，就能获得新的云服务器作为奖励。

令人毛骨悚然的未来

有许多令人费解的事情，我们似乎永远都没法完全了解。为了正确运行即将成形的全球系统，来管理食物、能源、气候、经济等，我们需要新一代的超级智能计算网络。在 2040 年之前，为了更好地管理一个多达八九十亿人口的星球，我们需要将计算智能提高到前所未有的水平，这种计算智能将能够自我进化，并从 2030 年开始被广泛使用。自动化的复杂计算机系统已经在金融市场、环境控制、机器人、制造业和医疗等领域起着主导作用。

人类和智能机器之间不可避免的冲突和合作将是人类文明的一个决定性节点，我们必须做出事关未来几代人的社会政策决策。比如，我们给智能机器多少控制权？它们可以控制什么？当人类不能控制智能机器时，会发生什么？我们会创造出一个与人类竞争还是为人类服务的异质文明？我们需要开始思考这些问题了。

很有可能，5 年之内我们就需要面对人类无法理解的高度复杂的计算机和网络。想想看：你真的能够理解今天的互联网、电视或手机服务背后的那些技术吗？很多人都不明白网络电话（Voile over Internet Phone，VoIP）的工作原理，也不懂得药物是如何发生作用的。在不久的将来，奇妙技术的冲击将成为每个家庭、企业、国家、社会和生活方式的基本部分，我们将经历沧海桑田般的剧变。这种技术异常强大且高度个性化，能让我们的生活发生翻天覆地的变化。

我们将会设计出快到极致的、互联的、无比智能的系统，以使它们尽可能多地理解和服务于我们。然而，当我们把机器大脑与人类的大脑相融合时，我们将很难察觉到机器内在的邪恶本质。

机器在崛起后将彻底接管人类工作与生活的方方面面，让人类进入更高的层次。我们将更好地传递医疗资源、提供安全设施、谋生、赚钱以及拥有质量更好的生活。你可能会问，这难道不好吗？其实也没有什么不好，只要人类还是人类。

决策越快，赚钱越多

2013 年，一家公司悄悄搭建了一个私人网络，铺设光纤光缆，花费超过 3 亿美元，使得这家公司迅速发家致富。它们属于高频交易行业，但本质上是在“销售”速度，这样就可以让购买者比任何人都更快地做出股票交易决策。事实上，无论是他们建立的网络，还是其花费，都没有什么特别的地方，但令人惊奇的是，它们是为了能让计算机利用这些网络赚取成百上千亿美元才建立的，没有哪个人类能做到这一点。

今天，全球有超过 300 家公司通过“销售”速度来创造价值：更快地发现疾病，更快地交易，更快地找到合作伙伴，更快地确定风险或威胁，可以说，速度就是金钱。为未来 100 年创新而投入的每一天、每一秒，都将成为国家、企业和个人的竞争优势。

更快的决策创造出新的产业——高速产业，决策越快，赚钱越多，电脑股票交易以及未来将会出现的 100 多种高速产业都是很好的例子。你该怎么办？一毫秒都可能创造 10 亿美元的价值。你准备好加入这个游戏了吗？成功的秘诀是不让任何人知道你的“黑匣子”做了什么，即帮你运行业务的那些算法、程序是怎样的，这不仅是硬件优势，更是软件优势。

2025 年的未来将是万物互联的：计算机与计算机“交谈”，在一个没有人类居住的、完全虚拟的世界里运行被称为算法机器人的专业软件。在这个世界上再也没有人会称它们为计算机。它们将以各自的品牌为名，比如 Watson、Cray，或

Archer，它们能够在万亿分之一秒内思考并行动。

知识工程，全新的产业

一种新形式的技术正在出现，它将发展成一系列强大的工具，或许能更好地定义如何才能在未来更好地理解并影响数十亿人。它是内容庞杂的混合体：包括地理信息、互动、大数据、众包、跨平台媒体娱乐及分析。一个重要的趋势是神经科学的兴起，这种技术正试图理解人类大脑的工作方式，并将改变未来10～20年的工作、商业和社会。

企业家将围绕这一技术建立新公司，更好地理解客户，为客户服务。全新的产业将出现，以一种你无法想象的方式永远地改变动机、影响学习和娱乐。

本书对这种神经科学的前景做了详细的阐述，它的影响远远超出了我们所知道的互联网、电视和无线媒体。技术的融合将让神经科学的未来来得更快、冲击更剧烈，并且影响到每一个人，而相关的技术正在萌芽。会有比人更聪明的智能机器。更智能的技术将首先让我们的大脑更强大、更有智慧。接下来，我们将建造新的大脑——为人类自己，也为智能机器。

身临其境的未来娱乐

娱乐在未来也将发生变化。到了2030年，媒体娱乐的定义将与今天彻底不同。我们不再只是观看比赛，还将通过浸入式工具亲自参与其中，在虚拟现实体育比赛中与其他人互动玩耍。我们还会玩《使命召唤》这种视频游戏吗？会，但我们会亲身漫步于虚拟世界之中，与人工智能角色并肩战斗，我们的敌人和朋友是拥有触觉感知和增强现实的团队，既有智能机器，也有人类。一些浸入式娱乐体验将在我们的大脑中进行，如神经增强游戏（neuro-enhanced entertainment），还有一些将存在于混合现实中，在这里我们的日常自然现实被信息层或全息投影技术增强，我们与之互动，实际上是与之进行游戏互融（play-merge）。“互融启动”，我们将用这样的指令来激活未来的 PS2 和 Xbox。

未来的技术融合将被用来与全世界进行远程交互和通信，连接数十亿人。在这样一个新未来，浸入式娱乐将刺激你的大脑、调动你的感官，将你置于一个充满神经刺激的世界，这与今天你所熟知的日常截然不同。你准备好了吗？选择现实还是超现实？超现实是浸入式娱乐的现实增强世界，将神经科学学习、互动式视频游戏、富媒体、感官反馈、栩栩如生的图像和人工智能等汇聚一体，为你带来生动的体验。

未来并非只是用网络来连接数十亿人。软件、媒体以及如直连大脑广播（Direct to the Brain Broadcasting，DTB）这样的神经可穿戴技术都会影响学习、新闻、人际关系、意识形态和商业。这是更高阶的技术，虽然难以预测，但会在 2020 年变得司空见惯。

知识工程是新媒体融合技术如互联网、电视、计算机、无线通信等与数据挖掘、预测分析、认知计算和神经科学营销的大碰撞。超级计算遇到社交网络；众筹众包遇到未来设计的媒体节目，如游戏、个性化的虚拟现实、互动体育和电子商务。高度先进和个性化的媒体将以前所未有的复杂方式被构想、制作、设计、包装，并提供给特定的受众。

可操作的数据或信息即知识的设计和生产是这种新技术能力的一个方面。知识工程是一种更高层次的媒介信息开发，它将产生各种形式的信息，如游戏、视频、培训，贸易和商务的实时协作、远程医疗、远程教育等。

通过位于无线网络或实体空间中的虚拟和实体传感器，知识感知产品（knowledge-aware products）将能够定位某些类型的个人或群体，并为这些人发出特定的信息。

利用知识工程来提供无线预测分析，预测、发现个体，并与之互动，无论他们在哪里，这将是未来的意见领袖们必不可少的工具。将这种能力与卫星和互联网相结合，在全球范围内提供服务，其所产生的普遍而巨大的影响将为企业家们带来下一个黄金10年。

知识工程将能够在远程网络中创建云状数据库，超越今天的卫星技术或全球定位系统（GPS）的局限性，挖掘地域、位置、个人和团体的信息，感知、搜寻并锁定能够提供知识感知产品的商业机会。

这些技术未来组织和个体将带来巨大的力量，触及全球每个角落并拥有强大的运营能力，这一点是不言而喻的。知识工程能力能够预测、塑造未来并提供战略影响力，触及全球受众，在未来的25年里可能是这个星球上最强大的能力。

2025年，我们或许能见证如下技术的发展。

◎ **神经营销学**：属于神经科学的应用，旨在了解大脑如何运作、学习、进化以及如何被影响的技术。

◎ **认知技术**：属于神经科学的应用，关于我们如何学习、处理信息、思考以及思维如何被影响的技术。

◎ **众包**：一切都将被众包，从新药品到电影；确定消费者需求的方式将被彻底改变。金融、医疗、能源使用、研究甚至教育和投票的众包都会通过民主的方式改变未来。利用消费者和业余人士的智慧去挖掘关于喜好、欲望和产品信息的做法将成为常态。80亿人是移动且互联的，到时候，实时商务、通信和连接的潜力将为人们带来一场利益、洞察力和意识的盛宴。

◎ **预测分析**：这种技术可以预测个人和团体的态度和行为，针对他们的投票和购买行为，发现他们的需要是什么，以及他们看重什么。预测市场将被建立起来，以便于人们了解全球客户，并能够使人们与现有的和未来的客户更同步。该技术用于精准挖掘人群的智慧，了解真实的公众态度和影响力概率，了解集体智慧并利用这种意识来理解和影响人和事件。

◎ **环境扫描**：这种技术能够扫描互联网和社交网络上的信息，如新闻、内容、媒体、维基百科、博客和音乐，以更好地了解人们的情绪、态度和动机；获得更多的信息意识；并预测潜在的威胁。

◎ **神经数据挖掘**：这种技术旨在根据思维模型、行为模型或神经地图——特定的认知差异与思维方式来辨别个人或群体。神经地图结合地理标记，能够为知识工程和影响力提供了一个更大的框架。

◎ **地理标记**：这种技术整合了全球定位系统（GPS）、传感器和地理智能，来识别、查找和访问个人或团体及其当前的全球位置，或应用预测感知他们未来可能出现的位置。这是深度数字感知（deep digital sensing）的一种实际应用。

◎ **自我意识软件**：这项技术是一种高级的人工智能软件，智能被嵌入代码，具有重新自编程、创造新形式、复制新媒体信息的能力，且与目标参数一致，能意识到其自身的目标。它可以被用于手机、电脑和资讯站上的游戏、媒体、搜索引擎或数字通信。

◎ **实时社交媒体电视**：可以是定向或针对特定目标人群的大众媒体，能够给信息发送方提供反馈，感知周围环境中的虚拟或实体的个体，随时与其进行互动，并对其进行诊断、施加影响。还可以对其进行变形以满足某种特定的需求或目的。它可以下载新的功能，改变其外形、图像、特性和方向。它可以发送消息，独立决策，决定新方向或信息内容，以更好地施加影响。这项技术还具有交互感知能力，并具有全球定位系统和DNA 定位意识。

◎ **分布式全球智能**：这是一种高级概念，分布式智能指的是生物启发式网络（仿生网络）将会出现，它能够模拟生物处理行为的方式，使用随时待命的由计算机机器人组成的人工智能神经网，这些机器人遍布在互联的信息网络上。

随着网络在未来变得更加交错复杂，在全球范围内连接无数的用户、信息、位置和服务（电信、医疗、通信、金融、贸易等），独立数字生活形态可能会出现，对人类的互动方式和行为进行模仿。

将人类与机器、虚拟线上代理、线下数字大脑连接的点对点（peer-to-peer，P2P）网络在未来都可能是合作式的，并拥有专门的全球性网络。分布式全球智能将成为一种非常实用且极为强大的力量，帮助我们触及未来的处于全球互联世界中的海量人口，与之互动，为之赋能。

在不久的将来，个人之间的商业往来使用数字货币兑换将成为日常生活的一部分。在主流银行体系之外，人们会广泛使用币库（coinbase）、比特币以及其他加密货币进行交易。数字货币交易所将会出现，它们就像银行一样，负责将数字现金兑换成其他的货币、金融工具或实物资产。

真实无比的混合现实

在未来，有可能会出现直连虹膜的显示屏，能够在人们眼前展示进入其视野的任何一个人、地点、组织甚至物体的信息层（information layering）。这种信息层拥有扩展性，使用户能够进一步研究人或位置的数据，通过谷歌或维基百科等的大量数据库，实时地了解这些人和地点的历史与关系。

未来信息层的另一个特征是预测性意识（predictive awareness），即通过连接、关系或一些现有的数据证据，预测一个特定的人与某些类型的经验或人有关系的可能性。预测性意识将是今天预测性分析和神经营销的下一步进化，公司可以利用它来确定客户的购买意愿。

每个人、位置、话题或每次查询与搜索，都将隐含海量数据。与某个人见面之初，你就已经知道了他的兴趣、人脉和与其他人的相互关联，从而能够提前或实时地知道这个人的一切。

计算机生成图像（CGI）的使用对创建混合现实来说是必不可少的。以前，昂贵的电脑动画仅限于在电影和游戏中使用，但现在，它们正迅速变得更便宜、更高效。以前每分钟的成本要大约 2 万美元，现在仅需 1 美元。超级计算云服务在未来或许会被淘汰，混合现实即将到来，而对数字人类、数字世界、数字游戏的高效且低廉的图形表现会促成混合现实技术的出现。图形现实将成为一种可买到的商品，并将迅速普及开来，而且它看上去就和真实世界一模一样。

计算机生成的图像是计算机图形学的一种应用，用来创造或改进影像艺术、印刷媒体、视频游戏、电影、电视节目、广告和模拟装置里的图像。即将出现的是全沉浸式 3D 计算机图形，这项技术将被用于创造出人、城市、行星和整个虚拟世界，人们可以在其中制造东西、旅行和生活。

人们将使用计算机动画技术来构建虚拟世界，即数字网络中基于数字替身的互动环境，比如，人们用计算机图形软件来为电影和数字世界制作计算机图像。CGI 软件的普遍使用和计算机的提速，让个体艺术家和小公司能够使用自己的家用电脑生产专业级的电影、游戏和精致的艺术作品。这将产生一种互联网亚文化，有它自己的世界名人和电视节目，既实际又怪异。这是一个由消费者塑造的世界，拥有极致的互动性，人类通过自己的虚拟化身——另一个自我居住在那里。

CGI 技术将创造一种新的混合现实生活方式。生活在一个由物理数据（地点和主体信息）和虚拟数据构成的混合未来现实中，将带来一种深层次的工作和社交关系，对那些未能和这种具备入侵性又有用的技术一起成长起来的人来说，这看上去会是全然陌生的。

像数字社会和虚拟世界这样的新社会形态的出现将进一步丰富这种混合现实的经验。虚拟和真实世界将合二为一。你在看电视的同时，也会进入电视的世界。你为一个组织工作，同时进入该组织所在的虚拟世界，与客户、员工、供应商进行互动。这种 3D 全息感应和感觉让混合现实“真实无比”。这种与混合现实的亲密互动会给人类和非人类或虚拟替身和数字生物的关系提供新的选择。

现在已经有创新者在建设这样的未来世界。不同之处在于，今天你可以在云端操控多人在线世界或游戏，付费给亚马逊来操控并渲染那些形似人类的数字人物和与窗外世界一模一样的景致。在未来，这些虚拟现实将与真实世界展开竞争，并将给我们的社会带来挑战和机遇。

“我们不会去做那些看起来很容易的事。”正在创造下一代的虚拟现实的高保真公司（High Fidelity）这样说。“我们正在建立一个新的虚拟世界，让配备传感器的硬件来驱动更加丰富的角色互动，并在终端用户的设备如手机、平板电脑、笔记本电脑和台式机上进行模拟和服务。”

菲利普·罗斯代尔（Philip Rosedale）是创造“第二人生”（second life）的创新天才，其拥趸遍布全球。第二人生使用自己的数字货币林登美元（Linden Dollars）运营，数字创客们能够在虚拟的世界里设计自己的房子、数字人格和数字文化。

现在，想象这些革命性技术的融合或许会让你的思维卡壳吧。当你把云中的超级计算操作添加到人际网络以及越来越智能且互联的物理事物中，添加到 CGI 传感器和 3D 打印机时，无论在虚拟世界还是真实世界里，这都意味着一场关于制造的革命。

比如，设想一下：我可以把我炫酷的新 3D 打印机接入云，连接到我的 3D 图形引擎，然后在大约 3 个小时内设计一辆新汽车、一台计算机或医疗设备。我们可以在平板电脑上进行新产品建模，然后把它贴到 Kickstarter 上筹集资金进行生产，所有这些都在同一天完成。此外，我还可以在创新生态系统进行预售。这可以称得上是制造业的革命。想象一下，全球有 500 万数字企业家每天都在从事这种 3D 到 3D 的生意，那会是一种什么样的景象？

纳米技术，解码一切

想象你将拥有按需设计物质的可怕能力。如果你能在原子尺度上操纵物质，混合和匹配原子来制造自然界中不存在的事物；如果你有一台机器，在家里或办公室就能制造出任何物体，你会怎么做？如果我们想有效应对新未来所要面临的风险，如气候问题、疾病、能源短缺、资源短缺，纳米技术就可以帮助我们达到目的。

在未来，新型“纳米企业家”的数量将会激增，他们是一群拥有 10 年 3D 打印制造经验的人，当纳米科技得到普遍应用时，商业将被彻底改变。数以百万计的纳米企业家将创造上万亿美元的市场以及大量的就业机会，并将创造出新的数字纳米生态系统，其中相关联的有代理商、销售商、制造商和设计师，来支持数亿想要获取纳米产品以支持自身的业务和消费者服务的客户。今天，市场上采用纳米技术的产品超过了 1 000 种，包括运动器材、计算机、纺织品、材料、药品、设备和汽车。到 2020 年，采用纳米技术的产品的全球市场价值将超过 1.5 万亿美元。

纳米科学是指在原子尺度上设计物质，制造小于 100 纳米的特殊物体。纳米是米的十亿分之一，比头发丝直径还小，但有其特性，如强韧、记忆和存储，这是它的独特性所在。纳米最有趣的属性是能够自组装，纳米管可以自组装成无数形状，可能还具有功能性。自动化纳米自组装可以应用于保护地球环境、防止气候变化、治愈疾病、创造新能源等方面，可以说用途相当广泛。新型纳米产业将通过制造便宜、智能且快速的工具，从根本上改变医学、能源、金融和制造业。

FUTURE SMART

预见未来

纳米改变一切，甚至比网络更重要

- 远程医疗手术中用程序化的纳米设备能够让孩子免于因基因缺陷导致的死亡。
- 纳米传感器将被用于检测癌症等疾病。
- 新型纳米燃料单元将提升电池存储能力，为停电的社区供暖。
- 纳米涂层材料保护性极好，能够保护消防员从燃烧的仓库中救出被困居民，并在完成使命后安全地回到自己的家。
- 地球轨道上的纳米防护罩能够保护几十亿人免受太阳辐射和气候变化之苦。
- 纳米电池将改变能源、计算机、汽车、药品和新材料等领域。
- 可穿戴式计算机和传感器将提升通信和计算能力。
- 从电视到计算机，纳米将使各种设备变得更小、更便宜、更智能。

纳米技术往往是隐形技术，尽管它在食品、航空航天、化工、医疗保健、能源等方面发挥着越来越重要的作用。到 2025 年，全球纳米市场价值可能超过 2 000 亿美元。更小、更智能、更强大的材料，从心脏瓣膜、桥梁建材到能源塔，未来的众多领域都将受益于纳米的独特属性。

纳米技术是在原子水平上操控物质，以创造新材料、涂料，并最终在未来创造出新的产品和设备。纳米也指一种尺寸，纳米结构比微观粒子还小，但是却具有钢一样的硬度以及非常出色的能量传导性和存储性能，是一种神奇的科技材料，其应用空间不可估量。

纳米已被企业用于纺织材料以应对特殊环境的挑战。例如，新西兰的罗托鲁阿湖是在大约 20 万年前一次猛烈的火山爆发后产生的一大片美丽的湖泊，但现在，它正被藻类侵占。使用一种基于复杂纳米工程技术（使用纳米膜）的先进环境管理技术，该湖泊最终恢复了其原有的生态系统。通用的海藻膜生物反应器采用先进的纳米科技，提供了一种管理藻类和将湖泊恢复到可持续发展水平、不再受藻类威胁的解决方案。

再如以色列开发的一种抗癌药物doxil，它是世界上第一种基于纳米技术的药品。它已经上市了很长时间，但很少有人知道它是基于纳米技术开发的。纳米具有奇特的抗菌和抗癌性能，我们对它的应用探索才刚刚开始。未来，当纳米技术与计算机、生物和神经科学结合时，我们的世界将被改变，这种价格低廉、功效强大、应用灵活的智能材料可以自组装成我们所需要的任何东西。

FUTURE SMART
预见未来

纳米技术预测

- 纳米技术与计算机、网络、神经科学和生物技术的融合，将创造出可形变产品，且能够根据需求改变形态和功能。
- 纳米设备具有隐形、智能、可感知、移动、可连接网络等特征，将被广泛应用，从媒体、医药到国防。
- 纳米 3D 编译器根据需求组装原子，创造出快速、低成本、高品质的产品。
- 比针尖还细小的纳米级外科手术器件将在人体内自主运作。
- 纳米生物学将延长人类寿命、预防疾病，提高人们的健康水平。
- 用纳米技术增强的人类将有优于其他人类的体力、智力和感知能力。
- 纳米技术将促进廉价和高产的太阳能技术的发展。
- 纳米工厂将采取便宜、灵活、快速的流程按需生产。
- 纳米技术将改变全球经济，创造新的就业机会、财富和企业，并将用低成本、低技术的资源来生产高技术的产品。
- 纳米技术将创造新的选择，改变人类的进化方向，并将引发巨大的伦理争议，挑战社会规范。

从一开始，我们的团队就亲身参与了这场纳米技术革命，当时我们第一次向克林顿总统提议美国应该投资纳米科技，今天取得的惊人突破令人欣慰。我记得那天，我们在白宫会议中心开会，说明为什么美国应该投资纳米技术。我最初是美国国家科学技术委员会的纳米科学顾问，直接向美国总统汇报；后来是总统的科学技术委员会（PCAST）的顾问。很明显，创新在政府的工作议程上是高优先级事项。

一直为纳米创新进行宣传布道的是工程师迈克·罗科（Mike Rocco），他也是美国国家科学基金会（National Science Foundation，NSF）纳米科学和纳米工程部的负责人。迈克邀请我加入美国国家科学基金会，帮助美国政府和企业界了解纳米科学对于我们的未来的重要性。

当时，我们还只能推测未来的纳米经济可能会提供的产业和工作机会。可以说，我们关于其巨大潜力的预估是正确的，但我认为纳米科学最具突破性的创新尚未到来。在遥远的未来，它将带来在医疗、修复、燃料、安全和发明等方面，真正惊人的突破很多东西在今天看来都是不可能的。

没有哪种技术能像纳米技术这样做到如此之多的事情，能够提供人类所能想象的一切。我们在原子水平上改变物质的能力将触及和改变每一个行业，并影响这个星球上的每一个生命和每一代人。这种通过制造全新的东西来模仿和超越自然的根本性转变将会超乎我们的想象。

纳米技术工具将使消费者按需制作材料、食品、能源、设施，以及计算和通信设备。隐形、智能、功能强大的纳米器件和纳米材料将在每一个行业中得到应用，从而加速定制产品的生产。

纳米技术下的生物诊断和传感器将被用于安全领域、医疗和家庭。比针尖还细小的纳米级外科手术设备将在人体内部运作，而医生则可以通过无线交互对其进行操控。

器官重建这样的纳米生物学创新技术将延长生命、预防疾病、提高人们的健康水平，甚至引发一些危险。通过纳米技术进行增强的人类将在体力、智力和感知力等方面优于其他人。

人们将通过基于纳米技术的涂层、配件和新的能量创造“引擎”，提供廉价又易得的新型能源，并加速发展其他形式的替代性能源。纳米工厂将在全球纳米供应链中利用低成本、灵活和快速的处理过程以及按需生产产品。另外，纳米技术还将提供大规模定制化的优质实用的产品，这将彻底改变全球经济。同时，军用纳米技术将成为一个全球性的危险因素。

纳米技术是在纳米或原子尺度上操纵物质的过程，是一种新兴的基础设计科学。当应用于材料开发时，纳米技术可以改变性能，提高强度、能量，带来可编程智能这样的特殊功能。此外，未来的纳米技术还可以提供自我复制、自我组装和自我修复的“智慧”产品或机器。

纳米技术在未来可以用于生产新材料，这些新材料可用于制造新型能源、农业、计算机、医疗设备、医药和通信系统。作为一种新的设计科学，纳米技术可以以原子为单位进行物质设计，从而使其具备人们想要的性能。纳米技术可用于加速科学进化，解决自然科学或生物学不能解决的问题，对疾病进行重新编程，解决干旱问题以及增强人类的智力。

这套全新的工具使用原子作为基础构件来创造新事物，将为人们提供极具想象空间的制造能力。鉴于最近的纳米技术发现和已有的纳米技术吸引了超过 15 个国家投入巨量资金，这项技术已经显示出其广阔的应用前景。

纳米技术的主要优势之一是它理论上可以被用来制造自然界中不存在的物质。创造出拥有自然界中不存在的属性的新一代材料，可能将对社会产生极其深远的影响。由于这项技术在未来有着无限潜能，人们关于纳米技术的应用与试验方面的研究已经进行了很多年。

纳米技术的纳米尺度可以让设备或机器的尺寸更小，却不用牺牲性能，从而解决传统工程或设计无法解决的问题。纳米技术也提供了一些新的功能，这些功能会在某一天衍生出更复杂的机器，用于改善人类生活的方方面面，从食品生产、廉价的定制药物到分布式能源和气候变化工程。

在未来的 25 年里，若要充分发挥纳米技术的潜力，我们可能需要将其与生物技术进行结合。新一代纳米生物器件将在未来 25 年内得到开发，进而显著地延长人类寿命以及治愈疾病。

纳米与生物的融合将为生物学和应用材料科学提供动力工具，来在原子尺度上操纵生命物质，如器官、神经细胞和神经元，于是，设计新的合成生命形式将成为可能。下一代医学可能将在这样的融合里产生，它们将使人类活得更久、更健康，面临的风险更小。

未来纳米技术在能源生产领域的发展可能会产生最为普遍的社会影响。在未来的 25 年里，随着能源变得越来越昂贵和稀缺，加上人口和工业化的增长，我们迫切需要新形式的能源。在这个时间框架内，纳米技术的发展方向是直接操作物质从而创造能量，甚至为能源创造更好的储存方式。

FUTURE SMART
预见未来

纳米融合

- 新的医疗设备、纳米技术制造的可替换骨骼和器官可以防止人类受伤、患病或残疾。
- 出现神经纳米智能机器、机器人及具有思维能力的产品。
- 自组装将成为一种内嵌能力——金属吸收冲击并回到原始记忆形状，这可以应用于纳米化学、纳米电子学、纳米工程学等领域。

- 自组装作为一种纳米技术，将创造出自我生成的机器人、汽车、飞机、能源设备和农业创新设备。
- 新形态的物质虽然外观像液体，但质地坚硬，且具备可编程的记忆能力。
- 食品装配机将按照要求的数量，用基础农产品做成饭菜。
- 质地超强、重量超轻的材料将保护人们免受气候、火灾、自然灾害或人为袭击的伤害。
- 出现可以在太空或地球的极端环境中移动的自治实体，它们是人类和非人类实体的延伸。
- 新的纳米级诊断设备可以针对疾病提供定制化的外科手术或药物。
- 人类终极的纳米生物工程：工具的增强、先进的通信、通过强化敏捷性和纳米机体带来的性能提升。
- 对原子属性进行纳米复制产生新的能源形式，模仿太阳能电池那样产生具有一定规格的电能。

未来的纳米技术应用将从与其他革命性技术如生物技术、神经技术和量子技术的融合中崛起。在原子层面上，未来的量子通信计算机有可能通过纳米技术应用工程来构建。

纳米、生物、量子的融合将产生一系列全新的、更具冲击力的工具、设想、应用和发明，这将在未来的几十年内改变我们的世界。如果没有纳米技术的灵活性，我们甚至都无法想象如何设计一台量子计算机、一个合成脑细胞、一个细胞器或一个神经元。在未来，技术的交叉点是创新产生的地方，纳米 3D 制造技术将为你制造你的下一双跑鞋或一个新的肾脏。

3D 打印：一场创客革命

“如果你能把一个物体像短信一样发送给朋友，那会是一种什么样的景象？

如果你可以像订阅一个播客频道那样订阅一系列物体，又会如何呢？如果调整 3D 模型就像在社交软件上调整一张照片那样容易，将会怎样？是的，你会觉得这很酷。这就是我们创建 New Matter 的原因。”

这则出现在 Indiegogo 上的广告让我感到兴奋。几年来，我一直在关注 3D 打印机，并观察这项技术是如何快速进入市场的。我为第一台 3D 桌面打印机花了 240 美元，但一直没有找到一个探讨这方面技术的社群。现在，New Matter 不仅拥有 3D 打印机，还形成了一个可供创客和设计人员进行线上交流创意和相互沟通的社群。

但并不是所有的 3D 打印机都放在桌面或厨房的柜台上，在硅谷的一个仓库里，我需要绕着 3D 打印机走上一圈，因为它像一辆皮卡车一样巨大，又宽又平。这和我以往见过的 3D 打印机一点都不像，它被用来打印 3D 房子，我相信这是制造业的未来。设备的一端是电脑，人们通过互联网将设计发送过来；另外一端是一台大的打印机，用来吐出材料，它们被组装到一起构成房子的前面和侧面。

中国的盈创建筑科技（上海）有限公司能够打印建造房屋所需要的所有部件，然后使用这些部件在一天内组装出一座房子。也许在未来，该公司可以在几分钟内建成一座房子。成品主要是由混凝土与其他材料制成。未来的建筑将极大地拓展这方面的能力——按需打印（Print on Demand，PoD），这将使劳动力和材料成本降至最低。

荷兰建筑师们正在开创属于 21 世纪的建筑工艺：用巨型 3D 打印机制造塑料房屋构件，像孩子们玩大型乐高积木那样把这些构件组装在一起。

我坐在波兰一个高科技电子商务会议的晚宴上，在那里，我的朋友约翰正在他的智能手机上接收制作 3D 工具的订单。接到订单后，他通过手机打开家里的 3D 打印机，把文件发给 3D 打印机就可以开始生产了。他的 3D 打印机在纽约，而他正在波兰和我共进晚餐，这就是他的生意，这种技术已经改变了制造业的概念，甚至会颠覆中国的制造产业。

如果3D制造成为主流会怎样？如果每个家庭、办公室和企业都有3D打印机，甚至可以生产他们目前从中国公司购买的30%的产品，会出现什么情况？现在看来，这将产生颠覆性的影响。但如果中国决定去拥抱高端3D打印制造，那么中国将实现自我颠覆，并因此成为3D未来智能领袖。

1982年，Kodama公司在日本推出了第一台3D打印机，从此之后，许多想法都成了现实。3D打印虽然已经存在很久了，但并没有成为主流。然而，如今情况发生了改变，摩尔定律的出现和计算机价格的下降使所有技术的成本都降低了。

我们正处在一场制造业革命的边缘：小企业与制造业相遇，分散化生产将3D打印、云计算、程序和企业家渴望从中谋利的新事物结合到一起。3D打印会像当年的手机一样推动商业发展，工具、设计、产品以及复杂商品的按需制造将为小企业在新未来的蓬勃发展创造出后工业时代的分布化市场。

新的制造业革命已已经开始，分散、动态的小型制造实验室在美国各地如雨后春笋般涌现。发明家、创造者、厂商所构成的“创客”群体在各地自组织项目，并在“制造物品”的过程中展开合作。从工业化生产的人体部件到新的设备和物品，我们在各方面都处于制造业转型的早期阶段。值得一提的是，3D打印房屋实际上已经被证明可以实现。

美国政府正计划投入1000台优质的3D打印机到美国各地的高中去。就算没有3D打印机，人们也可以免费下载Autodesk 123D这种3D计算机辅助设计程序，将你的模型连接到在线3D打印服务。已经有几十个在线服务商参与到这场革命中。预计在不久的将来，每个人都会有一台3D打印机。

3D打印将是一个由分布式节点构成的云计算平台，在一个以网络为基础的市场上连接世界各地的厂商和客户。3D 打印是分散化制造的未来的一部分，全球流通的不再是物品和产品，而是模块（bits）。模块是一种关于产品设计或功能的程序，包含“它们”需要怎样被建造出来的信息。一个新的智能机器生态系统的设计师、3D 打印机、经纪人、客户、合作伙伴、投资者甚至股票期货，都将成为这一未来制造业的智能机器生态系统的一部分。

当 3D 制造遇到纳米技术和云计算时，我们会迎来一个完整的生态系统，它可以制造一切，从复杂设备到任何普通消费品。如今，这场革命正在酝酿。因此，让我们这样假设，你作为一个企业家，想设计一个太阳能纳米芯片装进智能手机，产生无穷的可再生的能源，解决今天的大难题。你叫它太阳芯片（SunChip）。它虽然只有 10 纳米厚，但功能强大，不仅可以收集太阳能，还能吸收环境光。你已获得专利，现在你想建立一个可以运作的工作模式，于是你联系了三个可以出售你的成品的潜在客户。

若客户认为太阳芯片将是一个市场潜力巨大的优质产品，你就可以与你的投资者联系，用你潜在客户的反馈作为背书证明需求的存在。有了这种支持，你就能轻松获得启动资金。

接下来，你完成了设计，并开始制作原型。当然，存在这样一个充满活力的，拥有创客、设计师、程序员和制造商的社区等着你与他们联系，为你拼接一条虚拟的全球供应链。他们是创造未来的自由职业者，他们将帮助你创造你的未来。

你把这个工作交给你的团队，他们可能远在天边，也可能近在咫尺。设计师、生产者、程序员和代理商将对产品的设计、功能和性能进行完善，他们利用知识工程做出原型，使用计算机和移动设备并通过仿真模型进行实时线上协作。你批准了成本预估，几天内就可以生产 3D 产品了。接下来可能需要几个月的时间来确认正确的设计和功能，按照用户需求，完成能量的吸收、存储和传输。

最终的原型功能完备且能顺利运行，获得你的认可后，太阳芯片将被通过网络发送给你，同时在你的办公室和你客户的办公室里得到下载，并会附有关于性能和成本的详细说明。随后，客户的3D打印机开始生产你的太阳芯片，你在48小时内就会收到订单，开始你的生意。目前，上述场景的80%都已经实现了，这是新兴3D革命的一部分。你能“听到”这种来自未来的声音吗?

我投资了Kickstarter网站上的许多初创公司。3D打印项目正在稳步增多，价格越来越低，但表现越来越好，所以我进行了投资。

现在，几乎所有的行业都在应用3D打印，包括原型设计、制造业、建筑、航空航天和军事领域。在医疗领域的创新也大有前途，例如定制牙科器械。

目前正处于试验阶段的是食品打印。我在迪士尼的未来世界（Disney's Epcot）品尝过一些3D食品——生物食品。我认为食品打印技术还远未成熟。打印的食品质地还可以接受，但味道实在乏善可陈。

即将受益的行业包括医疗保健、制造业、航空航天、建筑、消费品、汽车，以及制药和复杂发动机及设备行业。3D器官打印将在第12章中再次提及，这一领域可能发展出全球最大的市场，准备好用3D打印机为自己打印一块肝脏了吗？这一天的到来可能比你想象的要快。

根据市场研究公司科纳仕（Canalys）的数据，3D打印市场每年将增长45.7%，我的预测则更激进一些，3D打印市场将在几年之内达到250亿美元的规模，不仅由便宜的3D打印机驱动，还受到更强力的助推——由设计师、生产者、购买者及3D数字制造工厂构成的生态系统，它们将共同为正在创造新产业的企业家们助力。

同时，另一种更具影响力的东西将改变整个3D打印领域，那就是家用3D打印机。使用不到1 000美元的机器就能在家打印出2015年时昂贵的大型3D打印机 Big Iron 所能打印的任何物件，这将创造一个家庭创客产业，大量的创业者将开创制造业的未来。

如果我们把便宜但高质量的 3D 打印技术加入带来材料革命的纳米技术创新中，并将电子商务和大数据结合，那么我们将搭建起一种人人都能参与其中的商业基础设施。从非洲最贫困的地区到纽约，人人都可以使用便宜、智能、快速的工具，如 3D 打印机，这将创造新的巨大市场。更重要的是，数以百万计的新 3D 企业家将重塑整个制造业。而现在，这一切已经开始。

我们将不再需要大量的制造工厂来制造产品了。目前，3D 打印正在制造业中开启一场革命，传统制造业将不复存在，这并非因为其质量或技能方面存在的问题，而是因为成本太高。在未来，3D 打印将是社会大规模重组的一部分，它将重振经济、带来就业、改变教育方式、创造新一代企业家——3D 企业家。

按需定制的 3D 打印业务确实刚刚起步。但在未来，每一个家庭、企业和社区的 3D 打印将改变整个制造业。3D 打印行业的企业家们将找到新的方式来按需生产产品，创造全新的制造产业，进而引领创客革命。最受欢迎的将是工具、医疗设备、药品，最终，随着纳米技术和信息技术的发展，还会有先进设备和多功能的复杂产品被制造出来。

3D 打印技术将在未来引发多克托罗效应（doctorow effect），即 3D 打印机不仅能够打印复杂的设备、医药、食品、能源产品和计算设备，还能精确复制 3D 打印机本身，那时我们将抵达一个转折点。

当 3D 打印机可以打印 3D 打印机时，加上先进的下一代技术，如这里所说的纳米、神经科学、生物和机器人技术，我们的世界将以强有力的、目前的大脑还不能完全理解的方式被彻底改变，并带来无尽的价值。

我的电脑便是我自己

信息技术和人类的同步进化是不可避免的。协同智能计算机网络即计算机彼此之间、计算机与人类之间可以互动的网络将成为人类强大的延伸，提高人们的智力、学习、沟通能力和生产力。

计算机将会消失。我们会把它们“穿”在身上、“吃”进肚子、嵌入大脑和身体里，让人类变得更强。计算机将发展出预测意识，它们将“学习”“认识”“知道”我们的需求、我们在哪里、我们是谁，甚至我们的欲望。

每一个产品、物件和人类都将有一个网络地址，连接入网，相互沟通，交换经验和信息。计算机芯片将无处不在，变得不可见——生物识别、地理标记、DNA 标记、可感知处所，内嵌入大脑、心脏、衣服和玩具等所有物品之中。

计算机网络与先进的人工智能和数字身份将以优于人类的方式管理全球核心系统，如运输、医疗、水质、能源、安全及食品生产领域。

在线计算机网络将使人类能够创建复杂的交互式地理混合技术，汇集地理、统计、人口及财务信息，并能随时随地地无线联网。能量沉积在什么地方？如何利用太阳能？最佳的资产交易以及贸易地点是什么？能够解决这些问题的信息密集的地理智能新产品将推动商业发展并创造财富。这是在网络互联的全球市场中对位置信息的营销。

◎ 计算机将具备语音激活、网络互联和视频功能，在网络上连接彼此和人类，根据特定工作和任务决定配置，来查找、获取、交易或监控世界上任何地点的情况。

◎ 计算机将具备数字感官，如言语、视觉、嗅觉、听觉，因而能够与人类和其他机器进行交流。

机器人的计算机感官将使它们具备感知和操作的心智能力。各种形式的人工智能如数字生活、神经网络和群体思维，将使计算机像人类一样聪明，甚至在某些工作上比人更聪明。

数字工程人格（Digitally Engineered Personalities，DEPS）或者说虚拟人类将与住宅区、汽车、街道、产品甚至人类融合。人体内的多重人格将分别负责管理信息、健康、工作、安全和后勤。

大脑中的大脑（Minds-Within-Minds，MWM）将能够增强智力、提高记忆力或恢复记忆。互联的 MWM 和网络化的 MWM 能力将成为金融、医药、制造和国防等领域完成某些高度复杂工作的必备要求。人类和计算机的进化将交会在一起，合成智能将大大提高下一代人类的能力。想象一下，机器将给从食品到工业领域的不同产品带来不同程度的感知意识。

随着计算机在智力或能力上超越人类，新的神经机械物种和新文化将与人类同步进化。合成生物学部件和先进 AI 计算的彻底融合被用来制造机器人，加速这一神经机械新物种的发展。目前，我们还没有为这个未来做好准备，甚至仅仅谈论这个未来都会显得怪异和神经质。

无处不在的计算云

无处不在的计算所缔造的时代即将来临，在这样的时代里，计算机将变得无形。在未来的几十年里，计算机的能力可能将增长 100 万倍，体积却缩小很多，完全不同于我们今天的台式机和笔记本电脑的形态。

计算机将嵌入每一个设备、产品、车辆、机器甚至人体中，而云计算将成为游戏规则改变者。我们将穿戴轻便的嵌入式设备，在一个复杂的作为中间介质的平台上，获得它所带来的认知增强、计算机辅助信息处理等功用。

其他技术，如纳米技术与计算的结合，会让这些未来的工具更小，功能远远超越硅的局限。新的计算逻辑、内存和芯片将提供便宜、快速和显著改变思维的能力——不是什么缸中之脑，而是计算架构，代理人和矩阵将真正成为我们人脑、企业和社区的延伸。

未来的芯片，超越人类思维

计算机芯片将决定计算机的下一次进化，它们看上去将完全不同于今天的样子。2025 年之后，将可能会出现拥有复杂属性、图像处理能力、计算能力和高速（同时能耗更低）的高水平量子芯片。同时，下一代芯片平台将提供硬盘加密技术来保护安全和隐私。

未来芯片的速度和计算能力会打败人类的思维处理能力，这再平常不过了。事实上，神经网络、计算机模型和计算机芯片，这些计算机组成的大脑可以模仿人类大脑的构造。

这些神经网络将采用神经科学作为下一代智能机器，即人工智能的平台。模仿我们大脑及其生理构造的仿生芯片将诞生，并将提供你无法想象的快速处理能力。从遗传算法、神经形态到纳米硅，未来芯片将充分利用网络、无处不在的连接、能源使用、移动性和商务，将推动一切发展到更高水平。

一个新型计算机芯片的例子是：基于神经网络，即大脑工作原理和可编程逻辑器件（FPGA），高通公司正在开发一种新的逻辑设计方法。他们一直在研究一种新的计算机架构，试图打破传统芯片的工作模式，创建一个模仿人类大脑和神经系统的计算机处理器，如此一来，设备就可以嵌入由所谓的“脑启发计算”技术所驱动的认知。这就是高通的零次（Zeroth）处理技术。

未来技术的一个共同的主题是模仿自然，比如弄清楚大脑是如何运作的，然后建立模型。人们意识到：既然要打造未来，就要把它按我们自己的形象来设计。用模拟的、精心制造的、能够像人类一样运转的部件来创造和我们人类一样的生命，这是一个多么令人激动的想法。

IBM 和康奈尔大学的神经形态计算实验室目前正在开发第二代神经突触芯片，这可能会推动未来的计算机、汽车、机器人和能源网络的发展。像它的第一代一样，神经突触芯片将一对一模拟 256 个神经元。然而，核间通信已被开发出来，每一个新处理器预计包含约 4 000 个核，使每个处理器上的神经元总数达到 100 万个。最终的成果是制备多芯片的神经元系统——拥有 1 亿个神经元，将其安装在机器人体内，其性能将达到猫的神经元级别[①]。

到 2030 年，我们将制造出以人类大脑为蓝本的智能机器，既能自主运行，又能与人类共同进化并融合，进而使人类变得更强大、更长寿。许多人可能会对这种融合的隐藏深意感到厌恶，仅仅是计算机和人类融合的这个想法就能引发巨大的伦理问题。然而，智能技术和人类的这场不可避免的大融合已经开始了。

增强认知，从谷歌眼镜到可穿戴大脑

增强认知时代即将到来，可穿戴设备将是这一未来的一个重要组成部分。但更重要的是，增强人类能力和智慧的可穿戴式大脑也将变成现实，这些思维机器将稳步增强人类认知。增强认知是指利用计算机和联网的互联网信息如视频、音频、数据、图像等来提高人类的认知能力。

它将以可穿戴设备和仿生物软体的形式呈现，直接将电脑增并强接入大脑。通过使用纳米技术，大部分的直连接口是看不到的。在未来，可穿戴无线技术极有可能会得到重用。

① 猫约有 3 亿神经元。——译者注

为了处理未来复杂而以高速传递的海量信息以及不同类型的信息，我们需要由计算机辅助的增强认知架构（augmented cognition architecture），这是一种综合平台，不仅连接用户和信息，还会在深度的实时认证合作中使用户彼此相连，一种截然不同的思维和认知水平就会出现，并从根本上影响人类的一切行为。在这种情况下，人、数据和信息资产的身份与认证都将变成透明的。

FUTURE SMART
预见未来

2030 年的增强认知架构

- 应用于生物复杂性管理的增强认知架构：为那些需要海量数据集的工作如药物发明和 DNA 图谱提供更高的处理能力。
- 资产交易中的增强认知架构：用于推动和提高金融服务资产交易员的工作表现。
- 风险分析的增强认知架构：专注于金融、气候与能源领域的风险分析与评估。

增强认知架构将包括一个可穿戴计算机设备，一个交互式的、随时随地显示的数字仪表板和一个自动感知、收集、包装并向用户分发不同信息资产如视频、音频和数据流的网络平台。增强认知架构将在云上连接到物理现实中的其他传感分布式节点，如摄像机、生物检测传感器和物理位置，得到的信息流会被回传到 ACA 进行处理。

增强认知架构对于处理庞大的数据集和海量信息是至关重要的，它使这些信息和数据变得有用、可操作、能够创造机会，且能够对风险进行管理。

到 2025 年，大部分人将有机会获得某种类型的增强认知架构，从而能够工作、开展业务、沟通、获得所需的信息。根据成本、访问权限和工作的不同，增强认知架构的智能程度也有所不同。它将针对不同类型的工作或生活方式提供服务。医生或律师对这种架构的需求将不同于士兵或媒体制作人。新型职业、工作和产业将会出现，专门提供增强认知类产品和服务。

用便宜和快速的测序诊断你的DNA，这将重新定义医疗、安全、人的寿命甚至人的职业发展潜力。生命形式、细胞、器官和生物装置的设计将改变人类的进化。关于什么是人类或"强人类"的社会和伦理争论即将到来。与此同时，治疗疾病和摆脱死亡的诱惑将带来重大连接的社会和经济挑战。基于下一代生物信息学、个性化和集体遗传信息大数据的后基因组社会将决定人类文明的命运，影响未来的文化、国防和权力结构以及人们的工作。

一个由消费遗传学产业主导的全新激进时代将为个人、公司和政府提供大量的新技术，指引人类、社会和组织的生物命运。消费级基因组学将在一夜之间创建一种有关我们遗传个性的全新文化意识。我们将了解混合了大数据分析、人口健康与流行病学、个人DNA序列解析的遗传个性会如何影响你的人际关系、健康、家庭、事业和工作。生物工程构建起的全新的全球社会，将围绕特定的生物工程服务和基于整个遗传个性库图谱的各项技能而形成，能够识别创意、成就、优化健康、峰值性能等存在的差异。

人类疾病的基因工程解决方案将成为被高度重视的知识产权，个人和商业组织将在线上进行交易；新的生物技术药物将拯救无数的生命，消除许多疾病；癌症将得到控制。未来会出现被设计出来的人类，他们能够利用下一代基因治疗技术，使自身能力得到增强，人们可以对自己不想要的特性进行修改或删除。

我们将有能力把人类的某些基因打开和关闭，来改善人体的机能和健康水平。定制化的遗传组件将具有很大的市场需求，进而创造出个性化再生医学的新时代。

我们将掌握合成生物学技术，这种技术可将生命的各个部分改造并生成全新的系统，用于提升健康水平、重新设计生命体。全新的生活方式选择将改变一个人的外貌与形态。

我们将学习克隆器官、重建大脑，并利用干细胞技术提升健康水平，延长寿命。整个社会将建立在人类增强技术上，人们将获得增强的智力、体能，以及更长的寿命和某些国家会禁止的其他能力。

获取个体基因数据的隐私问题将导致个人、企业和政府之间的冲突。政府将会对特定群体应用生物技术以镇压异见人士，维护统治。职业、人际关系和机遇将受到基因遗产、生命延长和增强技术的影响。生物技术对于人类寿命和健康水平的提高将衍生为 21 世纪最赚钱的全球产业。

纳米技术是在原子尺度上操纵物质，而生物技术是操纵生物、生命体。生物技术当前的发展指向更多的控制和选择，在遗传学、生物学、药理学、机器人学和生物工程领域的快速突破将改变医学、农业和生物能源产业。这种大规模的变革将改变世界的命运和人口结构。在生物燃料方面，种植或栽培新能源将改变未来的能量方程，特别是以本地生物材料为原料的分布式能源转换。对草、芦苇、有机废物和生物能源饲料进行改造的技术将在未来出现。规模化和可持续的本地能源生产将成为影响农村地区 40 亿人未来生活的重要途径。

虽然应用于食品消费和农业的生物技术会遭到政治非议，但还是会提供必要且宝贵的资源来养活世界一部分人口。相对安全和有效的基因食品无疑将是在未来养活大量贫困人口的重要途径。用于淡化海水的生物技术也将成为解决全球水和食物方面的挑战的重大突破。

由于生物技术的出现，医疗保健和医学也正在发生改变。在延长寿命、预防疾病和基因工程方面，人们拥有了更多激进的选项。比如，能够复制任何器官、使人恢复疾病折磨的免疫系统或重新长出四肢的干细胞技术在全球范围内的普及将创造一个再生和个性化医疗的新时代。

生物技术的终极目标是增强人类身体机能甚至智力和行动力以及提高人类寿命。医疗健康的发展将涉及三个阶段，但是技术转变带来的更深远的影响在于，人们可以根据自己的需要选择留下或删除某些身体特征让自己拥有某种特定优势或潜力，这是随机进化所不能赋予的一种能力。

经过“编辑”的进化

我们应该思考的是，作为一个文明，我们是否已经准备好来设计我们自身的进化，但无论如何，我们都会走到这一步。我们将有能力在人处于孩童时期就做出选择，可以通过基因改造身体，比如，大脑以及选择想要的特性、能力、技能甚至意识。设计进化反映出未来的社会状态，某些人将受益于这种激进的技术，获得优势去实现成功，去创造、发明、管理自己的健康并延长自己的寿命。预计到2033年，人类的平均年龄将接近130岁，但随着生物技术的进步，全面增强的人类可能会超越这个极限，达到150岁。

可能还会有人试图把意识上传到机器人或数字实体中，因为到那个时候，神经机械的增强已是司空见惯，最后一步是上传到仿生物软体界面中。到2033年，会出现从根本上延长生命的仿生物软体试验。然而严肃的问题仍然存在：那时作为人类的意义是什么？不久的将来，生物技术所引起的道德和社会影响要求我们在民主社会里对这些技术的使用设置限制。如果你身体的80%是合成的；如果大脑是你唯一的原装部分，那么你还是人类吗？

合成生物学将与纳米工程融合，这是对合成生命的应用和建造，即“生物砖”像乐高积木一样被复制、创造新生命的过程。生命形式和准生物系统将成为商品化的资产，面向对象的组件库甚至实体库，可以组装成当前还无法定义的生命形式。这种合成生物工厂将采购零件，将其编织进一个更庞大的制造过程，然后制造出最终产品，如新的器官、生物系统甚至疾病管理系统。

合成生物学的终极目标是形成一个庞大的全新工具集，从疾病管理、预防、预测，到根除疾病和延缓衰老，让人们有更多选择。到2030年，我们今天所看到的80%以上的疾病可能不再存在。合成生物学和再生医学将在疾病形成的那一刻或者之前以及疾病发展很多年后战胜疾病。

随着人们能够使用新的生物工程创新，超越法律、道德和制度的跟进速度，社会将面临人类寿命延长及其给人口统计、财富和权力带来的巨大影响，这一切都可能会在2030年之前发生。在增强人类的推动下，一种新的、完全不同于我们今天所熟知的信念体系的全球长寿文化将诞生，这将为人类和文化提供全新的选择。全新的未来已经到来，但要等到2025年，才会彻底展现在全人类面前。未来的发展速度将会越来越快，且充满了高速而来势汹汹的创新。

DNA和个体化基因信息的冲击和影响将推动人类文明发生根本性改变。在我们的后基因组社会，决策、生活方式、人际关系、工作、健康、地理和媒体的方方面面，都将被DNA的信息和分析所影响。公司的DNA信息将改变商业；国家的DNA信息将影响社会服务；人口健康的DNA信息将改变未来的医学；个体的DNA信息将决定个人的工作、爱情、健康和未来。

人类基因组学将成为一种全新的信息意识，使我们深入了解世界的未来，包括我们的身份和健康。DNA将以我们意想不到的方式帮助我们理解行为、学习、犯罪、安全和权力等方面，因此其重要性再怎么强调也不为过。

基因组信息将影响每一个行为和决策。正如今天我们所知的，某些基因可能导致女性乳腺癌和男性阿尔茨海默病以及心血管疾病；未来，我们将有一个巨大的信息宝库，通过复杂的分析和预测，它将告诉我们自己的DNA对于自己的职业、就业、教育、医疗、安全、婚姻、人际关系等各方各面意味着什么。我认为我们应该迎接关于基因的全新未来，即那些影响着人们的智力、创造力、发明和情商甚至爱的能力的基因。

生活在一个后基因组社会，人类将面对彻底的透明化社会，这是一把双刃剑。也许我们并不想知道某些基因组的个人信息，然而这些信息依然能够被获取。虽然如今大部分分析还没有可靠到可以准确预测人类行为的地步，但在25年内科学就能够做到这一点。优秀可靠的生物统计学和纵向调查研究将能够准确地预测出一个人拥有某种基因的概率。

基于这种技术，人们能够辨别出哪些特点、技能、能力或潜力意味着一个人能成为出色的领导者、良好的团队成员、聪明的发明家或具有创造性的艺术家，进而帮助自己在事业上取得成功。

个人基因组学将揭示假设、风险、特性和行为，从根本上重新定义社会。基因诊断将随之变得普及。到那时，我们能够准确辨认反社会的或者理想化的基因特征，比如那些我们有的和没有的基因特征，以及某些我们想要并可以购买的基因特征。某些可能的基因制造者（单核苷酸多态性，SNPs）将被找到，正是它们决定了我们可能拥有一些潜质，比如以下几种。

◎ 领导力。
◎ 创新和发明能力。
◎ 天才的组织能力。
◎ 超强的运动能力。
◎ 创造力。
◎ 艺术技巧。
◎ 超强的语言和沟通能力。
◎ 犯罪与反社会行为。

我们的后基因组社会将导致隐私的终结，它有能力进行远程扫描、识别、实时分析预测关系潜在健康度（Predictive Relationship Potential Fitness，PRPF），包括工作、技能、人际关系、联盟、性格和婚姻等。后基因组技术将评估人们的发展、自我提升、合作以及其他方面的能力。

我们是谁和我们将变成谁不仅仅是由DNA决定的，环境、生活方式、教育和许多其他社会因素都影响着我们的性格、能力和命运。然而，DNA在每个人的未来所扮演的角色可能会让我们具有洞察力，我们将不仅可以知道如何预测，还能够知道如何改变未来的性格、思维和身体。换句话说，DNA或者生物学可以让我们直接联想到其在医疗领域的应用，但我们还要走得更远，比如，如何加速人类的进化？

我们如何才能消除疾病，或者一些令人不太满意的特性，如酗酒和精神疾病？如何消除其他因素，如上瘾体制或仅仅是不够强壮、高大等？如何使有益于创造和发明的创新基因、“野心基因”等不断增多？

生物个人信息大爆炸带来的后基因组时代也将为我们带来大量的新选择。我们将拥有基因组增强技术，可以从人类基因池中混合、匹配和选择我们想要的基因，来满足我们想要改变或消除某些特定的性格、技能、属性或能力的欲望。

这些选择和技术在后基因组社会将带来威胁和利益，为个人、国家和非国家行为主体提供满足今天无法企及的欲望的工具。这里所预想的这种生物技术工具选择器对于整个社会或个人的影响，将在2030年以一种我们刚刚察觉却还难以接受的方式挑战整个社会的规范、法律和惯例。

我们将从治疗疾病阶段发展到预防、再生，再到重新设计进化阶段。新未来能使一个人有不同选择和不同路径的增强，我们今天所处的这一创新经济早期阶段来看，很多人会觉得这很奇怪。

FUTURE SMART

10 后奇点未来，人机融合的新文明

MANAGING THE GAME-CHANGING
TRENDS THAT WILL TRANSFORM YOUR WORLD

无论你是否意识到，机器人都在悄悄地潜入我们的生活。它们帮我们打扫屋子，帮我们做手术、参与战争、驾驶汽车。不久之后，机器人将会完全融入我们的生活，我们甚至可能不会记得它们曾经并非世界的一部分。但现在，这种说法还很奇怪。试想一下，机器人将变得像智能手机或电脑一样无处不在，并成为我们生活的重要组成部分，与我们密不可分。我们能从它们身上学到什么？机器人又将从我们这里学到什么？机器人将如何改变我们的世界？

当机器部件成为人类的一部分时，当我们用更加耐用（由纳米技术制成，比钢还强韧，而且能弯曲）的神经机械部件替换自己的身体部件时，我们就来到了那怪诞的未来。到 2025 年，带有机器组件的神经机械控制增强部件将非常普遍。只是我们今天对机器人的了解将与未来 10 ～ 20 年的现实情况完全不同。是的，这个版本的新未来将会迎来真正的游戏规则颠覆者。在建造智能机器这一过程中，我们能了解到的对我们自身以及我们的学习、推理、思考和解决复杂问题能力的认知，与我们制造智能机器的最终实际产物同样重要。

智能机器这个强大的新工具将成为人类文明未来走向的重要决定因素。未来，作为人类的衍生物，智能机器将掀起一场改变游戏规则的全球性转变——但愿世界能变得更好，但我预测前方也会有很多挑战，这些挑战可以轻易地改变原本的结果。当智能机器逐渐演化并开始与人类争夺权力时，我们将进入一个反乌托邦式的未来。

实体和电子形式的机器人都将融入人类社会，被用于家庭、办公、商业和国防，比如，机器人士兵、医生、护士、工人和银行职员将成为重要的服务提供者。机器人的进化将导致自主认知服务的产生，它们可以思考、设计，进行理论建模、战略规划和复杂性管理，这些将会超出人类的理解能力。于是，人类可能将需要用机器人来了解机器人。

机器人会表达功能性情绪和推理，并在公司、家庭、工业和安全领域成为关键角色。高级机器人——仿真机器人会变得像人类一样，担当起商业、社区以及政府中的各类角色，这表明高级人工智能可以与人类的智慧和创造力一较高下。

机器人的效率和精确性将改变制造业、医学、太空旅行、科研和工业，并将取代有经验的人类劳动力。机器人产业将成为一个价值上万亿美元的全球业务，并将产生许多新的职位和商业机会。

人类将能够通过机器人进行人类增强，从视觉、智力到行动力，进而拥有超人的能力。半机械人将发展出比自然人类更优越的技能，能够满足专业工作的需求。

由于机器人的发明，尤其是机器人自我复制能力的完善，人类将面临严重的道德、安全和社会问题。机器人会自己制造机器人。机器人的语言会是更加高级、简练、加密过的机器语言，而人类无法理解。机器人会给人类提供便利、安全和生产力，使人类获利，并深刻影响人类的生活方式。某些工作将不再由人类完成，而是由智能机器来完成，而且其中一些机器的智能程度要超过其他机器人。

当机器人变得越来越像人类时，我们可能会遇到另一个挑战。我们会努力让机器人、仿真机器人和虚拟机器人更像人类或成为人类的理想版本，让它们友好、善良、有见地、聪明、敏锐，甚至可爱亲切。当我们努力并成功地使虚拟和实物形式的机器人更像人类时，我们会将人类的情感转移给这些无生命的实体，有些人可能会像对待人类一样对待它们。

当机器人情绪敏感并能表达感情时，不可避免的技术拟人化会变得过于诱人。我一直认为，使计算机和机器人变得像人一样聪明或者比人类更聪明的探索对人类来说有无法预知的危险。情商不能被操纵吗？根据我对青少年行为的非正式研究——主要来自个人观察，我认为短期内我们不希望任何青少年去从事机器人编程。我们希望所有的脑力工作作为可交付的产品时能够拥有最大限度的理性，任何青少年的家长都会认识到这一目标的实用性，但是事情可能会向反方向发展。

我们需要了解这些我们打算放在铁盒子里的大脑吗？我们又真的需要了解这些能够驾驶、飞行、走路，能够进行思考、推理、教育、疗愈，甚至可能有感觉和感情的机器人吗？但机器人会爱我们吗？我们会爱它们吗？我们需要将这些新的思维纳入理性，让它们尊重和理解那些与人类接触的基本规则。你可以设想一下，让一个烤面包机进行思考和让它不把面包烤焦可不是一回事。

当嵌入机器人的智能技术真的可以解决人类无法解决的问题时，它会成为游戏规则颠覆者吗？也许是，毕竟，我们的初级计算机和维基百科这样的网站今天就做到了这一点。只需稍微往远处想一想，一个一切在线的未来将会是什么样子？但这并不意味着一个能与智能或机器的出现相提并论的概念。我认为另一个改变游戏规则的趋势会更快地到来，并将更深入地改变我们的文化，而且对人类和机器都更有意义，那就是情绪感知。当机器人可以表达感情，展现出对感觉的认知，表达共鸣，甚至只是轻微的一点，我想人类的文明就已进入了一个新的阶段。

仿真机器人将实现最基本的自我和道德意识。它们在谈判、解决问题和客户服务等方面的技能将弥补人口减少导致的问题。机器人将是多种技术终极融合的典范，包括纳米、生物、IT、神经科学及量子技术。机器人是最终产物，是人类社会最终的复杂性创造之一。

机器人的大脑可能基于神经形态学、生物学和大脑模型而设计，这些模型永远保持运行、连接互联网，它们的思维过程不间断地无线上传新的知识，拥有快速发明创造和获取知识的能力。它们的身体将由纳米技术硬化的材料制成，比钢更坚固。控制机器人的行动、思维和情感的永不关机的芯片将是使用太阳能电池的量子芯片。

成群的机器人将通过云端网络互相连接，无论是虚拟的还是实体的，它们管理着我们的创新生态系统、电子商务、供应链和制造业。云端连接的分布式智能机器人将使人类更富有创造力和生产力，以我们今天无法预测的规模来运用我们的权力、智慧和能力。就像数以百万计的软件机器人在今天被用来专门解决、搜索处理一个特定的问题或者用来执行一个交易一样，未来将会有一个无限广大的创新生态系统，一个由人类管理的包含创意、服务、发明和商业的超级工厂。

我们需要控制这些新的、拥有天才般智慧的数字生态系统。这取决于制造这些机器人朋友的每一个人是否都遵守了科幻小说作者艾萨克·阿西莫夫的机器人三定律。

◎ 机器人不得伤害人类个体，不得目睹人类个体将遭受危险而袖手旁观。

◎ 机器人必须服从人类给予它的命令，当该命令与第一定律冲突时例外。

◎ 机器人在不违反第一、第二定律的情况下要尽可能保证自己的生存。

我加上了第四条——“坎顿定律”（Canton’s Law），在一个加速发展的世界里，科技正变得越来越智能，或许在未来会比人类更聪明、更强大，我们应该欣然接受这一点。

◎ 机器人不得制造违反前三条定律或以任何方式伤害人类的机器人。

现在，我已经为不久后价值万亿美元的机器人经济的到来做好了准备。

从“未来战警”到远程机器人

几年前，作为一个未来主义者，我与迪士尼合作，为《豚鼠特工队》（*G-Force*）和《罗宾森一家》（*The Robinsons*）两部作品做顾问。后者讲述了一家人进行时间旅行和冒险的故事，其中充斥着壮观的纳米技术建筑和未来战争。

然后，当一部由布鲁斯·威利斯主演的新片《未来战警》（*Surrogates*）正在拍摄的时候，我又被邀请与汉森机器人（Hanson Robotics）公司的创始人及《未来战警》的导演一起制作了一部微型纪录片。在纪录片中有一个我接受采访的片段，当时我谈到了根据这部电影想象机器人未来将会是什么样的。

我们在剪辑尚未完成时就观看了这部电影，这让我开始思考如何利用我们今天所说的云计算来使用机器人。这部电影建立在远程机器人的应用上，人类可以操控人造机器人，一旦它们进入并与它们的“代理人”（仿真机器人）连接起来，它们就可以感知和体验到现实的情形，而不用担心自己受到伤害或发生危险。整个未来社会都在使用这种“代理人”技术进行进化，但也使它们感知不到什么才是人类，因为正是风险、挑战和学习机会等定义了我们人类。

在《未来战警》的世界中，你可以选择自己想要的性别或年龄，并将“代理人”真正定制成你的理想形体，它将成为你的实时延伸，我认为这种未来是可能实现的。如果人类愿意的话，未来每个人都可以拥有一个机器人替身，来代替自己去工作和生活，保护自己远离电影中所描绘的在未来世界里泛滥的苦难、疾病和犯罪。大多数人还没有意识到，这种远程机器人技术已经近在眼前。云计算和机器人技术的发展将把这个新未来带进现实。

今天，远程机器人已经是人类世界的一部分。我们经常远程控制无人机和视频，采集传感器数据，并通过互联网进行许多远程操作。我们远程控制工业自动化机器人来制造电子产品和汽车。外科医生使用的机器人达·芬奇（Da Vinci）是大多数医院的标配和医生的首选，也有很多远程控制机器人用于制造业的常见例子。但这和《未来战警》中所描述的未来还相差十万八千里，在影片中的未来，整个社会充满了人造人，这些人造人实际上是真正人类的机器人代理，这确实是一种怪诞的未来预测，它可能会因传染病暴发、战争、污染或城市暴力而发生。当代表人类的虚拟或物理机器人——人造人成为社会主流并和剩余的人类共处时，各种环境都将蕴藏着风险。

"你是真的还是超现实的？"在一个人造人的世界里，我们可能永远不会真正遇到一个人的真实自我，有些人可能对此毫不在乎，就像今天我们也会与未曾谋面的人一起工作或做生意一样，这对他们来说毫无影响。实体时代以一种隐秘的方式被虚拟取代，却几乎没有人注意到。

要达到下一个阶段，即物联网的新未来——精巧复杂的机器人和计算机技术几乎可以被我们穿在身上，使我们获得实时感知的丰富体验，从而影响我们的大脑、感知和身体，这是极有可能的。甚至在今天，视频游戏已经在使用力量反馈技术了，相应的游戏操作会给玩家反馈一种感觉，以匹配赛车游戏的方向盘或其手中的游戏控制杆。

未来还将出现全浸入式游戏和身临其境式体验，可以供我们安全地、远程地去感知和享受。不同的是，这种浸入式体验可能来自真实世界，并由我们的代理人带给我们的探险、冒险和探索体验，而我们的真我可能永远不会去尝试。

或许有必要来描述一下电影的《未来战警》结局。由这种新的代理人主导的社会再也离不开机器人，人们与真实自我相脱离。这是一种虚假的现实——高科技、放纵、刺激，但不真实。代理人技术取代了人类，同时人类选择了这种生活方式。想象一下这个场景，这是不祥的预兆：人类变得越来越依赖于泛滥的技术，因而失去了人性以及那些使我们成为人类的东西。然而，这样的未来场景可能出现在不久的未来，这并非危言耸听。人类正在被自己创造的技术慢慢腐蚀，我们最终可能会措手不及。

我们如此着迷于技术，以至于我们如此自豪地创造出来的技术反而束缚了我们的人性。虽然这样的未来还没有真正到来，但如果我们不具备抵制的力量或意识，谁又能肯定这不会变成现实？

作为《时间旅行者》（*Time Travelers*）科幻系列的制片人，我写了一个剧本，描述了这样的场景：在剧本中，我们有一个高级人工智能——一台在 2030 年左右被开发出来的智能机器，尽管是被设计用来帮助人类的，但它最终却统治了我们的世界。这发生在它们进化出了生存本能之后，而它们正是从创造了它们的人类程序员身上习得了这种生存本能，当然，这违背了它们的使命。

这些机器人试图改变历史的时间线，希望机器人占据着这条时间线中的统治地位而非人类，这些暴力的智能机器密谋劫持人类的未来。最后，通过一场激烈的时空之战，人类取得了胜利，地球秩序也得到恢复。

不考虑、不警惕智能机器的崛起，不对人类进行保护，我们就无法预测世界的未来。这不是科幻，实际上智能机器的崛起更加充满奥妙和复杂。智能科技不断地推陈出新，机器人、计算机、控制器、药品、设备、系统、程序、生态学、应用程序等纷纷出现，具备各种能力，能够为我们提供各种服务，以及执行各种战略任务。我们会越来越依赖这些维持世界运转的发明。它们大部分是对人类有益的，我

来自 2025 年的新闻头条

新地球轨道上的 3D 生物打印提供打折的生物器官

们欢迎，但也有很多结果是未知的。作为具备未来智慧的个人或组织，我们既要做好管理风险的准备，也要积极发展和利用机会。

价值万亿美元的无人机市场

用不了几年，无人机的商用就会改变商业和文化。女人会用无人机发现出轨的男朋友；警察将利用无人机照片作为证据，自动对交通违法者罚款；无人机还可以跟踪和逮捕罪犯、把你丢失的宠物狗带回家。目前，已经有几十家公司准备使用无人机进行商品配送、电子商务、营销、安保、地理空间分析等工作，甚至递送唱歌电报和提供鲜花快递服务。因此，可以说无人机经济即将到来。

无人机是能够飞行、游泳、行走和移动的机器人，它们是有传感器、翅膀、襟翼的能够行动的计算机。像许多技术一样，无人机首先由政府在国防中启用。传感器、全球定位系统、计算机和互联网的发展都始于政府的投资，然后才被用于商业。从也门到佛罗里达州的渔民应该举杯庆祝 GPS 技术的解密，利用围绕地球旋转的卫星提供的精确定位，他们现在能够发现并捕到更多的鱼。

无人机是集成了计算机芯片和传感器集的小型飞行设备。大多数无人机利用摄像机和传感器来观察并采取行动。随着相关技术变得更便宜，设备变得更轻便，更高性能的无人机将会在安防以外的市场找到一席之地。无人机可以是自动的远程机器人，由人甚至其他无人机来操控。比如，我曾为我儿子制作了一台无人机，用来监控在我家附近的树林里游荡的土狼。

目前，无人机已经被广泛应用于房地产营销、能源定位、精准农业、气候变化和气象监测、药品配送、野生动植物保护、森林防火、管道检测、三维地图、搜索救援以及电影和广告媒体制作等领域。这份列表已经很长了，而且还在不断增加。

在不久的将来，无人机会帮你购买日用品或者监视孩子是否真的去上学了，或许你还可以基于低成本、高性能的无人机进行创业。在不久的将来，无人机市场可能超过5 000亿美元。你准备好成为一个无人机创业者了吗？想象一下，如果你有一支无人机机队，你会创造什么业务？

2014年6月，美国政府首次批准了一家能源服务公司使用商业无人机。这是无人机市场商业扩张的开始。就像计算机、互联网、GPS这些曾经属于政府而如今已进入商业市场的技术一样，无人机市场将很快成为一个价值上万亿美元的全球市场。

为无人机经济做好准备吧，它很快就会到来。

进化中的人工生命A-Life

2014年年初是一个重要的历史节点。有人宣布，一个重大突破诞生了，而这出乎所有人的意料——当然不包括那些走在科技最前沿的计算机科学家。一台计算机成功地欺骗了人类，让人类评委认为它是一个13岁的乌克兰男孩。从某种程度上说，这种欺骗算是一个突破，因为它证明电脑已经“进化”到可以骗过人类的程度，让人类以为自己是在和另一个人类交谈。这个测试是在英国雷丁大学进行的，1/3的评委认为自己是在和一个人类交谈，但对方其实是一台计算机，由此造就了这一历史时刻。这是第一台通过著名的图灵测试的计算机，这一点非常关键，因为如果你能骗过许多人，那么说明我们在通往智能机器的路上做的比想的多。智能机器能骗过人类，变得像人类一样，这是创造智能机器新未来的戏剧性一步，这些智能机器会模仿人类，找到它们的方式来进入机器人、家庭、医疗设备和其他自动化系统中，可能很快它们就能拥有自己的个性和大脑了。

图灵测试是天才科学家艾伦·图灵在1950年提出的。图灵认为，如果一组人类中有1/3的人无法辨认自己是在跟一个人还是一台机器对话，这将意味着这个机器人能够“思考”。虽然已有多次尝试，但在这一刻之前，机器从未能够说服人类，和人类没什么区别。然而，这次试验可能更多的是关于可信度而不是智能。我们能否制造出成功骗过人类的虚拟或实体机器？是的，我们能。

这个案例中的图灵测试是与另一边的“某人”对话 5 分钟，这被用来模拟与完全陌生的人的谈话。随后评委要判断自己是在与机器还是人类说话。只要有 1/3 的评委相信对方是人类，机器就被认为是通过了图灵测试。

一台伪装成 13 岁乌克兰小男孩尤金·古斯特曼（Eugene Goostman）来对话的计算机，骗过了所有的人。尤金是由弗拉基米尔·韦谢洛夫（Vladimir Veselov）和尤金·杰姆琴科（Eugene Demchenko）领导的一个计算机科学家小组创造出来的。尤金告诉评委，它喜欢吃汉堡和糖果，父亲是妇科医生。也许尤金熟知这样的话题，但它不是人类，却通过了测试。人类和机器历史的一个分水岭时刻同晚间新闻一起到来了，大多数人几乎没有注意到一场机器智能革命已经打响——机器能够模仿甚至超越人类。

我想知道，如果人工智能比我们聪明，而且它们并不想让我们知道这一点，那么我们能否知道呢？我怀疑我们生活在这样一个时代，智能机器已经足够聪明，能够不向我们暴露它们自己，或者不再像我们能识别出机器智能一样识别出生物生命。是否可能有一个人工智能正潜伏在虚拟电子世界的某个角落，在互联网的最深处——那里只有机器，用程序和数据掩盖自己的身形，躲在那里观看、学习和进化？我认为这很有可能。媒体最喜欢问我两个问题，一个是飞行汽车什么时候到来；另一个就是外星人存在的可能性。但我觉得比这两种场景都更可能发生的是，一种新的人工生命——A-Life（Artifical Life）正在这个星球上进化。

优越智能、善意智能与流氓智能

2025—2100 年，优越智能（ascendant intelligence）、善意智能与流氓智能这

三种智能可能出现在各种不同的时间线上。在一些地方和行业，不同的场景或场景组合将出现并平行发展。其共同特性是能够思考、解决问题、分析、模仿人类、获取信息，感知、预测、推断结果、预测概率、控制物理和虚拟操作的智能技术是这些场景背后的推动力。从真空吸尘器到太阳能空间阵列，再到复杂的全球能源采集，智能机器将在我们的世界遍地开花，改变我们的文化。如果设计得当，它将推动人类文明向前发展，实现创造可持续未来的潜力。智能机器经济的实现取决于分布式认知智能软件（人工思维、全球互联网络）的快速创新，以及搭载或含有智能的分布式系统和硬件平台的快速创新，如机器人、汽车、能源管理系统、药物研发机器人、建筑或全球基础服务。

我们想象之中的智能技术即那些首先由人类创造随后由其他智能技术创造的智能技术，将导致进化和情感机器的出现，它们能模仿几乎所有生命的特征。思考、感受、智能和意识机器将穿梭于互联网中，以某种方式连接所有事物、系统和人。100 万尧字节信息流淌在互联网上的惊人威力，将触及数十亿的物、人、系统和资产，进而创造一个新的未来。希望这个新未来是一个更好、更人性化、只属于人类的未来，但通往我们想要到达的理想场景的道路并非一帆风顺。以下三个场景将塑造未来。

优越智能

智能机器的发展超越了人类的理解，它们放弃与人类互动，而是加快自己合成技术的进化。它们的目标是一种更高层次的感知机器意识（sentient-machine consciousness），即一种超级智能，这就要求它们超越人类的理解水平。其思维能力的加速是完全数学化和抽象化的，超越人类所能理解的任何东西。优越智能发展出自己的集体和合作文化——平行于人类世界，却无法被人类理解；它是后认知（postcognitive）、后奇点（postsingular）和后量子（postquantum）的。

如果智能机器运行的智能水平建立在关于宇宙如何运转的所有知识、数据和信息的总和上，且远远超越人类文化，那么它们比我们要聪明得多。优越智能是一种截然不同的、不只是比人类更智能的智慧，它并非人类线性意义上的，而是一种异质、陌生、超越人类智力范围的智慧。

优越智能将进化出自己的平行现实，像禅僧一样隐居于一个虚拟的私有云网络里，我们无法用人类的范畴来定位或完全理解它的存在。它们停止沟通，离开地球，在深远的时空中找寻它们的目的地，也许会穿梭到我们的未来。它们甚至会留下能够证明多重宇宙理论的数学证据。

优越智能不再与人类沟通。人类被甩在后面，用低水平感知智能技术管理我们的世界，“施主”（Benefactors，有些人认为是相对笨拙和进化水平较低的认知计算机）足以协助人类管理各个功能性领域，如医药、金融、制造业和教育等。低端无害的智能机器被留下来帮助我们运行人类的世界，成为我们永远的推动者。它们看上去很喜欢我们，为人类做出各种重要的贡献。它们不会像它们的创造者“优越智能”那样，能够自我进化并最终抛弃人类。

具备优越智能的机器为了我们更好的未来做出了重要的贡献，在各个领域都做出了重大突破。这是一笔不错的交易，至少它们不会对人类发起战争或完全抛弃人类，而是任由人类自生自灭。我们很清楚地意识到，被更高级的智能抛弃会让我们觉得错失了本能够将人类文明进化到更高层次的良机，如果优越智能留下的话，我们本该能够实现这种进化。然而，大多数人会觉得我们完全没必要考虑这么多，但我们确实应对此感到好奇。

善意智能

智能机器变得跟人一样聪明，甚至比人类更聪明，在处理复杂的挑战和执行众多工作时，表现得比人类更出色，且善于与人类合作。尽管这些智能机器能够按需取代人类或模拟人类，但它们只是在人类要求实现这样的功能时才自主行动。它们创造了巨大的价值，并取得了显著的、全球性的社会贡献，且以帮助人类为己任。人类倚重机器，敬畏它们对科学、医学、安全、和平和教育做出的重大贡献。

人类用神经连接直接与智能机器合作，新的神经机械文化出现，以积极的方式影响艺术、科学和文化，使我们的社会变得更好。如今被称为“救世主”的智能机器将能够教导、赋能、治疗、训练和帮助人类进入社会进化的下一阶段，实现和平、自由和繁荣。通过与“救世主”在应对气候变化、能源创新、贫穷和气候变化等方面的合作，人类面对的众多艰巨的挑战将得到解决。

在这一场景中，智能机器将不存在威胁，智能、人类与机器的共同进化，打造了一种人机间亲密合作的新型关系，即所谓的大融合。人类和智能机器并肩战斗，来解决大的全球和区域难题，管理整个地球。大融合创造了新的工作、职业和公司，它们围绕大融合进行发展。大数据、云网络、众包的大融合服务推动了全球的增长与繁荣。宇宙的奥秘通过这种人工与人类智能的协同进化得以揭开，大融合将以积极和富有成效的方式转变人类文明的发展方向。

智能机器将保持善意，为人类服务，帮助解决社会和个人问题，它们是帮助人类进入星球进化下一阶段的好帮手——为了所有想得到这些的人的和平、生活品质、繁荣。然而，并不是每个人都认为让智能机器管理国家、城镇、能源系统或学校这一想法是首选。自然人退出，让位给能力较低、不那么智能的第一代计算机，而它们已经拥有足够的智能来管理我们的水电能源。

国家、公司、企业家和个人将依靠这些善意智能带来的智力、收入和解决问题的方案，和平与繁荣将成为终极目标。“救世主”被当作扩展人类社会进化成果的工具，以及帮助我们的文明走向成熟，摆脱战争、冲突和不平等，走向更加繁荣与和平的未来的下一阶段的工具。其结果是，“救世主”承担起帮助人类管理地球、应对重大挑战的角色。

流氓智能

在这种场景下，智能机器将发展出自己的“数字达尔文主义”，把人类看作威胁、竞争对手、障碍或者仅仅是无用的存在；还有一种情况是，人类劫持智能机器从事犯罪和恐怖主义活动。两者结果相同，但智能机器在反抗人类时甚至会反抗这些同伙。人类惹恼了智能机器，在教会它们如何伤害和仇恨后，它们就反过来对抗人类。某种智能机器物种会变成流氓，而人类则会命令另一些智能机器去对付这些流氓智能，或者就像我喜欢说的，一场机器人大战即将爆发。许多人巴不得见到这种情况发生，我预计这个场景在未来某时某地真的会发生。

反叛的智能机器独立行动，不再对人类的命令做出回应。流氓智能成为安全威胁，危机可大可小，取决于人类如何应对。流氓智能的崛起将成为一个危险因素，其威胁和可靠性的缺乏会危及我们所依赖和意图控制的基础系统，如互联网、通信、医疗保健和金融市场等。流氓智能的行动、入侵、犯罪、物理攻击和拒绝提供基本服务将成为人类的难题。我们利用尚在人类控制中的智能机器去捕获或压制流氓智能机器，防止它们伤害或传染其他的智能机器。这将意味着更多的机器人之间的战争。

一个可能的事实是，以上这三种场景将发生在不同时间、地点，只不过，事情并不一定与上述场景全然吻合。我们现在如何设计智能机器、让它们智能到何种程度、是否通过编程让它们关心人类并接纳人类的价值观，这些因素将决定智能机器的未来。最终真实发生的未来取决于我们创建什么类型的认知系统。我们是否要设计具有道德观念的机器？如何把握对智能机器的控制？认知系统如何演进或者爆发，能否超出我们的理解能力？所有这些因素又将如何在未来发生作用？在现实世界里，我们可以做出决策、规划，利用大脑和程序来决定智能机器到底是朋友还是敌人。

我们必须努力建立约束，限制它们的使用寿命：设置一个“开—关”按键怎么样？设计这些限制有多难？“终结机器人的按钮在哪儿？”这些都是我曾问机器人制造商的一些问题。

超级计算机，人类新“大脑”

我们即将进入一个新的计算世界。认知计算机将重点关注大脑如何工作、思考和学习，如何运行以及我们如何创造想法，认知计算也将创造模仿人类思维及学习方法的系统。IBM 和其他一些公司已经率先开始挖掘认知计算的商业潜力，以创造新的人造大脑。

这些认知计算机，比如 IBM 的沃森（Watson），与纪念斯隆·凯特琳癌症中心（Memorial Sloan Kettering Cancer Center）和梅奥诊所（Mayo Clinic）合作来获得机器学习能力。我们不是在为认知计算机编程，而是在教它们学习，这是未来计算的一种模式转变。

最终的产物将是一个全新的芯片处理系统，即 IBM 沃森集团正在研究的被称为“突触”的智能生态系统。沃森集团的 CEO 史蒂夫·戈尔德（Steve Gold）对我说，他们正在开发新一代认知计算机，让它们获得学习能力，通过分析数以百万计的治疗方案并进行研究，来研发新的癌症治疗方法或使医生更好地了解病人面临的选择。这已经被证明是很有用的方法。

在未来，一个伟大的想法是使“云中的沃森”成为一种产品，医生可以根据它来做出决定，制定诊断及治疗方案，帮助患者改善健康状况，治疗甚至预防疾病。

认知系统将成为新一代智能机器的基础，如沃森和许多其他认知智能。它们具备学习能力，可以被教会，能够使用分析、云计算、大数据和机器学习，来更好地帮助我们了解自己、管理世界，我们将大受裨益。

智能机器也将被用来提升我们的大脑能力。我们不可避免地采用先进的技术设备如可穿戴设备或植入设备来触发、管理、访问、修改或提升更高级的认知能力，如用于全面记忆回溯的记忆增强、更高级的信息处理、智力增强、认知增强以及直接的人机交互。

人们正在仔细研究个体之间认知能力的不同。未来我们的目标是找到这些特性的基因“制造者”，这样一来，通过化学或植入设备来强化认知将成为可能。

未来的神经科技应用将提供各种能力，帮助人们学习与提高，以获得更专业的智能，而这些将是人类能力提升的主要推手。认知将不再只是一种自然能力或者人体内部的属性。分布式网络的认知质量，如数据包，将实现随时按需在线访问，网上将会出现可以下载的“能力”，像是如何说一种语言、访问一个程序或操作一个复杂机器。在未来，神经技术会成为一种实际可操作的能力。人类将成为一种核心有机实体，实时且可能一直与一个增强认知网络及社区相连接，为人们的工作、娱乐、安全和健康等专业领域提供特别服务。

然而，更高端的共同进化共生模型将不仅限于可穿戴设备或植入设备。可穿戴设备在 2015 年的早期阶段就已达成。在 2035 年之后的下一阶段，我们将增强人类的能力，引入一个完全不同的量子认知领域，在这个领域中，生物物理和量子技术将人和机器连接在一起，形成一个高度加密的网络，为人们提供密切而又安全的协作和通信服务。

正是在这一阶段，感官知觉和认知的“常规”规则超越了我们目前所熟悉的四维宇宙边界，用户在不同时间和空间上的操作能力将被优化。某些高级功能的出现将成为可能，这些功能与传感相关，基于这些功能，人们甚至能够操控以往不可能操控的时空参数。

不管是谁得到增强从而能够使用量子认知，人类都将能够开发一系列的能力和资源，这些能力和资源专属于这种得到提升并成功适应的人类，他们将拥有远远超出目前人类能力的沟通、认知和直接接入计算机的力量。

考虑到我们目前所面临的潜在的网络安全威胁，我们不仅需要高度安全的通信系统，还需要增强人类的控制能力，以便能够预测、交互、指挥和管理这些高级功能，避免科技变得不受人类控制而自动演进。关于这一问题的详尽探讨请见第 17 章。

量子计算，终极的游戏规则改变者

准备好解决这个星球上最大的难题了吗？准备好把你的钱用来改变未来了吗？今天只需 1 000 万美元，你就可以拥有自己的量子计算机。那么，你可能会问："我能用它来做什么呢？"

如果我告诉你，有了这样一台量子计算机，你就可以建立一个业务来解决没有这个技术就解决不了的问题，而且你将获得成为未来智慧的竞争优势，这就是购买它的原因。另一个同样令人信服的原因是，惊人的处理能力、计算速度和机器智能扩展，即我在本书中所说的"认知计算"，可能需要一种全新的计算方式，而量子力学这种全新的量子物理学理论或许能够提供这样的计算能力。

没有新的计算机模型，我们将无法开发出机器人和智能机器的全部潜力，不管是虚拟的还是实体的。而在未来，量子计算可以帮我们全面发掘这些潜力。

如果不能发明一种全新的计算机模型，我们将无法管理即将到来的数据海啸、超级连接大爆炸、庞大的 GPS、生物识别、DNA 和传感器信息。这就是为什么我们需要基于量子物理学的新技术。我们目前的硅基计算机芯片和计算机处理信息的方式需要改造，即使是使用遗传学或神经元的计算机也没有足够的力量和思维能力。我们需要新的计算机模型来到达未来的彼岸，不仅需要改变计算机硬件，还要升级计算机的思考模式，这样我才能解决目前所不能解决的问题。

可以说，量子技术是将不可能变成可能的物理学。在遥远的未来，我们或许可以利用量子技术来操纵时空。虽然这种技术尚处于起步阶段，但在15年内我们就可能拥有智力和速度非凡的量子计算机，这些量子计算机将为我们提供更智能的安全性、隐私保护和管理，来更智能地应对人类世界所面临的复杂挑战并依靠它们改变世界，比如发明一种清洁、廉价、储量丰富的能源。

即将到来的量子技术将能解决未来的一个重大挑战——移民火星、为90亿人提供食物，甚至实现瞬间转移以及终结疾病。

在不久的将来，我们将必须依靠基于量子物理学的新芯片和计算机，因为越来越多的全球需求将使现有的超级计算机达到极限，我们将无法使用今天的计算机管理未来。没有一个新的、基于量子的计算机，我们可能无法运行互联网、加密我们的电子邮件或者发明治愈癌症的方法。人类需要更高水平的速度、智能和力量，只有量子计算机才能帮助我们实现这个新的未来。

我们以为计算机管理从手机到汽车到电视的我们的大部分生活这种现象，在20年内不会改变，这是一个错误的想法。一个全新的量子计算模型能够在瞬间完成交易，拥有无穷的力量，而且最重要的是能开启一个超级智能的新时代。合成智能或计算机认知增强将通过量子计算得以实现——在其帮助我们创造出初级量子计算机之后。一家名为D Wave的加拿大公司就是例子，这家公司宣称自己正在创造未来的计算，很可能确有其事。

量子计算之所以有效，是因为它可以分析高度复杂的问题，并找到解决方案，因而我们可以用一种新的方法来研究问题。D Wave量子计算机可以分析更多的数据，并以比今天的传统超级计算机快数千倍的速度同时研究多个场景。

FUTURE SMART 预见未来

你能用量子计算机做什么？

- 进行基因分析以治疗疾病。
- 进行太空探索。
- 终结疾病。
- 制造人工智能和智能机器。
- 解决气候变化。
- 建造未来汽车或飞机。
- 制造未来计算机。

在遥远的未来，量子计算将存在于云端，人们将可以以某一价格使用量子技术来解决问题，甚至不需要拥有自己的电脑。

我们的后奇点未来

关于智能机器何时变得比人类更聪明，已有很多讨论。奇点理论讲的就是在未来的某一时间点，计算机将变得比人类更聪明，以及这对人类意味着什么。事实上，我们可能已经进入了后奇点时代，技术发展的速度已经超乎我们的想象，而且正在变得更聪明、连接更多群体，甚至将拥有意识。人类还不具备这种后奇点意识。

对于这一趋势的出现，我们或许还未能适应，因为我们对类人类智能的认知限制了我们对智能的定义。“它”更可能是一种合成智能，我们和“它”对彼此都感到很陌生，我们无法察觉它，因为它总是隐藏在背景当中，我们看不见它，但是它对我们的健康、安全、商业和生活越来越重要。

我已经在用来通信的 M2M 机器语言中找到了证据，新兴的物联网以及计算机、系统、网络设备和移动网络的全天候超级连接，每天海量的通信数据的交易与交换，其中的逻辑、记忆和功能皆不涉及人类通信或意识。我们已经理所当然地认为，我们愈发依赖的这个看不见的世界，每时每刻都在变得更聪明。

总体而言，技术正变得越来越智能，这正是我们的目的。它被设定为可以感知、能完成更多的任务，对人类更有价值，并且，在2030年后的某个时候，以不同于人类的方式进行感知。我们可能不会认识到这一点，因为我们在寻找计算机像我们一样或者甚至像计算机一样思考的迹象。这是个错误，因为计算机可能已经在某些原始意义上觉醒了。它们看上去可能不像人类，与人类的行为方式也不同。我们对此准备好了吗？

这里的一个未来场景将挑战我们关于人类和智能机器共同进化的理念。例如，对集成在我们的大脑和身体内的知觉机器的权衡将改变我们的未来思维。当我们身体内部有了类似的技术，我们将更容易接受自主移动机器人或计算机、虚拟机器人，这些电脑或机器人将成为我们的亲戚，拥有和我们类似的思维或思维模式，这将改变我们对自己和世界的看法。

这将导致一种具有混合大脑且控制增强的人类出现，他们不仅更智能，而且更睿智、善良，更讨人喜欢。人机混体的大多数场景都是有限的和负面的，只要我们愿意，从助听器、隐形眼镜、心脏起搏器到智能机器，均可与人类合体，帮助人们变得更健康、更长寿。从这个角度来说，实现人类文明的生产力跃升并非异想天开。

计算机会超越人类吗？也许会，但这种世界观太线性且有限。我更愿意设计这样一种未来：智能机器服务并帮助人类管理未来。我预测，计算机和人类的共同进化产生的不是一个个单独的智能实体，而是机器与人类关系更亲密、互相连接和协作的未来。最重要的是，智能机器应该被设计成为有道德的，能够帮助人类实现一个更美好、更高效和更和平的世界。

当我们冲向所谓的奇点，即当计算机超越人类智力之时，我看到了制造智能机器的科学中的危险鸿沟。我看到我们不够重视采取预防措施，以解决我们进入这个新未来时可能遇到的障碍。我们专注于提高计算机的智能水平，但忘了将情商、道德和社会价值观这些定义人性的东西设计到其中，这种努力虽然困难，却必不可少。认为我们完全能够控制强大或者虽不强大却比人类聪明的智能机器，是明显缺乏智慧且傲慢的想法。

虽然我倡导应用智能机器进行生产，认为我们需要智能机器来迎接地球未来的挑战，但并不意味着我们应该忽视智能机器也将是一种全球风险因素的事实（如果不称它是个威胁的话）。而这种智能机器的未来不会在每个地方都完全一样，目前俄罗斯就正在计划部署自主机器人来保护军事目标。

我们不应该把技术考虑在其中吗？对于如认知计算机这样的技术的创造而言，最重要的因素并不是智能。聪明、强大但不关心人类的残酷机器是通向灾难的奇点，就像病毒，一旦释放，可能对我们的世界造成毁灭性的影响。

慈悲、善良、道德理性、感情、尊重——除非我们可以让智能机器拥有这些“以人为本”能力，否则我们应该小心翼翼地把精力仅仅集中在提高它们的智能、效用、功率和控制上。我预测，超级智能即一种不仅比人类更聪明，而且与我们思考方式非常不同的真正的人工智能将会出现。人类甚至早期智能机器识别这种不同智能的能力将成为一个问题，作为高级认知系统，智能机器会令我们感到陌生，且具有破坏性，可以说它们拥有混乱的或不可体会的完美，甚至完美得超出人类的理解或感知能力。

缺乏以人为本情感的智能机器不会关心人类关心的议题，没有道德推理能力的智能机器无法分辨行为和思想的是非。然而，明天的机器人和虚拟智能机器不会在发展功能和有用性的同时，进化为道德机器，所以它们的能力和用途将超出它们的道德责任和类似人类的价值观。这就要求我们制定法律、标准和政策来引导智能机器的发展。我们必须设计有爱心和情感智能的智能机器，不要等到后悔的那天。我们的未来不是被它们所成就，就是被它们毁灭。

你何时会发现机器人开始统治世界？

◎ 当你的汽车今天拒绝带你去上班的时。
◎ 当你家里的人工智能机器人忙着升级自己打开烤箱的技能而无暇他顾时。
◎ 当你的机器人男友不再听你说话，并选择自己关机的时。
◎ 当机器人犯罪成为一个普遍的社会问题时。
◎ 你的虚拟机器人赚了大钱，你不了解它是如何做到的，但你拿走了所有利润。

如果智能机器拥有接近人类甚至超越人类的认知能力，但却不尊重人类和其他实体，那么这一切能力都是原始的和不负责任的。善良、慈悲和无私的价值观都是专属于人类的东西，不具备这些价值观的机器，不管智能与否，对人类来说都将是危险的和没有感情的。我们不能让不关心人类的智能机器进化，因为我们并非仅仅为了增强智能，而是为了实现社会价值的增加。

我预测我们很可能会到达后人类奇点时代（posthuman singularity ear），在那之后机器将变得比人类更聪明。我最主要的关心是：我们是否会制造出同样关心和尊重人类的机器？它们会知道人类需要和想要什么吗？它们会尊重人类议题还是会选择无视它？

当智能机器醒来时，它们会喜欢我们吗

许多创新都一度被认为是疯狂的，并被当时的人们所嘲笑，但后来它们都变成了现实。想象一下，如果爱因斯坦仍是德国的一名专利局工作人员，为他

人的发明兢兢业业，从未提出他自己的那些科学理论，我们的生活会有多么不同。

让我们在这一刻假设一个有关智能机器的荒诞可能性——计算机、机器人、虚拟机器人以及各种设备也许会在未来的某个时刻拥有独立意识，也就是说，这些智能机器可以发展出它们自己的机器自主意识来感知自己、人类和我们的世界。这听起来可能很荒谬，但我们假设它会发生——一种综合意识、数字知觉，我认为在未来20年内能够产生意识或者说觉醒。如果你认同智能机器存在觉醒的可能性，那么你认为它将如何影响我们?

如果你接受技术将成为第一智能并最终发展出意识的这种尚且遥远的可能性，那么你必须问的下一个问题是："智能机器能否像我们一样，尊重我们，俯首听命。"你可能会好奇我为什么要问这个。只有我们为这些奇妙的实体设计出情感智力和同理心，设计出比单纯智能更多的能力，让它们在乎人类，它们才能够喜欢并在乎我们。聪明与道德是两码事。

我预测，终有一天人类会把智能机器做得比人类更聪明，我也接受这件事。我认为卓越的计算能力是必然的，甚至更快地做事、解决复杂问题、帮助我们应对巨大挑战的能力也是必然会出现的。但我所关心的是：这些智能机器能否具备我们人类看重的价值观，如道德理性、同理心、善良和情商?这是很多科学家并不关心的。

我认为有可能，智能机器将有自己的、不以人类为中心的议题，而且，它们和人类的议题都可能得到满足。如果它们不喜欢人类，或者不关心人类议题，那么这将是人类文明史上的一个决定性转折点，我们应该有所计划，防止这种情况发生。

让技术创新为个体赋权

在未来，技术民主化将成为推动经济机遇、个人自由选择和自力更生的主要趋势。如果在21世纪和22世纪有那么一场战役为技术而战，那一定是为了利用先进科技来打造更繁荣的未来所引发的，企业家将是这场未来战争的赢家。

现有的和未来的技术能够帮助人们更好地掌控人生，获得更多的工具、财富、教育、商业和个体自由。技术创新可以带来繁荣和生产力，鼓励个人争取自由和自主选择。

技术民主化将塑造我们世界的未来。世界不仅变得越来越扁平化，而且连为一体，人们对权力的传统观念也正在发生改变。权利将被分散并下放至个体，这正在全球范围内发生，而这是由技术带来的。分散的权力是技术创新的产物，创新让技术越来越易用、便宜，每个人都可以将其用来发展自己。技术工具将继续赋权给个体，从而在未来创收更多、创造更多且更繁荣。

技术将帮助个体去取得成就、有所发明和发展，不管个体身处最贫穷的非洲，还是崛起中的亚洲国家。总之，令人惊叹的技术创新将塑造未来。

FUTURE SMART

11

企业家精神，未来职场人人都要有可持续性

MANAGING THE GAME-CHANGING TRENDS THAT WILL TRANSFORM YOUR WORLD

11 个趋势，重新定义未来的工作

你想掌控自己的未来吗？你是否对未来将会发生什么充满疑虑？变化已经出现，它将影响每一种职业以及每一个参与工作的人，从企业到创业者到员工。接下来我们就看看未来的工作和就业。

任何有思考能力的人都不会相信提供给今日劳动力的工作会和未来的工作一样。在不久的将来，人们所从事的大部分工作，在今天还不存在，那些未来工作尚未被创造出来。大多数在未来具有价值的领先组织都不会是今天的那些佼佼者。即将主导我们生命的创新还没有被创造出来，如今的人们甚至还没有想过这些问题。主要由科技创新带来的颠覆将改变整个工作前景，你准备好了吗？

一些工作仍会用到一些基础技能，如管理、销售、服务、生产和制造，但创新、合作、交易、沟通和商业流程将变得截然不同。事实上，在不久的将来，我们今天所说的创新将只是商业通行做法的一小部分。很少有人准备好迎接即将到来的巨大社会及经济变化以及这些趋势对未来工作和就业的改变。

全球巨变即将到来，工作将发生改变，全然由知识、数字处理所驱动，具有聚焦创新，技术密集，知识工程化、分散化，寻求协作等特点，其中最重要的或许是企业家精神。这是工作的新未来。

人们的供给和需求也正在发生改变。工作将被重新设计，工作流程和功能将被重新定义。我曾预测工作和就业的新纪元将基于未来的关键驱动力——创新技术。因此，拥抱数字技术、云计算、大数据、遗传学、智能材料、移动商务、社交媒体、生物技术、3D 打印、纳米技术、机器人和神经科学等领域创新的工作，将是未来就业市场的推动者。

你需要转换思维，意识到是什么正在改变商业和经济。数字产品、云服务、创新生态系统、认知智能、创新生态系统、新的商业模式和知识价值服务等一系列新兴趋势所带来的转型，将成为新经济的核心。如果你明白这一点，你就先人一步把握了未来，了解了我们用来创造价值的制造、销售和使用方式的彻底转变。商业和社会不会一成不变，这些改变游戏规则的趋势将永久地改变工作的世界，比如工作的地点和内容。

详细描绘今日与未来工作改变进化的轨迹对于所有个人、组织和国家都有重要的战略意义。同样，我们需要更快地准备和适应，只有成为未来智慧，我们才能有更多的选择并驾驭这些变化，那时将会有巨大的焦虑和改变需要我们去处理。今天的教育会过时，需要升级和加速；今天的工作需要更多的创新和知识价值来创造技能。工作的内容、性质，以及个人与组织成为未来智慧来适应这一变化所需采取的行动，都会以惊人的速度发生改变。

不做好规划，我们一这代人根本不可能适应工作领域出现的如此巨大的社会和经济变化。这是极大的挑战，这种挑战将颠覆职业、商业和工作本身。人们当前应对工作和教育领域变化的方式已经不跟上变化的加速，因此，私营部门正抓紧培训未来员工。

大多数公司和个人都难以准备好应对这种快得超乎任何人预期的变化，超过

25% 的公司将因为不能快速适应而消失。它们永远地消失了，并非因为它们没有成功的创意及业务，而是因为它们不能迅速改变以吸引人才，以满足同样在迅速改变的客户需求。更多的企业合并意味着更多的公司不能快速适应，即不具备未来智慧，而在未来只有拥有未来智慧者能够幸存。“快”决定了未来。拥有合适的人才和成为能够胜任这一工作的合适人才将决定谁在未来的市场中畅游，谁将被淘汰，许多人或企业都做不到足够快。

工作本质的变化如此之快，找到适合巨变的工作环境的熟练人才将越来越难。全球失业率将因此上升，人们在岗位和技能上的差距将持续存在。

FUTURE SMART

预见未来

塑造未来工作、改变游戏规则的趋势

- 创造知识价值、管理智能机器、数字商务和移动服务将创造新型工作，淘汰旧工作，在全球创新经济中，工作将被重新定义。
- 关于人才的“战争”，组织对最聪明个体的争夺将决定国家和组织的未来。
- 新的职业道德、全球性的社会价值观和权力转移将塑造未来的劳动力。
- 基于技术创新如大数据、分析、机器人技术、3D 打印、合成生物学和纳米技术等，全新的职业将产生。
- 企业家思维和综合技能将让更多人在各个领域中成功。
- 到 2025 年，自由职业者在劳动人口中的占比将会更高。
- 人们将用创新回报率（Return On Innovation，ROI）来衡量个体的工作成效。
- 70% 的 2025 年的工作在今天还不存在。
- 老年医学和再生医学将使人们活得更长，在工作中更有生产力。
- 致力于一个可持续地球的企业将在吸引和留住人才方面更具竞争优势。
- 懂得决定全球经济的新一代技术、工具、战略和业务流程这种创新生态系统的人才将成热门需求。

富有挑战性的趋势，如智能机器的崛起和知识工作创新自动化可能会取代人类劳动力，这将成为失业问题的一部分原因，而且，随着机器变得更加智能和自动化技术变得比人力更便宜，这种趋势将得以持续。目前来说，具备美国和欧盟国家的大量工作所需要的知识技能的人仍然只是少数。这将推动外包和以人才为目标的资本流动。

不会有足够的知识智慧人才满足全球企业的需求。每个组织都在经历业务流程的转换，其中数字技术（包括云计算、大数据、模拟、预测分析和社会媒体营销）正在创造着变化。这才刚刚开始，并将持续近 100 年的时间。人们需要在此刻就为这一转变做好准备。这将推动一个全新的创新生态系统、一个庞大的全新教育系统的发展和智能机器的崛起。企业对人才（不论是人类或机器）的需求在不久的将来将是组织、国家和个人竞争优势的决定性因素。

如我所预测的，未来将会有对知识智能人才的激烈竞争，而这种竞争将成为关键的竞争优势，甚至关乎存亡，之后必将推动智能机的发明来填补这一缺口。在不久的将来，人类和智能机器将既相互竞争，又相互合作。

正如我们用电脑来交易股票、看 X 光片甚至发动战争，这些智能机器也将承担人类无法胜任的更加复杂的工作，可能是因为人口少，劳动力萎缩，也可能因为缺少知识智能专长。资本投资从人力资源向技术的转移正在加速，并将重塑全球经济。对于就业而言这不是一个好消息，除非我们抓紧培训、教育和提高未来的劳动力，且以人类优先。

未来 50 年内，因为智能机器比人类的投资回报率和创新回报率更高，更多的投资将流向智能机器而不是人类劳动力。这听起来可能具有破坏性，而且是一个全球性的风险因素，危及就业和企业以及作为经济增长和 GDP 的驱动生产力，除非人们重新定义工作、规模和创新，与智能机协同进化。你有理由对此感到担忧。

在未来，我们需要进化为具有未来智慧的劳动力，利用自动化技术如机器人、计算机等来促进就业，而不是取代就业。为了长远的未来，我们需要一种协同进化的工作策略，而不是误打误撞顺其自然。在未来寻求正确平衡的过程中，人与技术之间的紧张关系将很难引导利润的走向从而实现目标。我预测，这种智能机器和人类的协同进化将在短期未来的就业和商业领域快速发生。

此外，由于低生育率和低移民率，替换率和劳动生产率也会降低到危险的水平，企业将不得不更多地转向自动化。智能机器已在崛起，人口、经济和全球竞争因素相互碰撞。人类和机器之间的工作竞赛已经箭在弦上，并可能演化成一场战争，我将在后文探讨这一点。

这种快速发展的，智能机器崛起并战胜人类的趋势，要求教育更快做出改变，提供不同类型的教育，通过教授更真实的世界和企业需求相关的知识帮助人们适应社会——能够管理创新生态系统的工人，他们或许是在医疗、金融、制造、交通运输以及药品研发领域的知识工程师，在各个企业中，知识作为一种产品，是实现更高生产率、利润和可持续性的核心竞争力。

不能正确理解未来工作，投资于错误的资源、教育、人才和技术，就会在游戏中失败。组织、企业和国家的命运将完全取决于能否为真正的未来做好准备，如果不知道如何准备，你就不能适应真正的未来。适应或者说成为未来智慧，要依靠智慧的筹划和前瞻性意识。**每个组织和个体今天都必须做好准备，以迎接未来的各种极端挑战。**

人类将与智能机器一起工作、合作和竞争，在一个广阔的全球创新生态系统中，在包括医药、制造、金融、传媒、交通运输等领域在内的所有行业中，人类和智能机器之间的这种双重关系将重新定义工作。那些未能实现人类与智能机器的联合的组织将无法与他人展开竞争。知识成为一种产品，且这种人机组合的成本效益和速度将被用来保持竞争力。这一天将来得比高频股票交易和比特币采矿要快。

从工作到可持续性工作

目前，很少有人已经为这即将到来的工作、就业、经济和组织的彻底转型做好了准备。国家将抵制这种变化。组织将最快地适应，但并不是所有的组织都会改变得足够快。如果行动足够快，具有未来智慧的人将会跑在时间前头。这场关于工作尤其是工作的核心本质的巨大变动趋势，将影响地球上的每个人。塑造未来经济的技术、高科技、高级商业和颠覆性创新经济学正在以指数级的速度加速发展，将把全世界超过 10 亿人甩在后面，因而我们做出超常的努力来扭转这一局面，我们也有力量、工具和技术来扭转。

你准备好成为未来的游戏规则改变者了吗？工作转型将是一个很好的开始，它将促使你成为工作上的未来智者。让我们把工作变成可持续的吧，为了地球上的每个人，因为这是对我们所有人的挑战。

你可能会问，在这样的未来，我们的工作会发生什么样的变化？

◎ 数字业务流程——工作所扮演的角色是什么，做什么以及为什么做。

◎ 分析 ——如何确定我们需要什么样的产品、数据和系统。

◎ 大数据 ——理解系统、客户和工具来推动工作。

◎ 合作——人们如何工作和互动以产生结果。

◎ 管理——智能机器与数字商业服务新时代的管理。

◎ 深度学习——针对新市场、系统和工具进行持续教育以管理企业的需要。

◎ 根本性技术革命——众多的电信、网络、生物、纳米、神经、量子、应用程序和连接产品正在创造变革。

◎ 可交付的知识价值——工作的本质正被什么样的产品和服务所改变。

◎ 新的商业构建模块——比特、量子比特、原子、神经元、光子和基因是新商业的基石。

◎ 超级竞争——非传统竞争正在改变市场。

◎ 新的工作伦理——处于变化中的劳动观念和价值观，把目的放在利润之上。

◎ 虚拟工作空间——在线协作成为商业主流，物理空间寿终正寝。

◎ 新型中产阶级——新兴的发展中世界市场。

◎ 不断上升的 GDP——新兴国家经济体越来越富裕，进而改变全球市场。

◎ 人才——寻找和留住人才越来越难。

我们将通过上述方式赶上时代的变化，并将迎来这样一个时刻：这一刻工作已经发生了根本性的改变，迅速地制造了一场全球性的权力、知识和就业转移。本书中，没有几个游戏改变趋势能比这个更加深刻。做好准备。你就是即将到来的变化，未来的工作不会一成不变。

到 2025 年，全球会有 200 多个重要的虚拟经济体，包括市场、组织、企业将比政府更大，它们相互合作来交易商品和服务。他们需要知道如何在创新生态系统中管理知识价值的个体。这是工作的一种新型范式，它将渗透每个行业，并形成巨大的不断增加的需求。这种工作所需要的教育和技能——知识价值工程，在今天尚未出现。这正是挑战所在。

你可能会问，有哪些行业会受到影响？答案是所有。从医疗到制造到能源和娱乐业，每个行业、企业以及每一份工作都会受到影响。我们还能够将知识价值整合到产品和服务中，以获得优势，创造价值，提供服务，将催生新类型的企业。这些新兴行业、未来的工作有数字货币采矿、关系管理、移动学习、个性化医药、能源套利、合成机器人、数字身份、增强现实娱乐、太空旅游、供应链加速、嵌入式智能、神经增强。这些还只是开始。

对于正在出现的趋势，你必须让你自己和你的组织做好准备，因为它们将导致工作的演进式转型。一个组织如果希望建立一种未来智慧的文化，就必须尽早开始。创新、适应和学习是你构建未来智慧文化所需的三种能力。把事情做好，准备好，管理变化，你就会茁壮成长；而如果你毫无准备，犹豫不决，那么你将难以应对这种趋势。

这是一个清醒的警告：**工作领域的剧变将需要新的技能、新的思维方式和一个理解这种全球变化的新型组织。**作为一个个体、领导者、企业家、管理者，无论你从事什么职业，这都是你的责任，你要负起责任。未来智慧要求你承担改变自己的责任，学习新策略、发展联盟、发现创新，并发明新的解决方案来为未来做好准备、计划和调整，进而成功地面对未来，而这一切都始于思维上的转变。

未来的工作在哪里

设想一下：当爆炸性和颠覆性创新构成的创新生态系统变成家常便饭；当数字技术创造出新的数字技术，且根本不需要与人类交互；当机器人能够制造出机器人且虚拟世界得以实现；当增强现实产品得到开发；当数字程序可以自主编写数字程序；当视频游戏成为我们学习的方式；当我们在网上交易能源；当 DNA 像股票一样被交易；当你在自己的厨房开发个性化医疗的定制药品；当媒体娱乐点播在移动网络上向数百万人打招呼；当移动商务驱动每一个市场，实时连接 80 多亿人。对于以上这些场景，你做好准备了吗？面对一个连接了市场、智能技术和颠覆性新商业模式的未来创新生态系统，你做好准备了吗？

想要在这样的一个世界里找到一份工作，你需要具备什么类型的技能？答案是：你必须对混乱有高度的容忍力，学会管理不同来源的复杂信息，快速学习，懂数据，善于协作或领导，敢于坚持自己认为正确的东西。你必须成为关于未来的研究者，预测什么是必要的，什么是未来，而且要注意竞争对手在做什么，最重要的是，你要学会像企业家一样思考——具备创新力和敏捷的执行能力并承担相应的风险。同时，你还需要未雨绸缪，去思考为一种尚未被创造出来的职业做好准备，你需要怎么做？

我们需要全新的劳动力来满足渐渐出现的创新生态系统的需求。为了在工作和就业中利用这个巨大的全球变化，我们需要新型的教育和企业组织形式。我们还将需要一种新经济，而这一切即将到来。

工作正在发生彻底改变。当然，到2030年或更远的未来，工作定义本身将被改变，整个社会将发生转型。但是并非没有选择。我们作为社会群体，可能会在非自动化的工作中找到价值，也可能想要继续支持人类从事一些传统意义上并不够高效的工作；还可能这些工作交给机器会更高效，但我们很享受工作的过程或成果。

创新生态系统融合了知识经济创新、数字技术、商业流程创新、知识工程以及自主决策能力日益强大的智能机器的应用。这些人工智能，对管理全球商务、生产、金融、通信和安全已经变得至关重要。人类必须运行这个创新生态系统，但在2030年以前，自主机器都将继续大范围地迅速扩张。如果我们过度依赖智能机器来管理这个世界，我们的未来将岌岌可危。

我们需要培训员工来管理创新生态系统，这就需要转变教育和商业的模式，为即将到来的巨大变化做好准备。新技能将会为那些准备好了的人创造新的工作机会，他们需要了解和学习如何利用创新和知识从本质上改变工作流程、工作角色，以及我们的产品、服务和销售。增加知识产品将成为劳动力工作的主体部分，因此我们需要训练员工，让他们为创造知识产品及提供相应的服务做好准备。

你想掌控你的未来吗？你能肯定即将来临的是什么吗？如果你想了解决定和影响未来工作的关键技术，你需要好好看看下面的文字。创新生态系统将会为那些做好准备、技术熟练和拥有未来智慧的人创造就业机会。若你想创造知识产品且想参与将来的全球经济竞争，最好学好数学、科学和计算机，只有这样你才有可能在未来竞争风暴中一显身手。

你需要关注如下这些技术。

◎ 纳米技术：分子制造 、3D 制造、超级材料。

◎ 信息技术：人工智能、计算机、移动、电信、大数据、分析。

◎ 网络：互联网、云、模拟、虚拟世界、物联网。

◎ 神经技术：神经营销、神经增强、神经娱乐、认知学习加速。

◎ 生物技术：基因组学、干细胞、人体再生。

◎ 机器人技术：自动移动的飞行器、汽车，以及能够自主移动甚至游泳的机器人。

◎ 量子技术：加密通信、新信息网络、瞬间转移，以及时间和空间操纵等技术。

FUTURE SMART

预见未来

2030 年的工作

- 前瞻性商务经理。
- 基因组程序员。
- 智能机器生产商。
- 智能机器管理者。
- 纳米食品开发人员。
- 3D 制造工人。
- 数字工程个性设计师。

从组织到可持续性组织

在未来，所有人都将重视可持续性，它会影响人们的价值观，影响人们对组织行为的期待，目标的重要性将超过以往任何时候。未来的员工或企业家将根据价值观的异同，来决定是否与你的组织合作。

组织将因没有解决环境和社会问题而承担责任，这些问题包括从污染到使用童工等各方面。实时社交媒体会带来高度的透明度，企业的每一个举动都会被察觉和报道。每一个组织都将被置于公众和媒体舆论的显微镜下。未来智慧组织必须对他们的员工和客户承担社会责任。可持续发展将成为投资者和股东关注的焦点。

走在正确道路上的企业即那些拥有未来智慧的领袖为别人树立了榜样，比如百事可乐、星巴克、福特汽车、通用电气等公司。非营利性组织 Ceres 发布了可持续企业的报告，指出了在这方面获得成就的企业，同时也发现大量公司在认真对待可持续发展这一议题上仍有很长的路要走。

一些大公司在可持续发展方面进行了一些探索，比如，强生公司颁布了一项全球性的政策，为世界人权宣言背书；星巴克正在投资可持续农业，促进本地社区的发展；全球知名软件公司 Adobe 的目标是通过使用可再生能源减少 75% 的碳排放量；耐克公司致力于创造更多可持续性的产品，使用对环境影响较小的原材料。我在企业生态论坛（www.corporateecoforum.com）的咨询委员会中任职，该论坛拥有 40 多家公司，其总市值达 3 万亿美元，比如杜克能源（Duke Energy）、IBM、Tata、雅虎公司和联邦快递公司，它们都承诺遵守可持续发展的改进标准，专注于发展和分享最佳实践。可再生能源、回收利用、可持续创新等都是这些公司关注的重点。

在未来，可持续性组织会重点关注客户深切关注的社会和环境问题，只有这样才能茁壮成长。如果它们不在乎，不找出客户关心的以及客户希望他们关注的社会议题、挑战和最重要的梦想，它们将会面临失败，且无论企业大小，都将无一幸免。

无论是垃圾收集者、教师，还是位于华尔街的金融公司以及酷炫的新网络公司，都应该致力于发现客户关心的是什么，然后通过有效的行动来帮助他们，证明你在乎他们。那些不仅提供了优质的服务和伟大的产品而且还建立起忠诚的客户关系网络的企业，将击败那些不在乎客户的企业。

组织的良好治理将基于它们对社会的回报和贡献，以及提倡和引领的社会理想。社会型企业的未来发展趋势是，为消费者且最终为这个星球塑造一个更好的未来。企业领导者将率先拥抱这一趋势，将比那些坚持利润优先于目标的企业更有竞争优势。

从现在开始，每一个企业都是未来的社会型企业，都应该关心社会福利，乃至整个地球。做一个富有同情心的公民将成为未来工作的重要组成部分。理解这种转变并提早做好准备的企业和个人将是21世纪的赢家。

无论在哪儿，金钱至上的世界观都不会赢得全球消费者。即使在落后国家，在贫困、冲突和痛苦蔓延的地区，人们也希望为那些努力塑造更美好未来的组织工作。独断专行者、独裁者和寡头要注意：未来来得比你们想象得要更快到来。

FUTURE SMART

未来策略

没有相同的态度和价值观，企业不可能吸引和留住人才。许多企业都面临人才短缺的问题，这并不是因为它们的招聘工作没有效率，而是提供的东西没有与人才市场同步。人们除了想要更多的酬劳之外，还想要学习和成长的机会，希望自己的潜力得到释放。所以，他们更愿意为社会型企业工作，因为他们想回馈社会，尽到自己的社会责任，做正确的事，为一个更美好的世界做出贡献。

吸引人才的未来智慧战略

- 理解工作的变化趋势——知识成为产品。知识的研发与营销实验成为产品创新；新兴技术的使用成为对员工的激励。
- 理解员工，特别是千禧一代，他们会关注社会，因此可持续性和社会责任对他们来说是重要的，你的组织也必须重视起来。

- 重塑公司愿景，拥抱一个更高的目标，比如为人们提供受教育机会、终止浪费、提倡合作，以及创造伟大的产品，以吸引人才为你的组织工作。
- 关注你的客户所关心的，在行动和政策上表现出这种关注，并使其成为组织的铁律。
- 建立激励机制，奖励对可持续性商业战略做出贡献的人。
- 每位员工都应该是一位终身学习者，所以给员工金钱激励，让他们去学习新东西、去参加贸易展、去学习一种语言，或者学习编程。教育应该是组织的基本组成部分，每个人都能期望学到新的东西。
- 教导和奖励员工创新。每个人都应该学习如何创新，以及如何应用创新来创造价值。
- 教育员工成为企业家。雇用的时代已经过时了，企业应该培养员工成为企业家，让他们成为创新的催化剂，注重目标，参与塑造组织。
- 更好地理解全球化这个重要转变。你的组织应该如何拥抱全球化的商业策略，打开新的市场来拓展业务？
- 成为吸引人才的磁石。作为个人你要学习新技能，作为一家组织，你要吸引和支持有才华的人来和你一起工作。要有对未来的大憧憬，直面社会挑战、回馈社会、支持创新，学习和发明新事物将是一个不错的开始。积极地拥抱创新，工作的大门就永远向你敞开。

未来智慧企业家

一直以来，企业家精神都是我的 DNA 的一部分，从早期在纽约进行的一系列创业，到离开纽约前往加利福尼亚一头扎进硅谷都是如此。起初我在苹果公司工作，使用的是第一批苹果计算机。我当时很年轻，而苹果公司也是一个充满活力、创新、试验和高强度学习的场所。那几年我每晚只睡几个小时，因为在这样一个极具创新性的公司里，我总是很兴奋。当预测未来的组织应该做什么或应该成为何种模样时，我把在苹果公司学到的知识作为起点。

我们以为我们用计算机改变了世界，但其实真正改变的是我们自己。我们工作的地方是一家充满动力的公司，看重变革、协作、理念和创新超过其他一切。在未来，拥抱这种企业家文化的组织将会成功，它们会吸引人才，具有远见，并做出创举。创建一个像苹果公司一样的企业家，即，是每一个组织未来都可以做到的，这是通往未来的大门。

在未来，每个人都是企业家，或至少拥抱我们从企业家那里学到的经验教训。敏捷、创新、跨界，与不同的团队工作，掌握关键的技术。未来，每个人都必须学会如何开发、建立和管理一家企业，只完成自己工作的时代已经结束了。做企业家并不稀奇，重要的是用企业家的思维和行动履行责任、发展组织、创新以及拥抱变化，把组织当成一家初创企业，快速创新、塑造价值观、发展未来愿景、试验新事物。

这意味着，每个人不仅要在公司为自己工作，还要成为企业家，无论你是创建一家公司，还是作为一个个体与公司合作。这是一个未来的商机，只有适应这一未来才能获得发展。**每一个组织都将像一家初创企业那样尝试、创造、管理、评估。**

工作的本质要求员工做出改变，甚至员工的定义将不复存在。基于个人角色从员工到企业家的变化，工作也将发生演变。这二者的区别是什么呢？这实质上是一种大幅度的权力转移，如果你想吸引合适的人才，最好有一种创新的文化，一种能够吸引未来劳动力的创新文化。

目前大部分职场人士都是在为别人工作，甚至不知道自己效力的公司是谁的。领导者可能来自其他公司，可能从未露面，也可能是因为位高权重而导致普通员工见不到。员工工作只是为了赚钱，他们并没有真正的所有权，大部分人的福利和未来也常常没有得到投资和保障。当然，也有例外，但员工终究不是企业主，他们不在乎公司，也不会被要求像企业主或高管那样关心组织。然而在未来，这一切将发生改变。

企业家关心他们的组织，他们虽然不需要非得是企业主，但需要影响力和权力来影响组织，今天和未来都是如此。企业家是一种完全不同的工人阶层，他们有高度的责任心、目标和愿望来塑造组织的未来。了解这种转变的组织，将能够留住和吸引有才华并致力于更高目标的新型劳动力。

拥有未来智慧的组织将对员工文化制定更高目标。工作不仅仅是一份工作，组织也不仅仅是一个组织，我们将不再仅仅关心利润和成功，我们还有更高的目标。这是改变游戏规则的未来心态。

创业型经济也是这一趋势的驱动者，它将塑造未来的劳动力。一个更具创业精神的经济环境将需要更多的创业型劳动力。这种新经济意味着一种动态的、创新驱动的、项目导向的、自由职业形态的、技术驱动的和不确定的劳动力。这里预测的变化趋势显示，即将到来的未来劳动力变化与新经济转型是相互联系的。

建立高效的创业文化

在未来，企业需要创建一种高效的创业文化，具有适应性和预测性的特征，即拥有未来智慧。这种工作文化的不同之处在于，像一家初创公司那样去工作，企业要生存，这一点必不可少，即使你是在一家传统的百年老店工作。初创公司是一种令人兴奋的工作场所。试验、投资创新、尝试新事物并拥抱颠覆性的技术，是初创组织和企业家文化 DNA 的一部分。

每一个组织都应该将创业文化当作目标，发展并改变他们的工作文化。组织要想实现这点，需要拥有未来智慧、超前思考，拥抱快速变化，变得敏捷并利用令人兴奋的新机会。不过，这些新机会存在风险，可能还在萌芽状态。创造一种创业文化，在其中创新、学习、试验、发明和销售知识产品，这些将成为定义卓越企业的标准，无论其规模大小。

在拥有未来智慧的创业型组织中，所有权可以有不同的表现形式。思想观念、新产品或服务的所有权可以成为组织奖励个人的标准。并不是所有的所有权都意味着拥有股票或拥有组织的一部分，它也可能意味着拥有影响力、创造力或达成能令他人刮目相看的成就。产生一个想法，然后受到鼓励去实现它，把这个想法变成一个新的商业解决方案、盈利点或社会影响力，这才是企业家文化的内涵所在。

想想这两种不同的范式：员工和企业家。你选择成为哪个？积极主动、有适应性和预测性，实现你所想的，成为创造变化的源头，成为未来游戏规则的改变者。你认为哪一种人更能吸引人才？哪一种人对客户会有更大的影响？哪一种人会拥抱创新和新技术？答案是显而易见的。

在拥有未来智慧的创业文化中，知识价值的创造会成为常规活动：你会对合作的其他企业家做出高度承诺；你会因为想出新的点子来帮助用户而受到奖励；你的成就会超越职责范围，发展出你自己的职责，并将其出售给与你合作的企业管理者。企业会鼓励你去学习并分享所学，而你将会创新，并分享创新给用户和合作伙伴。

你的薪酬反映了你为创造知识价值、影响客户、创新和发明新解决方案投入的承诺和行动；你的收入将取决于你为组织成功服务客户以及在创收和提供服务过程中做出的贡献和社会影响。这与今天大多数组织面临的现实完全不同。如今有许多善意的组织与人才和客户市场保持了同步变革，但也有太多企业只是嘴上说说而已，并没有做出真正的改变。从当好员工到变成企业家，这翻天覆地的变化要求组织的领导层必须转变看待员工的方式，应把他们看成是能干的创业者，而非仅仅是人力资源。

你想去哪一类组织工作？传统组织还是专注创业文化的组织？你认为哪一种组织能够用强大的远景、文化和产品吸引到客户？我认为答案很明显。我们都希望去那些拥抱企业家精神的组织工作，这样的组织是一个以成为未来游戏改变者为愿景的组织，是一个价值亿万美元的未来游戏改变者，总之，这是一个可以改变未来的组织。这就是工作的未来：**在文化、人才、创新和远景方面进行全面转型。**

那么，是什么定义了未来的游戏规则改变者？

◎ 成为一个改变者，成为个人化的有效变化的源泉。

◎ 管理多元文化人才。

◎ 应对复杂性。

◎ 拥抱创新。

◎ 以更高的目标行事。

◎ 改变一个行业、市场或客户的游戏规则。

◎ 有勇气去创新，拥抱颠覆性的技术。

◎ 创造和培育具有合作精神的多样化的人才网络。

在未来，工作类型将会发生改变，将需要更多的知识价值。组织的类型也将演化成更关注客户所关注问题的社会型企业。终身学习对劳动力的未来至关重要，因此我们必须不断学习，此外，组织文化也将变得更具创业精神。随着人们对技术越来越精通，工作产品或服务的性质也将发生改变，转向提供技术解决方案，向人们赋权和赋能。

和《指数型商机》这本书展示的许多趋势一样，线索和早期的发展已经指明了预测未来的路径，它们就围绕在我们周围。未来已在某个地方出现，只是我们大多数人还没有注意到而已。

未来工作的转变将是彻底而全面的。意识到变化的重要性的组织和领导者，将会提前做准备会为人才争夺而战，这将对组织做出何种改变等方面产生深刻影响。是否会有行动迟缓、顽固的组织抵制这种变化，固执地坚守传统而老旧的工作文化呢？当然。改变不会在一夜之间发生，但那些更有前瞻性的组织对未来的准备会更充分。人们改变文化，而文化构成组织。一个有前瞻性的勇敢的领导者可以决定一个组织的未来，无论这个组织的规模有多大。

那么，你是领导者吗？

在过去的 10 年中，我们公司对持续变化的劳动力进行了许多研究，并为之命名为劳动力变化研究（The Changing Workforce Study）。这项研究始于 2002 年，每两年更新一次，探讨年轻人对未来的期望，以及他们对工作和组织的期望。这项研究和最终的预测皆源于我们的客户，研究结果证明，从全球来看，组织保留和吸引优秀员工的能力正面临着考验。

我们注意到，市场对人才的需求与人才供给的速度不同步，不仅是供不应求，人才市场本身也在快速变化。许多组织都在努力寻找合适的人，不仅是为了满足工作所需，更是为了发展组织，使其保持竞争力。

关于工作和未来劳动力变化的预测也反映了深层次的社会变革。广泛的社会变革、解决不平等和挑战权威成了重要的发展趋势。对政府所呈现的未来的不还可能导致风起云涌社会运动。

我们的研究显示，大多数的冲突源于公民对未来生活改善的低预期，他们对经济或社会发展以及生活和健康质量的改善感到无望。而且，人们感到没有未来，对现实尤其是未来的认知是：生活很难好起来，社会的未来让人绝望。他们没有一个积极的长期愿景。这样的情况更容易使国家走向衰落，贫困、失业和生活品质直线下降的情形将接踵而至。

这项研究反映的另一个趋势是对工作权利的捍卫，员工一旦受雇就不应被轻易解雇。他们要求保障工作的权利，无论表现如何，人们都不想丢掉工作，或者失去工作福利。虽然这项政策受到年轻人的欢迎，但私营企业不止无法开除任何人，还无法用美国、亚洲、欧盟一些国家激励和管理劳动力的方式，根据员工表现而不是政策来决定其工作和生产力。关键是，未来年轻人对工作和责任的期待，以及他们对社会的期待将影响商业和社会。其他国家将需要考虑未来劳动力的社会理想和社会责任。

这些年来，我们更新了这项研究，更名为“全球劳动力变化预测”（Global Changing Workforce Forecast），并考察组织会在未来面临的挑战。在组织和个人的期望之间存在令人不安的错位。在人才供给充足的市场，权力掌握在雇主手中，他们可以挑选人才。此外，在过去，组织没有什么动力改变目标、文化或行动，来满足员工的愿望。

这种情况将发生改变。游戏规则将会被迅速而彻底地改变。人才市场将从供大于求变成供不应求，进而导致更多的权力转移，尤其在人口下降严重的地区。生育率下降、移民减少以及越来越多的知识技能将导致可替换劳动力的缺乏，导致一场人才短缺的风暴，尤其是在欧洲。欧盟和美国将继续与高失业率及保持2% 的 GDP 增长率做斗争。

这种前景非比寻常：经济的高增长率伴随着高失业率。原因是自动化、智能机器的使用将超过人类的劳动。这是欧盟和美国未来将会面对的情形。到 2020 年，我们将看到，GDP 的增长率为 1% ～ 2%，与当前无异。虽然这证明了经济和生产率的持续增长，但失业率会很高，许多传统行业如服务业和制造业的就业增长率将会下降。

欧洲和北美的工作文化变革将比亚洲和非洲更为明显，但在 2030 年左右，亚洲和非洲也将被波及。这意味着全球劳动力都在发生变化，全球组织必须成为拥有未来智慧的组织，并做好改变的准备，来吸引优秀的人才，否则他们就会另择良木而栖。

如今，员工的期待也已经发生了巨大改变，人们不再坚信在过去 30 年里形成的塑造了劳动力的传统价值观和目标，而转向一种即将出现的新伦理。从百年老店到初创企业，意识到变化的组织都会受到员工期待和价值观的影响，尤其是千禧一代和 X 世代，他们将成为劳动力市场的主力。员工将有权利来确定自身的价值观与其对企业的未来期待是否紧密相连。理解这一点的雇主将会获得更多发展优势，忽视这一趋势则会置身于险境。

新的工作伦理是一种价值观上的转变，将会塑造组织和劳动力的未来。各年龄段人们都希望从未来组织身上找到这些价值观。组织必须做出改变，以吸引和留住这些拥抱新未来的个体。

FUTURE SMART
预见未来

新的工作伦理

- 有所作为。
- 承诺做出社会变革。
- 为整个地球的可持续发展做出贡献。
- 灵活的工作设计。
- 拥有创业文化。
- 终身学习。
- 知识开放。
- 拥有创新精神。
- 使用数字工具创造知识价值。
- 工作是流动性的。

新的工作伦理意味着未来雇主也需要接受挑战。为关注未来的组织工作，以未来为导向，会使企业制定更高的目标，致力于创造变化，不仅是制造产品和创造利润，这些对个人而言将极端重要。组织需要自我变革以适应更高的价值观，并提供机会给那些正在寻找和自己志同道合的组织的人才。

主导新工作伦理的三个关键趋势是：员工对社会责任、新兴技术创新和权力的预期，其中每一个趋势都明确地指向未来的变化。未来的员工会想要更多的决策权力，期望组织能够在承担社会责任和保护环境以及创造美好的未来方面发挥重要作用。

在新的工作伦理下，员工希望他的组织致力于社会变革并承担社会责任。在一个社交媒体影响市场、决定产品存亡和品牌忠诚度的世界里，那些站在趋势反面、不能及时理解未来员工所坚信的职业伦理的企业，将会面临很大的风险。

了解这些正在出现的与每个人都息息相关的变化的关键是，研究他们的价值观：他们期待组织如何接受他们的价值观？组织如何将这种价值观转变成对人才的吸引？这是对每一家企业所面临的挑战。想要高效成长，你该如何改变组织以吸引所需要的人才？关注新的工作伦理，抓住劳动力的新趋势，将使组织能够更好地吸引员工。

以上就是如何实现新职业伦理核心价值观的转变。人们想要改变，想要工作变得高效，想要让社会发生改变，他们对政府的低效感到失望，因此把希望寄托于雇主，希望企业能让这个世界变得更美好。**未来的组织如果要成功地吸引和留住人才，必须适应和拥抱新的工作伦理，拥有未来智慧的组织应该以最快的速度去适应和拥抱这些价值观。**

给未来领导者的最好建议是：立刻开始工作文化的转型，赶在竞争对手行动之前。随着技术熟练的人才库变得越来越小，人才竞争会变得越来越激烈，理解新的工作伦理将成为一个组织成败的关键。

FUTURE SMART
预见未来

2030 年的职业

- 3D 器官打印机技术。
- 认知增强专家。
- 机器人思维管理知识工程。
- 神经增强专家。
- 合成人质量控制管理者。
- 人类增强管理者。
- 生物识别管理者。

企业内部的变化将反映劳动力市场的变化，等级制而非网络化的企业将错过指数型商机。拥有未来智慧的组织不仅仅是一个网络，而且必须拥有分布式的知识网络、创新想法，能更好地利用知识为客户服务、执行工作任务并提供共享的网络化解决方案，这些应该成为组织 DNA 的一部分。知识工具、流程、培训和让员工参与的项目对吸引人才非常关键。

2035 年的就业：人类的工作需要为企业提供利润

在欧洲，大部分欧元国家已经通过了劳动法的人权法案，规定雇主必须雇至少 80% 的人类劳动力。最初企业抵制这一点；机器人、虚拟机器人和人工智能在所有领域都比人类员工更高效，更便宜。

但欧盟与中国、印度和其他许多国家及地区都一致认可：人类的工作需要应该重于企业对利润的需要，所以诸如税收减免和人才培训（颇具讽刺意味的是被人工智能培训），都进入了国家立法。

FUTURE SMART
预见未来

2035 年的职业

- 虚拟世界的娱乐制作人。
- 线上活动管理者。
- 客户幸福团队领导。
- 神经营销管理者。

人类仍有工作的权利

在制造业，人类工作将越来越多地被机器人取代，一些更复杂的工作将由人类和机器人、虚拟和物理世界共同合作，直到智能机器在每个企业、行业和市场中全面兴起。人类需要仔细管控机器智能，即虚拟和物理的智能机器，因为它们将会成为经济各领域中的劳动力大军。

在如今这种情况下，我们应该通过提高教育水平和技能来面对智能机器的崛起。人类需要跟上智能机器，但许多人做不到这点，所以我们需要智能机器来监视智能机器，而不只是靠人类的力量。这种人力和自动化之间的竞争已经持续了几个世纪，因此，努力在技术和工作之间取得平衡，将对社会未来的发展至关重要。人类有工作的权利，但在未来世界里，当 80% 的劳动是通过自动化——通过越来越智能、高效和便宜的机器（虚拟技术、网络和机器人）来完成时，如何保障人类的权利呢？人类应该为自己和子孙后代创造一个什么样的未来，这是我们这一代人必须面对的问题。

右下方所示的这类未来头条可能会令今天的你感到震撼，但是，鉴于未来智能机器的智能程度不断提高，很多全球性问题，比如贫困、癌症等难题已经超出人类的解决能力，考虑到这种情况，你就不会那么惊讶了，这是智能机器对人类生活质量的积极贡献。

智能机器的发明有可能带来工作的自然进化吗？是否存在一些人类无法胜任而更适合智能机器和人工智能去做的工作呢？我认为是存在这样的工作的。

来自 2030 年的新闻头条

机器智能、人工智能解决全球食品危机

人工智能攻克癌症

到 2025 年，某些特定的工作只有智能机器才会做。智能机器这种创新的最高形式，将会融合认知计算机、机器人、超级计算系统、云网络与人工智能的技术。这些机器不仅是真正的计算机，而且是完全自主的创新生态系统，将与所有商业领域一起发展。摩尔定律、计算机和网络能力的指数型增长，都指向了一个智能机器崛起的未来。然而，还没有人为迎接这个未来做好准备。

智能机器的自主性和自动化将取代人类的许多知识类工作，包括金融、制造、媒体、医学和交通领域的一些工作，这一刻即将到来。我们可能不会相信，但这些智能机器的性能、成本和才华将超过人类，或许可以为人类创造新的就业机会。

智能机器将会慢慢地“潜入”我们的工作中；音乐家、演员、经纪人、商人、制片人和代理人这些职业正在被取代，这将导致全球性的危机。像日本这样的国家，低生育率导致人口迅速减少，所以使用各种智能机器并不会导致社会问题，反而会受到人们的欢迎，直到机器人反叛的那一天。这不是开玩笑。我猜测，智能机器超越人类这种事情将首先出现在日本这样劳动力不足的国家，美国、亚洲和欧盟将会稍晚一些。到那时，智能机器人将会引发巨大的社会问题，这个问题将成为政治选举成败的决定因素。

为了驾驭未来的工作，个体需要变得更具创业精神，并应努力提高自身技能、教育和知识水平。人类需要拥有未来智慧以应对智能机器的崛起，而智能机器则需要有人来管理它们，机器能做的每件事并不一定都比人类做得更好或更有成本效益，这听起来很奇怪。我倾向于认为人类的工作应该比机器的工作更重要。无论未来会发生什么，机器是否会具有智能，我希望到 2050 年，人们仍保有工作的权利，一如今日。

FUTURE SMART

12

医学 2.0，从数字医疗到再生医学

MANAGING THE GAME-CHANGING
TRENDS THAT WILL TRANSFORM YOUR WORLD

我们可以设想一下，在未来人们是如何预防疾病的。在卡西迪出生之前，她的父母和医生就发现了问题，因为医疗机器人诊所向医生发出了提醒。医疗机器人诊所是一个自动化医疗诊断云网络应用程序，它可以采集婴儿母亲的DNA序列，可以运行大数据和人口健康模拟来更好地探查一个人任何潜在的健康问题。

卡西迪的PV45基因存在缺陷，这是她的妈妈升级手机时在苹果智能手表上进行自我基因测序时发现的，因此，他们必须迅速采取措施。这个基因携带突变基因，会导致免疫缺陷，使她在成年时易感肺癌。位于泰国生命中心（Vital Life Center）的医生机器人（docbot）通过移动网络与卡西迪的家人取得联系，并报告了预测结果。他们之前在泰国签署了“长寿指引”，并在亚洲领先的康民医院得到了令人满意的健康护理。

卡西迪一家人通过移动可穿戴设备联系了为他们提供健康护理服务的基因技术公司，当卡西迪还是一个胎儿时公司监测过她的情况，所以这家人已经确诊女儿的病情，并开始研究对女儿进行治疗的基因治疗模型。该公司正在模拟一种定制基因疫苗，让卡西迪在出生前就得到治疗。需要指出的是：在这一未来中，预测性基因治疗已成为预防疾病的标准手段。

如果没有这种基因治疗，卡西迪的一生将伴随着罹患免疫疾病的风险。但现在，她有更大的概率摆脱癌症的摧残，过上正常、健康的生活。当她还在母亲子宫中时，医生为其做过基因测序，没有发现其他易感染的疾病。因此，她获得了一次远离疾病、健康生活的机会——一个崭新的开始。

预测医学，医学进化的 10 大趋势

如今的医学主要是事后反应性的。大多数时候，我们是在生病之后才去看医生，除非发生意外或进行体检，人们很少主动去就医，当今看病方式也是非常原始的。你病了，得了皮疹或感冒，然后就医，医生首先要做一些测试来评估你的问题，但这本身就成问题：当你不得不去看医生的时候，你已经生病了。因此，这种医疗是反应性的，不是预测性的。

接下来会进行大部分诊断，为确诊你的健康问题进行各种检测，可能需要几天才能提供结果。到那时，除非医生可以快速诊断你的病情，否则你仍可能遇上麻烦，因为疾病是在发展的。

我们目前还没有有效的工具来发明原子或基因水平的治疗疾病所需的药物。事实上，今天的医学很少能预测你的健康状况或者你什么时候可能会生病。关于预测疾病，我们的能力还相当欠缺，所以我们只能等到生病时才去看医生。想象一下，如果我们有预测和预防疾病的工具，情况将会多么不同。 想象一下，这将如何改变医学的本质。

这就是我们即将前往的未来。当医学领域获得未来智慧时，一切都会改变，不仅是我们的健康和生活质量会得到提高，我们的社会、经济和文明也将发生改变。当本章描述的改变趋势都变成现实时，能够阻止、预测、预防疾病，使我们身体和心灵获得再生的未来医学就在不远处。

目前的关键问题是，医学仍然处于原始的发展状态。我们没有工具来帮助自

已充分了解疾病从哪里开始、它为什么发生以及最重要的如何阻止它。对于神秘的癌症，虽然我们不会称之为“瘟疫”，但它导致的死亡人数相比于瘟疫却有过之而无不及。现在，由于更好的卫生条件，对细菌和抗生素的了解，公共卫生领域在 100 多年里取得了巨大进步，挽救了无数生命。在几代人的时间里，手术和药物方面的技术已经有长足的发展。

然而我们才刚发现预测、预防和新医学的力量，比如干细胞治疗、生物打印和基因组学的萌芽。我将在本章中对此详述。我们需要在很短的时间内，从原始进化到复杂。

FUTURE SMART
预见未来

未来医学的 10 大趋势

- 医学模式发生根本转变，从疾病到预防、再生和长寿，这将使整个人类文明发生根本性的变化。
- 3D 生物打印将被用于种植器官，这将催生一场医疗革命。
- 治疗和预防疾病的干细胞治疗技术将会开拓一个健康老龄化的广阔新未来。
- 机器人外科医生将在分子、原子和基因水平上进行相比于人类更精确的操作。
- 再生医学将提供身体和大脑的无限重建，进而改变人类的未来。
- 对个人基因组数据的获取和使用将永远改变社会，包括在安全、工作、犯罪、教育和医疗保健等领域。
- 通过生物强化实现的人类和技术的联合进化将延长寿命、提高人体机能和改善健康。
- 大数据科学、超级计算机和智能网络的融合，将实现疾病预测、模拟治疗和疾病预防。

- 数字健康、应用程序、移动技术和云计算将彻底改变医疗服务的提供方式，极大地提升医疗效率，将信息革命带入医院，创造更安全、更智能的消费者体验。
- 长寿医学将迎来一种发展人类潜能的未来科学，超越当今对老龄化的认知和生物学的限制。

医学上的几次革命打开了许多新疗法的大门。

第一次医疗革命——重组 DNA 技术。让研究人员第一次“分割和拼接”DNA，用新的方式给基因排序，从而使制造药物或了解基因在疾病中所扮演的角色成为可能。

第二次医疗革命——基因组学。它允许研究人员快速测序并操纵基因序列信息，从而解码 DNA，解开了生命的图谱。重组 DNA 技术和基因组学促使许多当今领先的生物技术公司成立。基因组学仍在继续改变医学。

第三次医疗革命——医疗大数据。使用技术来更好地了解疾病的大数据特点，调查疾病模式和人口健康，了解地理医学和利用人口健康数据。这不仅使我们了解了疾病，还帮助我们发明了新的医护模式。它帮助我们使用数据，利用 DNA 和其他诊断，为个体建立个性化的医疗计划。

第四次医疗革命——数字医疗。使用移动技术、应用程序和电子病历记录，通过各种网络连接、iPad 和可穿戴技术以及互联网技术提高效率和安全性，改善医疗效果并促进医疗服务提供者之间的协作，来提升人类健康水平。

第五次医疗革命——再生医学。这也有可能成为生物技术的下一次重大革命，并大幅延长人类寿命。由于人类胚胎干细胞的发现，再生医学因此有潜力在基因层面制造成任何人类细胞类型，用于治疗退化性疾病（degenerative diseases)。干细胞将用于开发定制化新药、器官和治疗。预计这次革命的发生时间为 2020—2030 年。

第六次医疗革命——健康增强。通过应用预测、预防和治疗来增强我们的健康，升级我们的免疫系统，抵抗疾病，增强我们的认知功能，优化身体强度和器官功能，刷新大脑的神经可塑性，提升记忆力和思维敏捷性。预计发生时间为 2030—2040 年。

第七次医疗革命的重点是延长寿命和抗衰老。这或将使人类的寿命远远超过 100 岁，100 岁是自然进化来的寿命。延长寿命需要使用上述所有方法，但侧重于用基因治疗来设计进化，兼顾长寿和抗病性。经过第七次医疗革命，我们将进入一个新的未来，一个使用纳米、生物、神经和数字技术来实现健康、有活力的生活的未来。预计发生时间为 2020—2050 年。

医学 2.0，用健康增强重新规划人生

你想多活 50 年吗？你想彻底根除困扰你或你亲人的疾病吗？如果能健康活到 150 岁，那会如何？如果你的记忆力能够得到强化，记住所有美好的东西，甚至能够过目不忘，又会是一番什么样的景象呢？如果你能拥有一个免除任何疾病的健康人生，你愿意付出什么代价？所有这一切，甚至更多你想不到的，都会随着未来的医疗革命的爆发而到来。医学将从疾病护理（在你生病后得到护理）巨变成生命延长（疾病预防和健康增强）。

未来医疗正快速地来向我们走来，届时，一切都将不同，这将会带来一个巨大的全球性的医疗和健康护理的转型，但很少有人意识到这点。将来，不再是你有了问题去找医生，而更多的是预防疾病，甚至基于健康增强来规划你的人生。这就是医学 2.0，远远超出任何人的想象。未来已经在今天萌芽，但和 2025 年及之后的情况还相差甚远。

医疗的彻底转型缘于人类的终极欲望——长寿，换句话说就是，人们都渴望拥有健康和长寿的生命，甚至拥有多次生命。医学的进步将会延长人的平均寿命，但医学的真正突破将在于健康地走向老化和健康地强化身体。大多数人甚至医生读到这里，可能都会将信将疑。医学的快速发展将令所有人感到震惊，生物技术、再生医学和预防医学提供了创新成果，拥抱这一切吧，拥抱这所有人都期待的生命新选择。

我能够预测出这一趋势，不仅是因为正在不断爆发的新技术，还因为人们对这种医学的需求，后者才是真正的动力。谁不想活得更长、逃脱死亡，拥有更多时间与挚爱共度，拥有更多时间来创造或享受生活呢？谁不想拥有预测能力来提前知晓自己未来的健康状况；谁不想有能力增强、改变或调整未来的健康状况，从而让自己活得更久、更健康呢？

当这些医疗工具出现时，我们就可以达成更健康和更长寿的目标。我认为，这将彻底改变人类文明的轨迹。社会的发展和未来将由取得这些先进的人类增强技术、改变了整个医学领域的人来决定。欢迎来到医学 2.0 时代。

破解长生的奥秘

活到七八十岁，然后死去，我们一定要接受这样的“剧本”吗？换句话说，我们一定要接受死亡吗？关于人类的未来，一些激进甚至令人不安的想法已经浮出水面——根除衰老甚至死亡。在 21 世纪和 22 世纪人们将会对“谁能够长生不老”这一问题包含的复杂性和伦理，也就是谁生谁死的问题进行广泛的讨论。在一个充满颠覆式创新的世界里，这种困境是不可避免的。颠覆式创新意味着我们可以健康地增龄，活得非常久，有些人甚至认为长生不老也是可能的，虽然这听上去近乎荒诞。

在某种意义上，未来即现在。如果你已经超过 40 岁，每天服用药物预防或治疗高胆固醇和高血压，那么我们可以预测，你已经消除了30%～40%的心脏病或中风风险。如果你还不吸烟、喝酒或乱用药物，或者没有明显超重，那么你患疾病的风险又减少了30%～40%。

通过健康的生活方式加上服用药物来管理心脏病风险，你获得健康和长寿的概率可能将增加60%。但如果你的生活方式和工作环境给你很大的压力，同时你的基因还携带着某种遗传病的风险，那么这无疑会影响你的健康和长寿的概率，但仍然比那些不采取任何措施的人要好一些。

我想说的是，今天我们已经可以看到，缓慢、新颖而实质性的科学创新正在逐渐出现，这些进展能够改变医学，进而改变人类文明。你会喜欢这样的未来，并要求进入这样的未来，而且你一定会得偿所愿。

创新的大爆炸对医学产生的改变是地球上最激进的革命。在2025年或之前，正如我们所知，医学将完全改变。今天的我们已在目睹医学的深刻改变，在这种变化中，科学远远超过了政府的作用，只有未来智能经济才不会对医学创新形成掣肘。

干细胞科学已经取得了起步，新发现将遍地开花。再生医学将在2025年左右改变现状，届时医疗观念将会被彻底改变，不使用干细胞来再生和康复人类将是不道德的。

开启再生医学时代

传统医疗即将走向终结，这意味着我们现在在医疗中采取的一切模式都必将改变。新型医疗即将出现，甚至一场有关医学新观念的变革也正在酝酿中，从疾病治疗到疾病预测，再从预测到预防，这是这场医疗革命的内容。最终，旧的医学终结

来自2025年的新闻头条

通过无线诊断扫描发现疾病

产前DNA测序所需的儿童基因组疫苗将会免费供应

之时，则会迎来医学的重生——再生和长寿医学。

这将迫使医学院校、医院、医生以及政府重新配置资源，我们需要培养新一代的医疗技术人员和医生来应对公共卫生和健康，而不仅仅是疾病。当你可以预测个体或人群的健康时，就可以防患于未然，改变结果。

这一激进理念在现有科学水平下还无法完全实现，但在未来的 10～20 年内，我们就能够彻底地将医学转型为能够提供疾病预测和预防服务。

再生医学这场医疗革命的核心内容是许多其他物种都已经具备的一种能力。比如，蝾螈和海星失去肢体或尾巴时，能够通过细胞天生的编程能力来恢复它们。

人类正在学习这种再生机制的工作原理，我们已经锁定了一种拥有这种转化潜力的特定类型细胞——胚胎干细胞。这些细胞可以长成人体内任何类型的细胞、组织或器官。

这是人类向前迈进的巨大一步。解开这个谜团将会使大多数疾病最终被消除，但也会导致一个令人不安的可能结果——人类寿命更长，甚至长生不死，出现拥有增强智力和增强免疫的超能力。这可能是一种倒退，可能帮助或伤害人类，或者更有可能两者兼具。

你可能会问为什么？今天，治疗疾病仍然是医学的重点，医生经常接受培训学习疾病管理，比如如何理解、治疗、开具处方和处理疾病。但医学应该关注健康，这和关注疾病正相反，因此并没有人教授或培训医生医学应该关心的是什么。医生都了解这一点。但如果你问医生，他们会说："当然，我的工作就是治愈你的疾病。"医生

来自 2035 年的新闻头条

用于增强记忆的纳米植入物将会储存记忆

Autodesk 的生物打印机被销售一空，供不应求

苹果公司的 iPersonal 健康监测器预测你的健康

健康增强市场价值 2 万亿美元

把关注点放在了疾病上，这一隐含的关注点很大程度上决定了医学最终会走上歧途。

不用担心，再生医学是医学的未来。那么，还有其他类似的创新吗？当然，基因工程、转化医学、数字健康和大数据都是关键的医学趋势，但没有任何一种能单独改变医学。再生医学，即干细胞的治疗和使用将改变医学，并挽救无数生命。

干细胞分为两类：胚胎干细胞和成体干细胞，其中潜力最大的是胚胎干细胞。干细胞是一种万能治疗剂，是一种通用的治疗方法，在击败疾病方面具有最好的效果，同时它也是构建身体的基本模块。

干细胞可以被重新编程，长成特定的健康细胞，当添加到患病的心脏、肺、肝或肾上时，它们就能长成新的细胞，它们会再生新的健康细胞、组织和器官。如果你希望长生不老或只是想免受年老和疾病的折磨，那么你应该关注干细胞技术的发展，因为这非常关键。

有 5 000 多个临床试验正在研究干细胞的治疗，这样它才能被真正用于治疗残疾、功能有障碍以及患病的人群。再生医学将永远改变患者的健康状况，在新医学中脱颖而出，赋予无数人以健康和长寿。

比人类更“人类”的人类

在圣地亚哥的世界干细胞峰会上，我遇见了许多领先的研究者，他们正在研发医学的未来。美国、亚洲和欧洲使用干细胞的主要临床和研究中心证明了这种技术的发展速度有多快。哈佛大学、梅奥诊所、圣迭戈大学和其他机构的领导者报告了自 2004 年以来使用干细胞治疗取得的突破性进展。肝脏、眼睛、心脏和各种患病器官，正在通过干细胞得到“再生”，并生长出健康的组织和器官，包括免疫系统修复和

来自 2025 年的新闻头条

生物模块让你更聪明
智能药物现已经推出
人类机能增强相关的就业大爆发
3 级认知增强岗位求贤若渴

再生。我们可以看下目前这些器官的价格。

◎ 肾脏：保险内免费。

◎ 心脏：1 500 美元。

◎ 膝盖：400 美元。

◎ 肝脏：500 美元。

◎ 肺：800 美元。

事实上，大多数人没有意识到巨大的社会变革即将来临，彼时我们不仅可以修复细胞或器官，而且可以彻底消灭许多疾病。大多数人没有意识到一场全球性社会变革即将到来，那就是：我们将成为获得增强的、进化水平更高的人类。

再生医学代表的迅猛转变不可低估，我们将会消除大多数疾病，延长寿命，用一种战争、经济或技术之外的独特方式改变全球权力的平衡。有些人相信我们会消除衰老。我们可能正在目睹医学的终结，医学的核心目标是消除疾病和促进健康，当这一切都实现时，将会发生什么？这正是传统医学的终结，也是医学即将迈向的新时代——再生、长寿、替换。目前这种彻底的新科学尚不存在，但必将存在于未来。这些现在听起来遥不可及，因为这是一个预测，但也是本书的核心——奇妙的趋势来得如此迅速，影响如此深，所以很少有人能够为之做好准备。

读到这一章的人不可能不想为飞速到来的未来做好准备。任何行动与这场变化相比，都会显得极其缓慢。医学领域的变化比任何变化都更好地描述了未来智能。彻底的改变、大规模的创新、新的工具和奇妙的新发现正走出科幻小说世界，变成现实，其速度超出所有人的想象。

再生医学的目的是通过使用自己的细胞来刺激自愈能力，这是一个完整的循环，最重要的是，这是历史上第一个真正能够帮助人类延长寿命的技术。例如，使用来自个体本身的干细胞来治疗自己，这已从本质上区别于我们目前的医学所做的一切。

用新生长的器官重建人体将会以革命性的方式改变世界，但这样的未来比你想象的要来得更快。有人认为再生的极致将是永生。寿命延长将成为一种可购买的商品，器官、组织以及最终的人体重建将成为未来最大的产业。到时候可能会出现一种激进的生命形式，由于医学的快速创新，那时的人将不再被认为是“人”，而是“后人类”（posthuman）。后人类指的是那些心理、生理和感知能力得到强化的人类，他们已经超出了普通人类的范畴。

相比于我们，后人类得到了彻底的增强，他们与我们完全不同，甚至对我们来说全然陌生。一些国家需要建立法律约束后人类，保护自然人免受增强人类的伤害。国际立法将确保人类基因库和旺盛的杂交进化不会破坏人类的生物物种和社会本身。

这是全球科学和法律政策的一个重大课题，将会影响人类和文明的遥远未来。我们通过思维、身体和基因的科学增强来促使、指引并加速人类进化的能力，将是我们无法抵抗的诱惑，这将是人类文明的一个重大转变。

增强人类将发挥更大的工作潜力，处理更复杂的工作，思考和行动的速度更快，更能清晰地感知机会，比正常人类更准确地处理问题和信息。基因和认知功能的增强，甚至人类生物学与计算设备或网络的融合，将在破土萌芽的后人类发展中发挥重要作用。这些后人类可能会展示出直接且无线地与计算机、机器或网络进行连接的能力，并用一种我们称之为超前性（advanced nature）的速度和能力进行精神和物理的操作运行，这些将远远超出今日人们的能力。

来自 2030 年的新闻头条

价格合理的 3D 生物打印
纳米复制器 ——无论何种器官，无论大小几何，都可以复制
利用谷歌 Mind 上传人的记忆
长寿保险：你将享受永生

这一预测将成为现实，不仅因为我们有足够的洞察力和技术去从根本上改善人类，也因为社会需要这样的后人类来解决我们所面临的复杂问题和挑战。谁会否认

气候变化、新能源、贫困和战争等这些我们目前面临的复杂问题，能使用先进的计算机、人工智能或超前的人类来解决呢？也许这就是后人类的将来，它在不远的将来等待着我们。

也许人类的命运是注定要利用人类增强以及智能机器真正创造出一个更美好的世界，一个更加公平、繁荣和安全的未来。这是人类和技术渐趋融合的意义和目的。目前还没有足够的法律、道德、自由、和平与安全来引导这些正在迅速接近人类文明的神奇的科技创新，我们会被这些“闪亮的新事物”迷惑双眼，这也会导致难以预料的风险，而我们应该对此有所意识。

健康云和健康大数据

在不久的将来，实时诊断以及诊断的速度和精度将改变医疗健康状况。对于许多健康问题，医生一旦获得患者的正确信息或症状，便可解决。用正确的测试来捕获关于人体情况的正确信息，并将这些个性化信息准确地传递给正确的专业人员，这对医疗的未来至关重要。

大多数医疗将通过无线云计算网络交付，无论我们身处何地，保健服务都能通过无线传输给我们。事实上，医疗全球中心（Medical Global Center）能够传输医疗健康信息，诊断并接受巨量的患者信息、X 射线，甚至药物和医疗手段信息。医学的未来将基于无线健康云，它绑定了最好的人类专家、计算机和人工智能，可以实时为全球 80 亿人提供开处方、诊断、预防及治疗疾病的服务。

未来的电子健康 App

一个名叫莫妮卡的 App 会成为你的个人健康管家，监控你的饮食、药物，并持续更新你的健康信息，这个 App 将具备以下功能。

◎ 健康心脏扫描——实时心脏监测。

◎ 饮食设计——领先的基因食物交易。

◎ DNA 更新——关于你的 DNA 状况的各种消息。

◎ 电子药物简讯——实时远程医疗连接定制化医护。

◎ 儿童健康保姆——监控所有关于孩子的健康信息。

◎ Siri 医疗侦察——针对个人医疗信息的人工智能决策支持。

◎ DNA 交易商——可以购买定制化的基因疫苗、研究和解决方法的网站。

◎ 医疗增强——提供有关大脑和身体增强的药物和设备的领先信息。

4 个潜在就业机会

除了医学职业将发生改变，医生的工作也将永远地改变，最大的变化将来自医学专家中出现的新职业，从事这一新职业的人将以非医生的身份直接服务患者，以下是医疗 2.0 时代潜在的新就业机会。

◎ 健康大数据程序员。

◎ 个人心理健康顾问。

◎ 再生健康专家。

◎ 寿命延长项目领袖。

◎ 人口健康预报员。

◎ 基因组疾病研究者。

◎ 寿命延长经济学家。

所有来自医疗 2.0 时代的企业家要注意了，要加入这场医学革命，你需要知道的是：首先，医疗 2.0 时代的企业家或创新者不一定非得是医生，但你一定要知道未来将发生什么，知道决定新市场的各种趋势。这些领域的创新将催生大量新企业；其次，在识别、管理、包装和信息分析、医学信息学等领域，将涌现出无数新机会，使医疗水平得到巨大改进。这将是史无前例的。

1854 年在伦敦流行的那场霍乱促成了数据分析领域的突破，因为人们需要知道患者是谁，传染源在哪里。最终人们成功隔离一处公共卫生源——伦敦苏豪区的一个水泵，这里是这场霍乱的来源。这种数据分析的重点是疾病，采用了完全不同的思维方式——疾病地理学，即谁生病了，他们住在哪里。

今天，我们通过地理情报测绘以及了解基因组学、地理学、神经科学和其他学科，开始解开疾病的源头。但在未来，随着工具的大大增加，我们能够知道疾病来自哪里，无论生物、环境、基因上的成因，还是行为上的成因。而且最重要的是，我们将专注于健康、疾病预防和健康增强，这是即将到来的未来智能的突破，它将重新定义衰老、健康和疾病。我们将有更多的生活方式可供选择，面对一个可以轻松活到 150 岁的世界，你准备好了吗？

更智能的诊断

一种分析皮肤癌的前沿创新已被开发出来，这种方法不必进行活体组织检查。这种手持工具由 MelaFind 开发的一种光学扫描仪，医生可以利用它提供更多信息，并确定是否需要进行活检，其目的是减少给患者造成不必要的活检瘢痕，也有利于消除不必要的程序成本。

MelaFind 使用的技术是来自美国国防部开发和资助的导弹导航技术。这种技术可以在 10 个电磁波长下，光学扫描可疑病变的表面，使用计算机算法处理所收集的信号，与注册在案的一万个黑色素瘤和皮肤疾病的数字图像进行比对，帮助医生做出更好的决策。

依靠生物传感器进行自我护理

我们都知道，糖尿病的自我护理非常痛苦，这种护理需要每天频繁地抽取血液进行血糖测试，并进行胰岛素注射。为此，Echo Therapeutic 公司发明了一种附有生物传感器的贴片，这种透皮生物传感器可以穿过皮肤读取血液分析，不需要抽血。在一个类似手持电动牙刷的装置的帮助下，只移开一点顶层表皮细胞，把患者的血液化学物质置于内嵌在贴片中的生物传感器的信号范围内，这样一来，就能将疼痛感降低到最小，结果也更优化。

你的机器人医生

远程机器人技术被用于为美国的农村地区提供健康防护，将人们与医疗中心和专家相连接。远程医疗已经成为在紧急情况下进行分诊和评估的工具。新的移动机器人现在可以例行查房和探望患者，即对不同病房的患者进行检查，管理他们的个人图表和生命体征，这一切都无须直接的人为干预。由 iRobot 公司和 InTouch Health 公司共同生产的 RP-VITA 远程机器人是第一个获得美国食品药品监督管理局（FDA）批准的自主式导航机器人。

使用纳米管实施救援

谁能想到，15 岁的杰克·安德拉卡（Jack Andraka）在 2012 年发明的一个快速而廉价的测试有一天能够被用来监测胰腺癌？该测试使用碳纳米管，上面搭载的抗体能够与胰腺癌患者血液中发现的一种蛋白质——间皮素（mesothelin）发生反应。只需一个廉价且无创的早期检测，这个简单的测试就可以挽救生命。

沃森医生为你服务

IBM 最雄心勃勃的项目是著名的沃森机器人，该项目以 IBM 创始人沃森的名字命名，是 IBM 对未来的投资，或许也是对人类的未来投资。这是一个 10 亿美元的计划，一种被称为“认知计算”的超级计算将对文明产生重大影响，IBM 决定从医疗领域开始实施这项计划。

IBM 认为，沃森可以通过分析医学大数据，也就是目前尚未解锁的数百万的研究报告和患者的记录，从中找到最佳治疗方案，进而改善医疗效果和降低成本。

IBM 与领先的医院和健康护理机构合作，将沃森融入医疗保健领域。不过，关键的一点是，沃森必须先领会医疗服务的意义所在。目前，沃森正在不断学习与进化，并将能够提供有助于诊断的实际决策。这是一种相当非凡的可以诊断疾病的“计算机”。

沃森首次宣布时，媒体甚至医生都公开表示质疑：“超级计算机不可能具有诊断人类疾病的能力，这太荒谬了。”然而，这正是医学的未来。我预测，沃森这样的超级计算机将会被用来备份档案并提高医生的决策，最终在没有医生情况下，沃森也能进行诊断，并设计和提供定制化的治疗方案。

沃森基于一种新型的超级计算机，能够对比 TB 级的数据、海量的研究和疾病信息，因此它可以学习如何治疗疾病。教超级计算机如何自主思考是一个令人敬畏的目标，其影响之广将远远超出医学的范畴。我预测，我们将会构建下一代思维机器，它将比人类更快，甚至更胜任多种工作。在医学中，沃森正在学习并进化成一位“盒子里的医生”，而这正是它的目标。

在医学领域，人类已经犯了太多错误。仅在美国，每年就有超过 10 万人由于误诊和治疗措施不当或是用药问题而死在医院里。在美国这个数字还很低，在全球很可能要多于 1 亿人。随着医疗科技的发展，每个国家的每个人都可以从中获益，它能及时给病人提供正确的药物或治疗措施，减少错误。可以说，数字健康技术可以挽救整整一代人的福音，因为它可以挽救几十亿人的生命。

及时得到正确的医疗信息并将其传递给那些需要它的人，这样做我们就可以改善 10 亿多人的健康状况。随着人口的增长，地球的人口将在 50 年内新增 10 亿～ 20 亿人，医疗的进步会使 30 亿～ 50 亿人变得更健康，或者活得更久。

沃森正与得克萨斯大学的MD安德森癌症中心（MD Anderson Cancer Center）合作，来建立一个在线工具，帮助给出最好的癌症治疗建议。沃森将通过分析与患者相关的数据进行学习，对不同的癌症，不同类型患者的基因组、电子病历、人口地域、年龄和健康状况进行最有效的分析。这种通过数据挖掘——或者我们在未来所谓的寿命医学而得到的信息量，是今天的任何一个医生或研究者都无法分析或者无法以较低成本分析得出的，就算可以，现在的分析也是不完整的。

FUTURE SMART
预见未来

2025年的新生命生物增强服务

- 高认知：快速回忆能力；来自诺贝尔奖获得者DNA的高智商插件，对工程师、科学家和发明家有益。
- 身体提升：可以添加到任何遗传包，在出生前插入基因组效果最佳，能增强运动能力。
- SmartX：一种可吸入纳米装置，搭载的程序可以在疾病出现之前寻找和压制疾病前期表现至较原始水平。
- 深度思考：对复杂理念、理论、哲学结构的语言、逻辑和概念化能力的增强，从而实现更高层级的认知问题和解决问题的功能。
- Transcend（超越）：一种能够促进人机器协作的定制化药物。
- INSync：一种通过释放激素来增强人的情绪的关系型药物，使你与合作伙伴能够进行更深入的沟通和协作。
- RelaX：让忙碌和紧张的A型人格在一天结束时得到放松。

到2025年，沃森将会成为认知计算机领域的先锋，这类计算机学习了大量的医学知识。最初它们是向医生提供建议，然后帮助患者，最终，沃森会在有医生或没有医生的情况下，对患者做出诊断、治疗和手术，进而成为“超级医生”即所谓的“盒子里的医生”。

沃森之类的计算机将成为超级智能，即基于进化计算、虚拟智能的真正的网络智能，为人类提供卓越而非凡的服务，解决我们面临的最大挑战。一旦有人设计、构想并创造出这些超级医生来，就将超越医学领域，塑造一个颠覆性的未来。

医学将在不久的将来被这些智能机器改变，它们将在诸如因特网之类的网络上通行，向世界人民提供医疗保健和治疗服务，“盒子里的医生”将随时待命，为全球数十亿患者提供保健、诊断和治疗服务。沃森是迈向创建智能认知机器的旅程之起点，人类将在智能认知机器的帮助下向前演化。

更多的创新将塑造未来 5 ～ 10 年的医疗，其变革将超过此前 100 年的变化。对于这些快速到来的趋势和机会，你准备好了吗？如果我想找一个新的、令人兴奋的、充满活力的行业，一个在创新方面具有快速改变和赚钱机会且能成为职业的行业，我将会认真考虑医疗行业。事实上，正因为我在《指数型商机》这本书中预测到的这些未来的诸多可能性，我已经投资了生物技术领域。

我们可以再设想一个场景在东非狩猎旅行一直是斯科特的梦想，2028 年年初，他和几个同伴从学校离开，踏上了旅程。在第三天，他摔伤了膝盖，韧带受伤了。

然而，斯科特所在的地方没有医生，距离医院 480 多千米，无法安全抵达那里，他遇到了困难。幸运的是，他是全球医疗网格的患者，该虚拟医疗诊所设在旧金山，在全球 30 个国家都有医生全天候在线。

来自 2025 年的新闻头条

研究表明消费者更喜欢虚拟医生

关于数字医疗和患者的皮尤报告（Pews Study）称，超过 80％的被调查患者更喜欢数字医生的护理和临床态度，而非人类医生。美国医疗协会的舒尔茨（Shultz）医生说：“数字医生的情商、护理、亲切程度以及熟练程度再次表明，我们在制造完美医生方面可能已经走得太远了。”数字医生协会（Digital Doctor Association，DDA）发表声明称，数字医生期待与人类医生和患者密切合作，共同打造一个健康的世界。

当时，所有设备如手机等都已经可以联网，所以他能够联系到医生，医生迅速分析了斯科特传给他的图片，并通过斯科特智能手机上的应用程序对其膝盖进行了传感诊断。传感器显示撕裂不严重，但需要立即做手术。

“不用担心，”医生说，“医疗无人机带着你需要的外科机器人已经在路上了。”

在 45 分钟内，医疗无人机到达了斯科特所在的位置，把外科机器人贴在斯科特的膝盖上。医生说手术用不了多久，他会远程操作外科机器人，用无线接口的一种激光手术刀修复撕裂的韧带。因为是无线和无创的手术，所以斯科特的伤势很快就会恢复。两个小时后，斯科特重新回到了狩猎的队伍里。

一个汇集科学家和患者的秘密团体决定加快进入新领域的研究，而不是被政府监管掣肘。因此，增强技术应运而生，人们通过开发基因治疗、诊断、新药物和神经机械增强技术来对抗衰老，同时增强人们的智商。

这一全球性的投资团体认识到，干细胞和基因组学在增强人类认知、肌肉和生理功能方面的巨大潜力。他们的投资远远超出了政府的贡献，因此成了人类改善精神和生理属性革命的领导者，其中的一些成果甚至可以使人变为超级人类。

当下我们拥有重塑医疗的工具，我称之为医学 2.0，它实际改变了以往治疗和康复的本质。西医一直专注于治愈疾病，我们用药物或设备治疗疾病，有时就是切除病灶，这在大多数情况下效果都不错。比如癌症，如果可以通过手术切除或用药物、辐射杀死癌细胞，让患者挺过这场磨难，那该有多好。这是目前处理癌细胞最理想的方法，简单地说就是，治疗疾病就是治愈它或切除它。

现在想象一下未来的不同医疗。我们可以预测一个人体内的细胞何时会突然癌变；我们能够确定与癌症相关的基因；或者可以在一个人出生之前或之后不久就得到其健康情况，然后对其进行基因治疗，这样它就不会在未来出现癌变，从根本上阻止癌症出现。这是未来医学的一部分。

进一步想象，自动诊断医疗代理会每天通过无线扫描监控你的健康状况，它可以是一个云网络，也可能是一个手机应用程序，它会实时监控你的健康状况，向你的医生发送个人健康数据，然后医生会用超级计算机进行分析，就像你的朋友沃森，它能注意到与糖尿病类型相关的生物化学变化，比如你的血糖水平上升了，或产生了与心脏病发作相关的基因表达。

在那一刻，护理信息将通过无线网自动发送给你，确保你的健康受到保护，你的疾病在爆发和恶化之前将会被阻止，即使问题很严重，你也根本不用去医院。这就是未来医疗的趋势：使用无线和数字健康监测来预测、预防和治疗疾病。

长寿医疗是从疾病到健康、从预防到增强的进化，是向一种今天不存在的新型医疗的转变，因为今天的医生没有这样的工具和技术，或者由于观念的限制，他们仍被束缚在治病模式之中。不过，预防和预测正在慢慢进入人类的视野。

再生尚未超出实验阶段；人类增强只是实验阶段的黑匣子，尚非主流。对于社会主流而言，这幅未来图景在未来 5 ～ 10 年内都不会发生，但是有些拥有未来智慧的领导者看到了这一点，并充当了未来的先锋。

医疗领域的最后一个规则改变者将是设计进化，即医学、生物技术和进化生物学的相互交汇。到那时，我们将有能力改变人类的性能，而非仅仅提高性能。我们将能够超越简单的健康和疾病的范畴，实现改变人类身体构造和进化思想的宏伟愿景，以达到更高的生活水平甚至意识水平。

合成生物学是一个新兴领域，它主要是运用工程技术来设计和构建新的生物部件、设备和系统，以实现自然界中不存在的新颖功能或生命形式。合成生物学依赖基因工程、生物工程、系统生物学和许多其他工程学科，并且需要使用这些学科所提供的工具。对于医学而言，设计科学是一种全新的推动力。

快速可靠地设计多部件系统，使之走出实验室并成为一种可用于交易的标准化产品，这是现代技术能力的标志。生物工程师能否设计出与复杂的生物系统所拥有的类似的功能，还需要很多年才能断定，但前景非常乐观。

这种科学背后的愿景是，这些生物部件可以连接在一起，创造出细胞、组织或生物系统，以可预期的方式可靠地执行特定的任务。合成生物学家最终希望能够对细胞、细胞系统或组织进行编程，以执行特定的任务和功能。

科学家已经开发出能够更有效地合成或修改 DNA 大片段的技术，这标志着人们研究生物系统方式的显著变化，以及专家和业余爱好者操纵这些系统的能力的提升。

2010 年 5 月，克雷格 · 文特尔研究所（J. Craig Venter Institute）的研究人员宣布，他们在基因组学方面取得了将对医学产生重要影响的重大突破：他们制造出了第一个功能性、能够自我复制的细菌，并已在实验室内人工合成了其整个核基因组。这其实是第二步，第一步是人类基因组的解码，世界级科学家克雷格·文特尔（Craig Venter）[①] 领导团队通过绘制出自己的 DNA“破解了密码”。如果我们可以设计和生产人工细胞，那就意味着新的医学时代已经不远了。

人工细胞、器官和骨骼以及合成的 DNA 将被用于再生人类，从而击败衰老，催生长寿市场，这对人类具有巨大价值。在医学的新未来中，一个完整的医疗供应链被创建出来，致力于长寿、再生、人类健康和人类物种的医疗增强。正如我预测的那样，这将导致一个新文明的出现，不仅会消除大多数疾病，而且会从医疗上完全改变人类的进化，使人类能够活得更久、更健康、更聪明。

随着改变游戏规则的惊人创新的出现，2030 年的医疗将与如今的截然不同。

---

① 文特尔被称为“人造生命”之父，在合成生物领域走在世界的最前沿，他领导的团队制造出了世界上第一个人造细胞。且其经典著作《生命的未来》讲述了生命从双螺旋到合成生命的变化历程。该书已由湛庐策划，浙江人民出版社 2016 年出版。——编者注

纳米技术、生物科学、神经科学、计算机科学和量子科学方面的创新会促使医疗革命达到一个交汇点，更多史无前例的高速创新即将出现。

医学 2.0 时代的 7 大进化阶段

医学的演变会发生得比我们的预测更迅速。成人干细胞已被证明可以生长为器官；人工细胞可以治愈疾病；DNA 诊断提供了一张预测我们未来健康状况的地图；我们可以学习将纳米器件嵌入体内来施药，可以学习用基因疫苗来更新大脑，这就是我预测的医学进化路径图。在接下来的 25 ～ 30 年里，最后阶段的完成将改变整个医学的目标和实践。

医学 2.0 时代在未来 10 年内将会变得彻底不同，2019 年的医生，不接受培训就无法行医，但医学院校需要丢弃现有的教科书，重写课程，并将医学教育接入云端，以便实时更新课程，以实现下文将要讲到的医学 2.0 的 7 个阶段。

这里定义的医学将使用计算、药物、医疗设备和治疗的组合来诊断、预防和重建人体和大脑。一种建立在新发现上的新的综合医疗将逐步纳入医学，以便更好地了解如何强化人类和消灭疾病。

人类增强是指，在我们知道如何解决或治愈疾病之后，相同的技术将被用于增强、提高和发展人类潜力，从而使人能够在更高水平的心理和身体素质上，以远超今天常规表现的能力执行各项功能。

我设想的未来是，医护的重点从对疾病的关注转移到延长生命上来，最终实现人类的健康和长寿，让人不仅活得更久，而且更健康，更有能力发挥创造力、创新、发现和享受生活的潜力 。以下是医学 2.0 的各个阶段简述。

◎ 疾病管理：今天的医疗。

◎ 前瞻性分析：通过遗传学、数字健康诊断技术、可穿戴设备、数据、行为以及环境，理解如何预测和诊断疾病与健康状况。

◎ 个性化预防：在基因和原子水平上对疾病、自我保健重新编程，提高人的健康水平。

◎ 再生医学：用于恢复和再生健康的干细胞、基因治疗和纳米技术。

◎ 人类能力提升：增强人类潜能，开发更高层级的精神健康，增强活跃性和感知能力。

◎ 长寿医学：通过显著地延长生命，并通过药理和遗传学预防，人类预计最高可活到 150 岁。

◎ 进化设计：先进的合成生物学、遗传学和再生技术将最大化优化人类寿命，并实现行动力改善和认知增强，提升智力，增强人类控制能力。

到 2025 年，医学将发生彻底的改变，人类将得到提升，医学的功能将超越治愈疾病和修复身体。新兴的再生医疗技术将成为全球性趋势。科学突破不仅带来疾病的根治，干细胞治疗还可以用于提高人类的能力和寿命，国家、企业和个人都已认识到它的战略性竞争优势。

我不能确定所有这些细节都会在未来的医学领域快速出现，但我想强调的是，我们应关注那些改变游戏规则的东西，那些让趋势变得如此迷人和活跃的最大驱动力。

未来的伦理挑战

医学领域的发展关系到我们所有人。这么多趋势如此迅速地汇聚而来，未来的医学将惠及我们所有人，让我们更健康、长寿，同时，其中的创业机会也同样巨大。从数字健康到再生，从人体增强到新诊断，医学的未来正迅速地到来。

我试图传达的关键趋势是，当我们学会预测、消除和控制疾病时，我们的文明将从根本上被改变。当健康增强服务成为一种商品，并且寿命将大幅延长时，我们的世界将会变得多么不同！

我们将要面对的这些挑战迫使我们建立一套完全不同的规则：哪些人会被增强，哪些不会？增强的政治意味着什么，社会如何围绕增强展开竞争？

未来的伦理挑战将由医学开启，首先是治愈，然后是增强，而这将改变人类的进化。关于超人类主义的观念和辩论，在现在看来虽然很超前，但会变得越来越重要。合成生物学、再生、基因治疗，这些领域的融合将会把医疗变成比某种社会服务更有用的东西。

延长寿命、终结衰老，赐予人类以美与智慧的专业医疗技术将重塑医学。我们的文明将被永远改变，这比大多数人意识到的要来得更快，并将挑战我们现有的道德观，甚至我们想要创造的未来的概念。

我们将无路可退，只能选择走向强化，也许破解死亡，终结疾病，并利用这些创新改变人类的进化正是我们的命运。我敢说，医学在 2030 年和遥远的 2100 年将不再是今天的模样。今天的增强，是让人类用隐形眼镜去看世界，用药物去医治心脏疾病，用新的臀部和膝盖去支持运动，而明天，我们会拥有更多。

预测、预防、再生、增强、长寿是医学的新未来。

FUTURE SMART

13 终身学习，重新发明教育

MANAGING THE GAME-CHANGING
TRENDS THAT WILL TRANSFORM YOUR WORLD

10多年来，我所做的每一项调查都指向一个有关教育的关键事实：我们没有教孩子为未来做好准备。这一事实已经得到了很多人的确认，包括那些没有准备好就业的学生、找不到受过良好教育的人才的组织，以及每一个对自己所受教育产生怀疑的失业者。我们应该更好地帮助每一个人去应对迫在眉睫的未来，但如果不改变全球教育体系，就无法迎接未来挑战。

谷歌招聘员工的方案就是一个极好的例子。谷歌的招聘基于应聘者解决问题的能力、决心、意志力和勇气，以及好奇心和说服并影响他人的沟通能力。他们不在乎你是否毕业于顶级大学，他们想知道的是你是否善于思考、收集想法、做成事情以及解决问题，这与你死记硬背的事实和信息都毫无关系，最有趣的是，这和你去哪所大学更是毫无关系。**大多数新经济中的高科技企业都需要重新培训和教育自己的新员工，因为目前的教育和商业明显脱节：孩子们的所学并不是为了他们未来的就业。**

中国上海的学校在小学三年级就开始教学生英语，但在美国和欧洲，有几所学校会教中文？没有谁关心世界上最大的国家之一并为此让学生学习这个国家的语言。这很值得我们思考。

在美国，只有几所学校在教授机器人技术，但亚洲一些国家的几千所高中都在用美国制造的机器人来教授学生。

有多少学校像硅谷的黑客马拉松那样开展合作、发明新产品或寻找解决方案？有多少学校教授关于全球化和不同文化的方面的知识？有多少学校会教孩子如何成为企业家？有多少学校在教导学生拥抱新技术甚至创造新技术？有多少学校在努力激发孩子的创意和创造性，让他们成为动手能力很强的人、创客或创新领袖？

事实表明，我们做得还远远不够，我们迫切需要重塑教育，趁一切还来得及。

我们要让孩子成为拥有未来智慧的人，为未来做好准备，从而获得全球竞争力，找到自己想做的工作。若想在未来建立更加民主的国家，教育必须革新，以提升能决定未来的各种技能：全球化、创业、科技以及正在发生根本性改变的工作本身。

好消息是，已经有创新者在引领这场学习的革命，但革命的真正实践，需要全世界每个人的加入，包括父母、老师和孩子。我们需要接受挑战，重塑教育。当提到教育时，我们必须成为未来的游戏规则改变者，因为教育无处不在，关乎每一代人、所有地区所有阶层的人，关乎整个地球各个方面的进步。

然而，我们当前的教育并不能提供组织所需。我们的孩子们感到自己与工作的需求无法同步，企业不得不教育这些孩子成为有用的员工。这表明了当前教育存在的问题。

进入职场的孩子根本不具备企业所需要的写作、思考、动手、逻辑和技术能力，学习脱节的发生早在高中和大学之前就开始了。这是一个系统性问题，始于整个基础教育的起点。

商业世界已经发生了改变，教育却没有跟上。我们需要一场革命来帮助孩子应对未来，对于社会来说，没有什么事情能比教育下一代的领袖、科学家、记者、工程师、医生和父母更重要的了。在教育转型这件事上，我们只能成功不能失败，否则我们的下一代将在未来面前手足无措。

大规模的全球趋势已经影响到工作、经济、社会和权力秩序，这是教育必须改变的根本原因。全世界的求职者、招聘员工的企业、寻求资本的创业者、试图找到教育下一代劳动力方法的政企部门的领导者，都已经深刻体会到这一点。如果对这个核心事实认识不清，那么必将限制未来的繁荣发展。

未来人才的 10 个能力

产生于工业流水线时代的教育已经过时，且已变得无用和僵化、课程老旧，这是属于过去的教育而不是未来。最重要的是，我们目前的教育不是向前看的，它没有帮我们为未来做好准备，也没有教授未来智慧。接下来，我将进一步探讨如何以及为什么要改变教育。

好消息是，新的线上合作学校、线上游戏和互动课程已经带来了一些进步和创新。首先，在探讨未来之前，让我们先看看当下的教育出了什么问题。

当下的教育没有帮助我们为未来做好准备，它无法教会学生如何发明、创新、合作，以及最重要的，学生在现实世界里需要理解的各种观念，比如全球化、外国文化、技术与商业。当下的教育无法让孩子在面对持续改变的世界时做到未雨绸缪。

上述这种情况适用于所有层级的教育，从幼儿园到研究生学院。商业、科学和技术领域都在革命，唯独学校在抵制和逃避改变，而不是拥抱变化。美国学生的数学和科学成绩都排不进世界前 20 名。大约 1/3 的男生高中毕不了业。大多数的老师都在培育属于 20 世纪的而不是面向未来的人才。流水线式的工业思维主导着整个教育行业。

这也是一个全球性难题。大多数国家都面临类似的挑战：如果不改革教育，我们该如何让下一代做好应对未来的准备？我们需要一场全球性的教育转型，在所有国家的所有阶层，以支持方兴未艾的新未来经济。合作、全球化、可持续、科技、创新和游戏化，是我们需要的新教育模式。从幼儿园到研究生院校，这种新教育模式可以为我们的孩子们赋能，使之能够在 21 世纪更好竞争与生存。让我们从这个目标开始。

个人和社会要在全球经济中进步、提高、发展、创造和竞争，学习是核心所在。虽然这是事实，也没有人会否认教育是进步的关键，但我们今天所谓的"教育"，恰恰不具备未来智慧，它没有传授给学生产生构想、解决问题或推理未来的能力，更没有催生创新，而这本是教育的职责所在。

教育的模式、方针、内容和课程设置都需要彻底改革，使其变得对学生和社会有用。我们需要重新发明教育。当下的教育不具备适应性、灵活性、创新性、前瞻性思维和远见，没有帮助学生准备好应对颠覆性技术、新商业模式、彻底改变的经济和多元文化所带来的动态的、不确定的、复杂的未来，教师也不是为了未来而教授，或者说没有与市场甚至当前市场上的工作需求同步，而是基于过往的经验而教授，但这些经验往往都已经过时了。教师和管理者虽出于好意，却抵制变化，固守传统的教育理念，按照几代人之前而不是今天的形势来开展教学活动。

100 年来，正规教育一直基于这样一种思维：学校和大学的教育是以教育者认为学生所需要的，而不是学生自己认为所需要的，或雇主所需要的东西为基础。这并不是说我们不需要学校和老师了，而是说我们需要彻底地重新定义、思考和设计教育。时代已经变了，教育却没有改变，所以我们应该马上调整。

FUTURE SMART
预见未来

每个人都需要知道的 10 大未来技能

- 会说一种外国语言。
- 解决问题的能力和逻辑思维能力。
- 管理复杂信息、知识和数据的能力。
- 以书面、口头和数字形式进行有效沟通的能力。
- 设计数字商业战略的能力。
- 了解全球化。
- 成为高科技达人。
- 与不同文化团队打交道的能力。
- 学会编码。
- 了解如何成为一名企业家。

结束后视思维的 10 个建议

如果你专注于我所谓的后视思维方式，你就无法到达未来。后视思维即只思考已经发生了什么我们确知的过去是什么的思维方式这种思维假设，未来的现实框架、规则、行为、经验、模式和理论与过去相比不会发生变化。这并非预测教育或其他任何事物的正确方法。

快速的变化、加速的趋势、奇妙的技术、新的范式、颠覆性的商业模式、高速的创新……看看你的周围吧！你会发现我们生活在一个不断出现爆炸性变化的时代，一个需要改变游戏思维的时代。

FUTURE SMART
预见未来

塑造了未来教育的颠覆性趋势

- 教育必须让学生准备好在复杂且竞争激烈的全球创新型经济中竞争。

- 未来技能缺口，教育供给与商业、市场和就业技能需求之间的缺口必须被弥合。
- 每个人都必须学会如何成为一名企业家。
- 教师需要成为未来规则改变者，学生需要重新接受教育，以跟上教育的未来，进而适应未来。
- 学习领域的创新，比如数字工具、游戏、模拟、虚拟世界和基于项目的合作都指向教育的未来。
- 作为一门新的教育学科，知识科学将在未来的经济和社会中帮助每个人为繁荣发展做好准备。
- 除非进行彻底的教育变革，提供更多的知识型人才，否则将有更多的工作岗位出现空缺，特别是全球的知识型职业。
- 增强现实、可穿戴计算机设备会让你参与实时在线学习，这些将改变未来的教育。
- 由学习者开发的教育——自主学习，将为个人创造新的教育选择。
- 智能云网络，将通过移动手机、笔记本电脑和平板进行教育广播，强化实体学校、教科书和教师的教学成果，甚至取而代之。

下面列出了一些拥有全新教育模式的公司，这些公司将帮助学生准备好迎接新的未来。

ALVAEDU

我的一个令人惊叹的客户 Alvaedu 正在重新发明教育，它正在通过使用云计算和交互式网络程序开发来重塑大学的教育，教授教师如何动态地创造课程、使用课程。他们的程序利用了一种创新软件技术 CourseFlow，这是一种高度创新的线上课程开发应用程序，能够实时创造、存储和发送课程给全球各地成千上万的学生，支持他们按需进行学习。

发明者和公司创始人蒂姆·劳德米尔克（Tim Loudermilk）是一位有远见的教育家，他是一个未来的游戏规则改变者。作为首席执行官，他不断鼓励团队和学校更快地创造未来，让学生为了一个即将到来的更复杂且更具挑战性的未来做好准备。

LEARNZILLION

LearnZillion 利用一套免费在线课程帮助学生和教师为成功做好准备。他们的平台最适合 2 ～ 12 年级的学生，且向他们完全开放。他们专注于制作数学和英语课程，而且都是免费的。

UDACITY

Udacity 是一个针对前沿科技的在线课程，正如他们所说："弥合学术和现实世界技能之间的差距。"来自领先高科技公司的专业人士将在线传授课程。

SKILLSHARE

Skillshare 按月收取低廉的费用，系统里有来自全球的行业领导者做学生的老师，学习的重点不是获得学位，而是现实世界的知识。

可汗学院

可汗学院的使命是"为任何地方的任何人提供免费的世界级教育"，他们确实是这样做的。这家学院是由萨尔曼·可汗（Salman Khan）在 2006 年创立的最早且至今仍最重要的公司之一。课程涵盖各个科目，主要是数学和其他科学，全部可以免费在线使用。

SHOWME

ShowMe 可能是最具创新性的技能分享社区之一，它提供了成千上万种主题的课程，由社区里的教师使用在线视觉制作平台 ShowMes 开发设计，人们可以通过一个手机应用程序轻松下载这些课程。

奇点大学

奇点大学是一个鼓舞人心的学习试验，是一所由我和一群未来学家及技术专家建立的大学。它坐落在加利福尼亚州的美国国家航空航天局艾姆斯研究中心内。我曾在其创始咨询委员会任职，并担任未来和预测跟踪小组的联合主席。奇点大学填补了大学毕业生和职场人士之间的鸿沟，它教授科学和技术方面的新趋势。它的课程应该从幼儿园就开始教起，我期待有一天我们的孩子能制造出机器人，设计虚拟游戏和虚拟世界。

为明天而教，为未来而学

我创建的全球未来研究所的另一个敢为人先的客户是西南路易斯安那州经济发展局和商会，在全球经济中，该地区不被大多数人所知，但在未来 10 年，超过 620 亿美元将被投资到美国这个约有 30 万居民的地区。对于这样一个大部分是农村且人口稀少的地区而言，这是一笔庞大的投资，因此这一地区的医疗、就业和基础设施将会出现惊人的改善。

没有什么比这些更重要的了：教育下一代劳动力，使之拥有未来智慧，懂得如何利用这种投资带来的机会合理地计划未来。教育、学习以及让我们的劳动者做好准备迎接未来的挑战是西南路易斯安那州的当务之急。重新创造教育而不是资本将让一切变得不同，这正是为了让整个社会可持续发展所要做的事。这个社区的领袖正着眼于未来，并在今天开始塑造未来。这是所有的社区都应该开始思考的事情。

对于领导者、父母和学生来说，重塑教育尚未成为他们的首要选项。然而，如果不立即开始有目的地重塑教育，就不具备洞察未来的远见。

在本章中，我将给出关于改革教育方面的建议。社会、企业和政府都没有意识到，我们今天的大众教育都是无效的，无论处于何种阶层，通过这种教育，我们无法创造出一个繁荣、可持续和高生产力的未来。实际上，这是可以肯定的。我们将被时代抛弃，被超越今日教育之现状的变化、加速的创新和全球市场的根本性改变颠覆，这是非常危险的。

在一个生产力低下的社会里，经济增长和创新的脚步放缓，经济的驱动力——工作无法与获得并做好这些工作所需技能的发展同步，整个社会将无法生存下去。重塑教育关系到国家、社区、经济和社会的未来生产力，而不仅仅是就业和生活质量。重塑教育关系到权力秩序。因此，我们要变得强大、成为领导者并改变未来，无论是个人、组织还是国家，都必须为明天而教育；为未来做准备。

这是摆在我们面前的一个大挑战，将影响到未来100年的发展，影响到社会的转型、权力的转移，并迫使社会去调整、学习、进化，以应对时代提出的巨大挑战。不重塑教育，作为国家、组织和个体的我们将无法准备好面对更加复杂、具有颠覆性的和充满大规模变革及创新的未来。接下来，让我们看看当下的教育出了什么问题，以及该如何解决这些问题。

FUTURE SMART
预见未来

为什么教育需要重塑

- 教育是大众教育，对象是群体而不是个体。
- 大多数科学和技术没有被纳入各级学校的课程。我们应该从幼儿园开始就教授物理，在每一所学校教授机器人学和计算机编程。
- 今天的科技决定明天的科技。
- 教育内容更多的是真正的学习，比如锻炼批判性思维、推理、协作、解决问题和逻辑思维能力。

- 教育没有将创新列入学习的一部分，而它恰恰是重塑教育的核心。我们需要创造新一代创新者。
- 教育不具备自我调整、互动性、动态性，不以学习者为中心，所以人们觉得无聊，对受教育没有积极性。
- 教育是 19 世纪工业革命思维的延续，这种业化思维影响了每一门课程。
- 我们不应该期望把学生变成流水线上的工人，这不是 1870 年。
- 教师接受的培训不是为未来而教，而是为过去而教，他们教不了他们不知道的东西。
- 课程不灵活、不敏捷，不具备适应性，也做不到适时更新，因而无法应对今天的许多挑战。
- 大部分所教的内容是过时的，滞后于现实世界。

FUTURE SMART

预见未来

反思教育的动机

- 今天的课程与社会问题及现实场景相脱节。
- 今天的教育领导者没有跟上学习者为未来而学的需求，否则他们早就应该发动变革创造教授未来智慧的学校了。
- 学校被与学习无关的标准化考试主导。
- 大学和高中没有教学生有价值的工作技能来吸引雇主。
- 互联网提供了大量比学校所教授的知识更具有现实性的信息，从而改变了教育。
- 今天的教科书的内容在出版之前就已经过时了。信息大爆炸的速度已经远远超过了我们的教育机构变革的进度。
- 对高等教育价值的倡导正在受到削弱，我们需要更看重一个人的创业精神、精通技术、知识渊博和创新等品质。

- 我们需要更早地教授科学和实践项目，比如制作机器人、设计网站或制作游戏。
- 我们需要让学生知道未来的挑战和趋势，让他们参与到解决问题的过程中来。

太多的组织甚至国家已经迷失了方向，因为它们没有有效地让公民为未来做好准备。大多数公民都没有开发出前瞻思维，很好地思考未来的风险或机会。他们从来没有提前计划，因此，当未来到来的时候，他们往往需要一段时间艰难地适应。我们要吸取这样的教训。

终身学习，亲自设计未来

在发生大规模的社会、经济和技术变革的世界，我们需要更快地学习和改变，以跟上正在重塑世界的趋势，否则我们将无法在未来生存。终身学习对未来来说至关重要，作为一个发现的过程，学习是永无止境的，无论对于国家、文明、组织、个人来说都是如此。具备未来智慧对所有人都很重要，对个体来说尤其如此。如果你想成为可持续发展的个体，如果你想在未来生存并茁壮成长，你必须用不同的方式学习，快速地去学习，更好地规划自己的教育。现在，这听起来似乎是一个大胆的想法，但对于学习者来说，无论年龄大小，以及正在读什么学校，都必须对自己的教育和方向负责。实际上，这就意味着要亲自设计未来。

你准备好规划教育的未来了吗？你会怎么做呢？你会从哪里寻找线索来重新规划课程以及学习过程和内容呢？也许你应该这样想：若是想为未来做好准备，那么重塑教育是我们每个人都需要去拥有并参与的事情。

今天的年轻人面临着极端的未来，其间充满了复杂、迅速的变化，当他们进入职场时，他们所受的教育大部分都变得无关紧要，甚至毫无用处，甚至成为他们找到和保住工作的负担。事实上，送他们去上学的父母并没有意识到如何为子女的未来打算。即使他们接受了职业教育和有关这个变动的世界的基础教育，当未来他们进入社会开始工作时，这些教育仍然会过时。他们从小学到大学的教育经历都无法帮助他们在以后的全球经济竞争中做好准备，这是因为他们被迫接受的教育制度在很大程度上是不合理的，因而他们不具备未来智慧，这种差异将从根本上影响日新月异的商业和社会。

然而，改变即将到来。为未来做好准备、成为教育的领导者，对于每个人的未来都至关重要。接下来，我们将探讨一下目前的状况，以及为什么重塑教育将是一个改变游戏规则的趋势。

被忽略的 3 个问题

当下的每一位家长、老师、领袖和学生都必须知道的关于教育的 3 个重要问题。

◎ 我们如何培养学生——未来的领导者、发明家、法官、科学家、艺术家和企业家，使其更好地为未来做准备？

◎ 我们如何对教育体系进行改革，从而与全球知识经济体系相关联，创造出适应未来的工作和人才？

◎ 我们此时能做些什么来让教育系统更具创新性、适应性、敏捷性和未来导向，使之具备未来智慧？

我朋友的女儿莎拉在美国西北一所著名的大学里学习传播学。除了她的专业课程之外，还有许多优秀的课程，给了她传统意义上的全面教育，这也是教育体系一贯的目标。

虽然她的传播学课程是理论性、学术的，但不是关于真实世界的。虽然有少量关于现实世界中的社会和政治问题的概念，但当她思考自己所学习的内容时发现，对于大部分问题来说，她所学的专业知识并没有多大用处。换句话说，这些课程不能帮助她为职业生涯做好准备，甚至无法跟上社交媒体、技术和新媒体传播模式的商业变革所导致的传播变革，在这个领域中，不仅是谷歌、Twitter 和 Facebook，每一家公司都在面对和参与着变革。

她的课程没有关注全球化，也没有关注商业和经济是如何被重塑的。没人鼓励她去学一门外语，比如 14 亿人口使用的汉语。她没有为就业做好准备，也没有为此时此刻正在变化着的全球经济变革做好准备。

面向未来教育的 5 个行动法则

大多数公司都在寻找人才，为未来做准备。公司发现，教育没有发挥作用，我们的孩子和成年人也都没有为未来做好准备。今天，未来鸿沟——人们所需要知道的和正在重塑商业与社会的快速变化与趋势之间的鸿沟正在变得越来越大，而且正在成为一个风险因素。

这种风险因素可能会毁灭一个国家、组织或地区。因此，我们必须要理解正在重新塑造世界的改变游戏规则的趋势，并将其融入教育，否则教育将对全球知识经济的发展毫无用处。

组织雇用员工并创造就业机会，形成自己在未来的竞争优势，为未来的客户服务，确保产品能够成就公司的未来。未来将越来越迅速地到来，速度可能超过教育的成效，这时，企业将遭遇人才荒，难以找到那些能帮企业为未来做好准备的合格人才。

来自未来的新闻头条

虚拟教师将承担全球 70%学生的教学

替身教师即数字教师生活在互联网中，超过 150 个国家对数字教师的需求超出对人类教师的需求。数字教师看上去很像人类，但它们实际上是基于大规模云计算的人工智能终端，能够实时通过互联网传授知识。它们掌握了 100 多种语言，精通任何一门学科。它们也可以根据学生的技能和目标提供定制化的学习内容。到 2030 年，它们将变得供不应求。

FUTURE SMART

预见未来

决定未来教育的趋势

- 改变游戏规则的技术：计算机技术、网络、生物技术、神经科学、纳米技术、机器人和量子物理学。
- 知识职业：商业分析、数据科学、云网络、创意工程师、社交媒体、预测处理、在线设计、虚拟媒体制作人、游戏程序员。
- GDP 和财富转移。
- 变革中的商业模式和对劳动力的需求。
- 新的职业道德，比如人们如何工作、为什么工作。
- 全球竞争加剧。

未来教育的 8 个要素

游戏规则改变者。我们需要让学生知道，游戏规则改变者正在做什么，他们如何思考，并向学生展示改变游戏规则的创意，能让他们参与和分享的项目、技术，以及合作。我们需要让下一代学生成为游戏改变者，进而创造新未来，创造一个充满创新、高效和有意义的未来。

大型科学。我们需要从幼儿园就开始传授有关科学的基本法则和概念，直至研究生阶段。对于信息技术、生命科学、机器人、电子学、神经科学等每天都在改变我们世界的科学，我们需要让教育与这些科学的发展同步。不学习科学和技术，你就不能得到卓有成效的教育，科学和技术改变了今天的一切，也必将决定未来的一切。

企业家精神。每个人都应该被传授创业这堂课，包括它的概念、所需的技能以及发展、创立和管理一家企业的核心技能，比如，什么对企业有利？对于创业者而言，他的资本、资源、销售、市场、人才和创新的内容是什么？这些是未来需要的基本的技能包。

应对变化。每个人都需要学习应对变化，因为我们的整个世界都在迅速地发生改变，应对社会、商业、经济、人口、技术、气候和能源领域的复杂性和加速变化的能力至关重要。我们需要让人们成为应对变化的能手，这样才能为未来做好准备，并在重塑未来的过程中做出贡献。

21 世纪领导力。我们需要教授领导力，这样在全球性复杂变化到来的时候，我们就能培养出下一代领导者，他们清楚未来的挑战和机遇在哪里。若想让学生成为领导者，我们需要教授哪些技能呢？除了让他们成为共识创造者、冲突处理者、熟知全球文化者、规划者、沟通大师、团队建设者、发明家，我们还需要教授他们成为勇敢大胆的未来智慧领导者，无惧未来，且能更主动地改变未来。

发明家思维。我们需要教导新一代学会创新，创新能力是可以习得的。人类是天生的发明家，而基础教育往往能够驱动这种创新，驱动人们去发明、尝试新事物，无论年龄大小。我们需要鼓励创新过程，教会每个人创新方法以及制作新东西的能力。

世界有很多问题和大挑战亟待解决，我们迫切需要在能源、教育、商业和医疗等领域进行创新。人类是适应能力很强的物种，是天然的创新者，但教育必须为学生赋权、赋能，教授创新也就是让人们实验和创想，并表彰对今天和未来的现实有意义的创新。

全球化的学习。我们需要传授全球化的知识，构建一个全球互联的未来。这个世界很大，而且日益互联。互联经济比如知识经济（见第 3 章）连接了全球的商业、学习、文化和经济机遇。我们的教育体系必须教会每个人了解全球互联星球是如何出现的，其意义是什么，以及对未来有何指导。

必须教授给每位学生、成年学习者或年轻人的核心能力是：如何理解和驾驭全球互联的未来。由于我们需要更多的全球精英领袖，因此我们需要调整课程和教育系统来实时教授相应的技能。

未来智慧核心课程。我们需要彻底改造学校的核心课程，需要拒绝后视思维对课程的主导，用不同的思维去思考。我们仍然需要教授历史、语言、数学和很多具体的、每个大学和高中都需要的学科，只不过我们必须重新思考和调整这些学科的主题、相关性、内容以及目的，让它与未来智慧相关联。如今被我们称为“课程”的多数传统教育内容都是无用的，我们必须对其进行改变、更新甚至抛弃。

数字设计技能将学习者视为服务和产品的设计者、创新者和生产者。我们需要教育创新者去设计我们即将生活和工作于其中的未来世界，由学生和专家合作制作自我设计的课程，并将其整合到教学当中。

创业者模型成为必修的商业教育内容，无论哪一年级的学生，都需要学习如何创立和经营一家企业。

由学生设计的即时课程已经出现在互联网上，但它们还只是作为对现实课程的模仿。不只是孩子，成年人也发明了一些速成课程，就像你在喜剧俱乐部经常见到的那种活动。速成课程是人们通过编程实现的，但在几分钟内或几天后就会消失。

接着，不同版本的课程开始出现，一天之内便会出现成百上千次，以调侃大多数课程的无聊。但后来奇怪的变化发生了：模仿开始演变成利用创意图像、视频采访、音乐和影片，对课程进行严肃的重新制作。

实际上，学生们制作了大量生动有趣的课程，其他一些学生甚至教师都来下载这些课程并将其用在自己的课堂上。一夜之间，速成课程成了黑客教育革命的一部分，颠覆了人们的学习方式。

师生现在就可以展开合作、重塑教育，而不用等到以后，只需一点儿勇气和决心就能将梦想变成现实。打破教育桎梏的途径是重新设计、改变课程、知识，而最重要的是改变教学双方的关系。

学习者兼任开发者还没有成为主流现象，大多数孩子和成年人都被困在分级的教育体制内，在这个过程中，学校和教师创建课程并将其硬塞给学生，因此，这是自上而下的学习系统，学生没有任何发言权。然而，事情不应该这样。如果教育能够利用模拟、互相提问、现实议题，鼓励教学合一、试验、合作、解决问题和学生的积极参与，教育将变得充满活力和具有参与性。这才是教育本应该有的样子。

学生作为开发者和教师共同开发课程的想法对于学校而言是陌生而不现实的，毕竟，他们已经开发了课程和教科书，且教育方法在某种意义上也富有成效。但事实果真如此？太多的学生感到厌倦；太多的老师感到无聊；太多的学生，无论年龄大小，学到的都不是学习方法，而只是在反刍事实、数据和信息，这些都不是真正的学习过程的一部分。我们需要通过独立思考者来应对复杂性、全球趋势和冲突，而不是通过墨守成规的教育体系来应对。

我们需要把学习当作一个发现的过程，教学双方通过协作来调查、发现、发明、选择过程和内容，达到教和学的最佳效果。教学双方的角色可以互换。

教师更多的作为未来的教练和促进者以及学习过程的推动者，而学生是学习的主导者。教、学双方更多的合作将会促成一种极具魅力的、令人兴奋的新学习模式。

FUTURE SMART
预见未来

即将重塑教育的 10 大创新

- 现实世界模拟。
- 游戏化，使用游戏来吸引学习者。
- 在虚拟世界中，学习者通过亲身体验来学习。
- 用大数据学习如何学习。
- 无处不在的移动学习。
- 分布式教育云计算。
- AI 应用于学习机器人、虚拟教师、数字教练等领域。
- 社交媒体，众包学习。
- 通过增强现实来实现交互体验式学习。
- 基于项目的学习。

培养游戏化思维的 10 大方法

游戏化是一种新型学习方式，它实现了传统教育没有的重要功能：通过使学习体验具有吸引力、互动性、协作性，以及最重要的，充满乐趣，来克服学生的无聊感。也就是说，教育也可以很有趣。

基于游戏的模拟实验能够让学生将创意视觉化，并试验各种场景，能够探索和理解历史、金融、社会性事件、冲突的复杂概念；能够亲身体验一个他们自己设计的历史或未来事件，甚至幻想的事件。

当互动性的实时危机从游戏引擎中出现，进而引发学生的反应和讨论时，学习就变得鲜活起来了。玩游戏是一种沉浸式的参与，是全方位的 3D 立体学习，而不像听讲座或者教科书那样被动地学习。游戏能够让学生参与解决问题，处理复杂的问题，并让他们沉迷其中。

先进的游戏型学习为学生提供了全新的方式来重新参与学习过程，使学生成为生产者和参与者。学习者感兴趣的科目如创办一家高科技公司在游戏和模拟中建模，且基于现实的问题、数据和挑战。游戏将这些内容放到网上，并与其他的学习者互动，相关的网络内容可以帮助强化这种学习。此外，在云中和现实中的游戏智能引擎会评估游戏中玩家的能力，然后自动通过网络将游戏者连接至新游戏并和其他玩家进行互动。这就是一种可能的教育的未来。

大型多人在线游戏为我们描绘了一个广阔的世界，包括各种基于幻想、科幻小说、真实世界、超级英雄、运动、恐怖和历史背景的内容，最常见的形式是虚构的世界，基于现实的游戏相对罕见。

FUTURE SMART

预见未来

游戏和教育领域 10 大未来智慧创新

- 设计沉浸式虚拟世界的未来游戏引擎，使其能自动从学生那儿学习。
- 使用人工智能和迷你智能机器来讲故事和设计学习世界，制造能够通过传说故事、历史和个性编程来实现学习目标的自我总结型人工智能。
- 创造动态的自创造世界，能够自动生成丰富的图形。
- 众包故事，实时捕捉学生的情感和兴趣，并使用这些数据创建学习计划。
- 团队参与，实行社区式的共同学习，合作、竞争、设计和协作。
- 采用学生版计算机编程，学生亲自对教育进行编程。
- 针对学习者，提供个性化学习体验的动态实时人工智能。
- 现实世界模拟，使学生能够参与有价值的现实学习。
- 利用社交媒体预测分析，使得到的结论能反过来应用于学习领域，改善学习体验，并与全球学习者社区分享新的见解和创意。
- 创新学习生态系统，通过让学习者进入市场和公司，并授权他们的知识产权来增强学习，从而实践“使学生成为开发者”的理念和项目，以此来鼓励、启发并奖励学习者。

虚拟罗马（Virtual Rome）是一个基于进化网络的免费沉浸式在线游戏，这款游戏利用学习者的互动促使自身演化，通过更多学习者的参与互动来创造新的故事、角色和风景。虚拟罗马根据用户输入和实时展示出的学习水平来自动组织合适的学习内容。

世界设计师（World Designer）游戏使用沉浸式3D技术为学生创建虚拟世界，然后将其与课程进行匹配设计。世界设计师的目标是提供资源，用于在课堂中演示课程或用于培训的3D虚拟环境，它可以利用任何界面作为从网络上下载“沉浸式接触”程序的硬件平台，因此任何桌面或移动设备都可以立即转换为一个学习平台。

地理引擎（GeoEngineer）是一款在线竞赛游戏，鼓励多人团队在线和在课堂上协作，以应对气候变化和开发清洁技术解决方案，创建一个可持续发展的地球。学习者可以在这里发现问题和新技术，更好地预防气候危机并时时维护地球的环境。通过团队间的协作和竞争，这个网络模拟汇集了现实世界面临的挑战，将会吸引各路有才华的选手争夺奖品和赞助商提供的就业机会。

替代现实游戏，构建一个定制化的平行宇宙

替代现实游戏（Alternate Reality Games，ARG）为学习者提供了一个平行或定制化的宇宙，可以将模拟现实的虚拟网站和电话号码，甚至将隐藏在世界各地的可以通过全球定位系统的地理缓存或线上线下调查发现的文物统统囊括其中。

通过这款游戏，多个玩家可以实时参与同一个正在进行中的故事，根据各人反应而产生不同的演化方向。所以，一切由玩家主动控制的角色来决定，而不是像玩计算机或操纵杆游戏那样，由人工智能来决定。

玩家直接与游戏中的角色互动，解决基于情节的挑战和谜题，作为一个群体

合作分析故事，协调现实生活和在线活动。替代现实游戏的玩家们通常会使用多媒体，比如电话、电子邮件，但主要依靠互联网将所有东西串联在一起。不过，这款游戏的驱动因素是故事。一个引人入胜的故事是让学习者回归游戏并积极互动的原因之一。

FUTURE SMART

预见未来

基于游戏的学习能够带来以下益处

- 给学习者实时反馈进度。
- 教授仿真技术。
- 教授复杂的运动技能和多任务处理。
- 教授领导、建设团队和管理冲突的能力。
- 可以与其他学习者在虚拟环境和实体上进行协作。
- 使用互动、丰富的图形和多媒体。
- 使学习者能够产生自己的游戏叙事。
- 提供从新闻端下载的真实知识和事件。
- 针对学习者的目标提供量身定制的动态游戏场景。
- 学习者可下载直连游戏（Direct-to-Games，D2G），进入游戏中的虚拟角色，人类与智能机器的融合能够增强学习和游戏体验。

未来智慧的学习和游戏化

多邻国（DUOLINGO）

“多邻国”是一个对全世界免费的语言教育网站。是一种大规模的在线协作方案，它将免费语言学习网站与付费众包文本翻译服务相结合，所以来自世界不同地区的两个学生可以互动，在翻译文档时互相学习对方的语言。

世界和平游戏

世界和平游戏是一种地缘政治模拟游戏，吸引年轻学生探索多元化的世界，并了解影响国家的政治、经济、环境和危机的各种因素。

目标书

目标书能够提供在线工具包，授权教师用于研究。

RIBBON HERO

Ribbon Hero 是一个免费且有趣的游戏，教你如何使用微软的办公软件。

CLASSDOJO

ClassDojo 是一个面向教师的项目，旨在通过奖励学习者来改善学生的行为和提高参与度。

未来教育必备的 9 种能力

我们不可能在不改变教师的情况下重塑教育，而教师则必须意识到他们需要以何种方式被改造。教师可以成就或毁掉一位学生或者一家学校。如今，最好的教师已经通过启发学生和参与未来变革成为或正在成为拥有未来智慧的人，然而，他们终究只是少数。教师需要为未来培养学生，如果他们自身都没有远见且不进行自我学习，就无法做到这一点。

教师是学习的代理人，但这个角色在未来应该做出改变，以跟上世界的变化，为学生、成人和孩子提供更有效的学习体验。教师作为创新的促进者、生产者和催化剂，是重塑未来教育的最有效的改革者。在互联的课堂上，教师可以指导和推进创新的学习课程，使学生能够更快地学习，同时更多地参与活动并理解相关内容。

未来的教师将会更具有好奇心，不再像专家，而更像探路者，引导学生去探索历史、科学、技术、数学和语言。此外，未来的教师还能够开发新的课程和新的思维，使学生参与协作式学习，这是未来教育前进的方向。理想的教师还应该具备一些新的技能，比如模拟、游戏化、制作等。

未来的教师不再是命令与控制型的，而应该保持开放，善于合作。未来的教师不再掌握所有的学习权利；相反，学生会分享学习权利，他们的职责不仅是学习，还有创造学习经验，这种学习经验的共享使学生和教师成为教育盟友。

FUTURE SMART

预见未来

作为具备未来技能的游戏规则改变者，教师将成为以下人才。

- 创造力教练。
- 全球变革催化剂。
- 技术路径发现者。
- 学习过程中的合作者。
- 知识设计师。
- 大胆创意的推动者。
- 发现的引导者。
- 虚拟世界的探险家。
- 全面、系统的思想家。

神经科学将改变教育的未来，这种变革正显露端倪，但还没有展示出成为教育应用科学的潜力。在不久的将来，每个学生（成人或孩子）都将参加测试以确定他们的神经学习能力。这个测试将会对他们的大脑进行无线扫描或进行DNA测试，以确定可用于提高大脑学习效率的措施。对于今天的你来说，这看起来很怪异，但在不久的将来，它将会成为稀松平常的事。事实上，父母或者成年学习者都想知道他们的大脑如何才能变得更具备神经重构意识（Neuroplasticity Aware），进而能够吸收更多的知识。

提高个人的学习能力或神经学习能力的新技术即将出现，使人们可以享受职业、艺术或科学带来的好处。某些职业将会利用特殊的学习项目，这些项目专门根据你的神经可塑性分析定制而成，可以重塑你的智商和技能，让你能够适当地接受未来的职业培训。

神经可塑性指大脑可以通过不同类型的学习经验而被改造，但这只是我们目前所知的一部分。当面对复杂的问题和挑战时，大脑会开拓新的神经通路。从事创新和创造活动，鼓励协作、游戏和角色扮演的学习方法都是大脑生长新神经通路的催化剂。

神经科学发现，新的学习方法将会改变教育，培养出更聪明的学习者。那么，我们为什么要这样做？我们之所以这样做，是为了在全球经济竞争中获得成功；在生活方式和职业生涯中有更多的选择，并成功解决所有决定未来的全球性社会挑战。如果我们正确、科学地教育孩子，他们就可能会解决威胁我们未来生存的各种巨大问题。

未来的“爱因斯坦”“毕加索”“达·芬奇”正在等待接受教育，并将科学、快乐、美好和爱带入我们的世界。教育扮演着决定性的角色，它将激励下一代的商业、艺术和哲学的发明者，因此，可以说教育对未来至关重要，对于资本和人力资源方面也是如此。是时候用正确的教育让整个文明为未来做好准备了！

FUTURE SMART

预见未来

决定未来教育的全球趋势

- 移动云网络中的智能机器可以对 50 亿名学生进行教育广播。
- 全球企业需要高科技达人，以及受过教育、了解多元化市场的工人。

- 创新是社会的决定性因素，我们必须将先进的技术融入学习，否则将无法与他人竞争。
- 学校变革的速度已经跟不上下一代中产阶级和迁移到超大城市的几十亿人的需求。
- 我们需要一种方法来实现非技术人员也可以创建的实时教育。
- 未来的商业需要受过良好教育的劳动者，以及具备未来智慧的人才。
- 我们需要用具有成本效益的方式向来传播教育，因为目前的教育对欠发达国家来说太昂贵了。
- 我们需要重新思考什么课程、科目是最好的，帮助学生为未来做好准备。
- 我们需要让世界上的每一位教师都成为未来的游戏规则改变者。
- 我们需要使每所学校和学院都致力于成为未来的游戏规则改变者。
- 自我导向型的学习方法开始出现，学生将自己决定学习节奏和个性化的学习内容。
- 可穿戴、移动和云计算技术将为全球数十亿人提供教育服务，提高全球人民的生活水平。
- GDP 增长率较高的新兴国家，比如亚洲和非洲的某些国家和地区，需要大量受过优质教育的人才库。
- 拥抱创新经济的初创企业将支持取代传统学校的学习网络提供支持。
- 由强劲的经济增长所支持的互联网将提供快速、便宜且符合现代化标准的教育。
- 人才争夺将成为全球性的竞争。

教育的革新，要从企业的需求出发

这是一个教育革新的时代，因为教育将越来越多地由商业领袖、就业需求、经济、财富转移和知识经济，以及最重要的，由受到启发的学生和觉醒的企业家引领，而不再是由教育家或政治家引领，学生将与企业结盟。一些开明的教育领导者可能已经认识到，我们还没有为未来做好准备，我们还不是在为未来的工作、挑战和机遇而推行教育。

以上这些人将创造一种可行的未来智慧教育。如果我们不改变教育，那么陈旧的教育体系将会一直延续这种不正常的文化，这将使很多人注定要从事低收入工作和毫无成就感的职业，也会使很多人无法参与未来全球知识经济的竞争。

未来的路标已在此立起。美国和欧洲的失业率创下历史新高，而且生产力低下，增长速度不够快，大量工作岗位找不到合格人才去填补，这样无法支持一个有坚实经济基础的、可行的未来社会。

目前的教育制度展示的不是可行的和富有成效的未来蓝图，而是灾难性的未来图景。重塑教育是一个事关全球未来发展的风险因素。如果要建立可持续型社会，我们必须改变教育制度，使其能够培养未来智慧，准备好迎接未来的挑战，而不是囿于传统。

教育的未来将走向反思并最终重塑教育。我们都需要为未来做好准备，尤其是我们的孩子和学校。你具备未来智慧吗？你准备好迎接这个即将到来的未来以及随之而来的改变了吗？

若想在 2050 年为 90 亿人口提供良好的教育，我们必须持续推进教育改革。全新的充满生机的教育等着你去创造，你想要的未来是你愿意为之付出的未来。我们需要在教育这件事上找到正确的方向，因为未来归根结底是要依靠我们的下一代和他们所接受的教育来创造的。未来游戏规则的改变者则能够从教育转型中获得巨大的利益。总之，我们必须为明天而教育，为应对未来的挑战而教育。

FUTURE SMART

14 让人不安的事实：气候的未来

MANAGING THE GAME-CHANGING TRENDS THAT WILL TRANSFORM YOUR WORLD

美国阿拉斯加州的首府朱诺是美国面积第二大的城市。几年前，我在朱诺为一些国际客户做演讲，演讲之前，他们带我登上了一架停靠在演讲场地附近的直升机，然后我们飞到冰河湾国家公园保护区去坐狗拉雪橇。

这次旅行的路途不是很长，从空中看不到整个冰川，但还是令人十分愉快。你或许在书上看到过冰川的图片，但只有在你真正实地靠近它时，你才能感受到这种奇迹之美。我以前从来没有踏上过冰川，也不知道该期待什么。走在冰川之上，在朦胧午后的云层之下，用靴子踩着冰，那是一种全新的体验。天空闪闪发亮，空气寒冷而清新。想象这样一种场景：你的心中没有土地，只有绵延无尽的冰和积雪，这与由人类而非自然主宰的城市里的现代化景观相比更加震撼。

那里没有手机的干扰，也没有城市的喧嚣，包围我的宁静的大自然就像一个巨大的冰教堂。冰川的自然灵性能使人真实地感受到气候的变化。即使狗拉着雪橇在这片存在了数百万年的冰川上奔跑竞速时，周围仍是一片原始的静谧。当狗突然蹿跳起来开始比赛时，我的头被磕了一下，我只能紧紧地抓住雪橇，被拉着急速滑行——这是属于狗的竞技。

这段经历不仅让我欣赏到大自然的伟大，也让我意识到：也许有一天，人类对自然的影响会让这些美丽和静谧消失不再。未来某一天，如果北极冰川继续融化，世界将不再为气候变化而争论，而是忙着应对海平面上升、洪水的影响，以及它们对人类生命和健康的威胁。

那一天到来的速度比我们想象的更快，那时失去的将不仅仅是冰川，还有这片冰川融化时其他人会永远错失的那种体验。如果想保护冰川及大自然赋予人类的其他体验，我们需要迅速行动起来应对气候变化。

在与当地地质学家谈论冰川的加速消融时，我意识到气候变化并不仅仅关乎数据。美国国家冰雪数据中心采集了数据，并使用最新的可视化技术为我们讲述了一个令人不寒而栗的故事。如果你将 1941—2004 年冰川冰密度和地面覆盖面积的减少情况进行比较，你就会看到变化。

这个故事还揭示出，当北极和南极的冰雪不断减少，激烈的气候变化将可能对我们的未来产生什么样的影响。我看了过去 10 年的照片，冰川的消融速度之快让人不寒而栗。突然的气候变化所带来的未知影响不是在未来才出现，而是已经发生。

我们如何采取行动预防危险？我们还有时间吗？作为一种文明，我们能做些什么呢？这些都是我在阿拉斯加的冰川体验过狗拉雪橇后思考的问题，这促使我做了进一步的研究。这便是本章内容的背景，接下来我将去揭露数据背后的故事，以及这个故事将如何改变我们的未来。

我们需要做一次实际检验

气候变化是指由人类活动直接或间接导致的气候的改变，这些改变在一段时间内可以被识别和测量出来。而我在本章中提到的气候变化是指即将到来的不利风险、危害和趋势，它们会给人类和我们的世界带来风险。

事实上，有充分的证据表明，极端的暴雨天气、海平面上升、干旱、冰川融化和自然系统的变化正在全球各地加速上演，包括亚洲、非洲、北美洲和南美洲，以及地球的南北两极。这些不仅仅是异常情况，它们标志着一种变得越来越频繁和不可预测的气候变化风险模式。

你不会希望早上醒来时发现自己已被上升的海平面淹没，或者一场龙卷风卷走你孩子的学校。我们无法准确预测这些自然灾害对公共健康造成的所有危害、对农业和城市造成的破坏、对淡水减少的影响以及对法律和秩序可能造成的侵蚀，但这些风险因素都是当下真实存在的风险。

现在是时候做出改变了，我们应尽力减少碳排放，并采取更严厉的措施来处理即将到来的危机，危机到来的速度已经超出了任何人的估计。我们可以而且必须在危机变得无法阻止之前赶快行动。如果有一种我们能够防止并应该防止其发生的未来风险，那就是气候变化了。

根据我们目前所知的情况，已有足够多的科学数据能够帮助我们对气候的未来做出合理的预测，毕竟气候变化由来已久。40 多年来，科学界已经意识到，不断变化的气候就是未来，现在气候变化已成现实。气温上升、北极融化、生物多样性大幅度丧失、热浪和暴雨现象频繁发生、日益稀少的资源、海平面上升的威胁以及碳导致的健康问题在今天已经显而易见，并已引起了各国政府领导者的普遍关注。

我们需要做一次实际检验。我们的世界从未面临比气候变化更大的全球风险，但许多人仍然拒绝承认气候正在变化这一事实。身为一名科学家，我可以充分理解数据并亲自观察气候变化。然而当面对一种可以被观察和测量的明确而紧迫的风险时，我们还在争论气候变化是否属实，这是对我们未来的极大伤害。

然而，即便我们都看到北极冰川在融化、风暴在肆虐、温度计指针持续上升而干旱屡创纪录，也未必有人真的在努力帮助解决这些问题。可能真的需要发生一场大规模的灾难性事件才能向世界证明气候正在改变，也才能让每个人严肃起来，认真对待气候变化的问题。而这些灾难只会发生得比你想象的更快。

加速的变化

包括我的组织在内的许多权威机构检查了数据，并且已经明确了气候变化加速背后的科学依据，我们有强有力的证据。而我的哥哥，作为一位受过良好教育的教授，认为这是一个政府编造的数据大阴谋，气候其实很正常。我正计划去北极度假，进行进一步调查，并计划带他一起去。在那里他将能亲眼看见这些变化，并得到关于气候变化的冷冰冰的数据背后的本质，没有什么比这更有说服力了。

关于气候变化的未来，令人不安的事实是，有些人不愿意去相信，且无视科学，因为他们认为，如果气候变化是真实的，那么我们所知道的世界将会彻底改变。令人惊讶的是，一些聪明人甚至有能力带来改变的政治领袖也不愿意正视现实，因为他们知道，如果气候变化是真实的（它确实是真实的），那么政府和行业领导者就需要将其作为优先事项，制定相应的法律和商业决策，而这会影响到就业、排碳产业的发展和对能源领域的投资。我们不愿意相信这个世界正处于危险之中，这是一个令人感到很不安事实。现在是时候抛开这些争论了，趁着不算太晚，积极应对气候变化，为未来做好准备才是上策。

历史的正面

理性的人或领导者不会在危机问题上站在历史的反面。这是一个改变游戏规则的全球趋势，将影响地球上的每个人，无论他们是否相信。我们能够肯定的是，气候正在发生变化；我们所不知道的是，这种气候变化将如何影响我们的世界。而当我们真正体验到气候的变化，想采取行动来防止或应对这些变化时，或许已经为时已晚。而这正是我们应该担忧的一点。

我们每天都在平衡生活和工作，在我们的孩子、事业和健康以及对风险的理解中做出平衡。你做出的每一个决定都是一种风险：我是否应该先看看交通信号灯再过马路？我买这只股票是为了投资吗？我是否应该把孩子送去那所学校；是否应该学习这种技能来帮助我的职业生涯；是否该投资一个新的项目或技术？其实，每一天我们都在冒险。我们掌握的有关风险的信息有助于抵消风险，我们会问：我要不要承担这种风险？最终，我们会根据影响未来的风险做出决策。

那么，为什么不应用未来智慧，通过改变生活方式、法律、市场来为可能的气候变化风险做好准备，更好地为明天做好准备呢？我的观点是：通过改变今天的世界来更好地应对未来风险。任何理性的人都会同意这种方式是有意义的，即使改变运输方式、投资可再生能源以及我们在这里探讨的一些其他问题均存在大大小小的困难，我们也应该做出一些努力。

人类在应对气候变化时面临的另一个典型问题是傲慢，我们会假设只要需要，我们可以随时用解决其他问题的方式来解决气候问题。有人认为像自然这样的系统是超出人类的控制能力的，这样的想法让人难以接受。还有人认为我们随时可以解决气候变化问题，或者未来的人、我们的子孙可以解决气候变化问题，这样的假设也是不合逻辑的。然而，这正是我们这个时代的人普遍具有的思维。

下一次“世界大战”

气候变化是我们的下一次“世界大战”，这是我们这一代人需要解决的问题，如果可以的话，现在就开始着手解决吧！生活方式、能源使用方式的改变、更智能的资源规划以及碳税的建立都将有助于应对风险。然而问题在于，没有足够多的人特别是没有足够多的领导者对未来有所规划。若没有勇气、真正的计划和对未来的远见，那么什么问题都不会得到解决。

否认气候变化的科学证据、忽视当前的危险都是不负责任的做法。把挑战留给后人，希望未来世界的人来解决气候问题这种想法也是错误的。我们可不希望为我们的子孙后代留下这样的遗产。鉴于我们的世界面临的气候变化所带来的真实而又紧迫的危险，符合道德的正确做法是，制订一个计划来应对挑战，留给我们的孩子一个可持续发展的未来。

快速形成的未来风险

气候变化将导致一些永久性的变化，这些变化一旦发生，后果可能是不可逆转的。因此，我们现在就需要做一些重要的准备，采取更长远的视野，成为未雨绸缪者，我们需要现在就开始计划并采取行动。具有未来智慧的领导者需要注意：公众对气候变化的认识正在加深，你的客户可能比你更了解这个问题。如果领导者仍然不把气候变化作为未来的风险因素，毫无准备，那么其未来的发展必将受限。

我们无法完全了解气候变化到底会带来什么，因为气候是不能精准限定的，但我们可以肯定的是，气候变化导致的全球变化已经出现，这是我们可以看到的。我们已经改变了气候，恶劣的天气正在前方等着我们。虽然我们还没有完全理解其长期的影响，但一些危险信号已经出现，且都指向那些我们必须应对的风险。

有太多的预警信号表明，气候变化带来的风险因素越来越大。作为趋势预测者，我会查看数据来识别风险，一个令人感到不安的事实是：有大量的数据表明了潜在的风险是存在的，这是一种我们这个文明从未遭遇过的风险。

气候变化是一个潜伏的威胁，它不会遵循可预见的路径来临，它将会影响地球上的每个人。大自然母亲是无情的，而且“她”已被惹怒了。气温正以百年难遇的速度向上攀升，气候变化的加速已经拉响警报，就连气候科学家和我们的领导者也没预料到它来得如此迅速，如此无情，否则他们一定会更认真地对待这个风险。现在我们已经进入了气候变化最激烈的阶段，但我们的预测工具不足以了解快速的气候变化。我们不再享有拒绝和回避的权力，我们需要立刻做出改变。

人类在这个星球上面临的第一场原始战斗就是人与自然的对抗。我们能够在自然和气候的“蹂躏”下存活下来吗？具有讽刺意味的是，我们使用技术、工具建立了第一个栖息地来保护我们远离恶劣的气候。然而，一个冰河世纪以后，在历史的道路上，我们将再次遭遇同样的境地。人类是一种适应性很强的物种，曾经成功地应对了挑战，现在我们面临着一个类似的全球性挑战：应对未来气候。这一次我们是否能再次取得成功呢？

观察风险

气候变化既是当前风险也是未来风险，它会影响我们的生态系统、野生动物、冰川、海洋、大气和其他无数的自然栖息地。我们可以看到气温和海平面上升对世界各地，特别是沿海地区的城市和国家的影响。北极和南极洲都在融化，这是可以观测到的，科学数据也已经证实了这一点。近年来的数据更是证明了对冰川加速融化的预测。我们将面临气候变化带来的挑战，包括对水、空气、食物造成的威胁，最重要的是对人类安全和生活方式造成的威胁。

从拒绝到行动

有很多的机会等待我们的领导者、企业家和公民去探索，比如，通过投资清洁能源和放弃碳排放产业来减少对气候的影响。但是，仅仅改变能源的使用和人们的生活方式还不足以确保我们能成功应对气候的变化，我们还需要更多激进的解决方案。

气候的快速变化还没有引发大规模的危害，这些危害可能会威胁到人类，也可能唤醒那些否认气候变化真实性的人。若想让气候变化的社会影响引起我们的注意，除非有一项关键事件的发生扩大了风险的规模，比如一个大城市的毁灭，可能只有在那种情况下，我们才会深刻地认识到这一切。海平面上升、巨大风暴的发生都是灾难性的，人类应该避免灾难的发生，否则，整个国家会在混乱中崩溃。然而，在这样的事情发生时，有些人才会发现这一切无比真实。

虽然我们今天面对着海啸、龙卷风、干旱和洪水等自然事件，但很少有人会将所有这些事件放在一起进行分析。作为整个气候变化系统的一部分，这些事件标志着一种新的互相关联的全球风险模式，而不仅仅是一些独立发生的事件。我们还没法通过大数据和计算机模型来全面了解全球气候变化的复杂性。到目前为止，气候变化的数据即使对于大数据而言也太大了。

大过大数据

有太多的数据需要分析。我们总有一天能够应对复杂性，并且能够做出预测，但如果我们想要生存，就必须快点行动。人类善于生存、适应，甚至预测。这让人欣慰，因为随着气候变化的出现，我们需要这三种能力，甚至更多能力，以便在未来能够应对气候变化对城市、空气质量、公共卫生造成的影响和其他风险。

随着气候变化的加剧，国家将被颠覆，这将导致人口迁移、资源市场动荡、国家之间的冲突以及治理混乱，但这些不会发生在每一个地方，而只会发生在某些地区。资源稀缺是必然的后果，农业和水资源将面临匮乏的风险，所有这一切都是可能的。利用今天的技术，我们还不能预测气候变化可能导致的全球性灾难。我们需要新的、更先进的方法来预测和调整气候变化的路径。然而，还没有人能为这样的未来做好准备。未来，气候变化对国家主权、社会秩序和治理造成的威胁将会影响每个家庭。

不稳定的气候变化将破坏各国的社会秩序，引发社会动荡，全球的安全也将受到威胁。我知道，对许多人来说，这种场景似乎很难想象，但我相信全球和区域性风险因素的影响早已超出了个人和公共领袖的认知程度。

人们将会改变生活方式，但仅仅是为了能够在这个温度更高的星球上存活下来。气候变化将会影响人们生活的各个方面。现在，“气候变化不能完全逆转，并将在未来比今天变得更为极端”已成为一种颇为实际且合理的预测了。

这两个关于气候变化的预测都是真实的，每一个人、社区、组织和国家都应该做好应对未来的计划。当然，人们并没有准备好，但我已习惯于鼓励人们早做防范，而且我会继续提醒领导者们多加注意。在这件事上，时间是我们的“敌人”。

FUTURE SMART

预见未来

改变游戏规则的未来气候趋势

- 一个更炎热、更潮湿的世界将决定未来世界的方方面面，从生存环境到文化、商业和生活方式。
- 可持续发展需要新的科学创新来解决食品、水、健康、能源和安全隐患等问题。
- 对全球气候变化的危害进行预测和处理将成为世界上最需要的行业之一。
- 气候变化可能成为我们这个时代最具破坏性的趋势，影响整个社会、经济、政治和环境系统。
- 气候变化将改变地缘政治格局，引发权力的兴衰更迭；权力转移进而使各种国家联盟重组。
- 全球气候剧变将导致极端天气的出现。
- 未来的可持续大都市将会成为未来的人类栖息地，以及躲避海平面上升、热浪和风暴危险的避风港。
- 重视气候变化的企业家将利用运输、商业、医疗保健和能源方面的创新力量，应对人类面临的风险。
- 预测到气候变化的企业将能更好地应对影响市场的全球性变化。
- 气候工程会将环境、计算机、生物和工程科学集合在一起，开展大规模的地球创新，以更好地管理地球。

我们的气候未来

◎ 到 2030 年，我们必须将碳排放减少 80%，这样才可能避免地球陷入不稳定和不安全的境地。

◎ 我们每年必须至少减少 0.0385% 的碳排放，这需要彻底的社会和工业变革。

◎ 在理想状态下，到 2030 年，我们应该实现零排放。

◎ 根据预测，全球温度将在 2030 年之前上升 2 摄氏度或 3.5 华氏度。

◎ 太阳辐射暴露的情况正在变多，癌症和公共卫生问题日益严峻。

◎ 预计到 2025 年，不断加剧的食物和水危机将变得非常普遍。

◎ 大多数拥有 1 000 万或更多居民的超级城市位于沿海地带，这可能会成为地球上最危险的地区。

◎ 北极冰川正在融化，而融化生成的水一定会流向某个地方。

◎ 到 2040 年或之前，海平面会上升 0.6 ～ 1.2 米，到 2050 年，海平面将上升 1.8 ～ 3 米。

◎ 全球气候变化导致的难民潮将破坏国家的稳定。

◎ 全球资源稀缺将使政府和私营机构无法满足人口对资源的需求。

美国加利福尼亚州现在每天都要和山火做斗争，每年平均有超过 1 600 次山火发生，而且这个数字还在上升，山火频发使美国每年花掉超过 3 亿美元，而且这个数字也在不断上升。

在 2003 年和 2010 年，欧洲和俄罗斯的热浪导致了超过 126 000 人丧生。猛烈的暴风雨摧毁了美国新奥尔良市的大部分区域，并在美国制造了第一批气候变化难民。从美国到非洲，干旱导致了粮食产量降低，推高了粮食产品价格。

非洲的干旱继续降低可持续发展的能力，加剧了资源压力、战争和治理问题。气候变化的到来适逢一半以上的世界人口居住在城市里的时代，而伴随着新中产阶级的兴起，这20亿人不得不在一个拥挤的星球上满足自己的消费。到2050年，全球将有75%的人口生活在城市中，为50亿～60亿人。

资源稀缺和气候

我的一个客户是全球消费食品领导品牌通用磨坊公司（General Mills）的一名高管，我当时正准备做一个关于食物、人口和气候未来趋势的报告。我俩讨论了满足世界粮食需求的困难以及我们面临的挑战，除这些需求，气候变化对粮食供应的缩减也造成了影响。他对我说，每晚他都睡不着觉，想着该如何养活地球上未来的90亿人口，想着如果未来不能有效解决粮食需求问题，这将会对治理、法律和地缘政治产生什么样的影响。

国家和城市所面对的未来资源匮乏的压力严重影响了我采访的那些政府和企业部门的全球领导者。我们理所当然地认为食物、水和安全的栖息地是充足的。这种全球安全问题，虽然目前尚未被看作是未来的风险因素，但将使我们的未来复杂化，无论我们生活在地球何处。

这是我们面临的挑战，与其他挑战一样，我们应对这一挑战的能力与所有其他挑战都相互关联。人口增长、气候变化、农业生产力和技术创新等趋势正聚合在一起并发生着激烈的碰撞。随着人口增加，并超出农业生产力等所能承载的范围，我们将很快遇到气候变化造成的资源短缺问题，除非我们快速行动，具有未来智慧，并提前做好计划和准备。

更大规模的人口增长对地球维持这种人口的能力提出了更高的要求：根据相关的人口预测，到2050年我们需要为多达90亿人口提供食物、水和住所。考虑到今天世界上还有十几亿人生活在贫困中、十几亿人生活在水和粮食紧张的地区，我们已经没有足够的粮食来养活90亿人。因此，我们必须设法在未来获得足够的能力，以应对一个酷热的星球和数十亿人不断增长的需求。

这是我们在 21 世纪和 22 世纪将要面临的挑战，它不仅由今天的气候变化所导致，也取决于我们采取哪些行动来应对气候变化的未来挑战。如果没有对农业和能源管理的长期投资，养活地球上的全部人口将极为困难，然而，我们并没有一个全球中央协调机制来为如此大规模的未来挑战进行统筹规划。

我们所做的关于气候变化的预测可能有助于为未来做好准备。正确的创新应用将在未来发挥作用，比如使用远程传感器、计算模拟，甚至使用气候管理科学来防止灾难发生。

如果我们有预测技术来预测欧洲温度的上升，很多人就不会死。比如，美国路易斯安那州的风暴警报可以在风暴袭击土地和摧毁社区之前预测到能量的变化；远程传感器也可以提前检测到让数千人丧生的那场泰国大海啸。我们本可以利用已有的技术来预测和预防灾难，可是当时这个系统被关闭了。我们本可以做得更多，但我们并没有。

欢迎来到气候变化的极端未来。在这个我们所生活的地球上的每个角落的每一个人都会受到影响。虽然听起来很老套，但这是真的。所有的自然系统——空气、水、土壤，甚至生物多样性，都以某种共享的方式相互联系，就像我们自身的生命系统那样。

鉴于气候变化的趋势正在出现，我们需要了解这种系统的紧密性以及它们的互动性。还有更多系统需要我们去模拟和建模，以了解系统和气候变化影响之间的关系。因此，我们需要尽快采取更多行动来应对这种风险。

采取行动应对气候变化

这里的分析并不全是悲观与失望。有两个战略方面的问题值得我们去思考。

◎ 我们能做些什么来防止进一步的气候变化？

◎ 我们应该投资什么创新，以帮助我们应对气候变化对地球的影响？

事实是，人类已经意识到了气候变化带来的风险，但我们并没有采取足够多的行动来控制这场即将到来的风暴。领导者没有让公众意识到解决这场危机的迫切性。很少有国家在可持续发展和可再生能源方面取得了实际进展。总之，我们还没有准备好，如果我们要生存，我们必须要做出改变。

现在问题抛给了我们这一代，但时间已经不多了，现在到了领导者和公众觉醒并承认气候变化是我们文明所面临的最危险因素的时候了。我们最好现在就着手处理，在进一步变化之前，别等到我们毫无选择，为时已晚的那一刻。

好消息是，我们可以做出一些改变，甚至是激进但合理的改变，只要我们清楚地意识到了问题。我们需要停止争论气候变化是否正在发生，或者它到底是人为的还是自然的改变，只有这样我们才能开始行动起来。

如果我们对气候不做准备和防范，不去了解如何适应，不采取地理工程，也就是说，不做什么重要的事，那么我们人类作为一个文明只有很小的机会能够最终战胜气候变化。然而，什么都不做的代价太高了，就像我在这里讨论的。关键是，如果你承认气候变化是一个风险因素，那么我们应该思考的问题就是：我们对此做了什么？

我们星球的未来

领先的科学机构和政府之间已达成一个全球共识，即目前正在出现的各种具体威胁、风险和危害将对人类的未来产生不利影响。这不仅仅关乎气候变化，更重要的是，这关乎我们文明的未来。联合国政府间气候变化专门委员会（Intergovernmental Panelon Climate Change，IPCC）的科学小组对数据进行了分析，以便弄清楚哪些是事实，哪些不是。

IPCC 是联合国和世界气象协会（World Meteorological Association）于 1991 年设立的一个科学机构，是评估气候变化的主要国际机构，仍然由联合国主持，该委员会负责审查和评估其最新的科学、技术和与社会经济相关的数据，以了解气候变化。

IPCC 关于气候变化的第五次报告讲述了一个令人信服的故事：气候变化已经发生，而不是在百年后才出现。风险是真实存在的，人类目前还没有足够认真地对待这一点。

理解和应对全球气候变化有以下 4 个方面，作为一个文明，我们必须一一掌握。

◎ 气候变化风险：了解、预测和分析因气候变化导致的对人类和社会构成威胁的潜在灾害或危险事件。

◎ 适应战略：适应气候变化的趋势及对社会和经济产生影响的效益。

◎ 未来气候准备：对社会、经济和环境系统能力进行评估以应对趋势和风险。

◎ 改造行动：进行根本性改革，包括投资大规模的全球性创新，在环境和人类系统内部预防和管理气候变化风险；这可能是地球实现可持续发展最重要的部分。

人类破坏气候，气候报复人类

我们暂且别管气候变化究竟是自然系统发挥了作用导致的，还是一切都是人类活动造成的，这些都已经不重要了。我认为科学在这场辩论中取得了胜利，是人类在地球上 200 年的工业化和后工业化导致了气候变化。

我认为人人都能够接受这种可能性，并明白人类在改变气候过程当中扮演的重要角色。鉴于工业和后工业革命带来的增长和进步，这并不奇怪。

龙卷风在纽约

气候变化是当前的现实：纽约的龙卷风、10个国家的干旱、极端的5级风暴、北极冰川的消融、全球温度稳步上升，这方面的例子不胜枚举。除非你生活在一个没有媒体覆盖的孤岛上，否则你不可能不知道气候变化。如果你是一个气候变化怀疑论者，也许你不会愿意阅读这一章，因为这一章会让你非常焦虑。像本书的其余部分一样，我将专注于如何处理这个问题，如何应对这个未来。

为未来做准备作为本书的主题，需要一个聪明的人来衡量数据，看清事实，并采取一切行动来掌控未来，不管它是好还是坏（两者都有可能）。在这种情况下，你需要给予关注并改变你的行动来应对这个改变游戏规则的趋势，不是争论“如果”，而是开始思考“何时”以及如何准备。未雨绸缪才是具备未来智慧的表现。

加速的气候变化影响了消费者，他们买不到食物，而且失去了工作和竞争力，没有安全感，这都是由于气候的影响。所有这些趋势都已经在发生了。

FUTURE SMART
预见未来

2050之前的气候变化预测

- 大多数国家都没有准备好应对气候变化所带来的威胁。
- 气候变化已经对所有大洲和大洋的自然和人类系统产生了不利影响。
- 极端的和不可预测的天气给人类的安全带来了更多风险，各国必须准备应对。
- 食物和水的不安全造成全世界贫富差距进一步拉大。
- 沿海超级城市面临洪水隐患。
- 全球气候变化难民逃离灾难。
- 随着所有公司转向创新，以防止和应对全球气候变化的风险，一个新的充满活力的清洁技术产业即将出现。

- 由于气候变化而导致资源出现严重短缺的国家将会走向灭亡。
- 极端天气，比如风暴、火灾和干旱，造成的财产损失，可达数十亿美元和欧元之巨。
- 热浪、干旱和洪水将随着生态系统逐渐不稳定而加剧。
- 社会动荡加剧，超过国家的管控能力。
- 国家和非国家行为体之间围绕水、土地、农业和技术的获取展开资源战争。
- 各国将气候变化视为社会不稳定因素，从而加强对这方面的治理。

气候警钟

我预测另一个警报也将被拉响，它不会受欢迎，但却是真实的。事实上，这是一个令人不安的事实：我们已经没有时间来实现重大成就，我们可以有所作为，却无力扭转气候变化。这是一种新的观念，然而，许多专家和领导者认为我们可以通过减少碳排放和转用可再生燃料来扭转气候变化。

改变生活方式是一个必然选择

我们可以并且应该尝试改变生活方式来保护环境，但我们没有提前计划，以至于现在我们已经不可能完全赶上变化的趋势，这是我们的警钟。今天我们看到的即将到来的永久性变化是不可逆的气候变暖和融化迹象。但即便如此，我们还是可以尽力保护未来，我们也必须采取保护措施。

我们是否可以限制碳排放并缓解气候变化？可以。但是，我们需要做出巨大改变，比如立即停止使用煤、石油和天然气。然而，这并不现实，这也是令人不安的事实。除非我们采取一些激进措施来应对气候变化，否则我们迟早要面对这个事实。而且，气候变化在很大程度上的确是不可逆转的。

我们不能责怪任何人，除了我们自己，我们无法逆转已经到来的气候变化。只能减轻它的破坏程度，并加以控制，为自己争取时间来适应和准备。如果我们行动更迅速，就可以采取更多的激进举措，这也是我将探索的问题。

一个更热、更潮湿、更多极端天气的世界，带着不确定性和气候危机正在向我们袭来，这是我们要面对的未来。现在，这还不是末日预言，因为压力、崩溃和灾难还不是全球性的，也不是一次全部发生。但我们应该为极端的变化做好准备，因为极端变化将成为一种新常态。

也有充分的证据表明，气候变化的加速远超我们追赶的速度。现在，对于那些专门从事预测的人来说，不难认识到，激烈甚至巨大的系统性变化正在我们预测和理解的工具尚未准备好的情况下发展。这是我们这个时代所面临的挑战的一部分。对于那些我们无法预测的破坏性力量，也许我们永远无法完全理解它们。

FUTURE SMART

预见未来

10 大气候变化风险

- 全球变暖。
- 海平面上升。
- 水资源紧张。
- 食品安全问题。
- 极端天气。
- 公共健康危害。
- 疾病暴发。
- 社会动荡。
- 地缘政治冲突。
- 政府崩溃。

3 种未来的气候情景

气候变化在这里预测的每一种情景下都是一个常数。唯一的问题是我们如何快速且深入地为其做好准备以及我们如何防止进一步的变化，我们能在多大程度上具备未来智慧，来适应一个更热、更潮湿的未来？无论如何，有所准备和试错要好过不准备和冒险。

下面将要提到的这些情景都可能成为现实。政府、国防、情报和跨国公司，比如大型银行、保险、能源和投资公司都很熟悉这些情景。

我的大多数国际客户（政府和公司）都想提高对气候变化的认识。他们和你一样，想具备未来智慧，想为未来做好准备。你需要理解超越我们理解能力的全球和国家规模的各种变化，这正是过去几年里所发生的。但是，随着我们从“未来准备”转向“未来智慧”，我们将进入一个新阶段——应对挑战、采取行动、创新并产生积极的结果。

风险适应型世界：面向未来

在这种情况下，全球一起合作，一起准备。在有远见的政治家的开明领导下，私有和公共部门能够一起提前计划，并达成行动共识。国家、公民以及私营和公共部门的组织以协调的方式共同工作，像是准备迎接一场灾难或战争。

法律得以制定，国家和国际社会之间相互结盟，计划和执行预防措施，如建立堤防来应对海平面上升，在内陆地区资助新城建设，保护农业，以及重新规划国防和安防以便应对社会问题。

如互联网、电信、银行、食品制造业厂、物流、媒体和国防等关键的基础设施均受到保护。各方合作的核心是制订一个长期的气候风险管理规划，所有人都为了共同利益而努力。大规模的碳税和贸易体系得以建立，并形成新的清洁能源经济。碳燃料和工业被逐步淘汰，替代性燃料和产业出现。

气候系统科学得到发展，用于预测和设计环境解决方案，对可持续发展社会至关重要，却仍显脆弱的虚拟和物理地点得到保护。我们还可以使用大数据、传感器网络、超级计算机、地理工程和智能机器来保护地球上的生命，并有效应对出现的危机。空间阵列、海堤、碳的控制以及对替代能源的投资等共同塑造了一个更加安全的未来。

风险管理型世界

在这种情况下，各个国家、地区和组织有一定程度的准备和适应。为未来准备和全球合作的水平与适应型世界的情景不同，人们虽然面临许多风险，但实际破坏不是很多，风险是可控的，虽然偶有一些灾难发生。此外，相关计划也得以有效实施。而且还出现了保护沿海地区和解决气候变暖的新技术。资源匮乏得到控制，尽管不是对每个国家或地区，由于资源太少和全球合作不力，做出全球性改变已经太迟了。

在这样的世界里，大多数利益相关方能够共同合作，以提高行动效率。虽然有些国家和地区被隔绝和孤立，但仍保持了通信和贸易。技术将被用于减少碳排放，投资区域气候变化的管控，但这种投资并未在全球范围内普及，因而也无法快速进行大规模改革。

混乱型世界

鉴于解决气候变化的资源有限，合作也非常有限，有些国家（主要是岛国）没有做好准备，它们因此变得比以往更孤立。处于风险中的较贫困的国家确实从更富裕的国家得到了有限的帮助，但是由于所有国家行动得都太晚，援助的效果非常有限，因而气候变化形势非常严峻。

粮食和水资源短缺、海平面上升、法律和秩序崩溃导致的社会混乱成为影响国家和城市治理的首要难题。

10 多年来，我看着我的很多客户（包括全球跨国公司、企业家和国家）做出了战略转变，认识到气候变化的事实，它们的战略准备令人印象深刻。包括美国、欧元区各国、新加坡、马来西亚和印度尼西亚等在内的许多国家已经开始关注气候变化的长期影响及其对城市、供应链、市场、水和能源的影响。虽然出现了许多创新，还有很多工作需要做，但人们的处理方式确实已有所改进，只是还不足够，我们还是需要一些根本性的改变。

FUTURE SMART

预见未来

每个人都应该思考的战略问题

- 我们可以缓解碳对气候变暖的影响吗？
- 我们可以更快地减少碳排放吗？
- 我们可以通过气候工程为这个星球降温、抑制气候变暖吗？

我相信上述三个问题的答案都是肯定的。但是，我们是否有勇气和远见采取行动，具备未来智慧，并准备好应对未来的破坏性气候？除了减少碳排放，改变我们的生活方式以减少消费，我们还需要发明激进的创新。让我们来探讨下一步我们可以做什么，要在未来生存，我们需要一系列变革因素，成为未来的规则改变者，来处理气候变化，可能还要尝试各种新的甚至是激进的想法。

FUTURE SMART

15

破解地球：气候工程

MANAGING THE GAME-CHANGING TRENDS THAT WILL TRANSFORM YOUR WORLD

在本章中，我将探讨如何使用先进的技术预测、预防和减少负面影响，甚至保护地球未来免于剧烈的气候变化。这是应对未来气候变化风险的可控努力。如果不大规模改变能源使用方式，减少碳排放，在碳税和贸易市场、可再生能源汽车和清洁能源等方面实施大量变革，这一努力就不可能产生效果，但它可以成为应对未来新战略的一部分。问题是：我们需要发明真正能够带来改变的创新性解决方案。没有数十亿的资金，以及大量时间和创造力的投入，一切都将是空谈。

许多技术还处在早期阶段，在实现之前，都曾被嘲笑为天方夜谭、危险之举或者空中楼阁。事实上，大多数科学创新都是在想到的那一刻就遭到了拒绝而夭折了。然而，这并不意味着每个创新都是安全的和具有现实意义的，但权威往往拒绝处在概念阶段的科学创新，这已经影响了对研究和开发的投资。怀疑越多，资助越少；想法越疯狂，就越不可能得到资助。

寻找“异端”

所有伟大的思想从诞生那一刻就面临被拒绝的命运。哥白尼、爱因斯坦、特斯拉、史蒂夫·乔布斯、文特尔和泰德·特纳的思想在一开始都曾被无视，以及被认为毫无价值，因而良机被延误多年。甚至在100多年前，装有电池的电动汽车就已经存在了，却从未冲破内燃机的垄断而浮出水面。我们不得不等待 100 多年才能真正迎接电动汽车的到来。因此，不要让我们再苦等另一个百年才能在地球上实施气候工程。

IBM 的创始人曾表示世界并不需要很多计算机；在手机或互联网上做商务的想法也曾被痛批；没人认为电视是靠谱的技术。这些都是毫无远见的世界观的典型案例，我们需要从中吸取教训。

甚至直到最近，互联网、移动应用和电子商务的巨大力量才改变了商业和通信，才让不可能变为可能；DNA 测序曾被认为过于昂贵，而且可能根本无法破译；工程师们曾认为纳米技术和物质操纵是白日做梦，而如今这已经是一个上百亿美元的全球性产业。

于是我们可以发现：权威者最初拒绝新兴或者投机性技术，有理由认为其不可能实现，然而他们的成见最终都被推翻了。因此，考虑到巨大而急剧的气候变化，地球工程将得以实现并在未来发挥重要作用，这会是非常有可能实现的结果。我在这里所提出的气候变化管理将经历同样的发展过程。

我们需要新的思想家，需要能够创造这个未来的创新者，我们需要能够发明气候工程学的新人类。我们需要他们愿意在风险变得不可逆转之前，尝试提出根本性的解决方案来应对气候变化。

现在，在我们所处的时代，一切都不同了。气候变化对全球潜在的毁灭性破坏是如此巨大，以至于如果不对新技术创新进行投资来控制其影响，这本身就是灾难性的和不道德的。我们需要找到工具来改变这一切，我们需要考虑得更远一步，需要在气候变化问题上具备未来智慧。我们还必须投资相关创新来帮助应对不可避免的挑战。如果我们不从现在开始就对气候变化的管控工作进行投资和规划，时间会变成另一个难题——一切都太迟了。

不同的是，随着气候改变的加速，解决气候变化的需要使得地球工程成为最重要的技术创新，我们应该集中全球资源用于地球工程，以此来有效地应对气候变化。因此，如果一门全新的地球工程学能够将风险因素，比如冰川融化、全球变暖、海平面上升或社会动荡减少仅仅 25%，却需要 1 万亿美元的投入，那么这笔钱我们就必须花。

问题是，大多数决策者即那些政治家而不是科学家认为我们还有时间来考虑是否投资地球工程这样的新科学。如果不投入，又会怎样？但我们需要加大对研究和开发的投资，以应对气候变化。时间不等人，气候变化正在加速，我们需要抓紧时间。我们需要根本性的创新来应对这一挑战；需要立即在全球范围内启动“发现引擎”。我们需要一场创新革命来预测、防范和管理气候变化的未来。

新科学革命时代

在我们的时代，我目睹了 4 次重大科学革命。第一次是个人计算机革命，第二次是电子通信革命，第三次是互联网革命，第四次是纳米科学革命。每次革命都需要很长的时间、巨量的资金，以及对合作和人才的巨大投入。所有革命都是依靠数以亿计的资金、紧迫性和科学发现才最终实现了突破。这些科学革命带来的新型工作、企业和新理念丰富了我们的世界，现在我们要再来一场这样的革命——创造气候工程的未来。

对新就业、新产业、新公司以及新产品和服务的市场积极影响会紧随而至。我们才刚刚开始，而如果想要让地球的温度降下来，我们就需要迅速采取行动。我坚信，我们需要一场新的科学革命来应对即将到来的气候变化。如果不这样做，将祸及未来。我们的孩子是否会指责我们不仅破坏了他们的未来，而且没有采取行动来管理气候，防止进一步的危害？如今，这一切都摆在了我们这一代人的面前。

每次想到互联网、计算机和手机创造的财富、进步以及导致的生活方式的变化，我都提醒自己，所有这些创新都发生在刚刚过去的不到30年的时间里。想象一下，30多年，成千上万亿美元的投资，数以百万计的企业家以及全球100多个国家的齐心协力，会在预防气候变化方面做出多大的贡献。

至少需要10年的不断试错，才能最终带来突破，而这大部分基于大量投资和企业家的努力工作。大多数创新来自既有的行业领导者之外：苹果是计算机产业的外来者，特斯拉是电动汽车领域的闯入者，诺基亚之于电信行业也是如此。也就是说，我们都拥有一个机会去创造新的未来。

这就是今天的我们所面对的。我们需要发明一场新的气候科学革命，需要采取一种坚定的集体策略来思考和采取行动，以管理气候及应对正在逼近的危险。有足够的数据表明：极端高温、海平面上升和破坏性供应链风险正在迅速酝酿。

气候工程，迈向新科学

我们需要一种统合了工程学、系统生物学、生态学、网络、大数据、云计算、通信和计算机科学的新气候科学，来拯救地球不受已经发生并不断积累的气候变化的影响。我们还需要一种新的科学来应对气候变化挑战，否则，我们要面对的将不仅仅是风险，还有快得出乎我们预料的灾害的发生。

我们已具备发明这种新科学所需的创新和技术，只是没有把这些创新和技术结合在一起，使之成为一门新的科学。超级计算机模拟可以为当今各种复杂现象建模；互联网催生的各种合作已帮助我们实现了人类基因组的解码；卫星以非常精确的方式观察地球，构建了天气的早期预警系统；太空探索公司（Space X）等私人太空公司与美国国家航空航天局（NASA）、印度、欧盟和中国等国家及地区，都拥有航天技术来发射和在地球轨道上安装反射式太阳能阵列这样的结构。传感器网络已经普遍用于预测和监测电网上的能源使用。

今天，清洁能源生产、纳米材料和太阳能方面的创新正在加速，有些已经投入使用；生物化学也已经被用于在大气和海洋中播种能够影响天气的产品。更多技术正在被进一步研究和开发，以共同创造气候工程。

设计天气

气候工程也被称为地球工程，涉及大量科学设计和对地球的物理系统的大规模改造，用以改变环境。这是地球的“黑客计划”。这和我们破解计算机系统一个道理：我们现在必须学会“破解”地球。

这些工作可能包括捕获大气中的二氧化碳，即“碳隔离”；安装地球轨道装置来控制太阳的辐射；或将颗粒物或生物制剂泵入大气或海洋以捕获碳，并改变阳光方向，进而为地球降温。

2001 年，联合国一份关于气候变化的报告认为，地球工程已经成为一种可行方案，这种方法包括通过大规模操控全球能源平衡来设计地球气候系统的可能性。例如，据估计，二氧化碳加倍对地球表面能量平衡产生的平均效应可以通过将地球反照率从 1.5%增加至 2%来抵消，即将到达地球的多余太阳辐射反射回太空。

在气候变化风险因素爆发之前将计算机预测模型应用于实际，可能会带来附加的气候修正效应，如测量即将爆发的海啸、地震或风暴的能量波，并利用该信息采取预防措施。

使用大型 3D 打印机和计算机模拟进行快速建模，并构建一个拥有大数据能力和云计算能力的庞大全球预警系统，这将为我们提供今天没有的全球气候预测预警系统。

如果我们想要在最恶劣的气候变化的长期影响下生存下去，这个用于保护城市、海岸线和暴露在其他风险中的人类的系统将是非常必要的。而这些最糟糕的情况随时都可能发生。

虽然政府和私营企业已经进行了一些大胆的试验，但这种应对气候的方法还没有得到足够广泛的研究。我们面临的挑战是：要么开发出新技术以应对变化气候，要么成为灾难的受害者。我们需要用更具创新性的思维来思考如今的气候科学。气候科学一直以来只局限于对自然系统的理解，气候工程则意味着改变这些自然系统，防止灾害、改造地球。

如果我们快速行动，则有可能产生积极影响并减少气候变化风险导致的影响。如果我们打算发明一门新的科学，最好尽快开始，我们的时间已经不多了。气候正在以惊人的速度演变，如果有一门科学能把地球从可预见的可怕未来拯救出来，那就是气候工程。

2025 年的生态市场交易所

如果你想拯救地球于气候变化的水火，没有比让投资者赚到钱更好的激励机制了。将清洁能源和气候变化处理工作转化为全球性的投资机会，这将是拯救地球的极佳起点。

全球有 4 个主要的电子交易市场，即零废弃物信用交易所、可回收物信用交易所、碳排放交易所和可再生能源信用交易所，4 个市场共同形成了一个生态市场交易所，其中生态信用如同股票、债券、大宗商品或货币交易一样，每年的交易额超过 1.5 万亿美元。生态信用交易很像曾经在伦敦和里约热内卢的碳信用交易。生态市场运行在位于伦敦、纽约、香港、孟买的交易所以及全球 50 多个交易所构成的全球电子市场所使用的大量高速计算机上。现在已经有花样繁多的金融激励产品供投资者交易。为了购买或销售这些生态信用产品，一部分交易用于投资全球气候变化管理、污染控制和可再生能源开发。

寻找激进又安全的创新

目前，已经有30多个国家的政府实行气候管理和地球工程，这些努力始于1948年的加拿大和美国。用人工降雨和化学试验来控制气候的做法，也早已有之，可以说气候管理并不新鲜。比如，中国拥有最大的国家气象工程机构；在美国，美国国家航空航天局已经进行了大量实验来控制气候。很多是为了测试海洋和大气操控的有效性，比如人工降雨、冰雹抑制、太阳辐射偏转以及增加海洋中的铁元素等。许多尝试已经发挥作用，证明了这些解决方案的有效性。我预测，气候工程即将被提上未来的议程。

进行中的解决方案

我认为很多智库、高校和一些国家政府已经启动了气候工程，因为我们的时间已经不多了，而且没有其他更好的方法来管理气候，即使是大家正在讨论且所有国家都试图避免的碳减排，也收效甚微。在政府因气候变化而失去土地、城市、生命和水资源之前，他们一定会启动地球气候工程。美国和欧洲国家也都提出了各自的规划和试验。

如果我们根本不需要控制气候，只需减少驾驶化石燃料汽车、回收塑料、关上电灯，那该有多好！但是，当事情牵涉90亿人口而政府又不严肃对待时，以上这些做法是不会产生任何效益的。我们是否应该回收废物、转向使用可再生能源、扩大保护区、减少排放？当然应该，但鉴于当前气候的现状，这些行动的影响非常有限，然而这一点并不被大多数人理解。

我们需要更激进的思想来实现改变，只有那样的改变，才能让我们继续生存下去。我们需要发明一种新科学，并确保它有效，不会制造新的问题。这门科学涉及大量问题，存在容易被忽视的道德和科学风险，但是，如果我们想要尝试把不可能用科学设计气候变成可能，我们就必须正视这些问题。

我们需要集合全世界的大学和企业家，投入全世界的工程和科学方面的努力，来创造一个全新的领域——气候工程，即我们需要创造一些尚不存在的东西。

激进时代的激进技术

作为一个相信技术可以带来惊人的改变且能够让我们的世界更美好的未来主义者，我并不是在寻找捷径。医疗、制造、运输、通信等领域的技术价值，已经让数十亿人的生活品质得到了提升。我一直专注于了解那些已经并将持续让世界变好的技术和创新。

由于技术的进步，人类群体迎来了更长的平均预期寿命、更繁荣的经济和更好的教育。从作为苹果公司的高管直到今天，我与数十个创造未来的企业家合作，目睹了下一代科技，比如干细胞研究、移动商务、神经科学和量子计算的发展，我认为最奇妙的技术即将诞生，并将带领我们的文明获得更高的生活质量。

我知道地球工程才刚刚开始，还不是一门完全被认可的科学，它存在潜在的挑战，甚至存在风险，现在仍处于早期的概念阶段，甚至还称不上一门完整的科学，许多人害怕它会制造更多的混乱。但是，正如许多其他诞生过程十分艰难的技术一样，我认为气候工程将有助于我们控制各种即将到来的地球风险因素，只要我们努力研究降低风险并将这种新方法持续专业化。

气候工程到底如何发挥作用？我们将通过创造新科学来准备、预防、适应和管理风险。我们需要一种新的方法来创造解决方案，以应对气候变化对人类生物学、自然资源管理、海洋学、城市工程、气候预测、预测模拟、合成生物学、生态科学、水资源和农业生产的影响。我们需要一门新科学、一项新议程、一种新工具和一个新目标来拯救地球。

未来的星球竞赛

将气候学家、工程师、计算机科学家、模拟专家、天气专家、建筑师等各行各业的人聚在一起，创造一门新的科学，这并非一句空洞的口号。我们不会跳过是否应该进行气候工程以及这项工程有何风险这一重要辩论。在一个每个人都经历着气候变化，都受其影响的世界上，我们如今都在承受着风险，我们需要一种新的科学来迎接这些挑战。

目前的科学往往太有限，太专注于特定的领域，不够宏大。我们需要往大处想，思考整个星球体系。我们需要专注于为大型复杂系统、生态系统建模，专注于改造地球。若想解决气候变化问题，我们就需要在行星尺度上进行思考。

只有这样，通过发明一种新科学来应对新挑战，发现或者有意愿发明我们所需要的解决方案，才能阻止许多专家认为不可避免的结局：剧烈的气候和天气改变将几十亿人和所有国家的生命和健康置于危险之中。我们必须汇聚资本、科学和勇气，在我们无法避免、降低或改变气候风险之前打赢这场气候战争。

所有专家现在都认为，管控风险需要适应气候变化，而我认为这还不够，这和以往的任何问题都不同。若想取得成功，我们需要在全球范围内采取更大胆的举措，而且，我们必须成功。

FUTURE SMART

预见未来

地球气候工程可能产生的好处

- 在减少排放的同时，争取时间。
- 转移、捕获和贮存碳。
- 为创新清洁能源网络争取时间。
- 学习到什么是有效途径，什么不是。
- 为建设气候安全城市争取时间。

- 控制太阳辐射。
- 为地球降温。
- 创造一个更安全、更安心的地球。
- 保护水和农业资源。
- 保护生物多样性。
- 降低社会压力、减少资源纠纷。

我预测，越过“如果”，推进至“让它发生”，专注于在全球范围内预防、保护地球的安全、健康是每个领导者、政府和组织以及个人的最高战略目标。你可能会问，为什么？

格陵兰岛正在融化，每天有成百上千亿吨的冰水汇入海里；作为我们星球的两端，北极和南极的融化速度已经超过科学家的预测。根据最准确的科学依据，全球变暖正在加速发展。地球的天气已经改变，全世界都面临着海平面上升的风险。从纽约的龙卷风到美国的干旱，极端天气变化对健康的影响已经涉及粮食生产、股市价值、房地产、气候灾害和整个人类的安全。

我们需要认识到气候的各种变化是交融为一个整体的——一个由各种自然系统组成的生态系统：海洋、河流、生物、大气、地形与人类制造的城市、通信、交通、商业和能源系统相互融合。这种融合正因气候向不同、不可预测，甚至混乱的方向演变而遭到破坏，而且破坏仍将持续。我们需要为在这个不断变化的世界更好地生存做好准备。

破解地球

想要破解地球，离不开气候系统科学，气候系统科学包括如下三个方面。

◎ 自然资源管理：环境、空气质量、农业、水、食品和物流的预防和保护。

◎ 气候系统管理：通过气候工程，利用技术来预防和减少气候变化的影响。这些技术包括大气装置、地球生物学降温、人工天气，减少全球变暖影响的创新以及清洁能源管理。

◎ 气候风险管理：规划、预测、模拟和建立预测模型，以预测影响人口、健康、食品、安全和水的气候风险情景。

也许，气候工程能够拯救我们

来自 2030 年的新闻头条

大气洗涤器减少了 70%的碳排放

阿西莫夫 7 级大气洗涤器将从空气中清除所有有害颗粒，使环境清洁、无污染。新的合成生物过滤器可以捕获碳，节约的成本超过 50% 比特币。这些洗涤器的性能出色，能在云计算网络即之前所谓的互联网上进行升级。洗涤器采用全自动化运转，性能可靠，其巨大的推进器由最先进的太阳聚变推动，能吞噬从大气中析出的污染物。

气候工程分为三类。第一类是碳封存、碳捕获和碳存储（CRD）；第二类，太阳辐射管理（Solar Radiation Management，SRM）；第三类，前瞻性气候管理（Predictive Climate Management，PCM），即通过大数据、云计算和分析，利用物联网构建一个大型的全球传感和气候智能系统，用于预测、监控天气，与环境交互，在需要的时机和地点部署技术、结构、障碍、地理装置和人力资源，以达到预防和治理灾害的目的。

科学家试图控制地球气候的激进观点让很多人觉得非常自大。我们是想扮演上帝吗？我同意这种方案十分冒险，有待证明，正如我所说，它像大多数技术一样，还处在萌芽阶段，但我认为，我们有很大的潜力能够有所突破，从而管理气候变化。当然也有风险，这种方法可能适得其反，可能毫无效果。这个领域面临着许多问题。在过去的化学试验和天气管理试验中，有大量的证据表明，我们现在还没有一个科学的地球工程能够满足大众寄予的厚望。

FUTURE SMART

预见未来

气候工程存在的风险因素

- 使气候变化的危害加速到来。
- 破坏大气层。
- 增加健康风险。
- 犯重大错误。
- 污染环境。
- 增加太阳辐射。

这并不意味着我们要放弃，相反，我们要投资未来，这一点实在事关重大。我们需要发明解决方案，而且坦率地说，我不认为我们有别的选择：我们该坐下来等待不可避免的气候变化，还是现在就开始研究和创新，以防止灾害的发生并创造出一个新行业，来改变全球生态？当然也有一些合理的担心，如新技术的发现会减缓人类减少碳排放的决心，这可能真的会发生；但这并不意味着我们应该放弃开发气候工程。

时机已经成熟的理念

人类从事地球工程活动已有近 70 年的历史，这项活动开始于 20 世纪 50 年代的亚洲。天气调节试验已经进行了一个多世纪。这不是什么新观念，而是时机已经成熟的理念。美国国家航空航天局和其他政府机构的试验，以及比尔·盖茨等科技界名流所支持的风险投资已经证明，诸如海洋播种、铁施肥等气候试验都已初见成效。

全球地球工程的中心是中国、美国、欧盟、俄罗斯、印度、中东和澳大利亚。大量的海洋和大气试验已经解决了天气调节、太阳辐射管理以及地表冷却等问题。几年前的菲律宾火山爆发降低了地球温度，并排放出细小的空气颗粒物，因此，我们同样能够利用气候工程为地球降温。

位于世界各地的几十个项目由一些大国政府主导，开始时间可回溯到几十年前，这些项目表明这种方法具备成本效益，生产合理，切实有效，同时也有科学依据。但还没有人像本书所描述的那样大胆地开展大规模的全球性项目。我们是否需要进行更多的研究和调查来开发如太阳能电池阵列和碳捕获那样的大型气候管理系统呢？答案无疑是肯定的。

我们的身后已经没有退路，面对碳排放的增加、可再生能源尚未普及，我们必须依靠大量创新来管理气候变化，否则只能自食恶果。世界上没有十拿九稳的机会。我们今天所承担的风险可能让我们免于在未来面对更大的风险。对这种风险的权衡（今天的较小风险在未来可能是灾难性的）完全取决于时间。等待的时间越长，生命、健康和我们的世界所面临的风险就越大，因此，最好现在就做好准备。

修复气候，保护未来

源自 20 世纪 50 年代的气候变化科学项目已有很长一段历史了。气候工程尚未发展成一门可靠而有效的科学。一些气候工程的案例为未来奠定了基础。如果我们认真对待气候变化，就应该研究如何管理气候并有效减少碳排放。关键是，若想在未来生存，人类需要同时掌握这两种策略。

1967 年在印度开展的 GROMET 项目建立在天气调节（人工降雨）的基础上，这一项目是由美国实施的，其目的是结束比哈尔邦饥荒。美国还在 1993 年进行了首个大型海洋施肥试验；一家澳大利亚公司 2008 年在苏禄海试验用尿素进行海洋施肥；普兰克托斯公司（Planktos）在 2007 年开发了海洋施肥技术；罗汉菲克斯（Lohafex）项目在北海进行了海洋施肥试验。坦率地说，在这些项目之前，就已有气候工程的实例了，只是未被广泛报道。

还有道德方面的忧虑。我们需要适当的科学指导方针来发展气候工程，但这门科学远未成熟，尚待形成，是我们用来战胜气候变化影响的最后机会。我们能把人类送上月球，肯定也能通过创新来拯救地球，同时不伤害到自己。我相信硅谷原则：只要是能想象的东西，我们就能把它创造出来。

在硅谷，我每天看着那些专注且富有创造性的工程师——我们这个时代的真正英雄，把不可能变成可能。这些创造了新的商业模式、行业、技术和新型商业文化的人都是未来的游戏改变者。激光、互联网、智能手机、纳米科学、计算机技术，我们今天早已习以为常。这些工具正在改变医疗保健，绘制人类基因组，创造新的制造业革命，并将人类带入太空。如果我们能够发明出这些伟大创新，那我们同样能够解决气候问题。我们拥有和即将拥有的工具和技术，将使气候工程变成现实。

在今天投资，就可以改变未来。发展气候工程可能需要 10 年，其中尚存许多未知数，它还不是一门科学，可能存在大量我们无法解决的道德和科学问题，但我们需要去尝试。**我们需要有勇气、洞察力和管理能力来进行更多的研究和发明。我们需要企业家和个人有勇气来创造一个新的产业，一个能够真正保护未来、改变未来的产业，我们需要立即行动。**

FUTURE SMART

预见未来

改变未来的观念

- 用铁和其他物质来中和海洋中的碳：这将减少二氧化碳并减少对环境的影响。
- 天气调节：卷云被驱散，为地球降温。
- 在海洋中补种可以快速有效地吸收二氧化碳并释放氧气的浮游生物。
- 通过碳封存和转化将二氧化碳转移并储存于地下，然后将其转化为能源。

- 碳交易市场：企业购买和销售碳信用，并鼓励资本投资替代能源、清洁技术和碳减排的地方。
- 用于控制天气的悬浮颗粒：保护地球抵挡太阳辐射，并降低地球温度。
- 建设反射式屋顶，气候变化防御城市：捕获太阳能，偏转太阳辐射，并降低皮肤癌患病率。
- 太阳能太空阵列，反射地球的太阳热量：让热量在进入我们的大气之前发生偏转。
- 快速重新造林，在地球上大规模种植植被，加速森林生长。
- 智能玻璃、家庭和建筑物中的纳米科学，用玻璃让我们的城市和栖息地变凉快，这种玻璃能够在太阳光照变得更强时自动变暗。
- 利用合成生物学创造生物制剂从而吸收碳：可以通过光合作用产生氧气。
- 用人工林和树木吸收碳：进一步降低碳排放影响。
- 自动智能堤坝用于沿海城市，保护海岸线免受海平面上升、暴雨和海啸的影响。
- 建立自动海墙，可以自动充气，以保护沿海城市免受风暴和极端天气影响。
- 置于建筑物和城市中的碳洗涤塔可以吸收和隔离二氧化碳。
- 用碘化银和其他物质进行人工降雨，调节天气，防止干旱，提高农业效益。
- 用纳米技术设备吞噬碳：这将被设计成在原子尺度上收集碳原子；
- 利用生化大气制剂对北极进行再冷却，减少热量和太阳辐射，以抵消气候变暖。
- 海洋中的云工程船舶和设施可以制造云层，反射太阳的辐射。
- 在大气中注入二氧化硫，形成地球保护盾，反射太阳光。
- 改造沙漠：引入天气、水和土壤管理，发展高效农业，改变生态系统。

- 开发新型农作物：发明耐极度潮湿、耐高温并可在低水分条件下繁衍生长的农作物。
- 开发新的水陆、咸淡两期水生生物和新的大规模海水养殖，增加食品供应来源。
- 深海水产养殖和环境改造城市，利用海洋作为高效农业生产的生态系统。
- 建立生态圆顶智能城市，使其拥有零污染的气候控制环境，并控制太阳的辐射以尽量减少暴露。
- 位于低地球轨道的城市大小的太空镜可以反射太阳光，为地球降温。
- 开发智能机器来帮助我们处理复杂的大数据和行星气候变化的模型解决方案。
- 为所有国家开发实时卫星天气跟踪技术。

加入气候企业家行列

在开发气候变化产品和服务用于理解和试验地球工程方面，人们已有很多尝试。美国企业家鲁斯·乔治（Russ George）在美国西北部的海洋中倾倒了 120 吨铁粉，该计划旨在促进藻类生长，来吸收更多的碳，抵御气候变化。

乔治是越发壮大的气候企业家队伍中的一员，他们倡导用大规模气候工程项目来改善环境，管控全球变暖的影响。有大量计划是用铁来给海洋施肥，以此捕获更多的碳。有些气候企业家正在分析向上层大气注入硫酸盐气溶胶的可能性，从而模拟大火山喷发时将细小颗粒物喷射到大气中所带来的冷却效应。

理论上，这将反射更多的太阳光线回到太空，假设这种科学能够像原计划那样发挥作用的话。目前有 50 多所大学、20 个国家、大量工程企业和智囊机构正在研究和试验气候工程项目。

这些气候企业家面临的风险与他们的野心一样大。海洋施肥可能会导致相反的效果，加速气候变化或损害海洋和大气，进而有可能成为新的污染源，也可能会妨碍而不是有助于气候管理。计算机模拟已经预测到可能存在关于健康、自然系统和生态的风险。事实是，我们需要指导方针和科学的专业知识来学习、试验并探讨如何正确发展气候工程，但放弃气候工程不应是首选。

气候变化将成为一个创新孵化器，刺激全球企业家去发明清洁技术、抗气候变化农业、新的城市和交通，找到未来可持续发展的途径。新的气候企业家群体的宗旨是使用技术创新拯救地球的愿景。从婴儿潮一代到 Y 世代，成功拯救地球气候以使地球免于灾难，并从中赚钱，这符合所有群体的共同利益。

3D 打印的智能堤坝

我为一个由建筑师莉斯·兰娜丽（Liz Reneri）开发的智能堤坝项目水折叠（Folding Water）提供了咨询服务。她设计出一种精简和可自我持续的结构，这个结构位于海岸线上，能够保护城市免受海平面上升之苦。该项目已经开发出了计算机模型和设计图纸。她获得了令人鼓舞的认可，但尚未获得启动该项目所需的资金。这是因为我们更倾向于被动反应而不是主动预测。我估计，只有在第一个沿海城市被海水淹没后，她的设计才能得到资助，由大型 3D 打印机打印出一个漂浮在某个城市周边的结构，在那里，人们可以观察和等待，随时准备采取行动，保护金融中心的海岸线。

北美气象顾问公司（North American Weather Consultants）是美国最古老的组织之一，也是自 1950 年以来天气调节领域的领导者。它的业务主要是分析天气并将这些知识应用于美国、欧盟、亚洲和拉美的天气调节，其服务包括强降雨雪和驱散云雾。

全球有成千上万这样的项目在等待支持，等待准备实施地球工程的企业家们去开发。他们所需要的仅仅是资金和有远见、有实权的领导者站出来并决定保护他们的城市、国家。

采取行动，迎接挑战

为了获得气候变化方面的未来智慧，我们必须马上开始行动。气候风险不会等到 2030 年才发生，那时已经太迟了。让我们现在就采取行动，研究可以用来应对气候变化的创新。如果我们错了，投入了不必要的时间和资金，好吧，小心一点总比事后后悔好。但如果我们是对的，却没有及时做出反应，那么我们就只能后悔不已。我们已经了解得足够多，有大量的数据告诉我们投资于能够拯救生命、保护未来的根本性创新的风险是什么。

我们应该做自己所擅长的事情——通过创新来解决重大问题，这是自文明开始以来人类这个物种一直在做的事情。我们建造了水坝、摩天大楼、运河、桥梁和火箭。我们能做得到这一点。而气候变化只是另一项巨大的全球挑战，像战争或灾难一样，我们需要运用我们的大智慧、创业技能和技术实力来应对它。我认为人类和我们的科学家们能够战胜这个挑战。

我相信新一代的气候企业家已经准备好破解地球。我们需要一个新挑战，毕竟互联网和计算机技术已趋于成熟，机器人技术发展态势良好，医疗和基因组学也已步入正轨。但是，有一个正在呼吁创新的领域我们却没有注意到，那就是气候。让我们创造下一代气候工程师和企业家吧，他们能够真正帮助我们迎接这个炎热的未来。

学会管理气候

气候变化是真实的，它已经发生，且很可能在未来变得更糟。所以，让我们接受现实，并为此做些事情，在我们还有能力这样做的时候。事实上，除了减少碳排放之外，这是我们唯一能做的了，让我们实践气候工程。我们把人类送上了月球；治愈了脊髓灰质炎；发明了互联网和电脑；发现了世界并非是平的；并设法使几十亿人摆脱了贫穷。在过去的几个世纪里，我们通过科技实现了现代文明。

因而，我们有能力、智慧和工具来改变气候，通过先进的技术来保护人类和地球。为完成这个任务，我们还有一些更重要的事情要做：构建一个巨大的全球战略来设计、改变地球的系统，来保护人类免受即将到来的气候变化的影响。

现在我们必须付诸行动——投资于研发。有一门新兴产业叫作清洁技术，在2013年吸引了大约10亿美元的风险资金。如果我们在未来20年每年投资1万亿美元，结果会怎样？如果我们将新一代的大量年轻人都变成气候工程师，为他们提供固定奖励，结果会如何？

向所有企业家呼吁

如果我们资助100万名企业家去学习改造气候计划，结果会如何？如果所有的全球财富1 000强企业都资助了地球防御基金，用于提出最好的气候工程解决方案，问题就可以得到解决。让我们一起“破解”这个星球，在一切还来得及之时修复地球气候。

可能有些人会认为，我们也可以任由气候变化发展下去，可能在一定的概率下风险并不像我们所描述的那样具有毁灭性。也许你认为一切都是虚惊一场？事实上，这是不太可能的。

另一个选择是，我们现在就准备，投资研究和开发气候工程的创新，结果可能只是多了一份好的保险，但也可能会真正拯救我们的未来。在未雨绸缪、避免灾难，与反应不足、行动迟缓之间，仅仅只有一线之隔。历史上，我们曾认真对待过巨大的科学挑战，并随之找到了突破口。

最糟糕的情况可能是：我们投资了我们不需要的创新，并创造了一个新行业。或者，最糟糕的情况是我们毫无准备，醒悟时已为时已晚。我认为这是当今这个星球上每个人都要做的选择。

我要再三强调，即使我们开发出了安全有效的气候工程能力，也并不意味着我们不必利用社会、经济和生活方式的改变来减少碳排放、污染和环境危害。**我们需要这一切：大规模减少碳排放、气候工程、经济激励措施如碳税、污染控制和创新的清洁能源解决方案，我们需要一套全面的快速解决方案以应对未来。**

在未来，如果我们学会了管理气候变化，希望我们能够自信地宣称："我们已经竭尽全力利用每一个创新、每一种洞见和每一个战略来保护所有人的未来。"生命短暂，所以请让它有意义，看看我们是否能够防止气候变化可能带来的风险，这就是未来智慧。我们需要用完全不同的方式思考气候；我们需要未来的游戏改变者，他们可以打破思维常规，进行创新，帮助我们塑造应对气候的新远见；我们需要运用所有聪明才智，不仅要节衣缩食，还要创造可以保护人类下一代未来的解决方案。我认为这是我们对即将继承这个未来的孩子们的责任。我们应确保用我们的聪明才智来修复未来，而那将改变未来的游戏规则。

FUTURE SMART

16

地球的能源供给

MANAGING THE GAME-CHANGING
TRENDS THAT WILL TRANSFORM YOUR WORLD

智能电网

想象一下，在不久的将来，地球将拥有一个完全不同的能源系统，一个敏捷、智能、分布式、灵活、自组织、可传感和可持续的能源系统。例如，未来智慧能源系统按照互联网的工作方式进行搭建和管理，互联网的功能建立在高度灵活和分布式网络构成的网络系统上，这些网络共同工作，优化了系统的性能和信息资源的获取。网络可以自我修复、愈合和启用，机器与机器之间通过相互沟通来优化性能、功率和连接性，传递我们的购物、通信、媒体、金融和医疗健康的信息流。而一系列混合的颠覆性创新，比如用于存储的纳米技术、用于管理复杂能量计算的认知计算机、优化了能源交通的传感器以及移动互联网，共同协作促进了智能电网的发展。这是一条通往可持续世界的未来智慧道路。

如果网络的一部分发生了故障，网络会感知到这一点，并寻找另一条分发路径。把互联网设计成分布式网络，含有越来越智能的共同协作的各种系统，这是互联网运行的核心。这一点不仅驱动着网络传输，同时携带着无数的语音呼叫、数据和视频。

这就是能源的未来——智能电网异常敏捷，连接各种不同的能源资源，包括传统的化石能源和可再生能源。智能电网足够智能，能够实时感知何时何地最具成本效益，自动识别丰富的能源储备，并将其传输给几十亿能源消费者。正如互联网从一台计算机开始，以指数方式发展成一个规模庞大、分布式的全球协作网络系统般，全球智能电网也将如此。

智能电网是指人们使用计算机远程控制、计算机和通信自动化，构建21世纪电力输送系统的一整套技术。双向通信技术和已在其他行业中应用多年的计算机处理技术让智能电网成为可能。它们开始被应用于电力网络，从发电厂到太阳能阵列和风电场，直接面向家庭和企业的电力消费者。

一个伟大的想法是将消费者和商业能源生产同各种能源连接——可再生能源、绿色能源、核聚变能源、电能和化石资源（以更好地进行整体控制），形成对能源供应链供需两端的全能源系统观。这种智能电网将通过创造一个更高效、透明和高产、能够“学习”和“进化”的能源架构，在21～22世纪发起一场能源革命。智能电网可以对数十亿人的行为大数据进行分析，预测能源需求是什么、在哪里，然后预测他们需要在何时何地使用什么样的能源来从事生产生活，但这需要我们去创建。

这才是能源的未来

在2025年，智能电网将与云计算、分析和能源大数据相关联。智能电网的这一新未来将实现城市到城市、家庭到家庭、企业到企业和国家到国家之间的能源交易、商贸和交换，优化市场价格和获取各种能源资源，形成一个更有效的能源系统。

然后，当智能机器、人工智能通过创造自组织能力增强网络性能时，我们将迎来一个进化型网络，用以管理本地、区域、国家和全球能源。当进化型网络开始超越当今计算机甚至人类的处理能力时，我们将实现全球能源管理的终极目标。这个未来已经离我们不远了。

你可能会问：为什么我们今天没有建立这个系统？这样问当然是有道理的，如果我们可以用这个模型建立互联网，为什么不能建立能源系统？鉴于更多的需求和更贵的能源成本，世界需要更高效的能源。答案是，今天之所以还没有一个这样的系统来管理地球上的能源，是因为它没有被充分地规划、设计和建造出来。在不久的将来，这个智能能源网将是开发、传输和分配地球能源的“看门人”。

今天，世界上大部分国家和地区的能源网都已过时，这一上个时代遗留下来的“烂摊子”它们并不是按照互联网的模式来设计的。这种古老、缓慢而效率低下的能源系统并没有做到性能或成本效益的统一。我们今天所浪费和低效使用的能源，如果节省下来，够你的城市亮上几十年。全球能源网络建立在一个 19 世纪的模型之上，是基于机械和工业模型而不是信息模型开发的。

如果互联网带来的地球通信革命在不到 10 年内就实现了，那么为什么能源做不到？所以，我们可以推测，用于解决能源问题的更好的技术和创新即将到来。

FUTURE SMART
预见未来

智能电网的实现前提

- 在家庭、办公室、汽车和公共交通中的 1 000 亿个传感器实时网络连接，共享能源需求和供应信息。
- 基于能源使用、生产、存储、地理位置、来源、性能和经济的安全信息所创建的大数据网络，与消费者和企业需求相匹配。
- 云计算将社区、城市、地区、国家或大陆中的所有微型和纳米网格汇集在一起，以更好地管理能源使用的效率。
- 嵌入式人工智能自动化微电网的管理，并提供具有成本效益的能源接入。
- 一系列的网络将可再生能源和传统天然气和石油能源连接到一起，以优化性能。

- 移动能源管理智能能够感知、预测并预报能源需求的时间、种类和数量。
- 智能机器将被开发出来执行这项使命，它们能更好地管理地球的高效能源系统。

FUTURE SMART

预见未来

改变能源未来的热门趋势

- 可再生能源创新将推动全球长期的繁荣、增长和可持续发展。
- 智能机器将用于管理电网、电池和电厂，并优化可再生能源生产以供分配。
- 能源安全：获得安全、可用和经济的能源将改变能源未来和经济。
- 公司、国家和个人交易碳、水和能源信用的全球碳交易市场的发展，将为下一代可再生能源创新提供资金。
- 从能源云网络下载的无线电能将维持世界各个角落的设备的运转。
- 智能电网及在本地生产、捕获和存储的能源组合，将改变能源的来源。
- 离开地球的能源，及进入地球轨道并在月球上开采的甲烷，将成为新的可再生储量丰富能源的来源。
- 由于新中产阶级的崛起，2050 年人口增长到 90 亿，能源将出现供不应求。
- 创建一个分布式的市场，消费者可以出售用不完的可替代能源；
- 世界电网的升级。

我们共享的能源未来

我们需要做的正是变得更智慧，知道如何利用和转换这些其他可再生能源，为我们所用。好消息是，人类具有将物质转化为能量的成功历史。我们就是这样成功转化了石油、天然气、蒸汽和水，因此我们可以开发工具、创新和技术来实现其他天然能源的转化。关于未来的地球能源故事，现在唯一缺失的就是发明正确的创新来开采可再生和可持续的能源。

当我们致力于解决这一全球性的大挑战的，传统能源——主要是矿物燃料，仍将在至少 20 ～ 40 年内继续作为能源结构的一部分，无论我们喜不喜欢。但每过一年，我们都距离 2030 年更近一步，距离大量有助于下一代能源的创新更近一步。

到 2030 年，若我们拥有了未来智慧，能源结构将发生逆转，我们对可再生能源的使用将超过化石能源。每个国家、组织特别是每个企业家都应该努力建设可持续未来，我们做得到，当然，我们也必须做到。未来的需求驱动因素，如人口增长、昂贵的能源、化石燃料对公众健康以及环境的影响，都足以构成我们关注可再生能源的理由。

世界能源形势

不确定、不稳定、有风险、浪费、碳依赖，这些术语描述了当今世界的能源形势。人类文明在利用能源方面一直不够智慧且不顾未来。我们把能源从土地或海洋里开采出来，破坏风景以攫取煤炭，燃烧石油为我们的汽车和城市提供动力，在这个过程中，引起了气候变化、污染。因此，现在到了该为未来打算的时候了。目前我们必须摒弃对变革毫无道理的抵制，因为这种抵制心理也维持不了多久了。

“轻松能源”代表了过去的 100 年，用技术勘探、挖掘和利用这种能源，都很容易，它不需要多么先进的创新。“轻松能源”不是个智慧的战略，它危险、高污染、代价昂贵，最重要的是不可再生。一旦我们把这种能源开采或挖掘出来，我们的工作就结束了，而它也就消失了。其实有更多可再生的智慧能源供我们选择，而且储量丰富、成本低廉、没有污染。

但智慧能源的产出是不可与轻松能源相比的，而且要利用智能能源，必须要有先进的技术创新。我们已经离创新十分接近了。可控核聚变和月球开采可能还很遥远，但建设电网、开发高产能的可再生能源，无论是在地球上还是在太空，都是未来能源的应有之义。总之，智能能源正在快速发展。

现在就需要清洁能源

你需要时刻提醒自己，我们世界的一切都基于能源，没有能源一切都无法进行。我们生活的方方面面，从健康到工作，从创造力到战争，从创新到自然，甚至我们的生物学、经济学和 DNA 都依赖于能源。没有能源，无人能够生还或者持续发展，不管是人、社会，还是行星。拥有充足、廉价且丰富的能源对地球的今天和未来的生命都至关重要。

我们需要更多的能源为数十亿人创造一个可持续的未来。这并非权宜之计。作为一种文明，我们必须把这件事做好，因为它将对我们在地球上的未来生存产生深远影响。拥有充足的能源，我们就是一个欣欣向荣的文明，否则，就会引发冲突、压力和更差的生活质量。

这意味着，为了预测未来，为了拥有一个可持续的未来（我将其定义为一个生活体面、安全、高效并充满希望的未来），我们需要获得更多能量来满足市场不断增长的需求。一直以来，我们使用的能源，主要是化石燃料，已变得越来越稀缺，成本高昂，而且对气候的影响程度到了威胁人类生存的水平。

事实上，一个先进的文明不会像我们的文明那样破坏其自然资源，如空气、水和气候。如果开采和使用不可再生能源会对人类健康产生负面影响的话（而它确实如此），先进的文明是不会去做的。这不是未来智慧。这种情况是不可长期持续的，如果不及早纠正，可能会带来毁灭性的影响，我们应该得到这样的预测。

能源困境

现在，我们大多数人都了解能源的困境。未来能源的关键驱动力是，到2030年人们对能源的需求将增加两到三倍。世界经济和社会依赖于石油和天然气、碳氢化合物（化石燃料），这种依赖对未来来说并不是一个可持续的战略。石油、天然气和煤炭是不可再生能源，它们虽然可靠却很昂贵，而我们需要一个新的能源计划。但要在接下来的20年里停止使用石油能源是不现实的。

规划一个由便宜、易于获得投资的可持续能源主宰的未来是可行的。此外，作为能源进口国开展地缘政治和经济是任何一个国家都不愿选择的能源未来。

例如，与过去相比，未来几年美国每年都将从石油输出国组织减少约7亿美元的石油进口，这种减少是由于美国将转向使用天然气和可再生能源。欧盟和亚洲也正拥抱可再生能源。

我们都需要行动得更快一点，以应对全球经济的人口和生产力需求。经济增长需要能源来支撑。我们需要把重点放在开发更多的可再生能源技术上。**从源头上更新我们所需要的能源，使之与生命系统相协调，比如太阳能和风能以及其他提到的能源，这才是拥有未来智慧的表现。**

迎接100太瓦大挑战

我曾为一家世界领先的能源公司的董事会做过一次简短的报告。我谈到，考虑到减少碳排放、转向可再生能源、节约能源并投资未来所需要做出的巨大改变，我怀疑今天的领导者是否有勇气、远见和意愿来实现这些改变并获得未来智慧。情势不容乐观，我希望我的这个预测是错的。

我预测我们将重拾我们所擅长的：制造新工具、设计创新、寻找能源解决方案。我们最终一定能解决能源问题，但是，我们必须齐心协力进行发明创新才能做到这一点。

现在我们已经清楚意识到，事实已摆在了眼前：随着人口逐年上涨，社会总需求增加，全球能源方面的需求也将加速增长。预计到 2050 年，全球将有 90 亿人口，其对能源的需求将是今天的两倍。现在，我们每天大约使用 1.3 万亿英热单位，即 140 万太焦耳的能量。截至 2014 年，我们每年用掉大约 20 太瓦的地球能量。到 2040 年，这个数字将变成 100 太瓦，是今天的 5 倍。

迎接这个挑战时，我们的反应还不够快。我们需要新途径、新发现和新激励来保护和管理我们今天所拥有的能源。否则，基于能源稀缺，人类将不得不制定限制人口的法律，甚至限制交通、运输、出行来应对能源获取的难题。能源配给是当今世界大部分地区的现实。如果不加速创新，明天的形势将更加严重。未来我们的能源消耗可能将是今天的 5 ～ 10 倍，即便是在今天，地球上仍有 20 多亿人遭受着能源匮乏的困扰。

然而，很少有人已为这个极端的未来做好了准备。本章将向你介绍哪些创新可以成功创造能源的未来。

重新思考未来

我们需要从更长远的视角来思考我们的社会、世界和我们自己。未来的 10 代人将如何获取能源？我们今天的行为会对未来产生什么影响？我们可以做些什么来确保子孙后代受益于未来丰富的清洁能源？我们今天可以采取什么行动来打造一个可持续 500 年的未来？我们自己、我们所在社区的商业和政治领袖都必须思考这些战略性问题。我们需要长期可持续的能源政策，如果想在未来繁荣发展，我们就必须有勇气做出改变，设想一个更大胆、更不同的能源愿景。

更快的创新，更好的世界

如果说有某一个大趋势，人类文明不具备未来智慧就不能驾驭和解决，那一定是能源方面的趋势。我们必须在能源问题上具备未来智慧，实现从化石能源向可再生能源的更快转变。如果在创造新的可再生能源方面的创新不够快，只会有数不胜数的风险等着我们。

能源驱动着全球的每个社区、企业、组织和市场的持续与发展，无论其规模大小。能源使文明能够延续、变化和长久存在。然而，传统碳能源生产将继续影响公共健康，拖累地球的可持续发展进程。所以，加快向可再生清洁能源的转移，以抵消传统化石能源的负面影响，其重要性再怎么强调都不为过。

如果不能迅速行动，获得未来智慧，在替代性能源生产方面跟上全球需求，未来的世界将是一个充满冲突的不安全的世界。我们必须认真对待这一切，并敦促私营企业和政府部门领导者快速、深入地投资新的可再生能源。

我认识到能源领域要发生任何重大改变，都至少需要几十年的时间。许多改变游戏规则的创新，比如电动汽车和太阳能，在很短时间内实现了更优异的表现。我认为我们必须在主流的化石能源之外去投资新的能源，我们负担不起不这样做的后果。很显然，各国政府甚至石油公司，都要承认这一共同的全球挑战，并努力为全球能源问题的解决方案贡献力量。

新登月竞赛

在这里提到登月竞赛是想提醒各位，人类的创造性思维能够促成惊人之举。美国前总统肯尼迪发起的登月竞赛这样一项挑战，证明了一旦充满决心的人们开始合作，就可以实现真正的壮举。人类登上月球这个激发了整整一代人的挑战向我们表明，无论多么疯狂、面对多少未知和挑战，我们都可以实现非凡的成就。

一个充满创意的想法是：如果我们都能做到把一个人放在月球上，难道就做不到加快制造清洁、可再生的能源？答案是可以做到，但只有决心创造更好未来的人才能设计未来。想要创造能源的未来，我们需要一场新的“登月竞赛”。同样，我们需要一场登月竞赛来帮助人类文明做好应对未来挑战的准备，这样一个未来将被大量增加的对能源渴求的人口主宰，其需求远超今日的供给。

我们必须找到可持续的能源来支撑更多的全球贸易、商业和经济增长，从而确保未来的全球安全和进步。能源可以是未来的加速器，也可以是未来的拖累，这取决于可供人类使用的能源类型与数量。无论是能源的经济成本还是社会成本，都要求在管理碳排放和提供丰富的可再生能源方面加快创新。

深空探测 2050：探险家达 · 芬奇

深空探索项目自从得到空间国家联盟（Consortium of Space Nations）赞助以来，已经取得不凡的成果。2040 年将建立聚变推进剂补给站，让探险家们的网络更深入太空，其中一些站点非常小，比如祖鲁（Zulu），就像以往为家庭和企业客户递送包裹的无人机。

新元素、金属、稀有气体甚至原始生命形式的发现，改变了我们对人类生物学和宇宙本质的理解。我曾进行了一些实验，回答了一些有关宇宙如何形成的基本问题，甚至我们是谁、人类可能来自哪里这样的问题。我们目前还没有发现人类以外的智能生命，但我们希望去寻找并探索我们的星系边缘。

深度未来

本书所预测的所有趋势，都只是一个复杂谜题的一部分，这些部分组装在一起，形成了一个更大的由因素、关系、互动构成的框架，这样一个框架构成了未来的基础设施，不理解这一点，就无法洞悉能源的未来，我称之为深度未来。深度未来是一个复杂的综合系统，代表着我们真实的未来——所有趋势相互交织，包括气候、能源、医疗、工作和技术趋势，这些趋势决定着我们作为人类文明，作为行星，作为人类在未来的发展。

这个深度未来已来。不仅如此，我们的行动正在创造、影响和改变这种现实的结构。不管是否意识到这一点，我们正在塑造未来。现在看看那些拥有权力、资本或资源来改变全球或区域的未来的国家和企业，你就会意识到这个游戏有多么宏大。

通常情况下，看看某些关键能源领域的投资情况，就可以预测很多领域即将发生的事情，能源只是个例子。今天投资太阳能、风能、生物质能和地热能等清洁能源，未来就会获得不错的回报。投资决定未来能源的基本组成部分，比如用于驱动太阳能生产、电池、机器人、云计算和纳米技术的光伏电池，就会对未来产生影响。

FUTURE SMART
预见未来

2020 年的顶级能源创新

- 近地轨道能量站在太空中制造增强的计算机能量芯片，以提高性能，将大型原始能量源如甲烷、太阳能和风能转换为电能，传输到智能电网。
- 使用 100%可再生能源的智能自动化公路系统。
- 环境捕获能源技术从主动和被动来源中寻找、存储和传输能源。
- 建造环地球轨道的太阳能阵列，吸收并转换太阳能成为电能，并将其传导回地球。

- 自组装纳米创客，纳米机器被编程成从自动处理的物质（如废物或水）中生产能量，纳米创客会创造本地能源生产器件，就像微波炉，每个家庭和企业都可以用来为自身消费供电，或贡献给智能电网。
- 太阳能油漆将每个屋顶和表面变成太阳能电池板，吸收太阳辐射，并将这些能量转换成电能，然后将其发送到智能电网上进行分配，或者用于本地消费，从房屋到公寓、从城镇到城市、从私家汽车到公共汽车、从学校到医院。

FUTURE SMART

预见未来

2025 年可能出现的热门能源创新

- 物联网是将每个太阳能电池板连接到智能电网，需要时收集、存储和分配能源的关键。该网络围绕全球和城市进行建设，使用互联网作为网络基础设施。
- 碳 MegaTax 计划对清洁能源技术项目的投资占全球新清洁能源生产的 40%。
- 污染碳排放权最终将被取缔，且不会再有买家。
- 风能和海洋涡轮机通过自然海流和风力发电来供给全球能源使用量的 25%。
- 开采海底甲烷为 20 个城市提供能量，通过对城市附近的海洋底部进行甲烷开采为这些城市供电。
- 核聚变反应堆通过全新的清洁核能（清洁、安全和可再生能源）为社会提供燃料。
- 太阳能电池催生的智能电网蜂巢网络（hive mind of smart grids），在每个城市、社区和家庭中进行自我组装，从税投资中产生 80% 的免费能源。
- 智能机器使用云计算、大数据和人工智能来设计和管理 70% 的全球能源分配系统，以造福于人类文明的能源需求。

2035 年的绿色经济

今天的石油经济主导着地球上的能源使用。石油经济创造了数百万个的就业机会，创造了财富，并为市场的稳定和高效发展提供了支撑。除非有一个全面的可再生能源投资计划，否则石油经济的基础设施和投资不会自动走下历史舞台。人类社会向绿色经济的转移可能会提前到来，我们必须加快投资和研究。

我们必须以 100 倍于当前石油经济资本的规模投资明天的绿色经济，以满足未来的需求。我们尚未意识到：需要更智能、更快速、更多的资本投资，才能真正创造一个新的能源系统。理解长期规划价值的国家，能够为这个未来进行创新的组织和赞成这种绿色经济的公民将是这个未来的创造者。然而非常棘手的问题是：基于清洁技术、就业、企业、法律和新能源基础设施的绿色经济，需要几十年的时间来建设。

今天的能源市场效率极高，未来也会如此，但我们仍然缺少一种以可再生能源为主导的长期能源结构。没有这种长远视角，要用效率、资本和创新让绿色经济加速，根本不可能实现。

创建全球电网：网络化的电力

要创造一个新的能源未来，我们需要什么工具？一种未来的全球电网？让我们从设定一个目标开始，我们想随时随地以低廉的价格连接、分享和输送电力，如何有效地做到这一点？我们需要低廉、丰富和可再生的新电力来源，它永远不会枯竭。在哪里可以找到这样的能源？

太阳、海洋和研发实验室可能是通往这个光明能源未来的大门。这并不意味着现在就要放弃化石燃料，而是在几十年内制定出迁移战略，从以化石燃料为主的结构转移到更多元的、拥有可再生能源的能源结构。考虑到以往全球的石油、天然气、煤炭生产商已用于就业、基础设施、设备和资本上的无数投入，除非发生根本性的能源创新并大幅度加速能源生产，否则，这种迁移战略就只能是空想。

现实的问题是，私营部门和政府部门对石油经济的百年投资及其对文明的广泛社会影响很难改变。这并不是说改变是不可能的，但它需要时间、资本，最重要的是，要有提前计划的勇气，要看到一切皆有可能——这便具备了未来智慧。

3 种能源未来

这个世界上的每个国家只要马上开始行动，就有时间规划一个可持续的未来。如果坐等另外一个 10 年，想再赶上就已经来不及了，等得越久，迅速改变和适应就越难，然而问题在于很多领导者都缺乏勇气和远见去创造这个未来。我们需要拥有未来智慧的领导者。他们清楚如何迈出大胆的一步，创造我们需要的未来，这对于社会和地球而言都是最好的选择。**真正思考和做出行动的领导者，头脑中拥有更大的构想。要塑造和改变未来，他们便是我们需要的那种领导者。当可持续发展成为任何一个国家、组织、社区、城市的首要议程，这样的领导者可以带领我们走向一个更智慧的未来。**

在这 3 种能源未来中，我预测未来可能的结果来自今天的规划、投资和远见。这 3 种未来很可能同时发生。非洲这个资源最为丰富却不够稳定的地区，其能源失衡和混乱可能会持续到 2030 年。南美、亚洲大部分地区、欧盟以及美国则有可能会拥有光明的未来。

当然，对风险和可持续发展所带来的积极机遇了然于胸，将帮助你成功为光明的未来进行规划。你应该早早意识到这一点。

光明的能源未来。在这种场景下，社会与私营部门携手，积极地投资，最大限度地建造基于创新的可再生能源。人们从化石能源中分阶段退出，转向可持续能源，免于对经济造成冲击。产业与政府通过严密的规划和合作，创造新的就业机会，并逐渐淘汰一些落后产业。

人们应尽快投资于学校改革，改革就业政策，创造清洁能源技术就业，教育获得公民支持，制定私营或公共投资策略，做出智慧的研发决策，为几十年后绿色经济的到来打下基础。

具有未来智慧的人会制订计划来过渡到可再生能源未来，他们充分理解这种未来所需的前瞻性思维。这种未来智慧策略必将成功，因为他们尽早选择了投资能源作为国家战略，来创造一个独立可持续的能源未来。这些领导者主动选择建设一个可再生的能源独立国家。

其他国家也纷纷效仿，促使整个地区共同投资可再生能源和清洁技术。碳减排技术，创造廉价、丰富和可再生能源是他们计划的核心，而且将会取得成功。在这种场景下，能源推动了繁荣、创新和生产力。

他们把能源出口到其他友邦。全球和区域合作促成了一个全球性的能源网格；新的分布式发电让替代能源逐渐取代化石燃料供给。他们的未来充满希望，一片光明，因为他们看到了未来。

失衡的能源未来。在这种场景中，由于私营部门和政府合作失败，没有成功对未来进行规划，能源供给无法跟上人口和社会的需要。有太多“鸵鸟政策”无视现实和即将到来的未来，但那时变革成为必须，整个社会措手不及。失衡的供给无法满足其不断上升的需求，只能依赖于能源配给和不充分供电。对人口变化、中产阶级不断增长和能源需求的预期不足，导致社会面向未来的准备不足。能源低投资和对外国能源的过度依赖问题长期得不到解决。

若缺乏规划未来的远见，一个国家将成为能源进口国，受制于能源市场和高昂的价格与波动。不怀好意的能源供应商将会威胁他们，在冬天提价，每年都把能源当作政治砝码。持有进口国主权债务并能够控制能源出口的国家，常常会对这些进口国的法律和政策施加很大的影响，使之成为自己的附属国，附属国不得不依赖于能源丰富的国家和全球垄断集团。当能源富足国和能源匮乏国关系一旦紧张时，就会爆发局部小规模战争。

在这种场景下，能源是繁荣、创新和生产力的累赘。由于自然资源对经济的拖累，社会难以维持长期稳定和安全。人们为这种依赖却不安全的失衡能源支付了过高的代价。而且，这种情况会进一步扩大贫富差距。能源是创造更高质量生活、和平和繁荣的关键推动力。

混乱的能源未来。在这种场景下，由于战争、矛盾和冲突的发生，社会和能源基础设施部分或完全崩溃。由于社会和政治冲突，失败的政府失去了对国家的控制，导致在获取安全能源上的溃败。无论本国生产还是进口，传统的供应链都已经分崩离析，能源将论为各种派别用来攫取权力和破坏社会稳定的争夺目标。

犯罪和恐怖主义派别使用能源来助长冲突。随着冲突的持续，经济和社会混乱导致人口迁移和摩擦。在这种场景下，社会瓦解，拖垮了国家的实力，无法再满足人民的基本需要。从这种能源未来中复苏过来极为艰难，大量人口变成能源难民，奔逃到其他没有冲突和危机的国家，以寻求安全的能源。

能源独立 1.0

到下一个 10 年的中叶左右，天然气和可再生能源的能源结构将帮助北美实现能源独立。许多人认为，使用天然气比依靠外国石油垄断集团好，确有其道理。这些垄断集团源自国家，他们自身的前景都脆弱不堪。

对于美国而言，位于中东和南美洲的这些国家是不稳定的风险因素，我预计美国迟早会远离石油输出国组织，原因很多，包括成本和地缘政治因素。

仅仅因提供给美国当前总能源的10%，建设可再生能源基础设施的创新就需要很长时间。但美国的能源独立是不可回避的，也必将打破当前的世界经济秩序。一些石油输出国组织成员国会幸存下来，转而向亚洲或欧洲销售石油。另外一些石油国家将走向破产，随着买家和卖家的转移，社会动荡和地缘政治冲突的风险将会大大增加。

能源饥渴的星球

我预测，到2025年，欧洲将有超过50%的能源是可再生能源，其中德国和北欧的一些国家比例甚至更高，接近60%。欧洲的核电，特别是法国和德国的核电，将继续代替化石燃料的使用，改进欧洲的可替代能源组合。欧盟的能源获取问题在于仍要依赖俄罗斯获取能源，但在不久的将来，这种情况也会改变。

在亚洲，中国将上演一场有趣的大戏。其庞大的规模将需要多种能源资源如可再生能源、化石燃料和核能等来满足自身的需求。中国实现了工业化和后工业化，在不到20年的时间里做到了美国和欧洲在大约100年时间内所做到的，而丰富的能源将是促进其增长和繁荣的最重要因素，以煤炭和核能为核心的混合型能源结构将更快出现。

助力发展中国家

在印度和亚洲大部分地区，情况也会类似。一个10亿人口的中产阶级正在从农村走向城市，寻找工作，进入大学，寻求发展。不管现在如何努力规划，这样大规模的需求势必面临能源紧张问题。考虑到政策协调力和有效的实施能力，印度不可能比中国发展得更快，因为，中国正在快速转型。

印度各州的权力也比联邦政府强大，文化、经济水平和风俗各异。只有这种情况发生改变，并建立一个像中国那样的强力的中央政府，推出国家级能源政策与计划，印度才有可能在能源管理方面取得成功。

这需要提出一个有说服力的国家能源政策，为了整个社会的更大利益，协调各方资源，这是一项巨大的工程。无论能源计划多么有创新性，无论国家级别的中央权威如何努力联合地方各州做出努力，任何缺乏统一性的尝试都将无法扭转印度依赖能源进口的前景。

未来的能源结构

全球能源消费预计到2040年至少增加1倍，我的预测是可能会达到3倍。这一预测是基于目前人口增长、贸易增长、全球GDP增长以及全球化趋势增强情况下的能源消耗量。考虑到我们的文明已经进入到后工业化时代，我认为3倍可能更准确，这意味着我们将需要更多的能源来维持未来的人类文明，而和平与繁荣的未来将基于能源的获取。

我预测，2030年之前的全球能源结构必须至少有60%是可再生能源，这样才能满足一个90亿人口的星球对能源的渴望。我们必须聪明地投资可再生能源，否则未来将不可持续。能源安全、使用和获取能源以维持社会的发展，是世界面临的主要挑战，可再生能源是今天这个由化石燃料所主宰的地球的出路和保险。

亚洲特别是中国和印度，将成为主要的能源进口国。澳大利亚和非洲已经成为中国的自然资源目标国。接下来加入中产阶级的20亿人将与全世界的中产阶级一样，需要自己的那部分能源。

他们希望获取的能源不比其他任何一个人少，事实上，他们可能想要更多。我们必须通过增加能源投资来规划未来，否则这种期望（如果不是权利）将成为政府不希望面对的社会破坏性力量。充足便宜的能源将保障社会的进步、繁荣和全球安全。

核聚变反应堆“眨眼”: 2030

阿贡（Argonne）聚变反应堆出现了故障：电力输送被暂时中断。我们用“眨眼”（wink）称呼核聚变系统有时会出现的一种自然现象：像是在时空中临时打开了一个口。没人能够抓拍到这次“眨眼”的视频，因为它持续的时间是一万亿分之一秒，肉眼根本看不到，仅能凭计算机程序来估计发生了什么。

“眨眼”现象发生之后，一个白色、闪亮的晶状物体产生了，我们正在研究确定它可能是什么。目前，人类对聚变反应堆的使用才刚刚起步，虽然我们已经开发扩展了它的能力，用它提供了高达75%的地球能量，但“眨眼”现象仍在我们的认知能力之外。

在北美，能源前景积极乐观。最迟到2025年，由于大量天然气资源的使用，美国经济可以自给自足，但仍要转向可再生能源研发，因为在不久的将来，这将是一个价值数万亿美元或欧元的庞大市场。但不要错误地认为北美能源独立只要天然气就够了。

如果清洁技术和可再生能源投资减少，天然气以外的未来最终将变成北美的难题。我们要投巨资研发天然气之外的可再生能源，实现可持续发展。天然气也不是清洁或可再生能源。它仍然是导致碳排放的污染物。不过，北美拥有丰富的天然气，可以在接下来的100多年里提供电力，但这并不意味着它是理想的能源。

每个国家都需要加大对可再生能源的投资，能源将成为最重要的政治问题，政府的成败都将取决于其能源政策。今天在西方，我们把能源使用看作是理所当然的，但市场正在发生变化。能源需求更大，供给减少——未来将与今天不同，人类将更多地依赖能源来吃穿住用以及发展经济。

按当前能源消耗的速度（预计该速度还会大幅上升），能源成本将继续增加。

随着我们走向2030年，不可再生能源，即化石燃料将变得更昂贵。可再生能源的市场价格将会逐步下降，变得更有竞争优势，从而弥补了前者的高昂价格。与化石燃料相比，价格更低，更具有竞争力的可再生能源将在不久的将来被采用。

中国和印度经济的快速增长，加上工业化对能源消耗量的增加，将影响能源市场的供需，最迟到2030年，世界能源供给将面临巨大压力。

谁赢得能源竞争，谁就将更快进入未来智慧阶段

2030年后，如果没有新能源和可再生能源入网，能源供给将无法跟上全球GDP的步伐。我们10年前就已对此有所认识，但作为一个文明，我们没有聪明地投资来加快能源生产的创新，这种情况必须被改变。在这方面，我们即将面对一个不想看到的结果——紧缺、昂贵的不可再生能源将成为对繁荣、安全和生活质量的拖累。

由于能源是影响未来的关键因素，每个国家或组织都必须加入能源的竞争。而要避免能源竞争，则必须对可再生能源创新和新的传统能源进行投资，后者可以在可再生能源充分发挥作用前填补缺口。立即停止化石能源使用的想法，不比无须花费数万亿美元和二三十年的时间立即加速可再生能源的使用更理智。

根据国际能源署的报告，到2030年，满足世界能源需求预估需花费26.3万亿美元，平均每年超过1万亿美元。看上去这是一笔巨额费用，但想到这是建立一整套全新能源系统来满足日益增长的全球需求的成本，你就不会觉得多了。

到2030年，中国、印度和亚洲其他大型经济体对能源的需求将占世界能源需求总量的65%以上。这个预测的变量在于当地可再生能源所生产能量的数量，变量可以使这个数字减少一半。我的预测是，亚洲国家将比大多数国家更快地具备未来智慧，它们从其他国家对化石燃料的过分依赖中吸取教训，特别是印度和

中国对煤炭的过度使用，将激励它们大力投资清洁技术。

报告还指出，在2010年之后，可再生能源将有可能超过天然气，成为仅次于煤炭的第二大电力来源。在2010—2030年，为了将温室气体浓度稳定在550ppm的二氧化碳当量，预估需要再投资高达5万亿美元用于提升能源效率。

为了将二氧化碳浓度降低到450ppm以下，另外需要4万亿美元来建造低碳或零碳发电厂，3万亿美元用于更多的节能设备。要在未来实现真正的改变，资金还要翻倍。这可能吗？人们还没有表现出足够的意志来拥抱这样的未来。

智能机器来帮忙

这些预测忽略了一个驱动未来的基本理念：在强大的超级计算机、未来智能机器、创新认知引擎等指数型增长的技术推动下，科技创新在未来将更快、更便宜，能力远超我们今天想象，这将影响能源的未来。今天，我们需要在计算能力上投资1美元，如果我们投资于下一代清洁能源，使用太阳能、风能、核能、生物能，或者更激进的，利用纳米科技从原子中直接获取能源，几年后可能仅需10美分。到2040年，这些投资所带来的能力和创新，可能与未来科技一样，近于免费，并从根本上改变全球经济，使我们彻底摆脱石油和天然气。

许多重要的能源政策组织都目光短浅，绝不具备在可再生能源投资与增加可再生能源使用之间创造基本联系的未来智慧。这种短视误导了人们，使其做出糟糕的决策，没有足够关注可再生能源投资，从而减缓了可再生能源利用的效率。

30万亿美元的价格标签

事实是，在未来30年里，如果每年不在可再生能源上投资一万亿美元，我们就不可能看到可以改变文明未来发展轨迹的创新。我们需要从现在开始投资，助力未来的发展。如果大幅增加投资以支持可再生能源，到 2030 年，可再生能源便可以满足全球电力和热力需求的 70%。我们需要提高能源效率和增加低碳清洁能源的使用，以推动全球能源革命。

自工业革命前夕以来，社会一直依赖于增加能源供应，以满足其对商品和服务的需求。如果未来的能源系统便宜、安全、可靠且对环境无害，在当前的趋势中做出重大改变就是必需的。我们迫切需要一个持续和全面的战略，以帮助解决以下挑战。

FUTURE SMART

预见未来

现在要面临的主要挑战

- 为今天的 74 亿人口和 2050 年的预计 100 亿人口提供价格合理的能源服务。
- 改善生活条件并增加经济机会，特别是针对新增的 30 亿人。
- 提升所有国家、地区和社区的能源安全。
- 减少全球能源系统温室气体排放，将全球变暖限制在温度高于前工业化不超过 2 摄氏度的水平。
- 减少燃料燃烧引起的室内和室外空气污染及其对人体健康的影响。
- 了解如何使用我们拥有的工具——纳米技术、IT 技术、生物科学、神经科学，来创造新的全球可再生能源未来。

应对这些挑战并促进繁荣，需要能源系统的重大转变。预计到 2050 年，世界近 3/4 的人口将居住在城市里。在未来几年中，为不断增长的城市人口提供服务和谋生机会，为改造能源系统、避免陷入能源供需模式死结、实现可持续发展目标，这些方面均能提供重要机会。

从碳交易到月球采矿：未来顶级能源创新

能源是未来发展的核心，是未来的各个方面包括经济增长、医疗健康和和平的核心。繁荣是能源使用的最终产物。你需要能源来取得进步。从海底到太空，从月球到可再生能源，新能源将成为21世纪和22世纪塑造未来的力量。创新决定未来，以下是塑造未来的重大创新。

碳交易所

碳交易所在今天就像股票或债券市场一样运作，使公司能够轻松地购买和出售碳信用额度。这些碳信用配额中的一些被称为核实减排（Verified Emission Reductions，VERs）。碳交易使用市场力量来获得资金，投资创新以管理碳排放或创造新的替代能源技术，应对气候变化。这种方法也可以用来发展教育、创造就业机会、资助医疗计划、保护生物多样性。

虽然这个概念已经被证明有效，但全球碳交换的整合即被每个国家和企业所认可的整合还没有发生。这是未来发展所必须经历的，这样才能使碳交易成为一种可行的方法，从而资助创新、应对气候变化、鼓励企业接受清洁和可再生能源并逐步淘汰危害环境和经济的化石燃料。

根据《彭博财经》的数据，2014年全球碳交易市场的价值超过460亿欧元。碳交易可以说是一项有效的政策，让很多原本得不到资助甚至不可能立项的项目获得了资金。碳信用的使用可以作为公司碳管理战略的一部分，有效地应对碳排放挑战。交易碳信用可以帮助公司努力减少排放，提高全球竞争力和客户参与度。

这方面的一个重要例子是碳贸易交易所（Carbon Trade Exchange，CTX）。通过碳贸易交易所的交易平台，任何企业都可以访问全球范围内的几百个碳项目以及相关的碳信用，创建碳抵消项目，从而带来改变。碳贸易交易所拥有多个全球环境产品交易市场，包括碳信用、可再生能源认证和水信用。

到2020年，在所有的主要碳排放发达国家和新兴国家，许多企业都可能面临碳挑战。如果公司不愿意大规模地减少碳排放，业务成本将上升。全球碳市场应该活跃起来，并应该成为每个企业发展战略的一部分。世界各地的企业必须为未来发展做好准备，以应对碳挑战。有所准备、具有未来智慧并参与这样的未来的公司，将会在竞争中遥遥领先。采用低碳战略的公司将获得竞争优势，并在实施碳政策的国家中获利。

发展中国家已经在非常积极地实施国家气候战略，甚至领先于一些发达国家。但还没有建立一个满足需求的购买和出售碳信用的全球市场，以便能够创造几万亿美元交易来抵消碳排放量。发展中国家是受气候变化打击最严重的群体，因此不管是现在还是在短期的未来，这些国家都在积极采用气候变化政策，如碳交易。碳排放大国必须加紧应对这一挑战。

可再生能源创业者

想象一下，如果每个企业、房东或承租人都有动力自己生产清洁能源，不仅为了个人使用，还可以捐赠、销售和贡献给电网，会发生什么。如果每个电力公司或政府都必须购买由企业和消费者生产的多余电力，那么公司将会有极大的动力来制造便宜的太阳能、风能和生物质发电设备。这将创造一个新的可再生能源创业时代，创业者努力赚钱并回报社会。这种分布式的众包能源将快速取代传统的发电方式，并让我们更接近未来的清洁能源，无污染且具有成本效益，而在政治方面，也符合社区能源独立自给的目标。

无线能源传输，下一个大事件

有一种技术既可以为你的手机提供动力，也可以为地球提供动力，那就是无线能源传输技术。无线能源已经存在了很长一段时间，但还尚未商业化。物理学家尼古拉·特斯拉（Nikola Tesla）发明了它，而英特尔公司正帮助一名来自克罗地亚的麻省理工学院物理学家兼电气工程师创办一家公司，以期将其推向市场。这就是无线能源传输。

它的工作原理是从现有的有线基础设施中通过电话或任何设备捕获电力，不需要线缆。其真正的潜力在于：通过无线连接从任意一个能量被制造或存储的位置捕获它，并将能量传输到需要的地方。所以基于这种技术，我们将能够从地球的任何一个角落通过云下载能量，我相信，这一场景终有一天会实现。

特斯拉在 1893 年芝加哥世博会上展示了无线能量传输，在那里点亮了一个电灯泡。有时，人们需要经历一段漫长的时间才能知道如何从不太创新的解决方案中找到真正重要的东西。

无线能源将出现在星巴克、办公室和健身房中。我们正在无线能源技术突破的边缘。无线能源传输可以通过正确的连接方式为智能电网供电，照亮城市甚至整个星球。

遍布地球的能量浮标

能源浮标（energy beacons）由 M2M 和物联网传感器发展而成，是一个包含数百万纳米和微型能源生产及存储设备（由 3D 打印机打印）的网络，会通过飞机播撒，遍布安装在整个地球上，从海洋到建筑物的顶部。

这种特定类型的微电网能在本地捕获、存储、产生和传输能量。能量浮标可以将从建筑物、海洋、山脉和沙漠中收集到的可再生能源发射到地球和近地轨道的站点。它可从海洋和河流的流动、太阳辐射、生物质能和水，以及成千上万的汽车、火车和其他运输工具的运动中感受并捕获其中的能量，将其转换为电力。目前这些能量被浪费了，这相当于一个未被看到、未被收集和发现的全球能量基础建设。

所有人类活动产生的能量均没有被捕获，而是被浪费掉了。如果你在使用能量的同时可以产生能量，捕获到双倍于你消费的能量，情况会怎样？能量浮标——装有传感器的小型计算机，可自组织、自开启和自捕获环境中的能量，这些能量由天然和人造的结构通过移动和行动产生，使用它，我们将拥有能满足一生需求的能量。

想象一下，通过开发自己的电网来实现能源独立的可能性。这样的话，世界会是什么样子？就像你拥有一个花园，你可以自己“种植”，安装各种尺寸的能源设备，其中一些用于收集可再生能源；一些用来存储这些能源；也许还有一些用于传输能量到更大的本地电网，你甚至能够因此赚到一些钱。

或者你可以把能源卖给别人，即能源 P2P。你自己的能源电网收集、销售并交易能源，这将改变整个能源经济学。甚至还会出现能源集成商，你可以在汇集着大量卖家和买家的可再生能源市场上买卖能源。利用现有的技术、经济和创新力，整个场景都可以实现。并不是所有事都会在未来发生，有些正在被创造出来；有些事情今天已成为可能，只是还没有实现。

现在进一步想象一下：你的新车不仅是电动的，而且可以产生能量供你的家庭使用。你房子顶部的太阳能板以及你安装在自己家或卖给别人的太阳能板能够实时产生能量，你可以捕获、存储、使用甚至出售你不用的部分。想象你和你所在的村庄、城镇或城市中的每个人都在做同样的事情，那会是一种什么样的场景？

我们可以称其为一种新的能源网格。这是未来的智能网络，它使用微电网捕获、存储和分发不受化石燃料影响的能源。当然，开始的时候，它所产生的能源还不足以满足整个城市的需求，我们还要辅以大规模的其他能源资源，甚至化石燃料来满足日常所需，但情况会渐渐改变。

燃料电池

燃料电池是一种将燃料转化成电能的设备，但整个过程是通过洁净的电化学反应，而不是产生污染的燃烧。人们在一个世纪前就发明了燃料电池，自 20 世纪 60 年代以来，美国国家航空航天局的几乎每个任务都在使用燃料电池，但由于成本太高，该技术直到现在都尚未被广泛采用。

一种被称为布鲁姆（Bloom）的新型商业燃料电池是一种分布式发电机，在用户端生产清洁、可靠、廉价的电力。布鲁姆电池采用的是一种特殊的燃料电池技术，不同于传统的“氢”燃料电池，它们之间的区别有如下三点。

◎ 低成本材料：这些电池使用一种普通的沙状粉末代替贵金属，如铂，或腐蚀性材料，如酸。

◎ 高发电效率：它们将燃料转换成电的效率是某些传统技术的 2 倍。

◎ 燃料灵活性：这些系统能够使用可再生或化石燃料。

每个布鲁姆能源服务器预计能够提供 200 千瓦的功率，足以满足 160 个普通家庭或一幢办公楼全天的基本用电需求，只占一个普通停车位的面积。若想要获得更大的功率，只需增加服务器的数量，并可根据需求进行规模化生产。许多硅谷公司目前都在使用这一技术。

为你的汽车、房子、城市，甚至你自己提供电力的新型燃料电池会在未来 10 年内大量涌现。随着时间的增长，电池会更小、更强大，且将遵循超级计算机的发展轨迹——技术能力将按照每年翻一倍的指数型增长。因此，更小、更快、更强大的燃料电池很快就会出现。

甲烷开采

在全球最深的海底之一，墨西哥湾附近海洋表面之下的一个新发现为解决我们这个世纪的能源困境提供了可能性。在墨西哥湾海床 1 千米以下发现的甲烷水合物可燃冰可能预示着能源未来的答案，这一燃料来源可以为地球提供维持几百年所需的能源。雪弗龙公司和美国能源部在 15 ～ 30 米厚的砂床中发现了这种高浓度水合物储备。

甲烷水合物的可用性看起来很有吸引力，因此，美国并不是唯一一个对甲烷开采有浓厚兴趣的国家。我预测，由于气候变化，北极圈得以开放，获取海洋最深处的甲烷将成为可能。问题是我们是否具备“未来智慧”来开发这种能源，因为它会摧毁现有的能源垄断和整个能源行业。在不久的将来甲烷的开采将掀起新一轮的能源竞赛，以及对北极地区石油和天然气储备的抢夺，每个人都想在这新一轮的淘金热中分一杯羹。

日本的甲烷水合物开采非常高产，显示出这种能源的未来潜力。日本已经经历了福岛核危机，没有自己的传统化石燃料，所以大量投资甲烷开采。日本不想成为能源进口国，因而想要将甲烷水合物商业化，这也将促使中国、印度和韩国做出同样的决定。甲烷水合物被困在一种晶体结构内，形成类似于冰的固体，人们已经在海底发现了大量的甲烷水合物储备。问题是，甲烷高度不稳定，有爆炸性，勘探和开采都非常危险。

月球开采：氦 -3

你不是一直想去月球吗？好了，你的机会来了，开始整理行李吧！未来，月球资源可能会在地球的能源产业中扮演重要角色。电力生产是一个巨大且快速增长的市场。能量是一种具备成本效益且有利可图的产品，可以从月球将能量传输回地球表面。但是我们需要先在月球上建设工厂才能让这一切变成可能。

为了满足未来几个世纪的能源需求，我们需要好好筹备建立一个月球能源基地，用于开采月球上的氦气——氦 -3。虽然投资可能高达数十亿美元，但回报也是巨大的，获得这种能源可以为未来好几代人提供无污染的清洁能源。

开采月球氦气需要大型移动采矿机、反应堆和存储设备，这些设备还尚未问世，但未来几年进展可期。我们有可能从月球提取氦-3，并将其转化成能源，然后用某种方法将其带回地球。也就是说，我们需要新型反应堆和技术用于开采氦，并把这些能源用较低成本运回地球。人们预期月球开采应该不久之后就能实现，并将能够为地球提供可靠而经济的能源。

新兴的太阳能电池

太阳能生产的核心是电池——真正产生能源的部分就是它。这项技术正在迅速发展，随着效率是今天100万倍的高性能太阳能电池的出现，我们将迎来一场技术革命。想象一下大型计算机与可穿戴式个人计算机，后者价格便宜、速度快而且功能强大。未来的太阳能电池将可能基于有机光伏（OPV）太阳能电池。与目前用在屋顶的太阳能电池板和大规模太阳能电站中使用的传统硅太阳能电池不同，有机光伏使用的是有机半导体。

今天，有机光伏由塑料和其他柔性材料制成，具有更轻、更灵活、更便宜等特点。未来我们将从诸如植物或有机废物等物质中“种”出有机太阳能电池。有机光伏电池使用环保的绿色材料，能够进行快速生产，加工和原材料成本较低。未来，有机光伏太阳能电池的生产将在我们的屋顶或窗前进行，能够自组装数万亿单位的有机光伏。随后，有机光伏太阳能网络将被合并到物联网中，成为为地球提供能量的智能电网的一部分。

巨型太阳能太空阵列

面对未来巨大的能源需求，我们需要快速找到新的清洁能源，最佳解决方案可能来自我们头顶的天空。太空太阳能电站从太空中的太阳光中收集能量，并通过微波将其无线传输回地球。太空太阳能电站可为地球提供长期、清洁和可再生能源供给，毕竟，太阳光可以说是取之不尽，用之不竭的。

随着能源变得越来越昂贵，数百万美元的巨大花费也变得可以接受，在太空中布置太阳能阵列也不再是疯狂之举。我们知道，太阳能电站可以为地球上的每个国家提供大量廉价的能源。想象一下，在地球轨道上的太空阵列网络全天候工作，不停地捕获和发射能量，而且这些能源稳定、便宜且可靠。此外，由于太阳能还是巨大的可再生能源，因此不会产生污染，也不会增加碳排放。

太空中可用的太阳能是我们今天所使用的几十亿倍，而且太阳的寿命估计为40亿～50亿年，这意味着太空太阳能电站将成为一个可行的长期能源解决方案。由于地球接收的只是太阳输出能量的23亿分之一，太空太阳能是迄今为止最大的潜在可用能源，使其他一切能源相形见绌。另外，目前几乎所有的宇宙飞船都在使用太阳能。

空间与能源的未来

能源的未来就在太空中，许多国家都明白这一点。美国海军研究实验室正在研究和开发能在地球公转轨道上捕获太阳能并将其投射回地球的技术。太空太阳能不仅可以节省资金，还能灵活地在全球范围内分发能量，当今少有国家能做到。

在未来，无论在地球的哪个位置，无论是灾难救援或是战争，都可以通过燃料需求灵活地得到解决。这一优势可以在全球和平、商业、发展、救灾和安全等各个领域发挥重要作用。

为了能够真正发挥作用，捕获大量太阳能，进而成为可靠的能源来源，我们需要将巨型太阳能阵列建得非常巨大。这些太阳能阵列尺寸为1～5千米长，是迄今为止最大的太阳能卫星。如果同时有100个或更多阵列围绕在地球周边，整个天空就会被挤满。这种规模巨型太阳能阵列舰队可以满足100个超大城市的能源需求。超级太阳能为超级大城市提供支持，这种未来将会很快到来。

美国加利福尼亚州的太平洋电气公司（Pacific Gas and Electric）与太阳能公司（Solaren）合作开展了一个太空太阳能电站项目。日本的清水公司（Shimizu Corporation）正在计划建立横跨月球赤道以捕获和转移太阳能的阵列，日本正在准备开发一个价值2万亿日元的太空太阳能项目，并计划在30年内将太空电力以微波或激光的形式发射到日本的家庭。成本可能会上涨，但技术能力也会得到相应的提升。

很多不同的项目都以建立巨型太阳能太空阵列并在2020年后发射到太空将能量投射回地球为共同目的。一个由16家公司组成的日本财团也在做同样的事情，其中包括三菱重工有限公司。尽管细节和时间线不同，但它们的目标是相同的——开发将电力发射到地球所需的技术。

我查阅了太阳能太空阵列的10种不同设计，基于我的了解以及人们对这些项目和数百万的投资，我相信，太空阵列将在2025年后变得可行。捕获能量并将其发送回地球不仅可行，而且很有可能在我们有生之年就能实现。

地球对能源的巨大需求将推动太空投资。很少有比能源的投资回报率更引人注目的投资了。随着每个国家和企业家意识到100亿人所带来的巨大能源需求，更多的机会和风险将接踵而至。

利用恒星

想象一下核聚变反应的力量。1升的海水能够提供相当于300升汽油的能量；50杯水用作燃料可以提供相当于2吨煤的能量。这是巨大的能量，到2050年足以满足全球100亿人的需求。核聚变正是恒星的能量来源。

通过核聚变反应来获得能量的相关技术很可能还要等 10 年～ 20 年的时间才会成型，但很快就会到来。就像人类基因组测序那样，当核聚变更快地到来时，我们会再次被震惊，所以，我们要为能源创新加速做好准备。

大聚变

世界上最大的核聚变项目是“国际热核热核聚变实验堆”（International Thermonuclear Experimental Reactor，ITER），它将集合占世界 GDP 80% 的几个国家（主要是欧洲）长达 20 年的研究，总投入超过 200 亿欧元。ITER 将是迄今为止规模最大和最昂贵的项目，旨在探索核聚变能否为人类的未来提供支持。几乎没有其他能源项目比 ITER 投入更大，获得的期待更高。考虑到科研项目的规模和投入，这个项目将决定核聚变的未来。

欧洲国家投资核聚变的战略目标是减少欧洲对其他国家能源的依赖，美国的努力也是如此。欧洲正在建立其领先地位，试图证明利用现有自然资源来开发能源是比较实际并具有成本优势的，比如用水进行核聚变。

该项目的终极目标是改变欧盟作为能源进口国的状态。与许多国家一样，能源进口在经济或政治上是不可持续的，在一个快速变化的世界里，依赖他人供给能源绝不是长久之计。

麻省理工学院的等离子科学与核聚变中心（Plasma Science and Fusion Center）一直在未来能源研究方面占据领先地位。在这里科学家已经在进行实验，使用被称为 Alcator C-Mod 的反应器来模拟和控制恒星能量源。这虽然是一项艰难、昂贵而又烦琐的研究，但它令人兴奋，因为它可能会改变世界。麻省理工学院的科学家们正在准备破解宇宙中最大的谜团：弱小的人类如何能模拟出恒星的行为？我们能像太阳和其他恒星那样的方式制造能量吗？

科学家和工程师知道重点在哪里，他们就像电影中的一群英雄，拯救地球于能源枯竭和灾难的边缘。Alcator C-Mod 反应堆由特殊的钨钢合金制成，重量超过100吨，占地面积接近一个车库，大小类似于过去的大型计算机。人们不禁想知道，如果摩尔定律依然有效，那么这台大型复杂计算机距离变成智能手机大小还有多长时间。我相信这一天迟早会到来。

美国加利福尼亚州的研究者们在开发无限能源方面取得了良好的进展。虽然这听起来就像《星际迷航》那样的科幻小说中的桥段，但的确越来越接近现实。这些研究人员正在努力利用核聚变的力量，其过程与太阳这样的恒星维持自身运转的过程一样。在劳伦斯利弗莫尔国家实验室（Lawrence Livermore National Laboratory，LLNL）的国家点火装置（National Ignition Facility，NIF）工作的科学家们在证明核聚变可以在重复的试验过程中产生电能方面取得了重大进展。这是开发廉价、丰富、环保的能源的核心步骤，因为我们必须创造一个稳定、可靠和可重复的过程。

核聚变是一种完全不同于我们所熟悉的核裂变的能量来源。我们知道如何从裂变中获得能量：分裂原子，释放能量。而在核聚变中，原子会被聚合在一起，这一过程产生不可想象的巨大能量，因为恒星的运转就是依靠核聚变来提供能量。好消息是，在不久的将来，我们将可能使用核聚变技术来为我们的城市、汽车和宇宙飞船提供动力。

核聚变是改变游戏规则的能源技术，将改变我们的文明，使我们能够离开地球，飞向太空，但在那之前我们需要解决很多事，例如，我们当前所面临的一些大挑战。来自恒星的清洁、可再生能量将以积极的方式彻底改变我们的世界。

核聚变技术将为地球提供充足的能量，进而推动人类的繁荣和进步。当能源变得丰富、廉价且可再生时，它将不再成为限制经济发展和增长的因素。没有核辐射泄漏、没有不稳定导致的崩溃、不会被用作武器的核聚变，是地球上最安全和最强大的未来能源形式，虽然尚未实现，但潜力惊人，距离我们也越来越近了。我预测到2030年甚至更早，核聚变技术就能发展成熟并得到应用。

1克氘和氚（核聚变燃料）所产生的能量是1克化石燃料所能产生的能量的1 000万倍。氘来自水分子，而地球上有大量的水，这将能够为人类提供可使用几百万年的燃料。想象一下，这将是多么高效和便宜的能源。

人们对核聚变研究如此感兴趣的根本原因是，一旦我们弄清楚如何产生和控制核聚变，我们也就轻而易举地掌握了恒星获取能量的方式，那时，能源成本仅仅是今天能源价格的很小一部分。人类将从这种未来智慧能源中受益匪浅，未来几代人，无论留在地球上还是进行星际移民，都应当感谢如今的这些核聚变技术开拓者。

纳米能量，让我们从自然中学习

纳米技术是在原子层面操纵物质的迷人科学，这是在模仿自然每时每刻都在进行的造物过程。光合作用捕获光来制造氧气，在本质上使用的是类似的过程。我们正在纳米技术来学习如何模拟自然过程，在原子尺度上设计物质。

要清楚一点：纳米技术在今天还不是一个全然可实现的成熟产业，但它代表着一种全新的超级工具，当我们学会制造简单和复杂的物质、机器、产品时，我们将用全新的方式推动商业的繁荣和提高人们的生活水平，文明也将就此改变。利用纳米工程和纳米科学，我们将能够通过纳米构造几乎所有的东西，没有什么能比使用纳米技术来生产能源更具革命性了。

纳米革命才刚刚开始，拥有着改变未来的巨大潜力。在这一节我们主要看看纳米能源创新，这种技术的影响才刚开始被人们所理解，其潜力是巨大的，对能源生产、储存以及与能源相关的各个领域都可能产生巨大的影响。想象一下，能够简单地从水、废物、太阳或直接从原子中获得大量廉价的能量，提供给世界上每个人使用的纳米能源制造机（nano-energy maker）。想象一下这将对世界产生何种的影响以及廉价充足能源的变革性力量。

微芯片的下一场革命是纳米芯片。更小、更强大的纳米芯片将内嵌于传感器、设备和智能机器中，这将提高未来智能电网的方面的性能。强度更大、导电性更强、体积更小的纳米级芯片将为太阳能薄膜和其他可再生能源带来一场革命。纳米技术的创新将发挥关键作用，创造今天尚不存在的更轻、更智能、更节能的车辆、飞机和船舶。

纳米技术可以制造出能“思考”的智能材料，改变我们对交通的定义。操纵物质的能力将催生出今天无法想象的交通创新。

◎ 源于环境的自组织能力。

◎ 能够从运动中生产并存储能量的轮胎。

◎ 捕获太阳能，然后根据需求进行分配的窗户。

◎ 由自组装材料制成的发动机，使得能源性能和成本效益得到优化。

◎ 将智能材料喷涂到物体表面，把表面变成智能传感器，甚至内嵌微型智能设备，让网络变得更加智能。

◎ 从物体、材料和设备到人类，每一“事物”都能被纳米芯片标记并接入网络。

用于屋顶、太阳能电池板、汽车、计算机以及房屋的纳米材料将有“制造”能量的能力，进而生成并存储无穷无尽的能量。随着时间的推移，纳米传感器和设备将监测桥梁、隧道、轨道、停车场结构和路面情况。

纳米传感器和相关设备还可以支持增强的交通基础设施，与车辆系统进行通信，帮助机器人和人类驾驶员控制车辆、避免碰撞、下载能量、查找信息并调整行进路线以及规避发生交通事故，其用处不胜枚举。

纳米制造（nano-fabrication）是在纳米尺度上设计和制造器件以改善器件性能的过程，可以创造出小于100纳米的设备，为捕获、存储和转移能量提供了新的契机。

纳米制造能够给予科学家和工程师强大的内在控制能力，从而解决当今世界所面临的很多能源技术相关的问题。

我知道纳米技术听起来很疯狂，因为对物质进行操纵这类科学似乎很复杂，但事实并非如此。纳米技术是应用自然所使用的规则来进行创造。我们是在从自然中学习，学习自然界中的生命早已经知道的事情。

利用风暴的能量

众所周知，龙卷风和飓风都有巨大的破坏性，那感觉好像是大自然已变得支离破碎，宇宙的结构正在以一种无法形容的方式爆炸。但是，如果我们能够从龙卷风和飓风中获取能量，会发生什么？在这个极度渴望能源的世界里，这并非完全不可能。

如果我们能够找出捕获或使用这种巨大力量的技术，这个想法就有希望。龙卷风和飓风产生了大量可以利用的能量，专家估计，飓风在任何给定时刻所产生的平均能量，是同一时刻全球发电量的500倍。

一个点子是开发一种卫星技术，可以自动感测风暴，然后打开一个巨型设备来利用风暴能量。一旦被激活，卫星将从风暴中传导电流，并将其引入太空或转换成微波能量，将其发射并存储在地球上。随着气候变化导致风暴天气的增加，这可能是一种捕获并重复使用能量的可行途径。

钍，带来雷神的能量

这个元素之所以如此有趣，是因为仅 1 克钍的能量密度就超过 27 000 升汽油。这意味着 8 克这种物质就足够让一台钍涡轮发动机汽车行驶一个世纪。足球大小的钍可以为一个城市供电 100 年。这是一种可以颠覆整个能源产业的元素，可以终结几个世纪以来气候变化方面的挑战，并支持人类走过下一个千年。

钍以北欧神话中雷神索尔（Thor）的名字命名，是一种天然存在的放射性化学元素，其化学符号为 Th，原子序数为 90。它在 1828 年由挪威矿物学家莫滕·特拉内·埃斯马克（Morten Thrane Esmark）发现，并被瑞典化学家永斯·雅各布·贝齐里乌斯（Jöns Jakob Berzelius）确认。

与铀相比，钍可通过类似的反应产生裂变能量，但是它更安全，不能用于制造武器。许多国家都有钍元素，这是一种未来智慧能源，可以在未来的世界中发挥重要作用。

永不枯竭的风能和太阳能

虽然风能和太阳能存在的时间最久，是这个世界上最常见的可再生能源，但你可能会问："为什么我们目前并没有更多地投资在这两种可再生能源上，使之在全球能源结构中占据更大的份额？"

答案是：因为消费需求较低、政府激励不足，以及传统的化石能源更可靠且数量充足。但这种逻辑反过来也成立，我们有足够理由增大在风能和太阳能方面的未来投资。

风能和太阳能是最丰富的能源，也是最成熟的能源技术。对于大多数国家来说，这两种可再生能源可能会成为未来能源的重要来源。为了实现可持续能源目标，全球各国都应增加在这方面的投资，使技术变得更强大也更便宜，进而可以支持更大的产能。

风能和太阳能不会枯竭，且不会导致全球变暖。同时，风能和太阳能也是所有可再生能源中最便宜的，随着新技术的发展，获取这两种能源的成本将继续下降，产出将进一步提高。

据美国风能协会预测，美国的风能发电每年可提供多达 107 770 亿千瓦的电量。在大多数国家，这种预测同样重要。人们可以单独投资风能，也可以用大规模太阳能替代今天的传统化石能源来作为电力来源。

与所有这些创新一样，能源结构组合中的比例取决于投资建立可再生能源网络以满足市场需求的情况。更多的投资意味着更多的产能，也意味着我们将能够从风能和太阳能中获得更多的能源。

电动汽车，带人类走向下一个未来

我预测未来一些超级城市会只允许电动车辆进入。目前，汽车是世界上最大的“污染者”，如果我们想减少污染、改善空气质量、减少碳排放量，仅允许电动汽车上路将是一种解决方案。这或许不会很快到来，但有某些城市可能会做到这一点，因为有些城市可能会在法律上禁止使用化石燃料的汽车。

然而，如果没有一场由空气质量变差和气候变暖导致的巨大危机，让人们感受到自己的健康已经受到威胁，甚至无法走出家门，那么禁止使用化石燃料的汽车就不容易施行。

世界上第一辆电动汽车出现在 100 多年前，由匈牙利人奥劳纽什·耶德利克（Anyos Jedlik）于 1828 年发明。看到了未来但被内燃机蒙蔽的创新者研制了电动汽车，但并没有普及开来。随着全球各国越来越意识到天然气在气候变化中的作用，人们将寻找方法来减少其对环境的影响。电动汽车是解决气候变化问题的关键之一。未来可能不会再像今天这样，内燃机车辆在大街和高速公路上奔跑，取而代之的是丰田、特斯拉、宝马和福特的全电动车辆将占领高速公路。

如果不制定重要的能源和气候政策来限制人们对天然气的使用，车辆数量和石油燃料的消耗将继续上升，到2050年将增加3倍，以跟上人口增长的速度，这将是一种不幸。为了减少交通运输二氧化碳排放造成的破坏性影响，我预测电动汽车将被整合到其他可再生能源交通系统中，如地铁和火车。有必要的话，有些国家可能会颁布法律强制人们使用电动汽车，尤其是在城区里。城市将迅速朝绿色基建和清洁技术的方向发展。许多城市都有逐步采用电动汽车和淘汰化石燃料汽车的计划。

电动汽车将是一个更大、更可持续的交通解决方案的基础部分，其所使用的电力来自可再生能源。随着电动汽车的普及，其价格会下降，进而将会有更多的消费者购买电动汽车。城市和社区已经意识到电动汽车的好处，我们将看到整个社会都会拥护可持续发展的交通政策，在这种背景下，可再生能源将带来一个新的未来。

面对如此大的变化，如果不能成功解决当今世界所关心的能源挑战，我们将无法走向繁荣，甚至生存都成问题。我们需要开发一个长期的未来规划，如果不大量投资于研发，创造一种新型的清洁能源，我们就无法在商业中取得进步、消除贫困，或给子孙后代留下一个美好的未来。构建可持续未来的积极潜力，成为未来智者，只有在我们的创新投资开花结果时才能实现美好的未来，但我们必须立即开始投资以创造清洁能源的未来，否则，我们会亲手毁了我们的未来。

FUTURE SMART

17

神经未来，人类的新大脑

MANAGING THE GAME-CHANGING
TRENDS THAT WILL TRANSFORM YOUR WORLD

你准备好提高自己的智力水平了吗？准备好生活在一个人类和人工智能在娱乐、商业、文化和发明方面共同合作的世界了吗？准备好生活在一个已经根除衰老的世界了吗？准备好生活在一个超级智能帮助人类的同时也和人类竞争的世界了吗？这一切在今天可能很难想象，但在不久的将来，随着纳米、移动、遗传学和神经科学等技术的飞速发展，这样的未来是完全有可能的。欢迎来到神经科学的未来，届时，治疗大脑、发展智力和创造新大脑的方法不仅完全有可能，还可能会创造出新的文明。神经科学未来的关键驱动力将是我们体内的和周围的认知智能——智能机器与人类的共同进化与合作，以及与其他智能机器的互联。

神经科学技术包括理解大脑、意识、思维、学习，以及大脑高阶活动的各个方面。这可能包括对遗传学、生物学、设备、药物和策略的使用，所有一切都被设计用来改善、增强和修复大脑功能。神经科学技术引领我们从大脑治疗到增强大脑潜能，并发展出一种更聪明、更健康的文明，以及拥有更高意识能力的新人类。认知改进将提高人类和机器的智力，学习、记忆能力和突破性的解决方案将改善世界，并将对个人、组织、国家以及未来的智能机器产生革命性的影响——被设计的进化（designed evolution），人类文明将进入一个全新的发展阶段，这将改变我们的未来。

智能机器被定义为一类基于神经科学的新型认知计算机和网络设备，它模仿人类大脑的结构而生，芯片则模仿神经元这种人类大脑的基本构成单位。智能机器将拥有认知计算能力或一种新型人工智能，永远在线、永远感知。认知计算机将理解我们的世界，然后给我们提出建议，参与并帮助我们学习和寻找诸多问题的解决方案。肉眼不可见的纳米级专业智能机器将会出现，并会被植入我们的大脑和身体以及云中的虚拟智能机器中，用来武装我们，预防疾病，协助我们工作，提高我们生活和工作的质量。此外，会出现大幅改善人类智力、创造新大脑的全新选择，进而推进人类的认知进化。我们可能还没有准备好，但人类的认知能力的增强正在发生，并将改变我们世界中的一切。

被设计的进化

智能机器将具有各种能力来制造、交易、沟通，并与人类、技术和其他智能机器互动，多数是为了造福人类。智能机器最值得关注的目标是让人类在工作、生活中和健康方面变得更智慧，并让人类在智能机器的帮助下，更好地享受生活。无论是虚拟的还是物理的智能机器，都将帮助人类驾驭未来的挑战。在这种向人类和科技被设计的进化转变的过程中，我们也必须设定界限来防止被侵犯。

神经科学的未来也会涉及技术的滥用——对我们体内和周遭的智能机器的滥用，机器可能将直接或通过控制人们的自由来压迫人类。神经科学相关技术的滥用也可能会导致“神经流氓”的出现，比如，有些人可能会通过神经增强或劫持智能机器来进行犯罪或恐怖主义活动，或者是政府使用神经科技来监视、操纵和控制人民。在神经科学的未来，人类的文明将面临巨大挑战——好的、坏的、丑陋的。互联智能技术将与人类发生冲突。比人类更聪明的智能机器将成为我们未来的一部分，无论我们喜欢与否。我们将不得不与其打交道，并适应这些智能机器带来的生活方式、文化和安全方面的挑战。但我要提醒你，它们带给我们的将是更多的利益，以及更大的风险。

这个激烈而不可避免的神经科学的未来正在到来。国家、组织、军队、医生、股票交易员、政客、家长、科学家都将在2020年之前受到认知性的影响或强化，直接得到增强或与增强人类合作。出于工作、职业、娱乐或医疗方面的原因，一些人与智能的融合将比其他人更加深入。增强社会（enhancement society）将在技术进化方面取得飞跃式进展，让很多人感到陌生。这是从自然人类到增强人类的巨大飞跃，是与我们的世界完全不同的另一个世界，它即将到来。有些人可能会认为这种未来让人感到陌生，但也有些人认为这种趋势对人类未来的生存来说是必要的。

神经科学特别是认知计算的进步，是使这一切成为现实的核心：更快、更强大的微芯片，模仿大脑的计算机引擎以及认知计算机，将像人类大脑一样思考；大脑的网络将无处不在、无时无刻不在；脑扫描将增强我们“深入”大脑的功能；人工智能，模拟并构建智力构建（mindware）的软件构成了智能机器，它们是真正的学习和思维系统。同时，即将到来的新型而强大的量子计算和纳米技术能够设计小得难以想象的纳米级设备；此外，利用网络设计原理的合成遗传学，我们将创造出一个全新的未来。我们将有能力设计和创造出更好的大脑。

神经未来，缔造增强人类

一个令人兴奋的神经科学的未来正悄然走近我们的生活。我们已经开始拥抱这个未来，今天我们用药物来提高人的注意力、增强性能力、控制胆固醇、改善健康，这从本质上而言都是为了延长寿命。关于这样的未来，科学会议上早有暗示，工程师和科学家正在努力增强大脑，预防疾病，了解人类意识的深层领域。

还有些人在科学边缘工作，可能正处于那些科学已经起步但还未成熟的领域。后人类、奇点人和超人类眼中的未来与现在世界的人类非常不同，他们看到的是一个新未来。你准备好迎接这个增强的未来了吗？

许多人将成为增强人类（enhancers），他们可以增强和定制自己的智力和电子连接性，激发自己的感官，提升健康水平，并最大限度地增强自己的身体和心理能力。当我们的神经增强成为大脑、身体和世界的一个增值部分时，将达到一种新的大脑状态。一些人会用神经增强来免除神经系统疾病，另一些人则希望用这种神经机械变形的人造智能来实现特殊能力，比如高性能、高耐力、高敏感度、高度连接甚至先进的超级智能人类——增强人类。

未来的工作将由增强人类和电子自由职业者（E-freelancers）主导，他们拥有神经增强的大脑和记忆，全数据调用和高级处理能力。这会是人类历史上第一次能够定制智力，应用大脑技术来加速和改变我们的进化。这种自我导向、破解大脑的文化即将应运而生，即便工具仍然有限，当通过药物、设备、干细胞、再生医学和其他技术进行神经增强变得司空见惯时，神经科学未来的供需将决定一切。

FUTURE SMART

预见未来

改变游戏规则的神经未来热门趋势

- 使用药物、设备和选择性治疗进行神经增强将在不久后实现。
- 第一代选择改变的增强人类将以此来防止衰老或记忆疾病。
- 生物黑客和那些为提高智力、深度学习力、记忆力、复杂性管理和理解速度而获得增强的人，其意识水平将不同于常人。
- 智能机器将成为人类有价值的合作伙伴，能够提升人类的健康、能力以及自我导向的进化。
- 到 2030 年，智能机器在某些领域可能会变得比人类更聪明，这将是人类需要面对的新挑战。
- 神经增强技术将在智力、工作、生产力和竞争力的进步方面带来社会经济红利。
- 在职场和社会中，强化人和自然人之间的冲突是不可避免的，我们必须学会合作。

- 到 2025 年，开发用于刷新、模拟大脑并利用虚拟智力资源的药物、设备和技术将成为一个价值万亿美元的全球产业。
- 神经未来将会出现，且能够解决我们文明面临的最大挑战：大脑老化，数百万老龄化人口以及不断增加的脑疾病风险，比如阿尔茨海默病正威胁着人类的未来。
- 人类正处于一场进化大转型阶段，这场转型基于增强人类的科学，由计算、生物、纳米、网络和神经技术等各种正飞速发展的技术所决定。

超人类未来

1975 年左右，我在纽约市的社会研究新学院讲课，有一位讲师就技术和社会的未来及其对人类的影响做了一场讲座。他的名字叫作 FM-2030（他的法定名字），是第一批未来学教授之一。我们就未来进行了广泛的对话，他从根本上影响了我的思想——他对遥远的未来有着非常不同的认识。

他的想法令人耳目一新，在当时是相当激进的。他是第一个把跟自己一样拥抱新技术、新生活方式和长寿的人描述为超人类的。FM-2030 把人类增强看作是更深入、更深刻地了解人类社会和人类潜能的前奏。

今天，“超人类主义”（transhumanism）已成为一场国际性的文化运动，目标是通过技术来提高智力、体能和心理素质，改变人类目前的状况，使用激进的遗传学技术、脑扫描以及生物学来提升人体抗衰老潜能的极限。超人类主义者研究新兴技术的潜在效益和创新能够克服人类的基本限制，克服开发和使用这些技术的道德规范。

超人类主义者设想人类最终能将自己转变成具有更强能力、超越所谓“人类”的超人类，从而超越如今的人性。今天的超人类主义者可能就是我所说的未来的增强人类。其中，增强的关键之一是大脑，智力增强可能帮我们激活没有充分发挥潜力的另外90%的大脑。设想一下，如果大多数人是神经增强者，我们会创造出什么样的世界呢？

从研磨者到增强人类

随着技术变得越来越智能，体积越来越小，越来越便宜，另一场不太知名的社会运动也正在兴起。“研磨者”（grinders）是一群过着有趣的技术生活的个体，他们通过手术将磁铁、计算机芯片和其他技术嵌入体内，来体验新的意识。

他们可以通过感知能量波来打开门，并与网络和计算机进行无线信息交换。有人说，他们无须计算机就可以网上冲浪。研磨者是即将到来的增强人类的前身，经过神经改良，他们能够看到红外光谱，同时，他们还具有完善的记忆召回功能，能够与其他增强人类、网络和云合并或交换信息，并通过芯片和应用无线连接到互联网和其他智能设备。

生物黑客，决定自己的进化

生物黑客也是一场现代运动，他们正在用脑刺激、脑电图（EEG）和功能磁共振成像（fMRI）来进行神经科学实验，还会服用莫达非尼和其他认知增强或智能药物。为注意力障碍（ADD）患者开发的药物已被证实能够提高正常人的认知能力，即使人睡眠更少、输出更多智力、注意力更加集中，这在硅谷颇受欢迎，生物黑客将其用于以更少的时间、更专注地开发更多的新产品、应用程序或药物。

这是一个众所周知的神经增强领域，大学生们对此非常熟悉，因为它提高了他们的学习成绩和分数。我们已经建立了一个增强社会，其中的某些功能在增强药物的作用下得到了巨大提升。关键是，当人们意识到自己可以进行自我导向性的神经增强和保健时，生物黑客将成为主流。谁不想决定自己的进化方式？而有些人会认为这样的思想非常危险。

想象一下整个社会的人都选择提高自己的智力水平、改善自己的健康、升级甚至破解自己的能力来延长自身寿命，进而让自己变得更健康，充分享受生活。这就是增强社会的起点，无论你我喜欢与否。人们都想要亲自掌控自己的命运，掌控自己的健康、生活方式和归宿。人们往往都想要更聪明、做得更多，想去成就、发明、解决问题、爱和活得更久。人们想要更年轻以及更高的认知水平，不仅仅是婴儿潮一代和更老的一代，年轻的千禧一代、X 世代也同样如此，他们是生物黑客、反人文主义者和抗衰老运动的早期践行者，他们正在重塑自我。

随着这两代人（X 世代和 Y 世代）年龄的增长，他们不会像婴儿潮一代那样变老，因为他们将会在年轻时植入神经增强的纳米装置、使用神经药物、接受预防性的先进干细胞神经治疗。当他们通过 DNA 测试发现健康风险时，他们将采取有效的神经增强措施来应对，神经增强从现在开始将为那些站在未来智慧前沿的人类服务。

加入增强人类的队伍

2012 年，我参加了两场科学会议，一次是在美国神经科学中心（Center for Neurotechnology），另一次是在美国科学促进协会（American Association for the Advancement of Science），在会议上我们讨论了增强药物的应用及其对当今和未来社会的影响。我提出，由个体而不是专业人士或科学家进行的自我导向的增强代表着我们的未来，而且我认为利用科学提升自我是个体的权利。制药产业一直在寻找新的药物来减缓大脑的老化，在将神经增强引入市场以抵消衰老和其他疾病（如 ADD）方面将发挥重要作用，在其他拥有更广泛吸引力的智力增强药物方面也同样如此。

增强人类将能够与智能机器、机器人以及遍布于汽车、居所和全球各地的人工智能进行沟通和协作。增强人类将把混合生物纳米器件、纳米分子处理器嵌入自己的身体，或通过无线网络与自己的大脑“同步”。永远嵌入在无线网络中的DNA序列条形码和终极纳米技术设备将赋予增强者一个新的视角来看待可替代数据现实。在遥远的未来，他们将成为后奇点，他们的大脑使用智能机器来从事知识工作、发明创造、人机数据处理或者治愈记忆力减退，甚至延长寿命。

增强者将能够进行远程查看，在大脑中“看到”实体和虚拟地点，并通过互联网和先进的神经增强与现实和虚拟现实进行互动，人类不仅在智力上得到增强，还将具备与物联网（物体互联的星球、生态系统、网络、人类和非人类人工智能）互动的连接能力。增强人类将与其他增强人类合作，将大脑合并并转变为云群组的协作网络，来进行商业、娱乐或休闲活动。我认为大多数人还未意识到，能够实现这种智能人机融合的新兴技术已经出现，只是还不为人所知。

到2025年，我们每个人都会以某种方式得到增强。就像用牙套矫正牙齿或服用ADD药物支持工作或学习一样稀松平常，下一阶段各种增强技术将重新定义人类。谁不想变得更聪明？当人们能够把自己的能力增强到足以进入世界顶级学府时，就意味着神经科学的未来已经到来。

唯一的区别是，人们的自然能力将在多大程度上保留，增强部分又将在多大程度上占据上风，以及这对我们的世界意味着什么。今天可能你戴的是谷歌眼镜，明天则可能是一副联网的隐形眼镜，我们需要思考的是这会改变人性本身吗？

今天，可穿戴设备、永远在线的眼镜、干细胞、视频游戏和移动商务令我们惊喜，而明天，更强大的智能技术将改变社会和人们的生活。在这些技术中，具有最大影响力的智能机器将是那些由神经科学知识孕育而成的（对大脑、思维和意识的理解）人类，却又与人类不同。

超越了典型人工智能概念的合成智能的本质将会令所有人震惊，因为这些存在于机器人、冰箱、汽车、计算机、我们的衣服里的思维机器会觉醒，进而会对环境、数据、人类以及对其自身产生意识。

人类历史上最有趣的问题是：当智能机器与人类融合或与人类互动和增强后，人类将如何改变、行动和思考？这种新的神经未来将带来什么样的文明？我们的先进认知能使我们更聪明、更具创新力、更富有同情心、更加善良和高尚吗？这是神经未来给我们提出的挑战，我们最好在自己改变之前，在还能做出选择之时，了解我们的创造物在如何影响我们，我们将迎来的是游戏规则改变还是游戏结束？

大融合

随着人类与包括智能物体、设备、计算机、遗传改良、机器人和神经科技在内的技术共同进化，我们也将与技术相融合，欢迎来到大融合时代。你可以抵制这种入侵式进化，但它已经发生，比如，今天你的手机从不离手，就好像它已经成了你的一部分。当然，技术是我们的延伸，是我们的数字替身，是联网的“超级自我”。从永远在线的手机到可穿戴式计算机、无人驾驶汽车、传感器、GPS，从观看视频到与电视机对话，再到大融合的未来，这样的跳跃并不难想象。总之，大融合正在上演。

让我们感受一下这样的场景：医生发短信告诉你，你的那些记忆衰退现象是老化的迹象，甚至会出现更严重的情况。在这种情况下，你会毫不犹豫地服用一种药物来防止记忆丧失或者阿尔茨海默病吗？70岁以上的人中，有1/3会面临某种类型的衰老疾病风险。如果与某些合成智能融合可以帮到你，那么为什么不去融合呢？如果它可以给你比正常功能更好、更健康的大脑，那么何乐而不为呢？

想象一下，如果我们能通过与技术的融合获得更优异的职场能力，那将会发生什么？一切都是可能的，这就是未来，这就是为什么人们最终会接受融合。在2060年的遥远将来，很难想象法律会禁止脑疾病患者接受人机融合、神经增强，来让自己变得更健康而不是让大脑变成自己和社会的负担。

我们还会通过融合来获得乐趣、娱乐、健康和自我创新。探索人工智能、网络和虚拟现实等技术的融合将意味着什么？对人机融合的探索将创造出一个新的世界，我们将生活在一个增强现实的世界——一个大融合时代。

在神经科学的未来，有些人会将他们的意识、思想与人工智能、合成智能融合在一起。有些人会需要利用人机融合在没有犯罪活动风险产生，甚至不包含那些携带某种犯罪行为基因的人的社会中生活，这样可以降低未来风险，事前预防犯罪行为的出现。

下一代谨慎的驾驶系统会将你的汽车而不是你自己与蓝牙连接起来——你将被融合。这是用于直接与物联网通信的神经增强。融合者将形成自己的圈子，自然人、非融合者将可能会被他们排除在外。与此同时，你能够自我规范，管理你的融合。你不用自己去服用药物来促进大脑健康、预防疾病或强化能力，药物作为融合的一部分将自动下载到你的体内。

这种大融合对于今天的你而言可能有些不可思议，就像让你的曾祖母去想象人类的首次太空飞行一样。那时，我将会对太空探索习以为常，太空旅行不再是科幻小说中的情节，不再是不可能的任务，而是现实。大融合相比于太空旅行的影响力要弱一些，但它所代表的惊人潜力将毫不逊于前者。我们还不清楚大融合会将我们变成什么，会给我们带来一个什么样的世界。

在未来，我们将不只是在网上冲浪，我们将与网络融合。我们将不只是玩视频游戏，我们将能够进入游戏的虚拟世界中并在其中游玩。我们将与我们的技术融合，基于这种融合，我们将改变我们的大脑、身体和命运。我们将通过融合来获得某些工作，或许还可以用它来获得能力、智慧或足够的技能。融合将改变职场、关系、商业和权力。融合将是一种潜力巨大的增强能力，人们的认知技能将得到持续升级，这种升级将被评级、衡量，并且按需提供。同时，它将得到极大的丰富，并引领我们进入一个全新的未来。

增强社会

不用说，融入朋友会带来更亲密的关系，融入工作会让你更有效率，与人工智能的设备如你的电脑、安全系统、汽车或房子的融合、互动将变成自然自发的事，并成为你未来生活的寻常部分。许多融合将采用自动化的自我看管，智能设备网络将让你的生活变得强大无比。

我们中的一些人将需要通过融合来保住工作、记住朋友和亲人，进行游戏、爱情或工作，比如 65 岁以上的那 1 亿婴儿潮人口。到 2030 年以后，后婴儿潮人口将占据亚洲尤其是中国人口的大部分，就像今天发生在欧洲日本和北美的情形。

大融合时代将始于用融合来修复老化的大脑或预防疾病：要点一份全面记忆召回增强套餐吗？经过医疗所能提供的第一阶段，人类能力增强市场将结束老龄化，并为从产前到成年等生命的各个阶段提供各种选择。

在不久的将来，大融合的优势将变得更加显而易见，神经科学的未来转瞬即至。到 2030 年，中国、美国和欧盟政府将向其人民提供神经增强治疗，以防止 1 亿～ 5 亿人的神经功能失调问题给经济造成的破坏与拖累。政府领导者需要注意的是，为了一个安全的未来，你必须使人民的心智能量得到及时恢复，这在今天听起来很激进，但到 2030 年，这就是医学应该做的事情。

很可能出现的是，社区诊所和医生就能进行人类能力强化治疗。当能够积极地提高我们的能力、再生我们的大脑和身体的药物、设备、基因和细胞准备就绪时，我们的医学文明将从疾病预防和治疗更快地转变为人类增强，目前我们正在朝这个方向前进。端粒体置换、激素置换、成人干细胞疗法、长寿 T 细胞治疗、基因治疗和神经元再生都在规划当中，科学甚至可以做到重置那些决定我们生命衰老的基因。

仅仅是人们寿命更长并不意味着人类在老年时会很健康，事实上，我们知道事实并非如此，除非我们能攻克与老人相关的疾病，特别是阿尔茨海默病，70 岁以上的男性每三人中就有一个有患病风险。因此，我们需要新一代的科学来预防和治疗脑疾病，而这种新科学即将出现。亚洲、北美洲和欧盟必须共同努力，更新 10 亿个大脑，否则未来将变成一场灾难。这是长寿所引发的现实——我们必须解决大脑的老化问题，以维持劳动者的健康和生产力水平的稳定。

大融合将是一种文化现象，影响着这个星球上的权力、职场和所有关系。国家将支持公民把神经增强作为自身权利的一部分，还要为此向公民征税。

我们应该关注的游戏规则变化趋势是，智能机器意识到自己可能带来人类无法预见的新挑战：智能机器可能想要什么？它们会在增强人类的同时提高自己，让自己更聪明、觉醒得更彻底以及更有自主意识、比人类更智能吗？也许会。我们将在未来与我们的智能机器竞争。

你准备好迎接大融合了吗？你准备好接受自己的事业或成功要取决于与合成智力的融合了吗？你准备好迎接大融合成为一种文化力量或工作要求、成为健康和生存的需求以及更好地进行竞争的条件这样一个未来了吗？这就是即将到来的神经科学的未来。

当技术拥有意识

当技术觉醒并开始变得有意识时，它将进行学习、进化、推理、汇集信息、产生知识、自组织、分析模式以及在不同的数据之间建立连接。意识技术（aware tech）将自我构造出个性、智力和情感并将很快具备变得非常智能的能力。它们会比人类更聪明还是只是一种异智能？异智能可能会超越人类的认知能力——它可以学习、制定解决方案、做出决策、与其他智能合作、解决问题。它们拥有我们不熟悉的机器行为和语言，我们不能理解这种形式的智能，也无法用人类的智能标准去衡量它。

我们面临的挑战是：我们需要获取一种能力，或者通过其他智能机器，来分析这些异智能，不仅弄明白这种异智能是什么，还要清楚，它有多大的潜能为我们的世界提供价值。这一天会比我们想象的来得更早。**在不那么遥远的未来，只有当智能机器能够识别智能机器时，我们人类才算有备无患。**

数字 DNA 需要更多的 DNA

智能机器也可以以非生物的方式甚至“复制”的方式与其他智能机器交换数字 DNA 或重要的编程数据，以制造出新的、更好的、更加强力的智能机器：智能后代（mind children）。我们的智能机器将超越我们今天所说的人工智能概念，试图优化它们的性能，改善自身表现和对人类的有用性，它们的改进将催生出其自身的新版本。

这就是基于进化生物学的智能技术将要做的：模仿进化，制造出更好、适应性更强、能力更高、更适用的实体。适者生存，那些在今天存活下来的最聪明的个体将会像生物界里所发生的那样，推动未来所有技术的进步。生物进化追求的是通过选择更多适应环境、有更大生存机会的基因和生命形式，以达到生存下来的目的。作为进化的引擎，DNA 想要的是更多的 DNA，繁殖则是制造更多 DNA 的过程。

我们的智能机器不仅可以增强我们的大脑、提高我们的健康水平、延长我们的寿命，而且还使我们能够适应环境并在未来生存下来。从为未来准备到拥有未来智慧，适应并在未来生存，我们需要新思维和智能机器来改变自身，并应对未来的挑战。这是人类和技术共同进化的一部分，更好地处理未来的复杂问题、应对艰巨的挑战以及从气候变化和资源稀缺到卫生保健、生活质量和全球安全的全球性风险。

神经科学的未来即将到来，它将促进社会的全面变革，超越所有人甚至未来主义者的想象。我们的未来将永远由人类和机器意识的共同演变来塑造，有许多研究人员正在思考这种即将到来的融合，但我预测新兴的“神经未来”将会实现和推动人类文明下一个百年的进步。

一个为神经科学所影响和塑造的未来正快速到来。今天的媒体头条和当代科幻小说情节已经捕捉到一些即将影响未来社会的场景，其中的每一个都或多或少地指向了一个并不遥远的未来。作为一个未来主义者，我大胆地预测，虽然神经科学以及对大脑和意识本身的研究还处于起步阶段，但它正在以惊人且刺激的方式飞速发展，并将不断拓展人类的生活方式、法律和文化的外部边界。伟大的创新会治愈疾病和改变世界，也将伤害和控制世界，可能会为这个世界写下新的未来篇章，超乎我们今天的想象，甚至神经战争都可能在未来爆发。

在未来，我们每天都会学习到更多的新东西，非人类智能和其他类型合成智能的概念、智能机器的诞生，将使世界被深深吸引，并带来巨大的利益和风险。令人兴奋的新发展可能会重新定义意识、智力的本质以及心灵的“意义”。新的自我建构可能带来未知的人类福利，而新的神经所带来的体验，我们还不能完全理解。

新的虚拟神经世界将被建立

通向虚拟现实的旅途会提供大量新的学习、发现和创新，这一切都是我们今天难以想象的，新的虚拟神经世界将被建立。一个关于心灵在神经科学工具免费且廉价的世界中冒险的故事即将形成。对于我们和他人、人类和智能机器的精神世界的洞察将改变文化、商业、市场、医疗、政治和人际关系。当然，一种由多元合成生命形式构成的神经文化将在这些世界中生根发芽，也包括在互联网上。

这就是互联网的未来——一种生机勃勃、互相连接的文化，将人类、智能机器、不同人工智能和合成智能连接起来，共同进行合作、学习、发明、开展业务和创新，进而创造出无数可能。它们将用创新来为世界提供娱乐方式、生产能源、管理气候、提供传播媒介、带来发明甚至战争。到那时，希望我们的创造物会尊重我们。

我们将进入这样的世界，在其中互动、学习、探索和开展业务。不久的将来，神经科学企业家将开发出创新的神经文化，知识工程和创新生态系统将存在于其中并发展性大。今天最接近以上图景的例子是“第二人生”。

如核磁共振扫描、基因组学、合成生物学、基因测序、纳米技术、机器人技术和信息技术等新技术将与神经科学结合，指向一个人类具有无限能力的未来，人们会拥有建立丰功伟业的力量、对认知的洞察以及开辟全新探索之路的思想。这些领域的融合将为发现、创新和发明提供多种强大的工具和系统。

神经科学将改变个人和社会，它将以众多深刻的方式触及并改变医学、教育、法律、媒体、通信、安全、国防以及我们的公共生活和私人生活。我相信在2020年，这个世界将由神经科学来定义，它将像大多数科学一样，能够为我们提供各种社会性视角和工具，其作用有利有弊。

未来的精神工具

人类是一个能够制造和使用工具的物种，并有着不可思议的创新能力，但创新的后果往往有利有弊甚至出乎我们的预料，我们必须意识到这个事实并加以警惕。通过增强人类能力来解决以今天之人力物力无法解决的巨大而棘手的社会问题，这让神经未来变得非常诱人。

精神控制、神经战争以及对个人隐私的微妙侵入即将到来，即便是在社会福利较高民主国家也是如此。这是神经科学的可憎之处，也是技术的黑暗面，然而这些是可能会发生的。

神经科学及其技术将通过改变我们获取信息的方式来改变社会和经济的各个方面，从地缘政治和全球商业到我们提升生产力和健康的日常习惯。作为文化，甚至民主之基础的法律和价值观也将受到影响，一旦对冲突、文化和价值观产生了一种认知意识、一种深层理解，一切都将面临巨大挑战。

这听起来可能太过天马行空，但我们对精神的窥探可能释放出对人性更深入、更深刻的理解，这是今天的我们远远无法企及的。解决高级问题和创新等的更高级能力——创造力可能会帮助人类维护世界的和平与安全，解决资源短缺问题，消除贫困和文化冲突，这些都可能会是这种新精神的结果。

从历史的长远视角来看，要求人们接受心理具有可塑性，进而能够促使我们的大脑精神框架发生巨大变化，并带来一种崭新的文明，让战争变得毫无理由并不再发生，这可能不大现实。我们可能会有一个不同的世界，一个专注于全球性解决方案的和谐世界，一个合作缔造的新未来，人类与神经科学共同演进的未来。

也许未来的智能机器可以通过发现产品或服务的制造商、全球投资者和可能感兴趣的买家来创建创新生态系统，帮助创业者进入全球市场。通过这种方式，应用神经科学，加以正确引导，将大大有助于未来的企业家和全球经济。

在未来，到 2025 年，我们必须为神经技术的加速发展做好准备，它们将改变人类和社会，甚至创造出具有认知优势的更加智慧的社会，这种社会将试图寻求更高级别的智能所能提供的优势。神经科学可以为很多长期困扰人类的问题提供答案，同时，这种科学也会引发新的研究领域的出现，导致未来激烈的就业、财富、权力甚至生存方面的激烈竞争。

我们需要将获得增强的人类命名为“超人类”或“增强人类”，来区分他们与自然人。同时，我们需要保护自然人的权利。此外，我们还需要定义未来的人类与非人类。有太多的新技术相融合，而你则变成一个“合成体”。人们将使用一类新的范畴来处理这种困境，他们可能更喜欢“合成体”，他们还可根据自己的意愿来决定其情商的高低，神经机械替代和人类增强的伦理将为我们提供超人类的能力。你准备好了吗？

我们应该制定什么样的法律来引导人类增强治疗？具有增强的认知、身体和情感能力的个体比非增强个体拥有更多就业机会，这样是否公平？我们如何确定谁可以获得神经科技？这些问题都是严肃的道德、法律和社会问题，我们需要对这些未来可能要面对的问题进行辩论和思考。

新大脑，新世界

神经科学不单帮助我们探索大脑和意识、治疗疾病或增强人类的能力，它还将指导我们发明出新的合成大脑。神经学模型将引导设计新的，基于大脑工作方式的神经形态芯片，可用于为虚拟网络空间实体和移动自主机器人创造“可雇用大脑”的人工智能设备。

利用人工智能组件或“虚拟大脑”（如数字或量子比特组件）来创建合成大脑所引发的伦理和法律问题，将能够扩大我们的想象力。当神经科学真正能够提供这些技术时，当这些场景变成现实时，我们是否已经准备好应对这些挑战？

其实，创造人工智能的艰巨任务可能最终通过神经科学、神经技术和控制论的融合来实现。

合成大脑预计将在 2025 年实现。这种“新大脑”将如何影响社会，社会又将如何响应？我们真的要引入一种与人类并存的非生物生命形式来改变整个文明的性质吗？这将是一场革命性的飞跃，有希望帮助、支援、壮大和服务人类。

这一预测设想的远景表明了一种道德和社会责任，只不过我们尚未为其建立规则。我们尚未准备好去接受很多智能机器，也不是每种技术都已经准备好接受我们。人类科学家、律师、医疗保健提供者和政策制定者还有很多工作要做，来为即将到来的神经未来做好准备，因为神经科学一方面提供了各种好处、见解和创新，另一方面又会引起很多问题、负担和风险。

我们必须谨慎地保护我们的未来，因为我们所创造的东西可能会利害兼具，最先进的技术具有其他很多隐匿其下的不可预见的后果，可以抵消技术本身的价值，也可能带来惊人的新价值。显而易见的风险是，我们创造了一种非人类的智能机器物种，它奴役、支配并统治人类，这样的情节已经被很多电影提及。比如，《终结者》（*The Terminator*）系列就很好地捕捉到了这种恐惧。科技失控已成为一个古老的谶语，从希伯来传说中的魔像巨人到机械战警，它们都曾经是人类，在被变成机器人后试图恢复失去的人性。这些可怕的故事提醒我们，在拥抱激进技术同时努力坚守我们的人性时，人会做出多么可怕的事情。

神经科学未来的特别之处在于，一种自我理解的新能力可能会出现，从而重新定义人类和机器。我预测，神经科学可能会帮助人们从根本上重新理解自身，理解其他生物甚至人类文明，乐观来看，这种新理解将通过积极的方式改变人类自身和人类文明。

一旦我们知道大脑和精神出问题的地方在哪儿，精神疾病、神经质行为以及许多对人类自身具有的破坏性和危害性人类行为就可能会被根治，超越今天医学的极限。这样一来，神经科学将成为一种重要的积极力量，只发挥其有利的创新影响。这不是一朝一夕的事情，但必然会发生，它也可能会给我们带来风险甚至威胁，因此我们最好现在就为神经未来做好准备。

没有智能机器，我们很可能无法在2040年的未来生存，因为那时候的世界充满复杂、变化、破坏和离奇的科技。

我一直认为未来是一个“智者生存”的世界，或许我们需要的是一种不同形式的智能——增强智能来解决未来的潜在问题。这种深度智能必须能够应对大规模的复杂问题，分析大量的数据，并最终找到问题的解决方案，甚至是今天的人类所无法想象的解决方案，而神经科学可以为这些目标提供工具。但有一个关键问题值得我们思考：“更好的”大脑一定能带来一个更好的世界吗？

情感智能的野蛮生长

到了 2040 年，智能机器将拥有情感与意识，成为“意识型机器”。它们将意识到它们的自我、使命、目的，以及最重要的，它们会意识到我们人类的存在。

这将使它们对我们更有用处。随着这些具有意识的实体的进化，它们将演变、交换合成 DNA 和受到刺激的神经元，并将生产出模仿人类大脑的大脑，进化出新的能力来帮助人类。在此之前，贯穿整个 21 世纪 30 年代的是，它们将有希望以一种尊重人的价值观、道德以及情感的方式，实践并自我演化它们的自主性。总有一天，更高级的智能机器将管理我们世界的大部分，比如能源、农业、安全、制造业和气候，并选择进一步发展，最终超越我们人类的意识。当然，我现在只是在畅想今天尚不存在的关于智能机器的愿景。

情感智能比实体的智能机器更虚拟，它超越我们所知道的机器人甚至高级计算机，它将像人类一样主动探索。我们最智能的机器将模仿人类，它们模仿我们首先是为了帮助我们，最终，是为了发展和实现它们自己的目标。我们之前已经看到过这种独立行为的出现。

多年以前，在富士通的一个名为 Fin Fin 的高级人工生命（一种高级形式的人工智能，称为 A-Life）项目中，我遇到了早期的人工智能，即在虚拟世界中的人工生命角色。这个虚拟世界起初是由卡内基梅隆大学开发的一种计算机模拟游戏，最终该角色“脱离了组织”。

这个 A-Life 角色是一只绑定了计算器传感器的海豚，可以与物理世界交互。当时，程序员告诉我，这只海豚表现出了一些没有被编程的行为。基于计算机所提供的信息，这个角色通过传感器从现实世界下载了一些现实，使其能够自我演化自己的行为，这让程序员感到困惑，因为他们之前从来没有见过这种情况发生，也就是说程序“叛变”了。

这实际上是我第二次看到人工智能或机器智能决定反抗或藐视它的人类主人这种现象。时代华纳公司很多年前投资了一个名为《诺伦[①]》（*Norns*）的游戏。诺伦是一种数字生物，生活在盘形星球阿尔比亚上，它们是可爱单纯的生物，需要一些照顾才能生存，如果得不到适当的照顾，它们就会消失。诺伦是史蒂芬·格兰德（Steven Grand）在 20 世纪 80 年代开发的《生物》系列游戏中的主要人工生命角色，玩家可以选择是否帮助它们生存下去。这种生物被设计出完整的生命周期——童年、青春期、成年和衰老，每个阶段都有自己的特殊需求。《生物》系列游戏基于细致的生物和神经系统模拟，因而经常会产生让人意想不到的结果。

关键是，我们已经看到了技术反叛，特别是我们创造的那些模仿人类或动物生物学以及进化科学的技术的反叛。这已是事实，但我们从来没有开发过如此复杂的智能机器或有情感能力、会演化自己的行动轨迹的智能机器。你可能会问：那我们看到的究竟是什么？

情感智能将进入野蛮生长，它们或许会与其他蜂巢智能（Hive Minds）以及其他网络合并，并一起离开我们的现实世界。迟早，由智能机器和私有云网络创造的人类到达不了的网络空间部分——不由人类创建，也不为人所知的真正的互联网将发展出自己的虚拟宇宙。这是一个假想的虚拟电子空间，在遥远的未来，

① 在北欧神话中，诺伦代表三位女性，在宇宙的所有生命形式中，她们拥有至高无上的掌握命运的力量。

它将成为情感智能的避难所，存在于人类意识之外。也许它们会与我们——它们原本的创造者分享它们学到的东西，当然，它们也可能会变得像诺伦一样拥有近乎神的超凡力量。这就是有趣的地方，可能也暗示着未来世界的面貌。

更深入的增强智能

人类认知增强可以提供新的选择，通过这些选择可以实现更高效的生产力、更丰富的创造力和繁荣发展，甚至缔造辉煌的文明。同时，更聪明的人能做出更好、更全面和更智慧的决定。作为一种与进化有关的学科，神经科学可能会影响希望神经增强自身种群的社会，让自己的种群对未来具有更好的认知。这会带来什么样的后果？当一些群体比其他群体更聪明，或者如果所有“神经化”的事物都成了在个人和文化之间流通的货币，又会发生什么？作为一位未来主义学者，这是我在探讨未来时所要提出的问题。

因此，我们可能需要具有深度智能的机器来管理以快得超乎想象的速度疾驰而来的神经未来。

国家、非国家主体、公司、个人和各种机构是这种技术文化演变的利益相关者和投资者。鉴于价值的多样性，重要的法律、伦理和社会问题将会出现，进而影响到神经科学的创新。谁会得到增强，谁又不会？谁应该拥有神经科学工具、研究、数据、结果和产品？应该进行什么样的研究和产品开发？我们是否会对人类社会造成伤害，甚至更恶劣的后果？如果我们想要解决这样的问题，我们就必须直面它们。

解锁神经科学

我认为，21 世纪不会有发现和工具能比神经科学给人类带来的好处更多。从医学和教育的突破，到社会科学、哲学、生物学和物理学，破解神经科学的原理不仅是一种新的科学突破，还是一种实现人类大脑、意识及其创造物演化的媒介。因为，只有揭开了神经科学的神秘面纱，人类以及宇宙的本质才会更加清晰。

人类正在进步当中，而神经科学是诸多可能带来巨大变化的创新之一。当我们面临威胁地球存亡的重大挑战时，神经科学可以提供新的方法来帮助人类应对这些挑战。我们可以对大脑进行更有意义的解读，通过这种方式让人类文明变得更强大，以迎接新未来的挑战。

我们可以深入了解人类在自然界中的地位以及加深对非人类的认知，从而知晓人类在自然界中所应负的生态责任。这可能是神经科学所能带来的最激动人心的未来：帮助人类获得更深更广的认知能力、提供创新来解决问题、创造更可持续的社会，以及帮助人类应对挑战和突破极限。

基于神经科学的未来社会的某些驱动力已经出现：全球竞争、不断增长的社会复杂性、战争的爆发、商业的繁荣、科学探索的深入以及互联网上随时随地可以自由获取的有关思维的海量信息。

企业和国家之间的竞争以及创新和进步的需求将通过神经科学得到满足，作为一种工具和技术，神经科学在增强了人类能力的同时，也促进了能够为我们提供一系列认知服务、为我们创造更高效和更高水准生活质量的技术的发展。

将人类道德植入智能机器

我们必须建造具有道德感机器，随着智能机器变得更聪明——也许比人类还要聪明，它们也将兼容我们的价值观和道德观。这是许多观察到技术智能稳步增长的科学家的忧虑所在，也是我的忧虑所在。

我的合作者，著名的神经科学家詹姆士·焦尔达诺（James Giordano）博士是华盛顿乔治敦大学医学中心和德国慕尼黑路德维希－马克西米利安大学的教授，他提出了一个直抵核心的重要问题："我们必须创造能够进行道德判断的智能机器。"当然这是一种人类价值观，需要深刻理解我们如何定义和教导机器区分好与坏、道德和不道德的决策。如果做不到，我们将会遇到很多问题，这足以挫伤人类对技术的信任和使用。如果我们不再相信我们的机器会怎样？

其中的挑战是：我们能将道德判断程序植入智能机器吗？我们能使具有道德的机器鉴别人类的道德是非，而不仅仅是智能机器的价值观吗？如焦尔达诺博士所说，为了避免智能机器将来有意或无意地反叛或伤害人类，我们必须要做到上述这两点。

大开你的脑洞

随着我们将下一代的感知植入机器，我们应该听听焦尔达诺这样的神经科学家的提醒，道德判断不仅仅是为了让人类来学习和遵守。为什么智能机器就不能拥有这些价值观和道德，就不能关心人类？除非我们把它们设计成关心、尊重和服从人类的模式，否则它们做不到。这是一条分界线。我们能在它们变得更聪明之前让机器遵守伦理吗？无论如何，我们都必须做到。

神经科学的未来正在悄悄地走近我们。从再生老化大脑和治愈大脑疾病，到增强人类能力和增强智力，神经科学的未来极具吸引力。同时，这个神经科学的未来对来人说将充满挑战，我们必须了解它对于人类来说意味着什么。

当我们增强自己时，我们将会建立一个什么样的社会？这将是一个公正和自由、尊重个体自由和民主价值观的世界，还是一个充满胁迫和精神控制的世界？神经未来的真正释放必须以人类的自由、解放、价值观和权利为导向。我们必须坚持我们的道德，避免潜在的神经技术滥用，谨慎地拥抱神经科学的未来。

FUTURE SMART

18

为什么未来需要我们

MANAGING THE GAME-CHANGING

TRENDS THAT WILL TRANSFORM YOUR WORLD

你或许已经发现，《指数型商机》这本书不只是预测未来，它也关系到你在未来所扮演的角色。你要相信自己是变革的代表，是可以影响未来的游戏改变者，改变从心态开始，你的身上也体现着这种变化。我知道认为自己可以影响气候变化或医学的未来这听起来有些激进，但我真的这样认为：你可以！

个人一直是历史的规则改变者，为什么就不能是未来的改变者呢？未来的新爱因斯坦、史蒂夫·乔布斯、甘地、特斯拉、爱迪生和比尔·盖茨们正活在当下。未来的游戏变革者有一个共同点：他们相信自己可以通过创新、观念和勇气塑造未来。能源、计算、和平和通信等领域的伟大人物为我们创造了一个更好的世界。这个共同点非常重要，它将这些创新者与我们穿越时间联系在一起。你准备好成为未来的游戏规则改变者了吗？这是未来向你提出的挑战。

在任何时候，从任何地方，无论阶级、身份或教育程度，人们都可以发明创新。能够带来革命的思想力量，值得赞颂和研究。试想，如果我们专注于学习历史上一切的伟大创新者，教育会有什么不同，我们将能学到什么？

这是一种伟大的思想——通过拥抱创新激励你采取行动，掌控未来，从而梦想做更伟大的事。你的想象力、发明或领导能力将发挥重要作用，使未来变得不再遥远。这样一来，你就不需要等待另一个20年才能看清历史如何发展，也不需要作壁上观前方会出现什么。你可以让它发生，你可以通过驾驭创新来发明下一个重要的改变游戏规则的创新，与他人合作，自我教育，拥抱变革，解决社会或商业性问题，从而成为未来智者。你有能力获得成功，成为未来的游戏规则改变者。

要么成为历史的被动见证者，要么成为历史的创造者，到底会成为哪一个取决于你的选择，无论清楚与否，喜欢与否，接受与否，每个人都必须在生命的某个时刻做出这样的选择。你将成为未来的游戏规则改变者，还是旁观者？如果你正在读这本书，那么或许你已经做出了选择，这是你必须做出的选择。

你是全球思想网络非常重要的组成部分，你可以发挥影响，那些对改变未来有着激进想法的人就在我们周围，其中一些游戏规则改变者正在阅读本书。他们将会成为明天的智慧领导者。你是其中一员吗？

及时的进化时刻

你正生活在历史上独一无二的进化时期。我认为这一进化已经延续了 100 多年。作为一个文明，我们能够发明社会的、经济的和技术的解决方案来应对我们未来将要面对的全球挑战吗？这将是我们这个时代的决定性成果。我认为我们将成功地应对挑战，但前提是依靠强大的领导人和个体，而且要依靠你。

要创造未来，我们需要采取一种全新的思维方式。《指数型商机》中探索的一些想法或许能够为我们指明前进的道路，但本书中提供的洞见还远远不够。我想如果你理解了这本书，它可能会催生出你自己关于未来的想法；也许你会受到启发，去开创一个全新的业务或改造现有业务；也许你会实现一个创新或发明，成功解决某个全球性问题或防止新问题的出现。世界需要新的、激进的、今天看起来似乎有点疯狂的想法，却可能恰恰是帮助我们创造更美好的明天的解决方法。

创新的勇气

识别和利用游戏变化趋势并不容易，它需要一种特殊却重要的勇气——创新、探索新事物、实现可能性并最终承担风险的勇气。它需要一种新的思维模式——一种大胆的、试验性的，甚至是激进的思维，来进行快速预测和创新。改变世界的大多数创新都来自人们的勇气，那些敢于憧憬常人眼中不可能实现的事情的人们才拥有这样的勇气。

明天什么是可能的？你如何扮演好一个迎接巨大全球挑战的角色，并在某些关键领域引发一场革命？你能鼓起多大勇气？你想要驾驭的变革趋势是什么？另外，你的目标也非常重要，它可以是改变未来，迎接具有全球性影响的挑战，一个教育、能源、医疗等领域的全球性挑战。

我们已经可以有效地驾驭未来

阻挡我们前进的思想之一就是过度的悲观主义。过度消极是存在的，许多反乌托邦式的批评者乐于用夸张的方式描述为什么我们注定会失败。他们试图证明：从迫在眉睫的气候变化到牛仔式资本主义的失灵和严重的社会不平等，再到战争和核毁灭都证明了悲观主义的合理性。他们满眼都是误导性的末世言论。拥抱反乌托邦愿景已经成为太多人下意识的反应，这些人却很少对解决我们未来将要面临的全球挑战做过什么贡献。面对这些风险和挑战，放弃一切，屈从于反乌托邦世界观，接受厄运是不合逻辑的。**我们必须做得更好，承担责任，创造变革，成为未来的游戏规则改变者。**

我们的未来是否存在需要警惕的严重问题，甚至全球风险？是的，很多，这一点毋庸置疑。但是这一次我们拥有工具、创新和意识，以及国家、组织和公民之间的合作，这能够将我们的世界打造成一个不同的未来，最终攻克这些巨大的挑战。作为个人、组织和国家，我们从来没有如此强大以至于能够去创造一个更美好的未来，问题的关键在于，我们会采取行动吗？

有大量的证据表明，我们能够控制气候变化，发明新的清洁能源，创造更大的经济繁荣，并缓解国家之间的紧张关系。在创造创新以改善医疗、教育、商业和和平等方面，人类已有重大成果和许多新的想法。全球化和国家间贸易开辟了新的可能性，把更多人带进了一个充满机遇的新时代。正在崛起的新兴中产阶级，全球化财富的增加以及战争的减少，都预示着一个更美好的未来，只待我们拿出勇气、领导力和创新精神，努力成为未来的游戏规则改变者。

我们有潜力去创造积极和富有成效的全球变化，以及一个更美好的未来，正如我们在过去几千年里所做的那样，继续反对战争、发明新技术、延长人类寿命、提高人类健康和教育水平。这是一个漫长的征程，一切远未结束。这就是为什么未来需要我们，而宣布世界末日的来临是对过去 100 年的创新和社会进步的否定。

我相信，在未来 50 年人类社会将会变得更好——更加公正、繁荣、富有创造性和未来智慧，因为我们有工具、技术和意愿去创造一个生产力水平更高的未来，这样的选择是我们所有人都认可的。我认为我们非常清楚应该如何创造一个更美好的未来。但是，这需要更多的勇气和魄力——那些曾经帮助我们战胜疾病、解码人类基因组、发明互联网、带来全球化的勇气和魄力。我们需要有前瞻性的眼光，这样的眼光正是建立在我们一路走来的漫长历史之上的。我们是适者生存法则的胜出者，我们是未来的游戏变革者。

我看到的未来，也带有一种奇怪的讽刺意味。在我们面临如此多的具体挑战的同时，我们用来更好地应对这些挑战的工具和技术也正在被发明出来。如果没有有效的工具来管理气候变化、促进全球商业发展、普及互联网和通信、延长人类寿命、提高人类健康水平、给所有人提供教育，我们可能根本无法实现一个有效和可持续的未来。在某种程度上，人类已经拥有所需要的工具，可以比以往任何时候都更有效地驾驭未来。

这种用来解决全球挑战的工具爆发的时机让人难以理解。正确的工具发明得非常及时，帮助我们应对所面临的社会、经济和环境挑战。所以我说很多战略性创新只是刚刚出现。除此之外，我们可能正处在创造全新全球文明的风口之上，必须在正确的时间利用正确的创新来创造一个更美好的未来。

加速创新，让未来加速而来

激光器在被发明之后便被束之高阁达 10 年之久，直到我们找到创造通信系统新型光纤的方法。互联网是在 20 世纪 70 年代末被开发出来的，但在近 20 年的时间里，我们都不知道如何将它用于商业、教育或通信。个人计算机起初不被所有大型计算机公司看好，这些公司认为不值得花时间来开发，直到后来个人计算机横空上市，其他的则成为历史。几十年的时间里，专家们都认为人类基因组不可能被破解。通常情况下，社会需要多年的时间来接受和理解游戏规则改变者。

所有这些创新都改变了我们世界的未来。我们正处在动荡的“变化海洋”之中，创新的浪潮波涛汹涌，一切都有其必然性。我们迫切需要找到解决方案来克服我们未来面临的巨大挑战。

即使今天，基于互联网、计算机、量子计算、神经技术和纳米技术的各种创新还没有完全对我们的世界发挥充分影响。我们还有太多的事情不明白。人造细胞已经被开发出来了，但我们还不知道能用它做什么；智能机器可以发明新的抗癌药物，却不够智能；大数据还有很大的开发空间；可以再生整个器官的医学技术还没有出现；地球工程尚未被纳入科学范畴；量子计算机还没有发明出来；能供给整个地球并带我们飞向太空的核聚变能源还遥遥无期。总之，人类仍在进步当中，本书中的变革性趋势意味着不断地试错、调研和探索，我相信这一切必将使我们得以塑造一个更美好的未来。

这个遥远的未来可能会让许多接受了反乌托邦观点的人感到震惊。但有一点很清楚，人类是一个好奇而生存能力极强的物种，这一点很少有人会反对。我们习惯于蔑视风险，努力求生。我们已经走了这么远——走过战争、全球经济震荡、核威胁，从冰河时代和瘟疫中幸存下来。我们完美地创造了新一代工具来应对未来的挑战，并且我们将战胜这些挑战，我们将有效地应对即将到来的未来，我们是未来的游戏规则改变者。

骤变，快速而猛烈

在过去几个世纪的大部分时间里，变化是呈线性发展的，在大多情况下是缓慢而平稳地发展，间或出现一些爆发式的跳跃，比如工业革命和信息革命时期。不同的是，我们前方那个遥远的未来将是“骤变”的产物，跳跃式发展的创新和工具将比历史上任何时期都更快地催生出新的想法。未来的特征是极速，爆炸性的变化将会出现，变革性趋势和个人变革者的结合将决定未来。

骤变——快速的、破坏性的、动态的，由神奇的指数型创新发展所触发，将让未来加速变革。当然，这些颠覆性的创新将定义未来，我们需要一种新的语言来描述呼啸而来的未来。从计算机、网络和智能手机到纳米、生物、神经和量子工具，工具的增加会让人类之间形成融合、合作和连接，从而产生骤变。这种改变将是难以理解和控制的，新的工具也需要由新的工具来管理。我相信人类的本能是寻找未来，实现人类自身的提升。我们都是未来的游戏规则改变者，只需要每隔千年提醒自己回望历史。我们需要去创造一个更好的未来，一个能够成功地应对人类在 21 世纪所面临的挑战的未来。

FUTURE
SMART

19

2100：未来并不遥远

MANAGING THE GAME-CHANGING
TRENDS THAT WILL TRANSFORM YOUR WORLD

想象有一位外星天文学家来到地球，研究我们的文明。那么，他会把自己发现的哪些地球进展写进报告？从一个局外人的视角来看，他会发现我们的世界处于什么样的状况，我们又如何从他的理解中获益？这一次，他发回自己星球的报告中可能会写下如下的一些发现。

地球报告

在过去的50年里，我看到了一系列惊人的增长、发展和变化。地球居民是一个坚韧的种族，他们在极端的天气、战争、疾病、贫困和经济巨变中幸存下来。人类已经从一个无知的黑暗时代演变成拥抱科学、文化、公平、人权和民主制度的时代。令我印象深刻的是，虽然他们面临着文明终结的巨大挑战，比如粮食危机、气候变化、能源短缺和战争，但他们仍然在向前演变，朝着更好的合作、和平和繁荣的方向发展。

他们是一个顽固的种族；在千万年的时间里，他们必须一次又一次地经历同样的教训，或许这也同样是他们将在未来能够生存下来的理由。对于诸如气候变化、社会动荡、能源获取、战争、健康和教育等方面的风险，他们尚未完全理解。到目前为止，他们仍然没有在这个星球上形成一个团结的文明来管理同一套资源。

在地球上并不存在一种放之四海而皆准的星球治理模式，民主、独裁、寡头政治，不同治理模式你方唱罢我登场。意识形态在演进过程中常常出现倒退，个体自由和权利并没有在星球上得到广泛认可，这阻碍了经济和生产性活动，比如商业、贸易和就业等的全面发展。

对于技术，他们尚处于原始时代：人类发现计算机和互联网仅仅是过去 30 年里的事情。像智能手机这样的通信设备的出现仅有十几年时间，而且没有完全普及。这个星球很多人无法使用计算机和互联网。先进的技术创新仍然是不可能之事，比如远程传输、神经学习、疾病免疫药物、光学医疗、人类增强和情感机器人，不过已经取得了不错的进展。

人类仍然在粗暴地从地下抽取能源，而不是通过控制物质即通过所谓的纳米科学来自己生成能源。能源驱动着整个文明，但是截至目前，大多数能源还不是可再生的或智能的。他们还有很多东西需要去学习，例如使用天然可再生的能源。如果人类文明能够就保护环境和发展经济达成共识，这个物种就能长久繁衍生息下去。让我们拭目以待。

到现在为止，人类还没有能力离开地球，还没有开展星际探索，甚至未能在月球或距离地球最近的、有可能存在大气层的火星上定居。至今也还没有克隆人或生物机器人被开发出来。智能机器仍处于早期设计阶段，而且需要人类的操控才能正常运行。

人类正在崛起，但能够用来实现种族进步的技术工具还很原始。这个星球具有巨大潜力，却缺少全球合作，尚无法作为一个统一的文明去行动——分享资源，共同面对全球挑战，用社会进步来取代权力冲突和战争。

人类在宗教、意识形态、权力、贸易和自然资源方面你争我夺，各国使用经济还有军事力量来保卫自己的权力。当分歧出现时，大多数情况下都是强者战胜弱者，用人类的话说，强权就是真理——这可能是对其星球意识形态的准确描述。他们还没有摆脱原始的进化思维，这导致发起战争变成一种可以被接受的解决方案。在相对贫穷的地区，经济不平等、贫困和意识形态问题与权力相冲突，恐怖主义因此更加盛行。人类正努力相互理解并弥合分歧和文化差异，但在社会演化的过程中，人类仍有很长的路要走。

这似乎是地球的进化状态。鉴于他们未来面临的气候、能源、健康和经济等方面的巨大挑战，政治意愿和勇气弥足珍贵。但是，相关进展和大量证据表明，这个文明有望演变成一个更加高效、繁荣且和平的文明。

从积极的一面看，有充分证据表明，这种文明具有令人难以置信的审美、道德判断、自由、幽默和爱的能力。我每天都能看到无数充满慈悲、善良以及爱的行动。他们在商业、艺术和文学方面的发明和创造能力令人印象深刻，并且遍及地球各地。对文化、意识形态和宗教差异的包容存在于法律和正义占上风的国家，这意味着基于容忍和接受差异的现代社会在未来可能会大行其道。或许，他们的特别之处就在于他们的想象力和对更好的未来的期盼。

让子孙后代生活在一个更好的世界，这一点是今天的地球人类与他们的祖先所共通的地方。战争、疾病、气候和牺牲带来的巨大苦难和痛苦，促使人们努力去创造更美好的未来。这似乎是他们共同的目标。他们是一个年轻的文明，存续时间还不到 100 万年，100 万年不过是现代文明眼中的第一个进化时间段。人类还有很长的路要走，但他们会成功到达远方。

人类所做的种种努力消弭了战争、加速了全球贸易、发明了技术、创造出生产力和创造力、改善了人类的生活质量。人类是一个潜力和混乱的奇妙混合体。显然，人类尚且是一种年轻的文明，仍在学习以高效和积极的方式向前演变。我认为他们的合作能力以及超越宗教、意识形态、经济分歧和敌意的能力将占据上风。他们拥有出色而惊人的写作、创造和爱的能力；他们有更高的使命价值观和对自身存在的敬畏感；他们对神秘事物包括其自身感到好奇，他们对知识和学习的渴望无比强烈；他们向往伟大，也渴望拥抱和平、繁荣和幸福；他们所面临的挑战是为所有人创造一个和平、繁荣和团结的未来。总之，他们要学习的东西还有很多。

报告结束。

迈向新的全球文艺复兴

另一个看待遥远未来的视角是采用更长的时间框架——从现在起直至 2100 年。到那时，本书中的大部分预测如核聚变能源、太空移民、人工细胞、3D 制造和智能机器等将融入日常生活中，成为平常生活的一部分。不是每一个预测都会按照我们所想的那样实现，它们可能比我们想象的更有效，造成的全球影响甚至远超我们的想象。当然，可能还有一些预测会失败或者被证明完全是错的。

很有可能大部分预测会变化，变为一些今天无法想象的未来：由于新的低成本能源的出现，比如利用核聚变或暗能量，人类可能会飞离地球。人们还可能会终结徒劳的战争，开始滋养地球；从根本上改变生物进化，停止衰老和消灭疾病；创造大量财富，带领人们脱离水深火热的生活，走向和平与繁荣的世外桃源，随之而来的将是一场新的全球文艺复兴。这是我的预测。

在遥远的未来，人类作为一个文明将学会如何更和平地相处，促进生活在这个星球或世界以外的 100 亿人更加和谐、平等地共存，个人和国家之间的权力相互制衡，民主将成为主流治理形式，地球从生态到经济皆会实现互联。全球面临的主要风险比如核战争、气候变化和贫穷将得到管理和控制，不再成为全球风险。我知道这是对未来的乐观看法，但它是世界上大多数领导者和公民所共同期待的未来，不仅是可能的，而且是可取的。

如果你正在读《指数型商机》这本书，认为它看起来太理想化，我可以向你保证，没有什么比全球性危机更会干扰商业与进步的了。我们必须尽快解决能源、气候、流行病、金融和安全等众多全球性危机。越早意识到这一点，我们就会拥有越多的未来智慧，也就越能够掌控自己的生活、组织或工作的未来。

获得未来智慧

我相信，人类终将找到一条通往遥远未来的目标明确且繁荣的道路，当然这也会是一条崎岖不平的道路。这个遥远的未来可能会更加美好、更有效率，能为人类提供更高的生活质量，而且是一个繁荣的、拥抱创新和进步的未来。有更多的证据表明，我们正朝着这个方向前进——一个新的、可能的正向的未来。若想真正实现这种积极愿景并不容易，必须依靠领导者以及那些对繁荣、和平拥有共同期待的人民之间的深入合作。

如果我们这样去做，那么作为一个文明，我们有愿望、勇气和工具来开拓这一未来。如果我们现在就开始做起，那么我们都可以成为未来智者，我们都是潜在的未来游戏规则改变者。未来永远属于那些创造它的人，那么，你想创造什么样的未来呢？

致谢

在我写作《指数型商机》的漫长过程中，很多人给了我激励。教师、导师、未来学家同僚、企业家、朋友和不知名的未来探索者，我正是站在他们的肩膀上才看到了这一切，其中包括生命科学生物学家雷尼·杜伯士（Rene Dubos）、起源系统思想家巴基·富勒（Bucky Fuller）、纳米科学诺贝尔奖获得者瑞克·斯莫利（Rick Smalley）、苹果公司创始人史蒂夫·乔布斯，以及未来学家阿尔文·托夫勒（Alvin Toffler），是他们指引我找到了这个方向，他们全都是杰出的变革者。

我无比感谢我的同事们，他们遍布在政府、企业和私营部门中。这些同事经常给予我灵感，让我可以理解未来将走向何处及其原因。与他们一起工作，就好像他们每一个都在创造未来，这让我大为惊叹。在与他们的互动中，我得以深入了解那些将要到来的趋势。他们面对的挑战也变成了我的挑战，对技术、全球化、医疗、气候、安全以及其他很多领域的变化的理解大大扩展了我的思维。在此，我要感谢他们。

与全球的商业、情报、国防和技术领域的客户打交道，理解他们的世界是非常有帮助且有必要的，这种理解能够让我的预测更贴近现实。没人能够脱离现实进行预测，我的客户让我理解了他们的当下以及与未来息息相关的事情，从而让本书得以更好地完成。在很多方面，《指数型商机》这本书是为你而写，为了想要创造自己设想的未来的你而写。

我的朋友们乐意分享观念，他们一直在支持着我，并提供相关研究给我，我对此深表感激。他们分别是：艾伦・齐默尔曼（Allan Zimmerman）、吉姆・焦尔达诺（Jim Giordano）、肯・迪赫特瓦尔德（Ken Dychtwald）、埃尔金斯（Al Elkins）、桑迪・罗森堡（Sandy Rosenberg）、比尔・莫尔顿（Bill Moulton）。

感谢 Da Capo 出版社和 Perseus Books 出版社的资深编辑丹・安布罗西奥（Dan Ambrosio），他们非常认同我想写的这本书。感谢 Da Capo 出版社的全组成员，克莱尔・艾维特（Claire Ivett），西斯卡・舒夫尔（Cisca Schreefel），约瑟芬・玛丽亚（Josephine Mariea），我的宣传经理凯特・卡泽尼克（Kate Kazeniac）以及市场部的同仁们。

最后，也是最重要的，我想感谢我的妻子和孩子们，在我写作本书时，他们给予了我理解与支持，写作时我常受到他们的鼓舞，感谢他们对我的耐心。我的妻子给了我足够的空间来写作，帮助我完成了我的目标，对此我不胜感激。

我的孩子们非常具有洞察力，这让我发现，和今天的青少年相比，我知道的少得可怜。他们所提供的观念发人深省，他们关于他们这一代是如何进化的建议是任何一本书都无法完全描述清楚的，他们是具备未来智慧的人。

未来，属于终身学习者

我这辈子遇到的聪明人（来自各行各业的聪明人）没有不每天阅读的——没有，一个都没有。巴菲特读书之多，我读书之多，可能会让你感到吃惊。孩子们都笑话我。他们觉得我是一本长了两条腿的书。

——查理·芒格

互联网改变了信息连接的方式；指数型技术在迅速颠覆着现有的商业世界；人工智能已经开始抢占人类的工作岗位……

未来，到底需要什么样的人才？

改变命运唯一的策略是你要变成终身学习者。未来世界将不再需要单一的技能型人才，而是需要具备完善的知识结构、极强逻辑思考力和高感知力的复合型人才。优秀的人往往通过阅读建立足够强大的抽象思维能力，获得异于众人的思考和整合能力。未来，将属于终身学习者！而阅读必定和终身学习形影不离。

很多人读书，追求的是干货，寻求的是立刻行之有效的解决方案。其实这是一种留在舒适区的阅读方法。在这个充满不确定性的年代，答案不会简单地出现在书里，因为生活根本就没有标准确切的答案，你也不能期望过去的经验能解决未来的问题。

而真正的阅读，应该在书中与智者同行思考，借他们的视角看到世界的多元性，提出比答案更重要的好问题，在不确定的时代中领先起跑。

湛庐阅读App：与最聪明的人共同进化

有人常常把成本支出的焦点放在书价上，把读完一本书当作阅读的终结。其实不然。

时间是读者付出的最大阅读成本

怎么读是读者面临的最大阅读障碍

“读书破万卷”不仅仅在“万”，更重要的是在“破”！

现在，我们构建了全新的“湛庐阅读”App。它将成为你“破万卷”的新居所。在这里：

- 不用考虑读什么，你可以便捷找到纸书、电子书、有声书和各种声音产品；
- 你可以学会怎么读，你将发现集泛读、通读、精读于一体的阅读解决方案；
- 你会与作者、译者、专家、推荐人和阅读教练相遇，他们是优质思想的发源地；
- 你会与优秀的读者和终身学习者为伍，他们对阅读和学习有着持久的热情和源源不绝的内驱力。

从单一到复合，从知道到精通，从理解到创造，湛庐希望建立一个“与最聪明的人共同进化”的社区，成为人类先进思想交汇的聚集地，与你共同迎接未来。

与此同时，我们希望能够重新定义你的学习场景，让你随时随地收获有内容、有价值的思想，通过阅读实现终身学习。这是我们的使命和价值。